依托梵净 服务发展

YITUO FANJING
FUWU FAZHAN

——铜仁学院社会服务经典案例

（第二辑）

主编：王岚

副主编：张杰　杨忠华　张宇名

湘潭大学出版社

编委会名单

目　　录

五、科研服务篇

序　言

随着我国进入新的发展时期，经济和产业结构不断优化调整，各行业对高素质应用型人才的需求也愈加紧迫。国务院刚刚印发了《国家职业教育改革实施方案》，职业教育被放在前所未有的凸显地位，办好新时代职业教育，是经济社会转型发展的必然要求。

铜仁学院作为贵州省应用转型发展首批试点高校，在结合自身办学历史和发展实际的同时，积极顺应时代潮流，紧密结合地方社会经济发展需求，以学生就业和未来发展为导向，通过“立足黔东，面向全省，辐射武陵”的服务定位，着力培养服务区域社会经济发展的高素质应用型人才。学校积极开展改革创新，努力打破大学有形的围墙，吸引更多的行业企业深度融合，逐步形成“黔东处处是校园”的办学格局。

铜仁学院社会服务中心自成立以来，力求全方位、多渠道地服务地方经济发展。《铜仁学院社会服务管理办法》明确指出，“要充分发挥我校人才、文化、科研等资源优势，切实履行好社会服务职能。”通过两年多的实践探索，社会服务品牌效应日益显现，越来越多的行业企业与各专业教师相互对接，在人才培养、文化服务、科研服务、公益服务等多个领域开展合作，产生了很多生动的经典案例。“引社会服务之水，灌人才培养之田”是社会服务的宗旨，两年多以来，通过社会服务，我校一大批教师更加了解地方经济社会发展实际，更加具备“双师双能型”教师应该具备的素质，一大批学生的专业素养和综合能力得到了极大提升，社会服务成绩得到了社会各界广泛赞许。

2018 年，学校横向项目到账经费超过了 2000 万元。社会服务工作已成燎原之势，一大批教师和学生踊跃参与教育帮扶脱贫、专业技能培训、农业技术指导、专业赛事承办、健康医疗服务、信息平台设计、科学技术研发等各级各类项目。外出的服务团队从最初的没有经验、处处碰壁，到现在逐渐掌握基本规律。学生在教师的带领下，有针对性地开展社会服务，专业技能得到了极大锻炼，综合素养得到了极大提升。梁其正老师受德江县南坪村驻村书记委托，主持的“产业帮扶之“稻 + 鳅共作技术指导”项目，使每户老百姓年均增收近3000元，14名学生参与养殖田块选择、水源检测、田间工程建设、养殖选苗、养殖密度控制、水质调控、饲料投喂、日常管理等完整的技术全过程，对“稻＋鳅”综合种养殖技术有了全面的认识，对学生专业知识的掌握和实践能力的提升有很大的帮助；雷丽老师受铜仁市教育局委托，组织师生完成“铜仁市校园足球三级联赛”统筹工作，赛事规模之大，参赛人数之多，对整个竞赛实施团队都是一次极大的考验，学生参与赛前报名、裁判培训、方案策划、竞赛开展、成绩统计公布、单元赛事总结等赛事任务，极大地培养了师生策划大型体育赛事本领；陈仕学老师主持的“藤茶中二氢杨梅素口服液质量指标检测及应用”研究，8名学生参与手工藤茶工艺制作、二氢杨梅素提取、分离纯化、纯度测定、口服液制备工艺条件优化等技术流程，通过对藤茶二氢杨梅素的研究，进行口服液制备，有效延长了藤茶产业链，促进了江口藤茶产业的可持续发展；杨国忠老师领衔的国际学院“小精特”团队，创新培训模式，整合国际学院人才资源，联合对印江县中小学英语骨干教师进行英语培训，12名国际学院英语专业学生全程参与教学、管理和服务，在社会实践中得到了进一步的锻炼和提升。

《社会服务经典案例（第二辑）》共收集各类案例39个，项目经费共计594万元，31个专业的358人次教师和579人次学生参与了项目实施过程。我校社会服务工作已取得阶段性成效，但纵观现实，仍然存在社会服务水平有待提升、“灌人才培养之田”机制有待优化等不足，我们期待通过这套经典案例系列丛书，帮助广大师生总结社会服务经验，让更多师生了解区域社会经济发展需求和行业最新发展动态，并将这些需求和动态带进课堂，为教育教学改革服务，为人才培养打开新的天地。

铜仁学院发展规划处处长、社会服务中心主任，教授 罗静

2019年1月28日

一、脱贫攻坚篇

铜仁市德江县南坪村产业帮扶之“稻+鳅共作”种养技术指导

梁正其

一、项目概况

（一）项目名称：南坪村产业帮扶之“稻+鳅共作”种养技术指导
（二）经费来源：铜仁学院扶贫项目
（三）帮扶地名：铜仁市德江县平原镇南坪村
（四）服务类别：产业扶贫技术服务
（五）实施时间：2018年2月至今
（六）实施地点：铜仁市德江县平原镇南坪村

二、项目实施及完成情况

（一）获得（争取）的过程

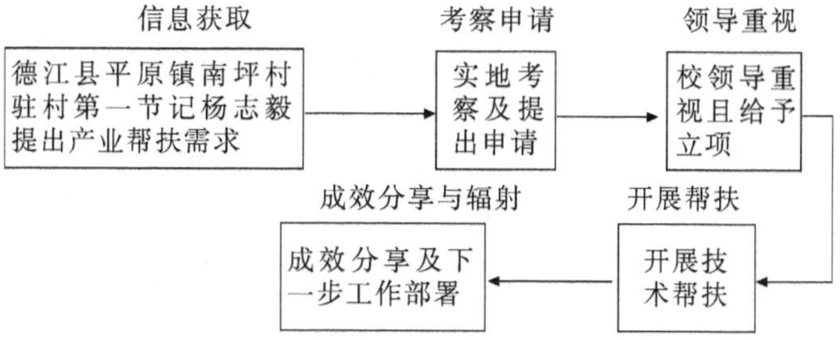

图1　获取项目过程

（二）技术路线

1. 总的技术服务流程

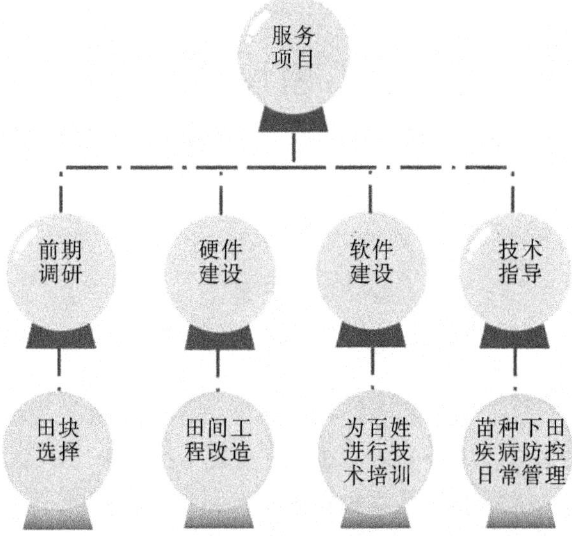

图2　技术服务总路线流程

2. 服务内容

主要有：前期调研（田块选择，包括面积、底泥情况等）；硬件建设（鱼溜开挖、田间环沟开挖、田间进水口防敌害网安装、出水口防逃网安装等）；软件建设（村里贫困百姓技术培训、技术资料发放）；技术指导（苗种下田、疾病防控、日常管理、天敌预防等）。

（1）田块选择：考虑光照、水源、水质、田块底泥类型、枯水季节水量情况，防洪情况等。

（2）田间工程建设：包括鱼溜开挖（面积大小、鱼溜宽度与深度）、田间环沟开挖（沟宽、沟深）、田间进水口防敌害网设计、出水口防逃网安装等。扶贫推广面积总共占地40余亩，均为平地，但因田块大小不一，田间改造因地制宜。

水产养殖学人才培养方案中课程涉及的知识点和技能点：

①掌握“稻＋鳅共作”种养技术中田块选择的条件及规划布局：水源、

水质、田块土质、交通、人文环境等；稻田内沟溜的规划设计、进出水口防天敌及防逃处理等考虑周全，便于生产。

②掌握稻田改造方法和技巧：鱼溜面积大小的确定、鱼溜宽度与深度的确定、田间环沟宽度、深度等。

（3）软件建设（技术培训、技术资料发放等）。

为平原镇南坪村贫困村民进行“稻+鳅共作”技术培训，并发放技术资料。

（4）技术指导（苗种下田、疾病防控、饲料投喂、日常管理、天敌预防等）。

水产养殖学人才培养方案中课程涉及的知识点和技能点：

①掌握苗种引种流程（包括苗种鉴定、苗种下塘试温、下塘前消毒处理等）。

②养殖水体监控（水体定期消毒、酸碱度调节等）。

③常规疾病判断、疾病防控。

④水质好坏判断、酸碱度检测、水质调节技术。

⑤饲料投喂时：饲料选择（农家剩饭、糠麸、农作物下脚料等），同时掌握“四定”技术，即定点、定时、定量、定质。

⑥日常管理技术，注意“四查”技术，即；观察稻田水位和稻田水质变化、检查泥鳅的摄食情况、检查泥鳅活动情况是否异常、检查泥鳅池边是否有敌害，如蛇、鼠、鸟等。

（5）“稻+鳅共作”中泥鳅疾病快速鉴定与防治。

主要有：泥鳅疾病快速判断、泥鳅疾病防治等方面。

水产养殖学人才培养方案中课程涉及的知识点和技能点：

①掌握泥鳅疾病快速判断要点。

②掌握泥鳅疾病防治方法。

（三）组织团队

表 1　团队成员表

团队成员	教师	姓 名	技术职务	学 历	专 业	学 院
		梁正其	副教授	硕士研究生	水产养殖学	农林工程与规划学院
		冉辉	教授	硕士研究生	农业推广	农林工程与规划学院
		梁琍	正高级实验师	硕士研究生	农业推广	农林工程与规划学院
		杨天友	副教授	硕士研究生	动物学	农林工程与规划学院
		巴家文	副教授	博士研究生	渔业资源	农林工程与规划学院
		王大会	副教授	博士研究生	水产动物遗传育种	农林工程与规划学院
		杨志毅	讲师	本科	音乐学	艺术学院
		梅杰	副教授	硕士生	生态学	农林工程与规划学院
	学生	姓名	年级	专业	考研情况	学院
		刘爽	2015 级	水产养殖		农林工程与规划学院
		杨桂琴	2015 级	水产养殖		农林工程与规划学院
		杨秋菊	2016 级	水产养殖		农林工程与规划学院
		秦滔	2016 级	水产养殖		农林工程与规划学院
		阳忠平	2016 级	水产养殖		农林工程与规划学院
		李宜芳	2016 级	水产养殖		农林工程与规划学院
		邓有琼	2016 级	水产养殖		农林工程与规划学院
	其他人员	姓 名	技术职务	专 业	单 位	
		安远峰	水产工程师	水产养殖	铜仁市水产技术推广站	
		周章	水产级工程师	水产养殖	铜仁市水产技术推广站	

（四）项目实施

1. 项目实施方案主要包括

（1）前期调研——田块选择

用于养殖泥鳅的稻田，要求光照充足，水源充足，水质良好，清新无污染，枯水季节也有新水供应，而且要排灌方便，能确保干旱不干涸、洪涝不泛滥，田底没有冷泉水上涌。土壤以弱碱性、高度熟化的黏土和壤土为好，稻田要求保水保肥性能强，渗透速度慢，土质柔软、肥沃，有腐殖质丰富的淤泥层，不渗水，干涸后不板结。

图 3　田块调研

（2）田间工程建设

“稻＋鳅共作”综合种养技术田间工程改造主要包括加宽、加高、加固田埂，开挖鱼凼、环形沟和田间沟以及完善进排水系统等。

田埂改造：在泥鳅放养前，加宽（35—40 厘米）、加高（50 厘米左右）、加固稻田的田埂，以提高稻田水位，防止漫水逃鳅。

鱼凼建设：鱼凼是泥鳅夏天的避暑山庄，冬天的温室，农耕时的栖息场地，便于捕捉。鱼凼的建设较为重要，一般稻田中鱼凼的面积为稻田总面积的 5%—10%，形状以方形、圆形为好，鱼凼深为 50—70 厘米。

鱼沟建设：为保证泥鳅顺利出入田间与鱼凼，鱼沟形状应根据实际田块而定。根据平原镇南坪村选定的田块，采取田字形与十字形结合，鱼沟宽为 30—40 厘米，深 20—30 厘米。

图 4　鱼沟鱼凼建设指导

遮阳网建设：为了减小酷暑高温对泥鳅的影响，须在田间搭建遮阳棚，遮阳棚高为1.5m，面积占鱼凼面积的1/3，上盖PE网或草把等遮阴物，不仅可以防暑，还有阻隔鸟类的作用。

图5 防护网搭建

图6 养殖池进出水管设计

稻田进出水口防护网建设：稻田改造养殖泥鳅不同于平原地带大面积养殖池，其特点为面积小、田块弯曲、地势不平，其稻田进出水口需要进行细心设计，为了防止敌害生物随水进入稻田，进水口须设置拦网，且进水口须设在上风口；出水口设在下风口，同时田间要采取水位控制来预防天敌，如鸟类等，预防水老鼠可在田块边安装捕鼠器，防止老鼠破坏防护网和侵害泥鳅；对鸟类和蜻蜓，还可在泥鳅池上方罩约小拇指大小网洞的防护网，既可防止天敌进入池内，又可保护泥鳅不受鸟害；对蜻蜓、蝌蚪、水蜈蚣则在清塘消毒时一并清除。

2. 软件建设

图7 “稻+鳅共生”种养技术培训

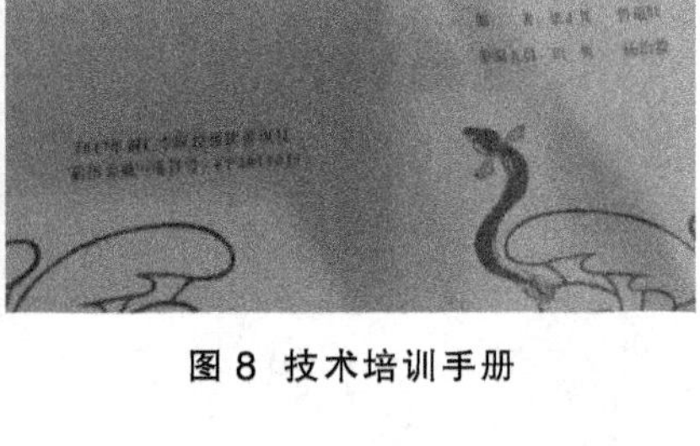

图8 技术培训手册

技术培训：为提高平原镇南坪村百姓稻田科学养鳅的技术水平，改变传统落后的养鳅方式和方法，普及科学养鳅知识，对该村相关人员进行泥鳅养殖技术培训，培训内容包括苗种下塘试温、下塘前消毒处理、稻田水位监控、水体定期消毒、常规疾病判断、疾病防控、饲料投喂、水质好坏判断、水温监测、酸碱度检测、常规记录等技术，并向参与培训及养殖的人员发放技术资料。

3. 技术指导

土质改良：本村泥鳅稻田养殖属于首次，要进行田间消毒，同时要定期进行地质改良、水质调节。水质调节主要用的是生石灰，生石灰具有杀菌消毒调节水质的作用，生石灰的主要成分氧化钙与水反应生产氢氧化钙，使水质呈强碱性，导致病原微生物死亡，达到杀菌消毒的目的，同时提高 pH 值，改善水质；还可降低水体毒性、补充营养元素及预防鳅病等。

鱼苗下塘技术：由于各地种稻技术、施肥方法有差异，因此在鳅种放养时间上有差异，但需坚持“早插秧、早放苗”，保证鳅苗有足够的生长时间。插秧后 1 周左右秧苗返青后方可下苗。根据平原镇南坪村当地水稻下田时间，本次鳅苗下塘时间为 6 月 4 日，泥鳅苗为 5 厘米，每亩投放了 7000 尾。泥鳅苗下田时，要在早上进行，避免高温。同时，苗种经长途运输，到目的地后要先静置半个小时后方可下苗，下田前要进行试温，避免温差过大引起应激死亡，还须用 3%—5% 食盐水消毒后下田，避免带入外来病菌。

图 9 泥鳅苗下田现场

图 10 泥鳅苗下田示范

2018年德江县平原镇南坪村“稻+鳅共生”种养技术推广鳅（鱼）苗发放统计表

姓名	稻田面积（亩）	放苗情况										备注	签字
		泥鳅苗（尾）					鲤苗（尾）				合计金额（元）		
		规格（cm）	标准数量（尾/亩）	投苗数（尾）	单价（元/尾）	总金额（元）	规格（cm）	数量（尾）	单价（元/尾）	总金额（元）			
李廷勇	1.5	5	6000	9000	0.1	900	7-12	500	0.7	350	1250		[illegible]
喻昌顺	3.75	5	6000	22500	0.1	2250	7-12	500	0.7	350	2600		[illegible]
牟永豪	3.85	5	6000	23100	0.1	2310	7-12	500	0.7	350	2660		[illegible]
牟永胜	1	5	6000	6000	0.1	600	7-12	500	0.7	350	950		[illegible]
牟永豪	1.62	5	6000	9720	0.1	972	7-12	500	0.7	350	1322		[illegible]
喻海琴	3.34	5	30000	100200	0.1	10020	7-12	1500	0.7	1050	11070		[illegible]
董廷胜	3	5	6000	18000	0.1	1800	7-12	500	0.7	350	2150		[illegible]
牟永豪	1.5	5	6000	9000	0.1	900	7-12	500	0.7	350	1250		[illegible]
牟永荣	2	5	6000	12000	0.1	1200	7-12	500	0.7	350	1550		[illegible]
李廷勇	3.3	5	6000	19800	0.1	1980	7-12	500	0.7	350	2330		[illegible]
董廷强	1	5	6000	6000	0.1	600	7-12	500	0.7	350	950		[illegible]
牟仕平	1	5	20000	20000	0.1	2000	7-12	500	0.7	350	2350		[illegible]
喻海琴	1	5	6000	6000	0.1	600	7-12	1500	0.7	1050	1650		[illegible]
牟永华	2.2	5	6000	13200	0.1	1320	7-12	500	0.7	350	1670		[illegible]
李波	2	5	6000	12000	0.1	1200	7-12	500	0.7	350	1550		[illegible]
牟超	3	5	6000	18000	0.1	1800	7-12	500	0.7	350	2150		[illegible]
合计	35.06			304520		30452		10000		7000	37452		

图 11　苗种发放统计表（示意图）

疾病防控：“稻 + 鳅共作”种养技术中疾病主要为细菌性疾病（赤鳍病、腐皮病、白尾病、肠炎病）；真菌病（肤霉病）；部分寄生虫病（车轮虫病、小瓜虫病、气泡病等）；其他疾病（曲骨病），要想做好稻田泥鳅养殖疾病防控，需要注意稻田泥鳅放养密度、稻田水质管理、避免鳅体受伤、病原筛查等。

图 12 泥鳅疾病检查

饲料投喂：“稻 + 鳅共作”种养技术中饲料选择主要结合百姓日常生活，减少百姓经济压力，包括农家剩饭、糠麸、农作物下脚料等均可，但在条件允许的情况下，百姓可以适量投喂一些饲料，要求配合饲料蛋白质含量在 30% 左右，粒径 2.3 毫米以内，水温 15℃时，投喂量为在池泥鳅总体重的 2%，水温 20—28℃时，投喂量为泥鳅总体重的 3%—4%。每天投喂 1 次，投喂饲料时遵循“四定”（即定时、定点、定质、定量）原则。

图 13 检查稻田中泥鳅吃食和活动情况

图 14 泥鳅投喂

日常管理：注意每天到稻田边查看鱼溜水温变化情况、稻田中泥鳅活动情况是否异常、pH 值、泥鳅吃食情况以及天气变化的泥鳅活动情况等，做好登记。

4. 项目实施过程遇到的困难及解决办法

（1）百姓的陈旧思想

“稻＋鳅共作”种养技术，须对稻田进行适当改造。但很多人有着根深蒂固的传统农业观念，寸地必争，听见稻田养鳅不仅要开挖鱼沟，还得开挖一定面积的鱼溜，一时无法接受，多委婉拒绝。

解决办法：多次组织村民开会，分析道理，组织培训，分析田块产值情况。

（2）距离屏障

平原镇南坪村与铜仁学院之间的距离是解决突发疾病的障碍，因村民初次接触稻田泥鳅养殖，对突发的鳅病措手不及，可能因误判、迟诊造成损失；

解决办法：预备常见疾病病理特征资料，编制《泥鳅稻田养殖技术100问》发给村民，并配备技术人员1名。

（3）村民疑虑

村民的疑虑是造成扶贫项目顺利实施的难题：推广初期，因思想守旧，又缺乏技术，在此情况下铜仁学院主动提出免费进行技术服务，免费赠苗，但村民仍顾虑“天下无免费午餐，天上不会掉馅饼”，怀疑我们的服务是否真实和是否用心，造成多次不信任；

解决办法：坚持主动多次到平原镇南坪村参与百姓田间工程改造、亲自示范安装防逃网、遮阴网等工作，每次均带学生进行帮忙，一切费用自负，终于建立起信任，后期大部分养殖户积极开展饲养工作。

5. 技术服务指导完成情况

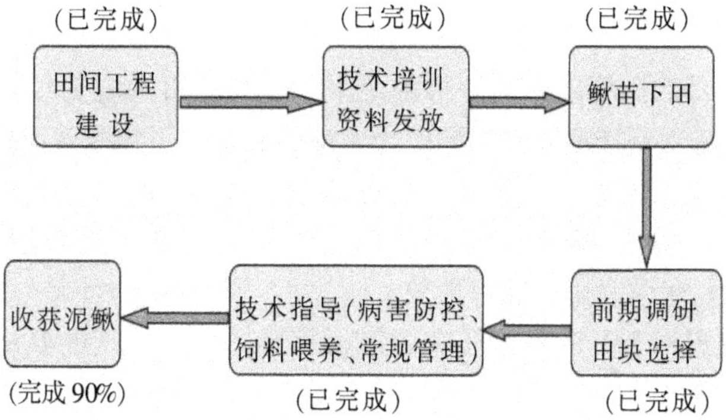

图15　技术服务指导完成情况

三、项目取得的成果及效应

（一）人才培养效应、学科建设效应

农林工程与规划学院水产养殖学专业多名学生参与了该项技术服务，取得了很好的项目实践效果。

（1）通过整个技术服务过程协助老师进行稻田养殖田块的选择、水源的检测、田间工程的建设、养殖过程中苗种购买如何选苗、养殖密度控制、水质调控、饲料投喂、日常管理等工作，同学们完整地参与了该技术的全过程，对“稻＋鳅”综合种养殖技术有了全面的认识，进一步巩固了“鱼类增养殖学”“养殖水环境化学”“水产动物营养与饲料学”“水产动物疾病与免疫学”等课程的专业知识，同时提升了“鱼类增养殖学”“养殖水环境化学”等课程的实践操作技能。

（2）进一步提升了专业综合能力，通过参与到该项技术服务中，学生的专业综合能力有较大的提升，特别是应用专业知识的能力，服务社会需求等意识有了大的提升。

（3）培养了学生的团结协作能力，学生在项目过程中有不清楚的地方，能虚心向老师请教，同学之间也经常进行交流与探讨，师生、学生之间的协作交流都得到了提升。本项目培养本科生 14 人，其中 7 人已毕业，7 人中有 4 人考取了研究生。

（二）社会效应与经济效益

（1）本项目的实施，为南坪村甚至平原镇的老百姓脱贫致富带去持续有效的产业，真正做到产业脱贫，同时为该地百姓提供了稻鳅养殖技术。

（2）虽然距离较远，但项目组坚持长时间从不间断指导工作，技术指导人员吃苦耐劳的精神，较高的服务地方意识，多次得到该村养殖户的赞许，极大地提升了铜仁学院教师的良好形象。

（3）经过近六个月的技术服务，该村百姓产生了一定的经济效益，由于该村百姓初次养殖，刚起步，对养殖技术半信半疑，田间工程建设不规范，养殖过程中管理些许不到位，导致少部分养殖户失败，进而导致整体产量偏低。主要养殖泥鳅，基地投产 35 亩。应百姓要求，兼送鲤鱼种 10000 尾，共计 11 户。在 2018 年“稻＋鳅共生”种养技术交流会上，养殖百姓反映：今年鲤鱼

养成率为80%，每户获鱼约60—140千克，批发价20元/千克，每户养鱼收入1200—2800元；规格为5厘米的泥鳅每亩放7000尾，成活率65%，收获4550尾，规格为100尾/千克，约45.5千克，售价为40元/千克，除去苗种投入，每户养鳅收入为2975—4300元（稻谷收入不计在内）。

（4）稻米质量提升：南坪村进行本次稻鳅养殖的稻田，稻谷未打农药，未使用化肥，不仅节约了农药和化肥费用，稻谷产量还未减产，稻米质量大大提高，实现了真正的生态种养。

（三）2018年“稻+鳅共生”种养技术经验交流与2019年养殖工作部署

2018年9月22日，项目负责人梁正其带领学生到南坪村，对2018年实施的“稻+鳅共生”种养技术成效进行实地检查验收，并组织今年实施“稻+鳅共生”种养技术百姓进行经验交流，失败的百姓总结失败原因，成功的百姓进行经验分享，百姓相互学习，为来年提高“稻+鳅共生”种养技术水平奠定了基础。同时，梁正其对下一步“稻+鳅共生”种养技术进行部署，经过百姓积极申报，2019年预计推广面积70亩。

图16 2018年稻鳅养殖成效现场图

图17 2019年养殖安署和检查交流会

四、项目取得的主要经验及启示

（一）项目实施过程中应注意的关键事项、主要经验

1. 组织管理经验

领导重视、强化服务意识、有效沟通、强化执行。具体情况如下：

（1）院领导实地考察项目实施情况。

图 18　项目实施初期李建新院长一行实地考察项目实施情况

（2）团队出击，做好技术服务：主要由项目负责人梁正其带队，全面负责该南坪村“稻 + 鳅”种养技术过程遇到的一切问题。

（3）铜仁学院农林与规划学院院长李建新教授、副院长赵成刚教授及社会服务科科长杨天友，在泥鳅下苗时，一同前往进行指导，并参与泥鳅下田工作。

2. 实施操作经验

通过这六个多月扶贫项目“稻 + 鳅共作”种养技术的服务，项目组认识到整个养殖过程是庞大而系统化的工程，日常管理工作烦琐，现将部分实施操作经验总结如下：

（1）服务意识及过硬的专业技术知识至关重要。在国家扶贫攻坚紧要关头，作为地方高校教师，应该利用专业知识，做好产业扶贫工作，不计得失，随叫随到，有绝对的产业技术服务意识观念。养殖过程中注意疾病的预防、水质的调控、遇到突发疾病及时处理，将损失降到最低是整个技术指导的关键；

（2）养殖百姓技术培训的重要性。养殖关键在于预防，水产动物养殖更是如此，因此，对平原镇南坪村实施稻鳅养殖百姓的技术培训及技术人员相对稳定相当重要，六个多月来，项目组进行集中技术培训 4 次，田边技术培训多次，整个项目实施期间，项目组得到了平原镇人民政府、南坪村村支两委以及铜仁学院驻南坪村第一书记杨志毅老师的帮助和支持。

（3）安全至上。首先，用药安全，“稻 + 鳅共作”种养技术是种水稻的同时又养泥鳅，百姓因传统观念，为了防止水稻生病，须进行农药播洒预防，而农药对于泥鳅会造成很大伤害，甚至致其死亡，所以，对养殖泥鳅的稻田及周边稻田严禁使用农药，经过今年的示范，养殖泥鳅的水稻未打农药，且没有疾病，真正做到绿色环保综合种养。

（二）项目对人才培养、教学、科研的启示

（1）乡镇层面：帮助当地百姓引进一项产业，合理利用水资源，解决当地部分老弱人群就业，增加百姓收入，真正助力产业脱贫。

（2）学校层面：鼓励教师到基层，利用专业技术带动地区产业发展，加强了教师带动学生实践操作、社会服务的能力，为学校树立了良好形象。

（3）教师层面：把鱼类学、鱼类增养殖学、水产动物营养与饲料学、水产动物疾病、养殖水环境化学、水产动物药物学等课程的理论知识与实际操作相结合，进一步夯实了鱼类繁殖、鱼类养殖、鱼类疾病防治等专业知识的技能，巩固了专业实践能力，还提高了教师社会沟通交流能力和统筹能力。

（4）学生层面：让学生真正了解什么是“稻+鳅共作”种养技术，将课堂理论知识与实际操作相结合，巩固了专业知识；学会了解决“稻+鳅共作”种养技术中实际存在的问题，同时提升了与人沟通的能力；培养了学生挑战自我的意识和团结互助的团队精神，培养了吃苦耐劳、勇敢顽强的品质；让学生在解决各种问题前，学会查阅相关资料，进行知识储备；学生更加意识到多参与教师所从事的生产、科研，可大大提高自己的实际应用水平和综合水平。

（作者系铜仁学院农林工程与规划学院副教授）

文艺作品《驻村干部》创作演出助推黔东贫困地区脱贫攻坚

崔德虎

一、项目概况

（一）项目名称：文艺创作助推脱贫攻坚（《驻村干部》）

（二）项目主持人：崔德虎（笔名：江子）

（三）经费来源：松桃苗族自治县文联

（四）委托单位：松桃苗族自治县文联

（五）服务类别：文化服务

（六）实施时间：2016 年 1 月至 2018 年 12 月

（七）实施地点：松桃县等

二、项目获得过程

为了响应党中央、贵州省委、铜仁市委“决战脱贫攻坚、决胜同步小康”的号召，确保实现 2020 年全面脱贫奔小康的目标，铜仁学院党委高度重视“精准扶贫”工作，按照铜仁市委统一部署，分期分批地派出优秀教师代表分别赴德江县、石阡县贫困山村开展扶贫工作。其中艺术学院青年党员教师杨志毅服从组织安排，在德江县平原镇南坪村驻村，担任第一书记。为让驻村干部安心驻村，帮助群众脱贫致富，为他们鼓舞士气，鼓劲加油，我产生了为驻村干部创作歌曲的念头。正在酝酿此事之时，松桃县文联干部李旭东发了一首歌词给我，歌名叫《驻村干部》，我认为，他的歌词写得不错，但还有很大的进步空间，还要更接地气。松桃县文联、组织部邀请我去松桃同他们进行面对面的讨论，一起对《驻村干部》歌词进行反复修改，最终将歌词定稿。同时，松桃县领导真诚地邀请我为《驻村干部》歌词作曲，我欣然答应了。为了不辜负众人的期望，表达出驻村干部的心声，力争写成精品之作，我多次深入松桃县盘信镇大湾村、杨柳村和碧江区和平乡八村、孟溪村及六龙山乡、云场坪镇路腊村等贫困山村，实地看望驻村干部，了解驻村干部的工作情况；也远赴湖南省花垣县十八洞村（习近平同志首次在十八洞村提出“精准扶贫”，十八洞村被称为“精准扶贫”的发祥地）采风，体验扶贫生活，积累创作灵感，终于圆满完成了创作（作曲）任务。

图 1　崔德虎赴十八洞村采风

图 2　崔德虎一行深入贫困山村看望驻村村干

图3　崔德虎与十八洞村苗族老人合影

三、项目实施情况

（一）项目具体任务

通过歌曲作品《驻村干部》的创作、制作（含音频、视频）、传唱和媒体对外宣传等，让人们了解精准扶贫的重要性，了解驻村干部的工作，从而对驻村干部进行鼓劲，激励驻村干部安心扎根贫困山村，带领困难群众发展产业，脱贫致富奔小康。

（二）项目实施保障

1. 组织保障

铜仁学院艺术学院和松桃县文联高度重视《驻村干部》的创作及相关后续工作，成立了联合工作小组，由艺术学院党委书记崔德虎教授和松桃县文联主席龙瀑担任小组长，相关人员为成员，保证了各方面工作有条不紊地进行。

2. 资源保障

为了使歌曲作品《驻村干部》如期完成，确保制作（含音频和视频）质量，项目充分利用了铜仁学院艺术学院和松桃县委宣传部、县委组织部、县电视台等单位各方面人力资源和技术力量，为相关工作的顺利开展打下了坚实的基础。

3. 经费保障

为了确保《驻村干部》的制作质量，项目组先是在贵阳制作音乐小样，然后在北京制作音乐大样（交响乐），制作经费（含音乐和MV）全部由松桃县文联协调解决。

（三）项目实施过程

1. 成立项目实施团队

实施团队主要根据工作需要及个人特长来选定成员。团队主要成员为：崔德虎（艺术总指导、作曲）、龙瀑（工作总协调、作词）、李旭东（具体联络员、作词）、卢慧（舞蹈编导）、张朝飞（对外宣传）、刘红（对外宣传）、张飞（音乐小样制作）、龙奉辉（作品小样演唱）、覃春江（作品大样演唱）、舒炼杰（后勤服务）。另外，参与《驻村干部》的学生团队有艺术学院樊彪、吴月华、王成波等20名学生。

2. 项目实施筹备

项目的前期准备及后勤工作主要由艺术学院社会服务科负责，与团队其他成员等进行主动对接，保证本项目顺利实施。

3. 项目实施计划

（1）2016年1月至2月完成《驻村干部》词曲创作，由松桃县相关部门和铜仁学院艺术学院审定后，完成音乐制作小样（MIDI）。

（2）2016年3月至2017年12月完成音乐大样（交响乐）和MV小样。

（3）2018年1月至12月，完成MV大样（成品）。

四、项目实施效应

（一）人才培养效应

艺术学院学生于2016年2月和2017年6月，分别参加铜仁市委宣传部主办的“铜仁市首届春晚”和铜仁市委主办的“七一”表彰大会大型文艺演出，表演了歌舞节目《驻村干部》，受到广泛好评；通过本项目的实施，让学生从校园走出社会，从课堂走上舞台，使实践教学真正落到实处，理论联系实际，学以致用，体现了铜仁学院“山”字形人才培养理念和应用型人才培养目标。

（二）广泛社会效应

《驻村干部》发表于中国文联主管、中国音乐家协会主办的《歌曲》音乐杂志2017年第12期。2018年6月由“多彩贵州网”和铜仁市委组织部“铜仁组工”官方网站推出，在全国产生了较大影响，先后被全国众多网站纷纷转发。仅“干部决策参阅”网站的点击量在几个月内就达到8.5万多次，“铜仁组工”网站的点击量近7万次。同时《驻村干部》入选2018年教育部“廉政文化精品作品”，被贵州新闻联播等媒体报道，全国听众在网上纷纷留言，充满了正能量。

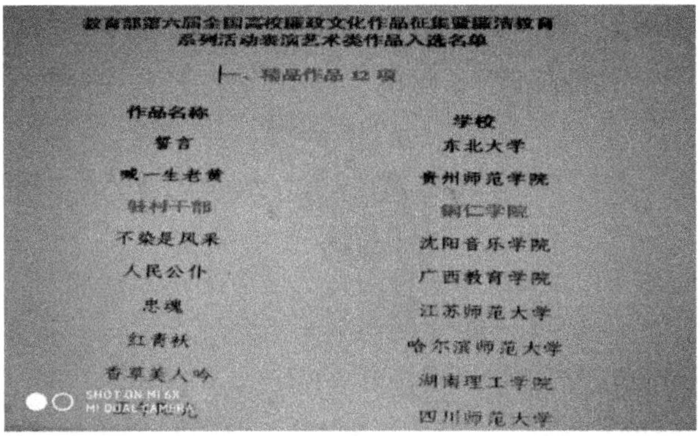
教育部第六届全国高校廉政文化作品征集暨廉洁教育系列活动表演艺术类作品入选名单

一、精品作品12项

作品名称	学校
誓言	东北大学
喊一生老黄	贵州师范学院
驻村干部	铜仁学院
不染是风采	沈阳音乐学院
人民公仆	广西教育学院
忠魂	江苏师范大学
红青秋	哈尔滨师范大学
香草美人吟	湖南理工学院
[illegible]	四川师范大学

图4　《驻村干部》入选2018年教育部“精品作品”（示意图）

1. 网民留言一

网名“繁英”：江子老师，您作曲的歌曲《驻村干部》真是太好了，太感人了！我们的驻村干部真是不容易。希望您能再写个歌曲，歌颂在铜仁市碧江区工作的那些没日没夜地加班加点、没有节假日、废寝忘食的好干部，让好人一生平安！

2. 网民留言二

网名“陈超”：大多数驻村干部都是农村出生长大的孩子，自己的家乡是贫困村，需要党委政府的大力扶贫，也需要驻村干部的帮扶。这几年的扶贫和驻村帮扶，使我家乡的那个贫困村发生了很大变化，水电路讯得到很大的改观，特别是生活住房有了质的变革和量的增加，钱袋子也变得越来越重了。所有这些变化与各级党委政府是分不开的，与驻村干部的辛勤工作也是分不开的。

3. 网民留言三

网名“张桂珍”：奋斗在脱贫攻坚一线的同志们是新时代最可爱的人，是旗帜，是标杆，是人民群众的贴心人。

4. 网民留言四

网名“林溪村夫”:《驻村干部》这首歌唱出了全党干部脱贫攻坚的心声，倾注了驻村干部心力，着实写真，流露党心民心，热情讴歌了党的富民政策，唱出了万民齐奔小康的坚定信心!

5. 网民留言五

网名“美丽新疆”:驻村干部，辛苦了，离开家人和父母。

（三）助推脱贫效应

为了响应贵州省委发出的“扶贫总攻”和省委宣传部提出的“文军扶贫”号召，铜仁学院高度重视扶贫工作，并积极参与铜仁市精神文明建设指导委员会、铜仁市委宣传部主办的2018年“乡风文明助推脱贫攻坚乡村振兴”文艺巡演等，其中《驻村干部》被铜仁市委宣传部确定为巡演活动的必唱歌曲。铜仁学院分别在碧江区河西街道办事处新庄村、瓦屋乡司前村以及德江县平原镇南坪村开展扶贫慰问演出3场，得到了铜仁市委宣传部等部门的高度肯定。除此之外，铜仁市宣传文化系统也组织文艺小分队，赴铜仁市各区县贫困山村演出近40场，其中每场必唱《驻村干部》。当地干部和群众现场听了《驻村干部》的真情演唱时，感动得热泪盈眶，豪情满怀，对脱贫攻坚充满了信心。该文艺助推扶贫活动由多彩贵州网、时代先锋网、铜仁政府网等省内外媒体纷纷报道。

1. 新闻报道一

铜仁学院艺术学院文化下乡助力脱贫攻坚

暨平原镇南坪完小欢庆“六一”文艺演出

（平原镇政府网）

为认真贯彻落实十九大精神和习近平总书记在贵州代表团讲话精神和省委十二届党代会及铜仁市委大扶贫大战略行动推进会的会议精神，坚持脱贫攻坚，文化先行。按照“干群携手决战脱贫攻坚”的主题，深入开展脱贫攻坚及关爱留守儿童慰问演出活动，丰富村小学及村人民群众文化生活，寓教于乐，弘扬和传承中华民族优良传统，为社会主义新农村建设提供精神动力和文化支撑，为“决战脱贫攻坚、决胜全面小康”营造积极、健康、向上的文化氛围。

2018年5月31日，铜仁学院艺术学院党委组织文艺小分队，赴德江县平原镇南坪村开展“文化下乡助力脱贫攻坚暨六一儿童节关爱演出”活动。平原镇镇长陈用、党委副书记张杰、社会服务中心主任先克刚及艺术学院党委书记崔德虎、学生党支部书记龙黎、团总支书记张少涛、党政办公室主任麻晔斐等出席并观看了此次文艺演出。演出在独唱《苗岭飞歌》中拉开序幕，优美的旋律、欢快的舞姿、婉转而悠扬的歌声将现场观众带进浓浓的艺术氛围之中；激情昂扬的舞蹈《快乐循环》舞出了国家的扶贫政策的风采；舞蹈《洗衣歌》、朗诵《要是你在野外迷了路》贴近生活实际的表演感染了在场的老百姓和孩子，很多老百姓和孩子不惧天气的寒冷认真观看演员表演；二胡独奏《天路》和独唱《打工的爸妈》《驻村干部》更是将文艺表演推向高潮。嘹亮动听的歌声，柔美动人的旋律让现场氛围热闹非凡，观众们看到精彩之处，还不忘用手机记录下难忘的瞬间。演出最后在节奏欢快的群舞与演唱《幸福小康路》和手语《感恩的心》中落下帷幕。本次活动旨在为宣传好、贯彻好、落实好党的十九大精神，以文化助推扶贫攻坚，提高文化惠民服务，丰富孩子们的业余文化生活，满足广大基层群众和孩子们的精神文化需求，让党的十九大精神和扶贫政策家喻户晓、深入人心。

图5　艺术学院师生赴德江县平原镇南坪村演出合影

图6　覃春江老师在南坪村演唱《驻村干部》

2. 新闻报道二

铜仁学院文艺小分队2018年“乡风文明助推脱贫攻坚乡村振兴”
文艺巡演走进铜仁市碧江区河西街道新庄村
（多彩贵州网）

2018年6月15日晚，整洁美丽的碧江区河西街道新庄村里，歌舞欢腾，老百姓的欢呼声此起彼伏。艺术学院文艺小分队2018年“乡风文明助推脱贫攻坚乡村振兴”文艺巡演走进了新庄村，为当地村民带去了精彩的文艺节目，给老百姓呈上了一场丰盛的文化盛宴。铜仁市司法局党组书记、局长张翼，艺术学院党委书记崔德虎，铜仁学院党委宣传部副部长杨学礼，碧江区河西街道办事处主任吴頔等到场观看巡演。本次巡演由铜仁市精神文明建设指导委员会、中共铜仁市委宣传部主办，旨在通过接地气的文艺作品，着力宣传党的好政策，弘扬农村时代新风尚，激发贫困群众内生动力，推动广大农村形成人居环境好、社会风气好、干群关系好的喜人局面，助推全市脱贫攻坚和乡村振兴。

巡演中，艺术学院党员青年教师覃春江带来的歌曲《驻村干部》，以朴实的语言、优美的旋律、深情的演唱，对满怀激情奔赴农村一线、真情服务贫困乡亲的驻村干部给予了讴歌，使现场的观众感动得热泪盈眶。学生的书画表演《勤廉照花开》融合国画、书法和琵琶、古筝演奏为一体，描绘了党政清廉、社会文明、乡村振兴的景象，也展现出了艺术学院学子才华横溢、专业扎实、技艺精湛。还有小品《苦乐村官》《懒汉脱贫》、二胡独奏《战马奔腾》、舞蹈《龙腾狮跃》等节目，都令老百姓们欢呼雀跃、赞不绝口、鼓掌叫好。巡演中，不仅通过歌舞、小品的形式给老百姓们带来了娱乐，还结合知识问答的形式，与现场的观众朋友进行互动，将党和国家的好政策进行宣传，给老百姓们带去了文化知识，为助推乡风文明、脱贫攻坚、乡村振兴贡献了智慧和力量。

图7　铜仁学院文艺小分队赴碧江区河西街道办事处新庄村巡演现场

图 8　覃春江老师在新庄村演唱《驻村干部》

3. 新闻报道三

铜仁学院文艺小分队 2018 年“乡风文明助推脱贫攻坚乡村振兴”
文艺巡演走进碧江区瓦屋乡司前村
（时代先锋网）

2018 年 6 月 19 日晚，由铜仁市精神文明建设指导委员会、中共铜仁市委宣传部主办，铜仁学院党委宣传部承办，艺术学院党委协办的“2018 乡风文明助推脱贫攻坚乡村振兴”文艺巡演在碧江区瓦屋乡司前村陈家寨举行，该村全体村民齐聚一堂观看了演出。市直机关工委常务副书记、市脱贫攻坚驻瓦屋乡督查组组长黎滨江，碧江区委常委、常务副区长高应军，艺术学院党委书记崔德虎，碧江区委常委、宣传部部长陈小燕等出席活动。

文艺演出开始前，表彰了“卫生先进村民小组”和“最美媳妇”“最美婆婆”“最美乡邻”“最清洁之家”等先进集体和个人；驻村工作队队长、第一书记介绍了帮扶司前村的工作情况和当前变化及下步工作计划。陈小燕作了讲话，她对开展的本次文艺巡演活动表示热烈欢迎，对参演师生表示十分感谢，并预祝活动取得圆满成功。巡演中，开场舞《龙腾狮跃》拉开了序幕，紧接着由教师徐琳玲与田淼演绎的黄梅戏《夫妻双双把家还》得到了现场观众的热烈掌声；师生们表演了《幸福小康路》《四个好政策》《驻村干部》等 11 个精彩节目，令村民们鼓掌叫好，鼓足了“决战脱贫攻坚、决胜同步小康”的士气。

图9　铜仁学院文艺小分队赴碧江区瓦屋乡司前村巡演现场

附：《驻村干部》歌谱（示意图）

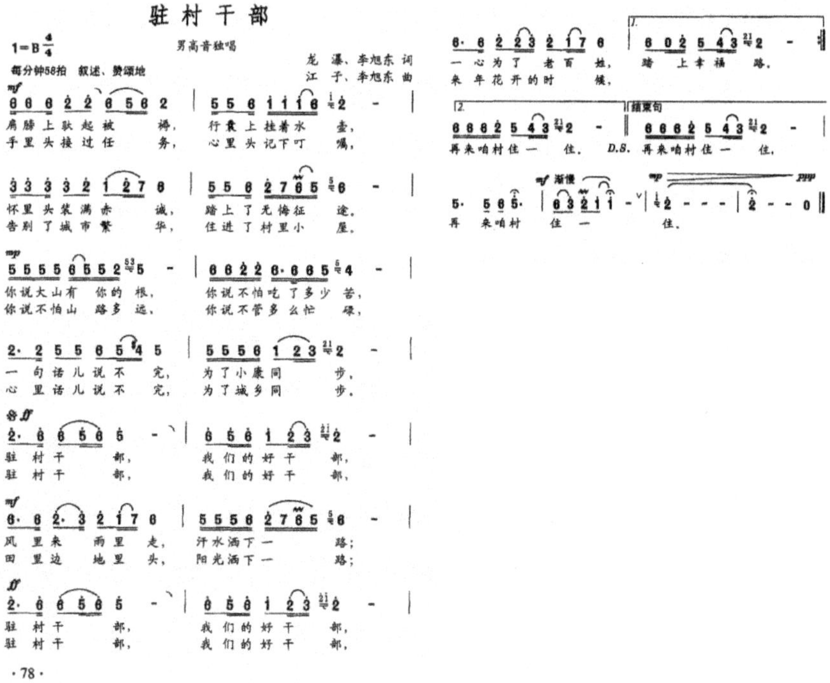

（作者系铜仁学院艺术学院教授）

新时代乡村教育助推农村产业革命的理论研究与实践探索

左文

一、项目概况

（一）项目名称：新时代乡村教育助推农村产业革命的理论研究与实践探索

（二）主持人：梁成艾、白强

（三）经费来源及数额：松桃县政府、铜仁学院社会服务项目培训基金

（四）委托单位：铜仁学院

（五）服务类别：人才、科研、技术服务

（六）实施时间：2018 年 9 月至 2021 年 9 月

（七）实施地点：铜仁市松桃苗族自治县正大镇

二、项目获得过程

2018 年 1 月 2 日，中共中央、国务院发布了《中共中央国务院关于实施乡村振兴战略的意见》，指出："繁荣兴盛农村文化，焕发乡风文明新气象，加强农村基层基础工作，构建乡村治理新体系，提高农村民生保障水平，塑造美丽乡村新风貌，汇聚全社会力量，强化乡村振兴人才支撑，坚持和完善党对'三农'工作的领导的要求。"

2018 年 3 月 17 日，中共贵州省委、贵州省人民政府发布了《关于乡村振兴战略的意见》，为扎实推进新时代贵州乡村全面振兴提出了具体的实施意见。

2018 年 5 月 31 日，我校印发了《铜仁学院服务农村产业革命的方案》，指出：我校以生态茶、中药材、生态畜牧业、蔬果菌支柱产业，推进乡村产业发展、持续关注乡村教育、促进乡村教育公平发展，注重乡村优秀传统文化的挖机

和创新，助力乡村文化振兴的目标任务。根据学校的部署，教育学院梁成艾院长提出了教育服务农村行业革命——新时代乡村教育助推农村产业革命理论与实践研究的战略部署。项目以基础教育、中学教育、职业教育、成人教育四大板块为核心，以乡村课程体系开发为载体，以培养乡村孩子的爱家、爱农村、爱土地情感，农村妇女幸福感，新型农民种植技术提升为目标。从兴盛农村文化、乡村振兴人才等方面助推乡村发展。

三、项目实施预期目标

教育服务农村产业革命项目以中共中央、国务院发布的《中共中央国务院关于实施乡村振兴战略的意见》文件精神为指导思想，以促进乡村教育发展、助力农村产业革命、民间民俗文化开发为内容。以点带面，以经验推广的形式推进乡村发展。项目预期目标有以下几点：

一是为农村学生素质培养、教师教学科研、学校教育管理、校本课程开发等方面提供科学咨询和指导，促进“学生—教师—学校”三位一体全面发展；二是开展结对帮扶活动，协助地方学校引导学生顺利成长、健康发展，助力教育精准扶贫脱贫；三是培训新型职业农民、助力农业产业升级、助力民俗文化开发。

四、项目内容

（一）构建乡村基础教育教师素质提升体系

与相关行政机构共建铜仁市农村基础教育教师发展中心，中心形成与高校—政府—学校教师发展共同体，以促进农村小学、幼儿园教师教学能力、校长（园长）治校能力、科研能力发展为目标。具体内容如下：

1. 农村基础教育教师素质提升工程

（1）岗前教师教学能力提升项目

岗前教师教学能力的提升对象主要包括农村小学、幼儿园新聘教师。培训课程主要包括学科知识、教育理念和教学能力等。培训方式主要有集中培训与校本研修相结合、自由研讨与互动交流相结合、理论学习与典型带动相结合、自主学习与集中讲授相结合等。

（2）普通型教师教学能力提升项目

普通型教师是指从事教育工作三年以上的非骨干教师。培训课程主要包括：教师职业道德、教育政策法规模块；教育最新动态和发展趋势模块；专业素质拓展模块；专业技能提高模块；教研活动设计模块。培训方式主要有专题研讨、主题讲座、案例分析、跟岗研修、名校（园）考察交流等。

（3）骨干型教师教学能力提升项目

骨干型教师是指从事教育工作三年以上的校（园）优秀教师。培训课程主要包括教育部《“国培计划”课程标准（试行)》和教育部有关小学幼儿园教师专业标准的基本内容，突出骨干型教师发展的专业理念、专业知识和专业能力三个维度及三个维度之下的 9 个课程模块。培训方式主要有“实践渗透，差异培训、后期跟踪”的模式，通过专题讲座与参与式教研结合、集中研修与持续专业支持相结合、理论指导和实践指导相结合、个人学习与团队合作相结合等。

（4）乡村教学名师培育项目

乡村教学名师工程以农村 45 岁以下、获得过校级或校级以上奖励的教师为主体。采用三段式（铜仁市教育局—铜仁学院—中国人民大学）培养模式，遵循教师专业发展和名师成长的规律，通过双基地培养、双导师指导、双渠道交流等方式，坚持集中培训与岗位研修相结合、理论学习与实践锻炼相结合进行个性化、针对性的培养。

（5）农村校（园）长研修班项目

开设专门针对农村学校校（园）长的研修班，研修课程主要包括：治校（园）理念与能力提升；校（园）文化建设；学校发展、高水平师资队伍建设；教科研水平提升；信息技术在学校管理中的使用等。培训方式主要是理论学习和实践指导相结合。

（6）农村小学、幼儿园班主任管理能力提升项目

建设高校教师 + 农村小学班主任、园长信息沟通平台，以班主任实践问题、学生心理健康教育、班级管理、未成年人思想道德教育、相关教育政策法规等相关专题为内容进行即时咨询指导，结合专题讲座、案例分析和小组研讨等模式，提升农村小学、幼儿园班主任管理理念和管理能力。

2. 农村基础教育教师研究能力提升项目

（1）农村教育研讨会

依托铜仁学院学术研究资源，定期组织开展关于农村、幼儿园的学术研讨会议，从理论与实践相结合的层面提升教师教育教学研究能力。

（2）教师科研能力提升

以试点区县为重点，成立校—校（园）课题研究学习小组，构建课题研究学习小组的网络平台，以实践问题为导向，通过各种形式定期组织研讨。帮助农村小学教师、幼儿园教师掌握教学研究的方法，研究策略，指导试点区县农村学校、幼儿园教师选题、论文、标书撰写和课题申报。

（3）“高效课堂”改革研究

高校课堂的改革采用专题讲座、优质课展示、案例分析等方式，从教学理念、教学的组织方式与展开路线（从关注课堂教学的静态品质向关注课堂动态品质转变）、教学双边效果等方面进行改革，实现课堂教学的高效化与生态化发展。

（二）搭建服务于培养农村学生“三爱教育”工作站

“三爱教育”是指爱农村、爱农业、爱农民，以本土民族性、地域性、独有性的校本课程为载体，幼儿孩子通过感知、小学学生通过体验、初中学生通过实训的方式，培训学生对乡村生活、乡村建设、乡村文化的热爱，把乡土情怀根植于学生道德体系之中，为培养新型农村建立情感基础。

（三）新型职业农民培训

以农民为重点对象，开展以“知识—技术—创业”为主线的专题培训和指导，培养懂技术、能创业、会创业的现代新型职业农民。

（四）服务农村“农旅一体”产业发展

依托“一站一所一社”开展“三业”指导服务，组织相关专家对当地的民族歌曲、民间绝技进行收集、整理、包装等方面的设计指导，打造民俗文化品牌，促进民俗文化产业走出去，带动农村旅游业发展。

（五）引领农村基层党建开展

依托乡村讲习所平台，与地方党组织开展党建联建，建设“三个工程”，发挥党组织优势和党员先锋模范作用，引领农村产业革命。

五、项目实施情况

（一）项目具体任务

1. 提升乡村教育质量

（1）促进乡村学校—教师—学生的渗透性发展

乡村教育质量的问题在于师资问题，师资的教学水平是制约乡村教育质量的关键。项目以教育改革试验点问题为核心，以学生素质培养、教师教学科研、学校教育管理、校本课程开发等为内容，全面探索新时代背景下乡村教育改革模式，以点带面的经验推广模式全面提升乡村教育质量。

（2）培训培养现代新型农民

动员组织农民，开展专题培训，提高农民综合素质，培养现代新型职业化农民。

2. 助力农村产业革命

（1）助力农业产业升级

在改革试验点传统优势产业（果业、茶业、油茶业）方面，通过专家在种植、管理、采摘、加工、储存、运输、营销等技术上的咨询指导服务，提高产品品质，增加附加值，增加农民收入，增加企业利润。

（2）助力民俗文化开发

对苗族情歌、花鼓舞、敬酒歌以及“上刀山”“下火海”“捞油锅”“钢针穿喉”等民俗文化产业发展提供发展策略、开发规划、收集整理等方面的指导，开发民俗文化产业，打造地域民族特色，带动旅游事业发展。

（二）项目实施保障

1. 组织保障

（1）成立领导组

由校领导组成工作领导组，指导方案顶层设计和沟通协调工作。

（2）设立办公室

办公室设在铜仁学院（挂靠教育学院），由铜仁学院校领导担任办公室主任，教育学院相关领导担任副主任，综合协调各项工作。办公室成员由教育学院相关科室负责人、试点学校（幼儿园、小学、初中）相关负责人组成，负责推进各项日常工作。

（3）组建专家团队

以铜仁学院校内专家、教师为主体，以邀请校外专家为辅助，组建“教育、农培、产业、党建”四支专家教师队伍，分类开展工作。

2. 机制保障

在内部机制上，校级层面出台了《铜仁学院社会服务管理办法》《铜仁学院专业技术人员岗位竞聘办法》等管理制度；院级层面出台了《教育学院社会服务奖励办法》《教育学院教师柔性挂职管理办法》等相关制度；在外部机制的构建上，通过前期的沟通，目前已经初步建立了高校—市教育局—发改委—社保局—实验点政府—实验学校的多方对话平台，沟通平台建立的同时，也初步构建了专家团队体系。

3. 资源保障

改革试验点果业、茶业、油茶业、原材料加工业、旅游业发展初具规模；教育改革试验学校教育改革愿望强烈；试验点政府能提供强有力的行政支持；学校领导的高度重视、项目团队构建的多方专家团队及提供社会服务培育项目的培育基金支持等资源为项目的实施提供了强有力的保障。

（三）项目实施过程

2018 年 5 月 12 日，项目团队召开了以“回顾—展望—提升”为题的社会服务专题座谈会，会议主要讨论了社会服务定位、社会服务与教学关系、教师—项目—社会服务科关系、项目引进的策略、社会服务服务范围、社会服务品牌打造问题等问题。会议提出：社会服务，一是定位上要紧紧围绕“教育教学”定位；二是策略上既要考虑服务对象个体需求，也要考虑学校需求；三是路径上要打造具有胜任力的团队，打造精品项目和服务品牌；四是社会服务要扎根地方，倾向乡村，促进乡村发展。

2018 年 6 月 8 日，项目团队召开了以“教育服务农村产业革命推进会”，提出了深入本区域校政企行实地调研思路。

2018 年 8 月 18 日，梁成艾院长组织项目团队召开了第三次会议，确定了教育服务农村行业革命——新时代乡村教育助推农村产业革命理论与实践研究的战略部署，并组织项目团队成员深入几个待选点实地考察，最终确定铜仁市松桃县大兴镇为本项目的试验点。

2018 年 8 月 31 日，邀请了学校、铜仁市教育、农委脱贫办、发改委、松桃县正大镇相关领导、专家、教育工作者参加了项目团队召开的“教育服务农村产业革命”研讨会，会议围绕教育服务农村产业革命的服务内容、模式、目标等方面展开了热烈的讨论，提出了以实现农村振兴要以建设未来新农村、培育新型职业农民、建立新时代乡村生力军的工作目标。接下来将按照项目规划，从乡村教育质量提升、现代职业农民培训、农村产业发展服务、农村基层党建引领等方面推动项目的开展。

2018 年 10 月 11 日，项目组白强博士、教育学院社会服务科科长左文再次到铜仁市松桃县正大镇人民政府与正大镇政府、正大镇中学、小学幼儿园主要领导开展意见征求座谈会，座谈会主要围绕《新时代教育服务农村产业革命实施方案》展开讨论，会上对实施方案的可行性、操作性再次进一步讨论和论证。

图 1　教育服务农村产业革命推进会

图 2　2018 年 8 月 31 日项目团队组织召开研讨会

图 3　铜仁学院教育学院白强博士介绍方案具体情况

图 4　教育学院项目团队与正大镇人民政府、中小学、幼儿园教师座谈

六、项目实施预期效应

（一）人才培养效应

项目的完成，一方面将有效实现农学、旅游、教育、加工业人才的整合，实现跨专业式培养教育实践人才、综合性人才；另一方面有利培养一批具有种

植、加工、销售为一体的新型农民，促进乡村人口素质的提升。

（二）师资队伍建设效应

课程教学的建设实现从教室向葡萄园、茶园、加工厂、少年宫、农民讲习所的转变，从教学方式的改革上来说，不仅是教学方式的转变，也是教学理念的一次革新。

（三）科学研究效应

项目以新时代乡村教育实际需求为研究对象，以解决当下乡村教育实践难题为目标展开研究，探索适合大产业、大调整、大转移背景下乡村教育的模式，以点带面，以试点先试、逐步推广方式推动乡村教育为农村产业革命服务。

（四）社会服务效应

教育服务农村行业革命——新时代乡村教育助推农村产业革命理论与实践研究的战略部署符合当下党和国家发展方向和发展要求。项目几乎涵盖了校—政—企—行领域。项目的开展，充分体现了我校在地方教育发展过程中顶层设计的能力，提升了我校在区域政府、企业、行业、乡村的影响力。

（作者系铜仁学院教育学院讲师）

教育扶贫提升碧江区坝黄镇逸夫中学教学质量

张思华

一、项目概况

（一）项目名称：坝黄逸夫中学支教活动

（二）主持人：张思华

（三）委托单位：坝黄逸夫中学

（四）服务类别：人才服务

（五）实施时间：2018 年至 2019 年

（六）实施地点：铜仁市坝黄镇

二、项目获得（争取）过程

（一）项目来源

2013 年 10 月，教育部、国家发展改革委、财政部一起发布《关于全面改善贫困地区义务教育薄弱学校基本办学条件的意见》（教基一〔2013〕10 号），提出“提高教师队伍素质。要特别抓好农村教师队伍建设，通过实施农村义务教育学校教师特岗计划等多种方式，完善农村教师补充机制。推进县域内校长教师交流轮岗，提高城镇中小学教师到乡村学校任教的比例”。该计划也被称为“全面改薄”计划。

2015 年 10 月，贵州省教育厅根据《教育部关于进一步做好全面改善贫困地区义务教育薄弱学校基本办学条件有关工作的通知》（教督函〔2015〕1 号）和全国改薄办《全面改善贫困地区义务教育薄弱学校基本办学条件信息公开公示暂行办法》（全国改薄办函〔2015〕2 号）要求，对“全面改薄”项目规划学校名单进行公示，而项目委托单位坝黄逸夫中学作为贵州省铜仁市碧江区坝黄镇地区唯一的寄宿制乡镇初中名列其中。

2016 年 9 月，贵州省第十二届人民代表大会常务委员会第二十四次会议通过《贵州省大扶贫条例》，该条例第二十八条提出实施乡村教师支持计划和贫困地区定向人才培养计划，完善城市教师到贫困地区支教、任教和城乡教师交流制度。

2017 年 9 月，铜仁学院出具《铜仁学院社会服务管理办法》，支持教师通过人才服务的方式，由教师提出申请、专业学院派出的方式，教师可以进驻行业企业进行社会服务。

2017 年 12 月，铜仁学院艺术学院与坝黄逸夫中学分管教务的李再清校长取得联系，通过支教的方式对坝黄逸夫中学进行教育扶贫，促进城乡教师交流，提升乡村教学质量。

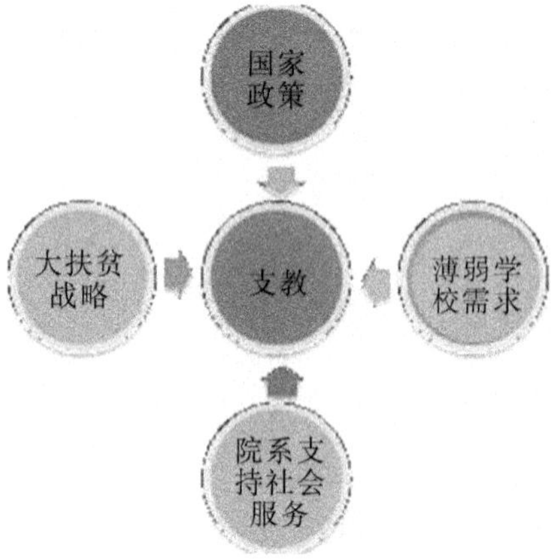

图 1　项目来源示意图

图 2　项目落实流程示意图

（二）协议书（合同书）内容

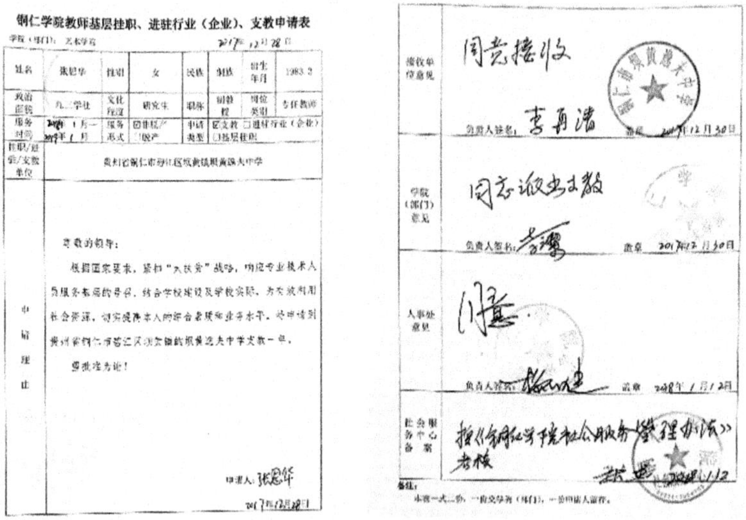

铜仁学院教师基层挂职、进驻行业（企业）、支教申请表

学院（部门）：艺术学院　　2017年12月28日

姓名	张思华	性别	女	民族	[illegible]	出生年月	1983.2
政治面貌	九三学社	文化程度	研究生	职称	副教授	岗位类别	专任教师
服务时间	2018年1月—2019年1月	服务形式	☑非脱产 □脱产	申请类型	☑支教 □进驻行业（企业）□基层挂职		
挂职/进驻/支教单位	贵州省铜仁市碧江区坝黄镇坝黄逸夫中学						
申请理由	尊敬的领导：根据国家要求，紧扣"大扶贫"战略，响应专业技术人员服务基层的号召，结合学校建设及学校实际，充分利用社会资源，切实提高本人的综合素质和业务水平，特申请到贵州省铜仁市碧江区坝黄镇坝黄逸夫中学支教一年。望批准为谢！申请人：张思华 2017年12月28日						

接收单位意见	同意接收　负责人签名：李再清　盖章　2017年12月30日
学院（部门）意见	同意派出支教　负责人签名：[illegible]　盖章　2017年12月30日
人事处意见	同意　负责人签名：[illegible]　盖章　2018年1月12日
社会服务中心备案	按《铜仁学院社会服务管理办法》考核　2018.1.12

备注：本表一式二份，一份交学院（部门），一份申请人留存。

图3　铜仁学院教师基层挂职、进驻行业（企业）、支教申请表（示意图）

（三）协议书（合同书）签订

接收时间：2018年2月26日

接收地点：坝黄逸夫中学

接收人：李再清

派出支教教师：张思华

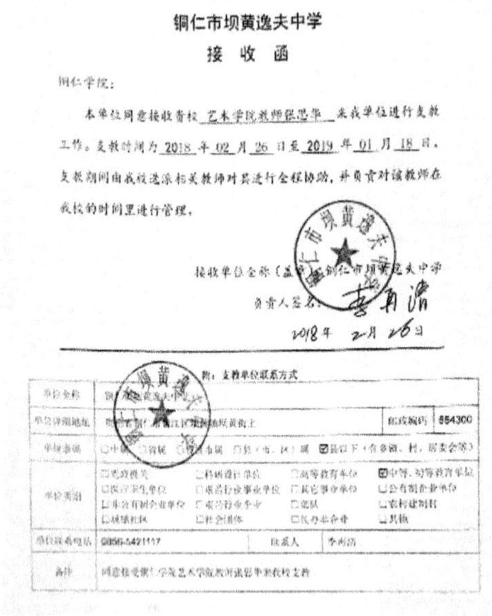

铜仁市坝黄逸夫中学
接　收　函

铜仁学院：

本单位同意接收贵校<u>艺术学院教师张思华</u>来我单位进行支教工作。支教时间为<u>2018</u>年<u>02</u>月<u>26</u>日至<u>2019</u>年<u>01</u>月<u>18</u>日，支教期间由我校选派相关教师对其进行全程协助，并负责对该教师在我校的时间里进行管理。

接收单位全称（盖章）：铜仁市坝黄逸夫中学
负责人签名：李尚清
2018年2月26日

附：支教单位联系方式

单位全称	铜[illegible]黄逸夫中学		
单位详细地址	[illegible]江区[illegible]坝黄街上	邮政编码	554300
单位隶属	□中央 □省属 □[illegible]市属 □县（市、区）属 ☑县以下（含乡镇、村，居委会等）		
单位类别	□党政机关 □科研设计单位 □高等教育单位 ☑中等、初等教育单位 □医疗卫生单位 □[illegible]事业单位 □其它事业单位 □公有制企业单位 □非公有制企业单位 □[illegible]企业 □部队 □农村建制村 □城镇社区 □社会团体 □民办非企业 □其他		
单位联系电话	0856-5421117	联系人	[illegible]
备注	同意接受铜仁学院艺术学院教师张思华来我校支教		

图4　坝黄逸夫中学接收函（示意图）

三、项目实施情况

（一）项目具体任务

（1）充分利用高校教师教学研究、科研能力，通过讲座、培训等方式，组织坝黄逸夫中学本校教师进行学习，引入更新的教学理念，提升坝黄逸夫中学教学质量，同时进行学术科研讲座，促进坝黄逸夫中学教师在教研、科研方面的提高。

（2）利用支教教师张思华的苗绣特长，结合专业特色，除了美术课堂教育之外，结合“传统文化进校园”活动，提高学生的美学认识。利用课余时间，和寄宿制学校的特点，组织社团活动，让学生通过“乐学”“爱学”的方式，将铜仁地区的传统文化和传统手工艺介绍给学生。

（3）与支教教师本身专业、科研项目相结合，通过在坝黄逸夫中学的社团活动，探讨铜仁地区传统手工艺在教育领域中的传承方式，同时根据学生的接受程度和制作速度，搜集相应数据，为传统手工艺寻求更多的传承方法，并且为铜仁学院美术学师范专业学生在中小学就业后开设传统手工艺教学课程做相应准备。

（二）项目实施保障

1. 组织保障

本次支教活动为期一年，分两个学期，在教师申请、支教学校同意接收、铜仁学院艺术学院同意派遣、人事处同意、社会服务中心备案后开展。

图 5　支教申请流程

2. 机制保障

我校社会服务中心在 2017 年 09 月出具《铜仁学院社会服务管理办法》以后，在 2018 年《铜仁学院社会服务管理办法（修订版）》中对于支教这一块给出了更加明确的积分认定和考核方法，大大激发了老师参与社会服务的积极性。

同时，根据贵州省人力资源和社会保障厅文件《关于做好 2017 年职称工作有关问题的通知》（黔人社厅〔2017〕260 号文件）中关于建立专业技术人员服务基层长效机制的规定，省、市级教育机构技术人员晋升中级职称前，须到县级及以下单位累计服务 1 年以上；晋升高级职称前，须到县级及以下单位连续服务 1 年以上，累计服务 2 年。去贵州省内乡镇（城关镇、市区政府所在地之外）教学力量薄弱的学校支教，也成了教师们达成评职称下基层条件的一个选择。

3. 资源保障（人力、场地、设施设备等）

在保证铜仁学院正常教学的前提下，支教活动利用铜仁学院教师无课的时间，采用非脱产的方式进行。根据支教教师主要从事的教学工作，坝黄逸夫中学安排相应的课程，并根据支教教师的情况，在满足相应文件规定的半脱产支教课时需求的情况下，尽量安排在下午的时间段上课。

坝黄逸夫中学也指派了本校老师与支教老师进行一对一对接辅导，保障支教活动顺利展开。与支教教师张思华对接的冯燕老师原就是铜仁学院艺术学院2010级美术学专业学生，是张思华老师的学生，现在坝黄逸夫中学担任美术教师一职。可以说，冯燕老师与张思华老师从原来的师生关系转变为现在的同事关系，是铜仁学院艺术学院在师范教育输出时，对地方教育做出的一种贡献。除了教学外，坝黄逸夫中学还在该校乐学楼指定了一间美术教室作为“传统文化进校园”的活动室，尽可能地为支教老师辅导开展社团活动提供条件。

（三）项目实施过程

1. 开展美术校级公开课

为进一步提高教师的专业素养和能力，夯实教师驾驭课堂的基本功，项目支持人张思华老师和坝黄逸夫中学指派的对接辅导老师冯燕相继在坝黄逸夫中学开展公开课教学活动。并通过教研室听课、在不同班级讲授同一内容的方式，查漏补缺、相互督导、相互借鉴。作为高校支教教师，张思华老师辅导冯燕老师针对《板报设计中的字体设计》的章节内容，反复练习，从PPT制作到课堂设计，从游戏导入课程内容到课堂作业内容的布置点评，力争让冯燕老师上好该课，为参加区级美术优质课评选活动做准备。

图6　教研室、校领导听课

2. 开展课外相关知识讲座

为开阔学生视野，引领学生成长，项目支持人在教授课本知识之外，更多的是通过举办讲座的方式，为坝黄逸夫中学的初中生们介绍前沿知识、当地民族文化知识。学生在讲座开展时不断与支教教师互动，提出各式各样的想法，在《21世纪日本日常生活用品设计》讲座时，学生对现代日用品设计表示非常新奇，并且有同学表示在长大后，想尝试一些新的经过设计的日用品，让自己的生活不一样起来。

图7　在班级开展课外知识讲座

图8　在坝黄逸夫中学开展校级讲座

3. 组建社团

项目主持人支教教师张思华除了本身具有设计背景，在支教过程中教授美术学科课堂知识以外，多年来还负责学院旅游商品设计、苗绣等课程，自身具有一定的苗绣功底。针对铜仁地区多民族混居、年轻一辈对本民族文化逐渐淡漠、坝黄逸夫中学学生以家庭留守儿童居多的情况，项目主持人利用课余时间组建刺绣之家社团，让学生了解铜仁地区苗族刺绣，培养他们对民族手工艺认识，提高学生的美学素养，促进美学教育。

图9　刺绣之家社团开班讲座

四、项目实施效应

（一）人才培养效应

在美术课课本知识之外，开阔视野的讲座知识介绍、非遗手工技艺的社团培训活动都使学生们获益良多。

例如非遗手工技艺社团——刺绣之家，在成立之初无论男女生都踊跃报名，在社团活动开展时，有的学生兴趣盎然，每次社团活动必到，不光为自己完成作业，还尽量多做，送老师以表达自己的谢意，送家里的兄弟姐妹表达自己的感情。而社团根据运行原则，制定了社团章程，确定了规章制度，还选择了几位同学作为社团组织骨干成员。考虑到支教教师是半脱产支教的情况，坝黄逸夫中学指定杨晓芬老师和冯燕老师在张思华老师无法前来的时间辅导社团活动，同时根据杨晓芬老师和冯燕老师对学生的了解，指定胡莉、张豪两名同学作为社团骨干成员，协助支教老师管理社团。胡莉主要负责社团成员的签到、材料的领取发放事宜，张豪主要负责开门、关门、组织卫生打扫的工作。两名同学也没有辜负老师的信任，在完成好本职工作以后，在社团里最快学会包括平针、打籽针、滚针等基础针法。通过社团的形式，学生不但学会了一门手工技艺，还培养了管理能力和人际交往能力，可以说一举多得。

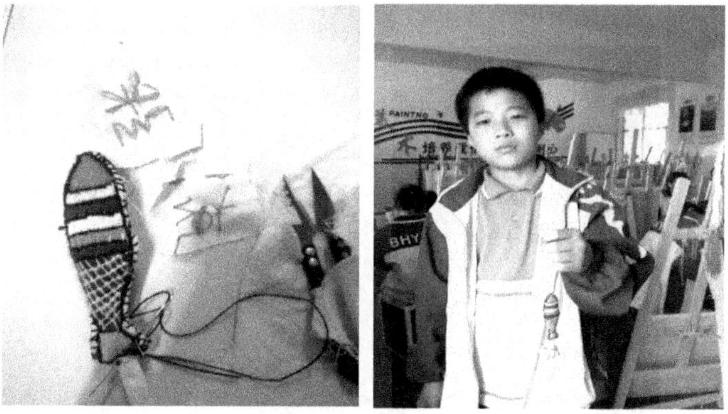

图 10　学生作品

（二）师资队伍建设效应

从冯燕老师那里，支教教师吸取了很多乡镇一线教师的课堂经验和解决实际问题的办法，对于从未到乡镇一线教学过、从不了解乡镇农村中小学生的高校教师而言，这是弥足珍贵的经历，教师以后在培养铜仁学院艺术学院美术学专业师范生时，也可以多传授一些与中小学生沟通的方法。特别是铜仁学院艺术学院走出来的师范生有很大一部分是考取的特岗教师，这就意味着他们以后更多接触的是农村乡镇的中小学生。作为培养师范生的高校教师，先了解师范生以后就业的环境、面临的问题，提前在高校课堂上进行相应的教学培养，是有一定意义的。乡镇工作的教师由于长期扎根一线，对先进的教育理念、教育方法没有更多的接触，也没有更多的了解，在支教过程中，支教教师引入新的教育方法、教育理念，也使乡镇教师学到了更多的专业知识。

在教研室老师和项目主持人的辅导下，《板报设计中的字体设计》一课，从 PPT 制作到课堂设计，从游戏导入课堂作业布置，再到点评都进行了精心设计，并在课余时间反复演练，最后坝黄逸夫中学的冯燕老师获得了 2018 年 4 月碧江区教育局组织的第二届初中美术优质课评选观摩交流活动二等奖。可以说这是一次高校教师和乡镇一线教师通力合作取得的良好成绩，也彰显了城市和乡村教师的交流成果。

图 11　坝黄逸夫中学冯燕老师获奖

在李再清校长的倡议下，针对乡镇一线教师教研科研项目申报能力较弱的问题，支教教师将在支教项目后面的时间中增加教师教研科研项目申报培训内容，为坝黄逸夫中学相关教师讲解项目申报方法和注意事项，既可以提高乡镇教师的教研科研能力，又可以帮助乡镇教师解决职称评定问题。同时，支教教师在开展自身科研项目时，请坝黄逸夫中学一线教师一起开展调研，通过旁观的方式，让他们了解一个教研科研项目是如何开展的，并从实际参与过程中，提炼出自己相关的研究目标，累积相应的前期成果和资料。

（三）科学研究效应

在项目实施过程中，项目主持人对少数民族家庭留守儿童有了进一步了解，对于初中生美学教育的实施、非物质文化遗产在中学生中传承的可能性和方法都形成了初步的观点，对于项目主持人 2015 年立项的教育部人文社科西部青年项目《贵州苗族手工艺在产品设计中的传承与应用研究》（课题编号：15XJC760007）和 2017 年立项的铜仁学院大学科技园项目《梵净山创意文化旅游商品研发室》（课题编号：trxykjy2017007）都带来了一定的启示，并填充了这两项科研项目研究成果的一部分内容。

坝黄逸夫中学的冯燕老师作为参与者，也加入了铜仁学院“梵净工坊”的申报，并在实际教学中，开始收集相应资料，累积第一手一线教学案例，为她自己以后申报相关教研科研项目做好准备。

（四）社会服务效应

1. 扩大学校影响，树立学校品牌

项目主持人考虑到少数民族杂居地区的文化传承需求和寄宿制学校学生的课余活动需要，将苗绣这一手工艺通过社团的方式带给初中生，激起他们对传统工艺的兴趣，该方式既成为坝黄逸夫中学在“传统文化进校园”活动中一个新的亮点，同时还得到了多彩贵州网的报道，扩大了学校影响力，使得铜仁学院和坝黄逸夫中学获得双赢。

数字贵州

铜仁学院支教老师：传承民族文化 把“苗绣”送进中学校园

多彩贵州网讯

社团成立

图 12　多彩贵州网对支教活动的报道

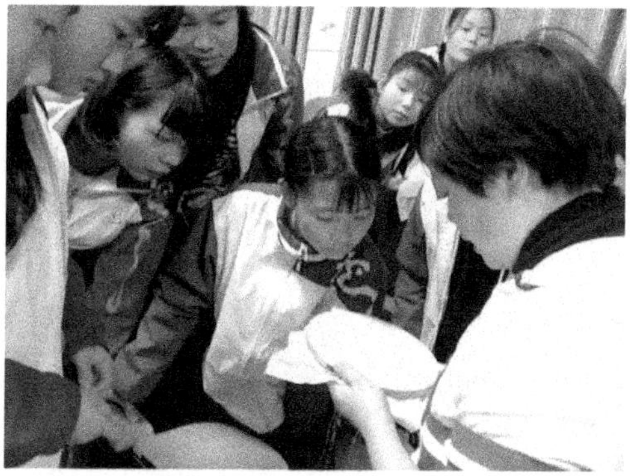

图 13　苗绣技法演示

2. 了解行业需求，引导教学改革

高校教师到一线乡镇中小学支教，了解了学生的实际需求，了解了中小学生的特点，回到学校以后有理可依、有据可查地教授师范专业学生教材教法，让师范专业学生到中小学工作以后，能更切实际地教授学生，形成良性循环，真正促进基础教育的提升。本次支教活动中，坝黄逸夫中学派铜仁学院艺术学院原美术学专业师范生冯燕与支教教师张思华对接，正是一次高校教师与乡镇教师紧密联系交流，促进双方教师再教育、再提高的探索。

3. 查缺补漏，提升社会服务能力

在此次坝黄逸夫中学支教活动中，既体现了高校教师的优势，同时也发现了高校教师自身的缺陷与不足。初中生相对本科学生更加活泼，对于不懂的知识，更倾向于马上就问，课题气氛更加热烈，作为教师要掌握大量的基础知识，才能回答学生们提出的各种奇妙的课堂内外问题，给予学生正确的引导。

与坝黄逸夫中学相比，高校教师评课缺少针对性。同样的听课，在数量上，坝黄逸夫中学要求的是高校要求的两倍；在质量上，每一次听课，坝黄逸夫中学教研组都要求录像；在反馈上，每次听完课后，坝黄逸夫中学教研组都马上进行当面评课，每位听课老师都表达自己的意见，提出相应建议，尽力提高被听课老师的课堂质量。这些都是高校教研组缺少的，值得向中学教师借鉴学习。

（作者系铜仁学院艺术学院副教授）

大扶贫战略下川硐镇新塘民族小学艺术核心素养培育

余飞

一、项目概况

（一）项目名称：大扶贫战略下川硐镇新塘民族小学艺术核心素养培育
（二）主持人：余飞
（三）经费来源：川硐镇新塘民族小学
（四）委托单位：铜仁学院
（五）服务类别：人才服务
（六）实施时间：2017 年 1 月至 2019 年 12 月
（七）实施地点：川硐镇新塘民族小学

二、项目获得（争取）过程

作为教学服务型建设目标的铜仁学院，服务铜仁地区的社会发展与科技应用服务是其主要职能与定位，而人才服务、提升各级学校教育教学水平是体现其社会价值的最主要领域。同时，为积极响应党的“大扶贫”战略号召，贯彻 2017 年 6 月 6 日贵州省人力资源和社会保障厅发布的黔人社通〔2017〕260 号文件关于引导专业技术人员服务基层的要求，铜仁学院艺术学院教师以自身专业为优势，在乡镇学校开展教育扶贫项目。

目前，我国基础教育正从“知识本位”时代向“核心素养”时代转变，这是一个全球性的发展趋势。核心素养基于素质教育，又是对素质教育的提升与超越。核心素养理论的提出，一方面坚持了素质教育的方向和理念，另一方面回应了信息时代对个人、社会和教育发展提出的新挑战。学科层面上，核心素养带来的不仅是教学内容、教学手段的变化，还包括教学价值取向、教学设计理念以及教学结果评价等方面的整体转型。而贵州农村薄弱学校由于各方面的限制，对于学生核心素养的培育缺乏理论与实践指导。鉴于此，艺术学院高海珑博士、余飞博士和李秋焘副教授以学生核心素养培育为目标，在青岛希望小学和新塘小学开展民俗、音乐和美术核心素养培育活动。除日常以核心素养培育为目标的音乐、美术和民俗课程的教学外，他们每学期还带来关于核心素养培育的教育教学讲座和示范课，给学校教师以启迪。

三、项目实施情况

（一）项目具体任务

在新塘民族小学对学生进行音乐、美术与民俗的核心素养培育，并提升学校教师的核心素养理论与实践水平。

（二）项目实施保障

1. 组织保障

2017 年 9 月 16 日上午 9 时，铜仁学院人事处处长带领工作人员在艺术学院的职称申报动员会议上重点传达了贵州省人力资源和社会保障厅对于教师在基层各类学校开展支教服务要求的黔人社通〔2017〕260 号文件。之后，艺术学院教师积极联系边远山区的农村薄弱学校。同年，在学校社会服务科还未出台支教服务派出表格前，艺术学院已经制定了相关表格。同年底，艺术学院教师已经组团分布在各个基层学校，其中高海珑博士、余飞博士和李秋焘副教授组团围绕艺术核心素养培育在新塘民族小学开展支教服务，为本项目的顺利实施提供了有力保障。

2. 机制保障

2015 年 4 月 27 日，贵州省人力资源和社会保障厅与贵州省教育厅印发了新版贵州省高等学校教师系列专业技术职务任职资格申报评审条件（黔人社厅通［2014］756 号），其中第七款附则第二十二条规定：在任现职期间，支援基层（指我省乡镇，不含县、市、区、特区人民政府所在地的城关镇和街道）教学工作 1 年以上的教师，可提前一年申报评审高一级教师职务任职资格。

2017 年 6 月 6 日，贵州省人力资源和社会保障厅印发了黔人社通〔2017〕260 号文件“关于做好 2017 年职称工作有关问题的通知”，其中第三点第八条为建立专业技术人员服务基层长效机制：紧扣“大扶贫”战略，引导专业技术人员服务基层，省、市级医疗卫生、教育、农业机构技术人员晋升中级职称前，须到县级及以下单位累计服务1年以上；晋升高级职称前，须到县级及以下单位连续服务1年以上，累计服务2年；县级医疗卫生机构、教育、农业机构专业技术人员晋升中级职称前，须到乡镇累计服务满1年以上。今明两年达不到要求的，可先参加评审，评审通过的，应在聘期内补足服务基层要求年限。

至此，组织教师在乡镇学校开展支教活动是职称晋升的必备条件。同时，艺术学院社会服务科对支教服务项目进行派出与考核，铜仁学院社会服务科对支教服务进行协议备案与认定。

（三）项目实施过程

1. 成立项目实施团队

农村学校艺术核心素养培育项目由高海珑博士联系实施基地、完成艺术学院派遣手续的各级认定，余飞博士确定实施计划与目标、统一教学理念。

2. 项目实施过程

为了使艺术核心素养培育有计划地、系统地贯穿新塘民族小学与青岛希望小学音乐、美术与民俗等课程的学生培养中，并给基层教育灌输核心素养的理论与实践方法，本团队作了以下计划：

（1）2018年1月起，团队成员与支教服务学校校长在艺术领域开展核心素养培育问题的探讨，并分析学校师资、软硬件条件等各方面因素，确定了该项目分为课堂授课、课题申报与结题全程指导、示范课与教育教学讲座4个方面进行，前期支教服务至2019年12月底，后期根据基层学校需求继续开展。

（2）团队成员在各自领域开展课堂教学活动中，同时学习并贯穿核心素养培养的理念、目标与方法，使课堂变成核心素养培育的课堂：人文、技术、审美三位一体，德育、智育、美育全面发展。

（3）团队成员每人每学期完成1个示范课教学与2个教育教学讲座，指导基层学校教师在意识上觉醒、在理论上有支撑、在方法上有指导，将学生核心素养培育贯穿于日常教学中。

（4）团队对基层学校的课题申报、研究过程、结题等方面给予指导，并根据学校需求给予其他各方面的智力支持与保障。

四、项目实施效应

（一）人才培养效应

大扶贫战略下贵州农村学校艺术核心素养培育项目是为了使贵州农村薄弱学校的学生培养理念与方法紧跟当今世界潮流，适应当今世界对全面发展的人的要求，将国内外课程与教学论科学研究领域核心素养培育的前沿理论与方法带到这些学校，并给学校教师宽阔的视野与启迪，充分体现铜仁学院作为教学服务型大学“引社会服务之水，灌人才培养之田”的宗旨，提升农村学校学生学会学习、健康生活、有人文底蕴、有科学精神、有责任担当、实践创新的“全面发展的人”的培养水平。

除了在日常课程教学中贯穿核心素养的理念与方法外，教育教学讲座与示范课最能体现人才培养与师资建设方面的效应与作用。

（1）2018 年 5 月 18 日上午，铜仁学院艺术学院副教授高海珑博士为新塘民族小学师生举办了“小学语文教学中美育遗失与策略”教育教学专题讲座，全校老师和二年级学生倾听并参与讨论。

新课标要求语文核心素养的教学要提高学生的思想道德修养和审美情趣，但是传统教学方法往往忽略审美教育。高老师首先对美育进行了界定，通过对传统教学的分析，指出美育的遗失以及遗失的原因，同时提出了语文教育教学中的美育策略。高博士分别从语言、形象、意境、兴趣等方面进行了探讨，并指出老师自身素质，以及教材、教育体制、家庭等外部因素对美育的影响。

图 1　高海珑博士教育教学讲座

图 2　高海珑博士教育教学讲座

该讲座熟练运用教育原理和美学理论，依据传统语文教学现状对小学语文教育教学中的美育遗失和改进进行了深入探讨，引发老师的思考和学生的共鸣。讲座后大家热烈讨论，积极交流，为我校语文美育教育提供了理论指导。

2018 年 5 月 25 日上午，铜仁学院艺术学院副教授高海珑为新塘民族小学四、六年级学生进行了“‘二月二’的民俗和故事”示范课教学。

“二月二”是我国传统节日，高老师为民俗学专业博士研究生，她图文并茂、深入浅出地向学生解释了“二月二”节日的起源，全国各地“二月二”节日时的习俗，尤其重点描述了贵州各地的习俗，以及和习俗相关的故事、传说、歌谣等。

该课堂知识容量很大，但在高老师声情并茂的教学下，学生听得津津有味，对传统节日文化充满了好奇，获得良好的教学效果，并激发了他们对传统文化的学习兴趣。下课后，高老师让学生回家向长辈了解本地关于“二月二”的传统文化，同时向家长讲解本节课所学到的知识。该作业有利于培养学生核心素养，发展学生对传统文化的兴趣，同时有助于传统文化的传承和发展。

本节示范课是传统文化进校园教学模式的成功探讨，为本地传统地方文化如何走进校园提供了参考，同时对于实现核心素养中培养学生人文底蕴与科学精神起到了示范作用。

图 3　高海珑博士示范课教学

2018 年 5 月 25 日下午，铜仁学院艺术学院副教授高海珑为新塘民族小学师生举办了教育教学专题讲座“小学古诗词中的审美教育”。一直以来，以应试教育为主的教学忽视美育教学，尤其是忽视语文教学中的美育功能，古诗词作为一种文学艺术形式，以其自身的审美价值和独特的审美功能在小学教学中占据了重要地位。高老师曾经从事小学、中学语文教育十多年，她以丰富的教学经验和教学理论，阐释了小学古诗词中的美育因素，以及如何通过多种教学手段进行美育教育的策略，详细展示了如何通过朗诵、音乐、图画等引导学生领悟古诗词中的音乐美、语言美、形象美、意境美。

该讲座理论和实践相结合，个案和策略讲解穿插，对古诗词的美学因素以及美育教学分析入微，对小学古诗词教学中的美育问题进行了深入探讨。讲座结束，高老师还和各位老师进行了讨论交流，探讨语文教学中的美育实践，为我校的语文教学提供了指导。

图 4　高海珑博士教育教学讲座

图 5　高海珑博士教育教学讲座

（2）2018 年 5 月 18 日，铜仁学院艺术学院副教授余飞博士在新塘民族小学开展教育教学专题讲座“皮亚杰认知发展理论下的音乐学习心理特点”，基于瑞士心理学家皮亚杰的儿童认知发展阶段理论，对幼儿、小学生、中学生和大学生音乐学习心理特点进行了详细的讲解，对于了解培养学生音乐核心素养的方法与途径起到积极作用。新塘民族小学校长、教师及学生认真聆听了讲座。

图 6　余飞博士教育教学讲座

2018 年 5 月 25 日，铜仁学院艺术学院副教授余飞博士在新塘民族小学开展教育教学专题讲座《人的音乐能力的构成与培养路径》，基于教育学与心理学的丰硕成果，全面阐释了人的音乐能力的定义、音乐能力的构成、每一种音乐能力的培养方法及人的音乐能力健康发展路径，新塘民族小学校长、教师及学生认真聆听了讲座。讲座结束后，余飞副教授当场运用讲座理论进行了精彩的音乐欣赏芭蕾舞剧《天鹅湖》示范课教学，实现了核心素养中人文底蕴、科学精神、学会学习、健康生活等方面的培育。课堂气氛活跃，学生情绪饱满，神采飞扬。

图 7　余飞博士示范课

图 8　余飞博士示范课

（3）2018 年 5 月 18 日，铜仁学院艺术学院李秋焘副教授在新塘民族小学开展美术核心素养教育教学专题讲座《就地取材的美育》，对美育教育在中国的大致发展，如何在美育中培养学生核心素养等进行了讲解，并针对农村美育教育的特点“美育目的不明确”“学校不够重视”“农村学生经济条件决定的无法购买材料”这三个问题进行了分析，并提出建议和方法，提出就地取材的美育教育，用农村常见的植物、石头、泥土进行艺术创作，达到教书育人的目的，用美感化人、育人。新塘民族小学校长、教师及学生认真聆听了讲座，并对讲座内容十分喜爱，李老师的讲座开阔了学生和教师的视野，为农村美术教育提供了更多的可能，让学生和教师耳目一新，重新燃起对美术教育的希望。李老师的讲座对于新塘民族小学艺术教育方法的改革与教学效果的提升产生了积极影响与推动作用。

图 9　李秋焘副教授教育教学讲座

图 10　李秋燕副教授教育教学讲座

2018 年 5 月 25 日，铜仁学院艺术学院李秋燕副教授在新塘民族小学开展核心素养教育教学专题讲座“美育中的核心素养”，在讲座中她引用梁启超的观点：“情感教育的目的，不外将情感善的美的方面尽量发挥，把那恶的、丑的方面渐渐压伏淘汰下去，这种工夫做得一分便是人类一分的进步。”得出美育教育的最终目的，正如席勒所认为的那样：“审美教育中心是培养完美的人性。这样的人既有丰满的形式，又有丰富的内容，既有理性思维的能力，又有艺术创造的才能；既有性情温柔的性格，又有充满生机的活力。总之是一种青年性的想象和成年性的理论相结合成的完美的人性。”师生一致认识到，美育是教育不可或缺的一部分，需要坚持，讲座中的各种思想观点和碰撞让师生感受到美育对人性教育和培养人性完善的不可替代的作用，经过李老师对美育的讲解，大家深刻体会到美育的重要性，争取在以后的学校教育中加强美育教育。

讲座结束后，李秋燕副教授当场运用讲座理论进行了精彩的《植物贴画》美术示范课教学，用植物贴画来培养学生的核心素养中的自主发展与社会参与（学会学习，健康生活，实践创新），课堂气氛活跃，学生情绪饱满。课后学生和教师一致表示了对铜仁学院艺术学院李秋燕老师的喜爱，欢迎学院老师经常来支教。

图11　李秋泰副教授示范课

（二）师资队伍建设效应

通过教育教学讲座、示范课以及研讨会等形式，项目组对于新塘民族小学教师在核心素养内涵、培养学生核心素养的自觉、通过艺术课程培养核心素养的方法与过程等都有了一定的理解，使新塘民族小学课程教学模式在实现核心素养培养目标上具有明显的示范与促进作用。同时，支教团队教师在不断的理论学习与教学探索中对于核心素养的理解更为深刻和全面，教学中贯穿核心素养培育的能力与教学水平也有显著提高。

（三）科学研究效应

该项目实施过程中遇到了很多软硬件方面的困难，如师资的不足，物质条件的限制、学生现有素养水平不高等，引起了一系列思考。目前，项目组计划将“大扶贫战略下贵州农村学校艺术核心素养培育”作为研究范畴，以新塘民族小学作为个案研究的对象，以理论指导实践，对问题与不足进行分析归纳，探索解决方法与优化方案，这具有重要的时代性与现实意义。

（四）社会服务效应

1. 扩大学校影响，树立学校品牌

以支教形式的社会服务是体现铜仁学院教师卓越水平与智慧的重要平台，艺术学院派出的四十多位教师以及全校其他院系教师分布在不同的乡村基层学校，由量变到质变必然给铜仁地区的基础教育在新时代的课改带来较强的推动作用与深远影响，树立学校金字招牌与响亮口碑。从基层学校的调研情况看，现有的支教队伍在数量上还远远不能满足需求。

2. 了解行业需求，引导教学改革

核心素养培育是我国学校课程教育改革的前沿领域，实现核心素养培育的关键在于师资。铜仁学院艺术学院作为面向贵州省辐射西南地区音乐、美术师资培养的阵地，专业综合改革与专业培养方案的再次修订已刻不容缓。铜仁学院作为我国教育服务型大学建设的楷模，在侯长林先生的带领与全校教师的辛勤耕耘下，作为服务本地区基础教育教学的前沿阵地，迎来新的机遇与挑战的同时必将创造出美好的明天！

（作者系铜仁学院艺术学院副教授）

二、人才服务篇

思南县初中教师英数双学科
教学质量提升培训

张瑜璇

一、项目概况

（一）项目名称：思南县初中教师暑期培训项目

（二）主持人：田兴斌

（三）经费来源及数额：思南县教育局拨款

（四）委托单位：铜仁学院国际学院、田兴斌博士工作室、思南县教育局

（五）服务类别：人才服务

（六）实施时间：2018 年 7 月 19 日至 2018 年 7 月 23 日

（七）实施地点：思南县第三中学、思南中学初中部

二、项目获得（争取）过程

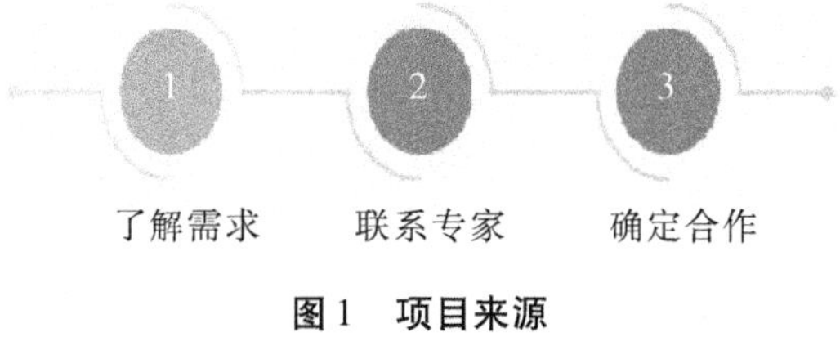

图 1　项目来源

为了丰富教师的教学理论，提升教师的教学技能，为教师自身的发展打下坚实的基础，特进行此次暑假培训。此次培训为思南英语教师们专业发展打下了基础，使青年教师更加明白核心素养在初中英语教学实践中的重要性，提高

了教师的业务素质和教学能力。本次培训邀请到了来自北京、上海、贵州等地的专家，专门为初中370位英语教师和408位数学教师进行培训。此外，还有来自中国政法大学、贵州大学、铜仁学院国际学院共12名学生志愿者进行志愿服务工作，共同为教育事业而奋斗。

三、项目实施情况

（一）项目具体任务

1. 参训教师认真学习理论知识，将理论知识运用于实践当中
2. 参训教师认真完成专家布置的每一项作业并及时上交
3. 作业讲评
4. 考试

（二）项目实施过程

1. 成立项目实施团队

铜仁学院国际学院、田兴斌博士工作室、思南县教育局联合主办，田兴斌博士工作室、罗来英名师工作室、黄顺权名师工作室承办。

表1　团队成员

	姓名	技术职务	学历	学院
教师	田兴斌	教授	博士	国际学院
	杨芹	副教授	硕士	国际学院
	鲁芮汐	副教授	硕士	国际学院
学生	姓名	年级	专业	学院
	陈忙琴	2015级	师范英语	国际学院
	艾永红	2015级	师范英语	国际学院
	陈玉容	2015级	师范英语	国际学院
	崔敬文	2017级	汉语国际教育	国际学院
	李丹丹	2017级	汉语国际教育	贵州大学
	梁岚	2015级	师范英语	国际学院
	蒲颖	2015级	师范英语	国际学院
	谭虹吉	2015级	师范英语	中国政法大学
	谭虹廷	2015级	师范英语	国际学院
	吴丹娜	2015级	师范英语	国际学院
	王瑾	2016级	语言学	贵州大学
	吴新婷	2017级	汉语国际教育	国际学院
	韩欣芝	2016级	汉语国际教育	贵州大学

2. 项目实施筹备

为了保证此次培训顺利开展，7 月 19 日，田兴斌博士工作室召开了思南初中教师暑期培训志愿者工作会，田兴斌在会议上强调了这次教师培训会的重要性，希望每位工作人员都认真负责地完成自己的工作，并提醒大家注意防暑，出行注意安全；罗来英校长对本次培训作出明确要求，并详细安排每位工作人员和学生志愿者的工作。

图 2　志愿者工作会议

表 2　英语组培训总课程表

上课时间：08：30—10：00　　14：30—16：00　　16：20—17：50				
	7 月 20 日	7 月 21 日	7 月 22 日	7 月 23 日
上午	《核心素养与初中英语教学实践研讨》（朱廷勇）	《基于核心素养下初中英语阅读教学的策略》（丁蓉）	《基于初中英语核心素养下学生学习能力的培养》（孙用英）	作业评价（罗朱英）
下午	《初中英语学习共同体的构建理论与实践》（陈钧）	《做一名合格的英语教师 AND A SUPER ENGLISH TEACHER》（曾钰）	《科研兴教，走可持续专业化发展之路》（龙水田）	考试（黄静）

在培训的过程中，专家们集体备课，为的是将所有要讲的内容更好地连贯在一起，让参训教师们学得更集中、更系统。因此，这也是保证此次培训顺利完结的重要因素之一。参训教师们认真听课做笔记，课间积极讨论专家在课上留下的问题，不仅是参训教师之间的讨论，也有很多教师勇敢地和专家一起深入讨论。培训专家们耐心地进行讲学，倾其所有介绍自己的经验，尤其是对于新手教师来说，这是受益匪浅的。

表3　数学组培训总课程表

思南县2018年暑期全员培训初中数学学科课程表								
7月20日	上午 8：30—11：30	班级	数学1	数学2	数学3	数学4	数学5	数学6
		地点	三中六楼大会议室					
		教师	上海市黄浦区光明初级中学副校长　彭本新					
	下午 14：30—17：30	班级	数学1	数学2	数学3	数学4	数学5	数学6
		地点	计算机1	913室	915室	三中六楼大会议室		
		教师	邹广德	徐正勇	黄顺权	曾文		
7月21日	上午 8：30—11：30	班级	数学5	数学4	数学6	数学1	数学2	数学3
		地点	计算机1	913室	915室	三中六楼大会议室		
		教师	邹广德	徐正勇	黄顺权	曾文		
	下午 14：30—17：30	班级	数学6	数学5	数学4	数学1	数学2	数学3
		地点	计算机1	913室	915室	三中六楼大会议室		
		教师	邹广德	徐正勇	黄顺权	贺爱平、阳吴宝		
7月22日	上午 8：30—11：30	班级	数学2	数学3	数学1	数学4	数学5	数学6
		地点	计算机1	913室	915室	三中六楼大会议室		
		教师	邹广德	徐正勇	黄顺权	贺爱平、阳吴宝		
	下午 14：30—17：30	班级	数学4	数学5	数学6	数学1	数学2	数学3
		地点	计算机1	913室	915教室	三中六楼大会议室		
		教师	邹广德	徐正勇	黄顺权	雷腾飞		
7月23日	上午 8：30—11：30	班级	数学3	数学1	数学2	数学4	数学5	数学6
		地点	计算机1	913室教室	915教室	三中六楼大会议室		
		教师	邹广德	徐正勇	黄顺权	雷腾飞		
	下午 14：30—17：30	结业考试：数学（1）班在三中六楼大会议室。数学（3）班911教室，数学（4）班912教室。数学（5）班913教室，数学（6）班914教室						

3. 项目实施过程

图 3　陈钧博士在为参训教师讲课

图 4　张谡博士在为参训教师讲课

图 5　罗来英校长为参训教师讲课

图 6　孙用英副校长为参训教师讲课

图 7　徐正勇老师为参训教师讲课

图 8　课间积极讨论实践的参训教师

此次一共有 12 名学生志愿者，其中有六名学生志愿者在思南县第三中学，为数学组的教师进行志愿服务活动，剩下的六名学生志愿者在思南县初中部进行志愿服务。我们的学生志愿者恪尽职守，认认真真地完成好自己的分内工作，与参训教师们一同坚守在教育的第一线，出色地完成了这次志愿者服务工作。

图9　志愿者风采

图10　志愿者小班主任正在巡视中

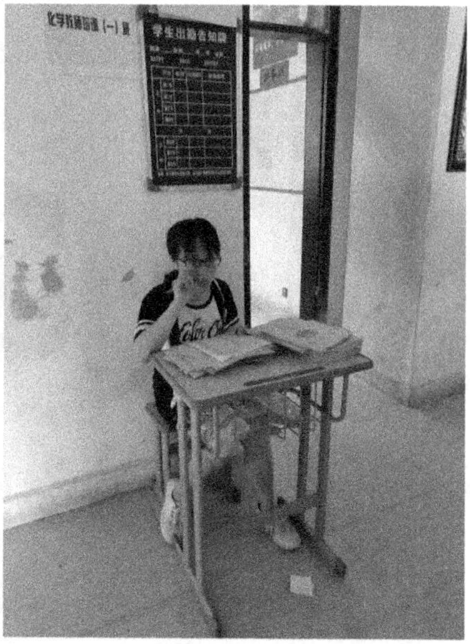

图11　小班主任认真核对参训教师名单

为期四天的培训在井然有序地进行着，每位专家都讲授了自己所准备的课题。本次培训的课题内容，主要集中在“核心素养”这个词上。随着素质教育的深入，提升核心素养作为一种新型教育理念被提出，这在一定程度上给英语教学指出了明确的方向。同时，核心素养的提出也对教师的教学能力提出了更高的要求。与此同时，对学生核心素养进行培养是新时期初中英语教师必须落实的一项教学任务。学生只有具备核心素养，才能跟上时代的脚步，适应社会发展需求以及自身的发展需求。因此，新课程教育理念下，初中英语教师要加强对核心素养的研究，将核心素养培养渗透到英语课堂教学中，以此提升学生的学习质量和学习效率，促进学生健康成长和全面发展。

那么，如何才能基于核心素养进行有效的英语教学设计，是当前初中英语教师亟待解决的问题。思南初中部教科室主任、省级骨干教师黄静专家举行了培训，主题是基于英语学科核心素养下的学习能力的培养。她结合自己的实践教学经验进行培训，介绍了以下几个方面的策略：一是激发学生的学习动机，培养学生学习英语的兴趣。二是精心设计课堂任务，促使学生自主学习。三是引领学生使用有效的学习策略，提高学习英语的效果。四是引导学生自我监督，提高学习英语的效果。黄老师还跟我们分享了一些特别的师生交流经验（如：给学生写小纸条，考试试题的分析和鼓励），做到真正意义上的关爱学生。在谈到培养学生的合作学习时，大家意犹未尽，课间休息都在积极地讨论。

图 12　黄静主任在给参训教师讲课

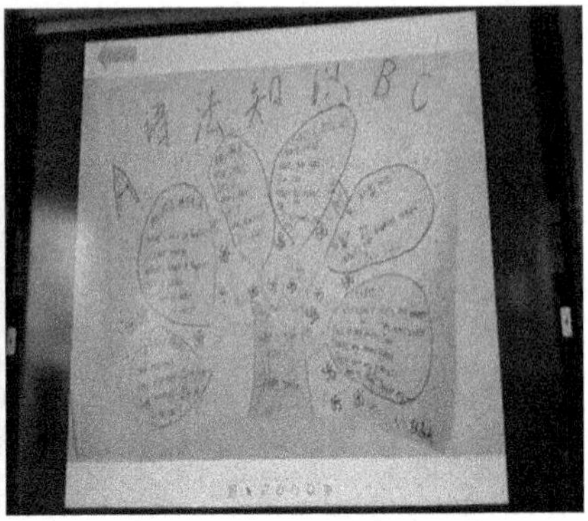

图 13　学生制作的语法树

21 日，在思南思中初中部会议室举行了思南英语教师第二天的培训，上午的主讲人是来自铜仁市教育局的英语专家曾钰，他主讲的题目是“做一名合格的中学教师”。他从多个角度多个层度面介绍了如何去做一名合格的中学教师，还从教师的专业素养、教学设计、教学实施、教学手段等多方面提出了一个合格教者俱备的品德和素养。将近 3 个小时的培训课程，大家都听得非常专心。曾老师诙谐幽默，循循善诱，博得了大家的阵阵掌声和高度赞扬，大家都觉得受益匪浅。最后，来自苏州清睿教育科技有限公司区域总监李东成和口语 100 智能听说训练平台技术指导吴瀛瀚泷讲解了参加第二届思南县中学生英语口语大赛的流程和方法。

21 日下午的主讲人是思南三中副校长、市级名师田江海，他主讲的题目是“基于核心素养下初中英语阅读教学策略”。他从英语学科的核心素养的构成、课程标准规定中小学应具备的阅读能力等方面对核心素养下初中英语阅读教学策略进行系统阐述，并提出了许多关于英语阅读教学的建议。

图 14　田江海副校长为参训教师讲初中英语阅读策略

22 日上午，贵州省铜仁市高中英语名师工作室主持人，正高级、特级教师龙永田专家讲课，主题是科研兴教，走专业可持续发展之路。他主要从以下几个方面进行了培训：一、教育科研能力——教师专业的核心素养；二、教育科研——教师专业发展的必经之路；三、破解教师职业怠倦的难题答案何在；四、教师今后工作的总体要求；五、如何具备和提高教育科研能力；六、教育科研的内涵；七、如何着手教科研；八、从积累与反思中开始；九、撰写论文几个值得注意的问题；十、课题如何立题立项。

22 日下午，培训专家孙用英副校长讲学的课题是“基于英语学科核心素养下的学习能力的培养”。孙老师认为，核心素养表现在语言能力、文化品格、思维品质、学习能力四个方面。在这四个要点中，她又着重讲述了学习能力的培养。学员们都很认真地听讲，把重要的内容都记录了下来，他们相信这些东西在以后的教学中都能为己所用。孙老师在对学员们进行培训的同时，还就她在平时教学中“如何培养学生学习能力”与全体学员分享了她的心得，同时部分学员也向全班分享了他们自己的经验。最后，孙老师还呼吁全体学员们在以后的实际教学中，一定要多渠道地培养学生的学习能力，不让培养学生的核心素养成为一句空话。

23 日，所有参训教师即将迎接作业讲评和考试。为了纪念这一有意义的时刻，全体教师合影留念。下午，迎来了最终的考核，每位参训教师都顺利结业。

图 15　孙用英授课

图 16　英语组全体教师合影留念

图 17　数学组全体教师合影留念

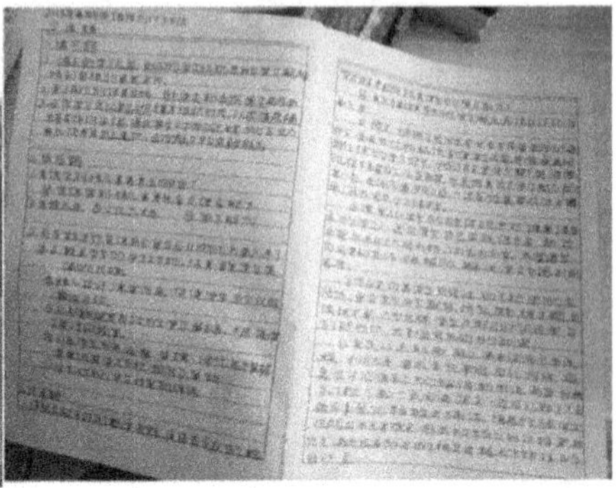

图 18　教师作业(示意图)

四、项目实施效应

（一）人才培养效应

学生志愿者们认为：经过这一次思南县教师培训的志愿者工作，渐渐意识到学习是终身性的，永远不要满足当下，不然会被新的教学理念淘汰。有时候不是能力问题，而是意识问题。同时，还有志愿者表示，在这四天的培训中，专家老师们、学员老师们和志愿者小伙伴们不畏炎热的天气，在闷热的教室里坚守自己的岗位。经过四天的志愿者服务，大家明白了一个小小的县城能做出这么好的教育的原因。不管是领导的重视与支持，还是普通参与培训老师的配合与坚持，都体现了思南县搞好教育的坚定决心和切实行动。

（二）师资队伍建设效应

此次的培训，一共有870名教师参与培训，培训规模大，内容丰富，且邀请到的专家都有着丰富的学识和教学经验，这对于所有的参训教师，尤其是新手教师来说，无疑是一笔巨大的财富。除此之外，特别感谢田兴斌博士工作室邀请到北京的博士专家，给我们所有教师意外的惊喜。

有这样一位参训教师表示：通过这次全员培训，我了解到英语作为学生的必修课程，除了培养学生的语言综合能力之外，还应促进学生核心素养的发展，使学生在英语知识的学习之外，得到思维品质、文化品格、学习能力的发展。作为基础教育的英语教学，随着现代网络信息多元化的发展，整个社会对教师素质的要求越来越高，不仅需要学生具有专业的基础知识，还要具有较强的综合素养。核心素养依赖于教师观念的转变和能力的提升，融于听说读写译技能的培训之中，技能教学与核心素养相互促进，逐步进行，使学生在语言能力提高的同时，思维品质、文化品格、学习能力也得到更好地发展。

还有这样一位参训教师，他尤其在听完专家曾钰老师的《做一名合格的初中老师》后，和专家进行了深入的交流，他感悟到通过学习，他明白了作为一名教师应该具备教师专业标准的基本理念：师德为先，学生为本，能力为重，终身学习。所谓师德，就是教师应具备的最基本的道德素养。热爱学生，尊重学生是教师最基本的道德素养。一个教师只有热爱学生，才会依法执教，无微不至地关心学生的健康成长；才会爱岗敬业，乐于奉献，竭尽全力地去教育学生；才会自觉自愿地约束自己，规范自己的言行，更好地做到为人师表、廉洁从教。

以下附上周琴老师对此培训的态度心得：

思南县2018年初中数学教师暑期全员培训总结

思南县三溪初级中学　　周琴

夏日炎炎，所有教师都变成了蒸笼里的包子，热气腾腾，这也代表着我们对培训的激情，希望通过培训增长见识。因此，浑身都充满着学习的欲望。

全体中学数学教师培训，对于我而言，更多的是引导着我如何教学；提醒着我如何做到“学高为师，身正为范”；丰富着我尚浅的阅历，让我明白了什么才是真正的“十年磨一剑”。唯有不断地努力、突破、创新和实践，才能打磨出属于自己的那把“剑”，便于升华或许模糊的教学印迹，不断进行修整，使其变得更完美。

给我们进行培训的老师都来自上海，都是有酒，有故事的人。他们的故事才成就了如今的他们。要成为优秀的教师，想必只有磨掉不完美的棱角，方可成为上品，这也正是我所追求、努力的方向。若是我能历尽苦难，也会有成功的一天。

教师的授课让我不断反思，思考着作为教师行业的新手，该如何成长，如何无所畏惧，砥砺前行；授课也让我大开眼界，增长见识，深知“山外青山楼外楼”的道理。本次培训，些许感想，流于纸笺。

每位名师上课，都让我很期待，澎湃之心如山上奔流的瀑布，是因为想跟着他们学习甚多的知识和技巧。第一堂课讲的是教师的职责，主要包括校长校本教研职责、教导主任教研职责、教研组长教研职责、备课组长教研职责、教师教研职责。这些职责于教学来说，是部分与整体的关系，紧密联系在一起，只有让各种职责作用最大化，把职责落实到位，才能促成教学良好的发展。教师的成长离不开团队的帮助，而作为团队中的一员，应该履行各自的职责。教研组长是团队的核心，应做到组织建设、发现引领、合作支持、团队建设等职责，才有可能将团队发展得更强大；想要其强大现实化，关键在于各成员的参与与配合，各成员也应履行参与合作、学习研究、奉献分享、服从执行等职责。唯有如此，才能让彼此相互促进，不断成长，最后成为一名合格、优秀的中学数学教师。

接下来的课堂是一节“实践”课，就是如何在课堂实施教学。老师提出了一个“712”教学理论。所谓“712”是把时间分为十个等分，教学设计占70%、授课占10%、反思占20%。首先是教学设计，俗话说：“工欲善其事必先利其器”，故需要我们深究课程、专研校本、以学情为出发点，将学生作为主体来教学。同时还要注意多方面进行教学预想，以防突发情况。除此之外，新颖的教学设计能激发学生的学习兴趣，使课堂成为高效课堂。其次是授课，授课是教学设计的升华，但应注意具体问题具体分析，以不变应万变。最后是教学反思，叶澜说：“一个教师写一辈子教案不可能成为名师，如果一个教师写三年教学反思，就有可能成为名师”，由此可以看出教学反思对教师成长何其重要。只有把三者相互协调好，才能打造出高效课堂。知识讲究重点和难点，同样，学习亦是。

当老师讲中考题型分析时，我是纳闷的，心想：对于没有毕业班教学经验的我来说，会不会多此一举？可事实证明，研究中考题是引导教学的主要方向，中考题反映的是各知识点会出现在哪个题，会以怎样的题型及难易程度呈现；考查的是学生的知识整合能力、应试能力、空间想象力、计算能力以及严谨的逻辑思维；与此同时，也检验学生的数学知识体系是否完善。综上可知，以中考题入手，进行横向与纵向地分析、整合，再引入平时的教学中，让学生掌握知识体系中的重难点。

最后一堂“几何画板”教学课让我兴奋不已，理由在于我学过，可后来我有了一种挫败感，为何当初没有踏实地学习它。我深知几何画板是教学中重要的辅助工具，可将抽象的几何知识形象化，将书本中几何图形进行动画展示，让原本呆板的内容显得生动有趣，从而激发学生学习兴趣，拓展学生的发散思维，让学生更加容易地接受几何知识，提高学习成绩。因此，我要在今后的时间中多进行学习，便于使用画板教学。

短短的四天培训，转眼即逝，收获颇多，除了汗水，更多的是思想与精神的升华。这四天也让我明白，想成为真正合格、优秀的数学教师，需要不断地学习和坚持，禁得住时间的考验。

与此同时，也希望尽个人的绵薄之力，为本校、为社会、为国家做一点贡献，“积小流而成江海”，望国家的教育事业因众多教师之力而壮大。

（三）社会服务效应

自2015年以来国际学院便与思南教育局开展教育帮扶活动，多次到县乡镇中小学开展专项调研工作，根据调研结果撰写调研报告，提出解决方案并启动相应的帮扶工作。帮扶形式有教学培训、送教下乡、教材研发等。此次培训辐射英语、数学两大学科，大力提升了当地中小学教师教学水平，受当地教育局高度赞扬。

（作者系铜仁学院国际学院讲师）

印江县英语骨干教师教学创新能力提升培训

杨国忠

一、项目概况

（一）项目名称：印江县英语骨干教师教学创新能力提升培训

（二）主持人：杨国忠

（三）经费来源及数额：全额拨款81万元

（四）委托单位：印江县教育局

（五）服务类别：教育培训

（六）实施时间：2018年7月15日至31日

（七）实施地点：铜仁学院

二、项目获得（争取）过程

（一）项目来源

为了使地方高校服务地方的职能得到充分发挥，有效推动国际学院社会服务工作“上水平、出特色”，国际学院紧紧围绕学科专业建设，主动对接教育行业需求，服务地方基础教育国际化。通过对印江县教育局、各乡镇教办多方走访调研，深入各中小学进行实地考察，发现中小学英语教师英语听说及教学创新能力亟待提升。经过与印江县教育局师资培训中心杨旭东主任进行了多次沟通和交流，碰出了思想火花，双方找到了契合点：尝试创新培训模式，整合国际学院人才资源和铜仁市内所有外籍教师资源，联合对全县中小学英语骨干教师进行全英语培训，倒逼英语课堂改革。我们及时把《培训方案》和《调研报告》呈报给印江县教育局，局领导高度重视，召开了多次专题会议进行讨论，认为可以尝试和探索。江航军局长、胡再忠副局长多次对培训方案、培训环节作出具体指导。项目组与印江县教育局经过多轮商谈，最终敲定该培训项目就在铜仁学院校园内实施。

（二）协议书（合同书）内容

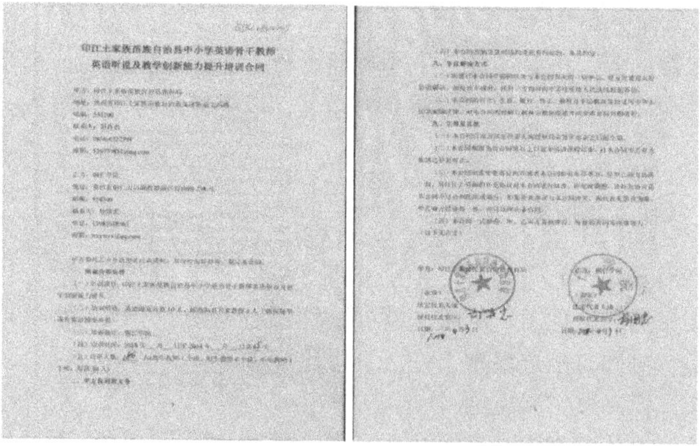
印江土家族苗族自治县中小学英语骨干教师
英语听说及教学创新能力提升培训合同

图1　协议书内容（示意图）

（三）协议书（合同书）签订

时间：2018年4月3日
地点：印江县教育局四楼会议室
签订人：杨国忠，印江县教育局副局长胡再忠

图2　签约仪式现场

三、项目实施情况

（一）项目具体任务

发挥专业优势，提升印江县中小学英语骨干教师专业素养，推动印江县中小学英语教师英语听说及教学创新能力提升，以更好地适应新时代、新课程的教学要求。

（二）项目实施保障

1. 组织保障

为切实加强对培训工作的统一领导，项目组成立了培训工作领导小组，全面负责统筹、协调与推进培训工作。具体组成如下：

组　长：田兴斌　张志会

副组长：杨芹　李谦

成　员：杨国忠　张瑜璇　饶华宏　李念　陈美茜

总体培训工作由杨国忠负责统筹、协调与推进。

2. 机制保障

为了切实做好培训工作，项目组与印江县教育局师资培训中心共同制订《培训学员管理制度》和《中方教师管理制度》，外籍教师按照合同约定严格管理。因涉及外事工作，国际学院及时向学校书面报告，由国际合作与交流处、社会服务中心提前向铜仁市公安局出入境管理支队报备。

3. 资源保障

中方教师 10 人，组建青年志愿者 12 人，聘请外籍教师 14 人，协调管理 5 人。6 间多功能语音实验室作为培训主要教室，设备设施先进，各项功能齐全；人文生态馆作为开幕式、闭幕式、专题讲座主会场。

（三）项目实施过程

1. 项目实施团队基本情况

协议签订后，组建项目实施团队。中方师资在国际学院教师中挑选，外籍师资主要由持有工作签证的、在铜仁市各中学一线任教的多国外籍教师担任。因涉及外事，同时还按照外事工作程序向铜仁市公安局出入境管理支队报备。

表1　中方教师团队成员名单

序号	姓名	性别	职务	学位	专业	毕业院校
1	张凤祥	女	教授	硕士	英语	北京师范大学
2	魏艳	女	副教授	硕士	英语	贵州师范大学
3	严娟	女	副教授	硕士	英语	英国利兹大学
4	吴晓玲	女	副教授	学士	英语	贵州师范大学
5	杨建红	女	副教授	学士	英语	贵州大学
6	陈颖	女	副教授	硕士	英语	湖南科技大学
7	杨雨桦	女	副教授	硕士	英语	西南大学
8	罗俊	男	讲师	硕士	英语	英国利兹大学
9	周倩	女	讲师	硕士	英语	贵州大学
10	罗雪	女	讲师	硕士	英语	贵州大学

表2　外籍教师团队成员名单

No.	Surname	Given Name	Sex	Country	Remarks
1	Smith	Stephen Jerome	M	USA	美国
2	Swanepoel	Andre Johannes	M	the Repubic of South Africa	南非
3	Swanepoel	Suzette	F	the Repubic of South Africa	南非
4	Armendariz	Tracie Lynn	F	USA	美国
5	Nieuwoudt	Lisa – Marie	F	the Repubic of South Africa	南非
6	MoraMurcia	Yeinson Enrique	M	the Repubic of Colombia	哥伦比亚
7	Cussons	HesterMellissa	F	the Repubic of South Africa	南非
8	Maduma	Nompilo atience	F	South African	南非
9	Almendarez	Annie	F	USA	美国
10	De Bruin	Ruan	F	the Repubic of South Africa	南非
11	Samamc	Sarah	F	USA	美国
12	Staines	Mike	M	UK	英国
13	David	George	M	Canada	加拿大
14	Pkanb	Philipp	M	Australia	澳大利亚

2. 项目实施筹备

为切实开展培训工作，项目组成立培训实施工作组，建立了培训管理制度，预设了预期成果目标，保障工作顺利推进。

一是成立培训实施工作组。

总协调：杨国忠。教学监控组：杨芹，姚治松。户外拓展组：李念，陈美茜。培训纪律督查组：张瑜璇，雷远东。后勤保障组：赵坤，罗俊。宣传报道组：张志会，张朝飞。成果汇编组：饶华宏，石慧敏。志愿者工作组：葛瑞雨，陈淼，黄洁，王珠珠，王松，文娅，曹欢，师菁泽，郭瑜瑶，龙紫薇，曾鲜玲，田敏。

二是建立培训管理制度。

A. 学员管理制度。

①设立班级管理员。班级管理员具体负责学习、生活等班级事务管理和协调各方面关系的工作。②实行严格的考勤管理，考勤人员于课前10分钟到教学点进行考勤，让培训学员在考勤表上签到。③学员必须课前5分钟签到，课间填写教学情况反馈表，并签名，在下课时将教学情况反馈表交给考勤人员，不得替他人领取或提交反馈表。迟到15分钟，或课后未交反馈表按旷课、早退计。④学员须按时参加培训，不得无故旷课，无故旷课者将通报至印江教育局。⑤上课期间遵守课堂纪律，将手机关机或调至静音，不要随便进出接电话，尊重讲课教师的劳动。课间休息后按时返回上课，不得擅自早退。⑥为使培训管理有序有效，必须按规定时间准时上、下课。⑦对培训期间学员的各方面具体表现实行量化管理，形成最终考核评价结果。

B. 中方教师管理制度。

①项目组接到学员或外教3次投诉我方助理教师，予以解聘，不予支付报酬及兑现社会服务积分。②助理教师兼职班主任工作，配合外教管理学员及教学。③助理教师每天负责收集、布置、整理本班级教学材料，并及时提交至项目组。④助理教师组织所在班级学员撰写教学反思及建议。⑤助理教师负责监控外教教学计划进程及质量，发现问题及时与外教沟通，严重的教学问题，提交项目组商讨解决；⑥助理教师服从项目组合理工作任务安排；⑦助理教师每天需要提交项目组的材料：学员反馈教学意见、作业任务完成情况、学员考勤情况、外教授课质量评估及整改建议；⑧培训结束，助理教师提交项目组整体教学及管理评估报告。纸质版标准打印成册；⑨项目组根据助理教师提交材料情况，外教对助理教师评估报告，公平公开发放补贴及评估社会服务分。

C. 外籍教师按照合同约定管理。

三是预期成果目标。

学员层面：通过研修教育教学能力、教学研究能力、教育技术利用能力、指导青年教师能力得到加强，开发并形成探究性学习、合作性学习、学习策略教学等的优质课程案例资源。

印江县教育局层面：形成《印江县中小学英语教学现状调查汇编》《印江县中小学英语骨干教师教学课程设计优秀案例汇编》《印江县中小学英语教学评价报告汇编》《2018 年印江县中小学英语骨干教师专业素养及教学创新能力提升高级研修班材料汇编》等材料，对该县今后英语教学的改革具有较强的指导意义。

国际学院层面：总结“小精特”培训工作，凝练特色，形成培训工作报告，倒逼课堂教育教学改革，提升学院人才培养质量。将印江县参培学员优秀教研论文推荐至《铜仁学院学报》发表，形成服务地方英语基础教育的案例库。

3. 项目实施过程

整个项目具体实施过程主要分为三大块：训前筹备、教学环节、系列讲座、户外拓展。

训前筹备：一是课程设置。项目协议签订后，“小精特”项目组重点花费大量时间讨论如何做好课程设置。中外教师合作培训，在铜仁历史上还没有先例，初次尝试和探索，一时找不到头绪。经过多次召集中方教师进行讨论，集思广益，才理出培训课程清单。二是备课。项目组与外籍教师多方沟通和交流，听取了他们的建议和意见，之后中方教师和外籍教师开展“一对一”的交流模式进行备课，备教案、备学员、备教法，相互切磋，取长补短。此过程中，因为语言、文化和教育观念的差异而历经波折，众多艰辛难以表达。三是食宿安排。180 个学员，经过多次实地考察和论证，以人为本，就近住宿。项目组把学校南门条件稍好的小宾馆预订半月，分散住进各家宾馆，并先垫付经费保证万无一失。为了让学员在培训期间能吃得舒心，项目组提前联系学校紫微餐厅，要求按照人均最高标准做好每天的早、中、晚餐。四是开班准备。包括开班典礼、教室语音设备设施检测、外籍教师接送、后勤保障等系列工作，每一项都具体到点，责任到人。

图 3　开班典礼现场

图4 学校党委副书记饶小华讲话

教学环节：课前功课做足了，各方面准备充分了，正式教学过程就按照教学进度执行。本次培训180个学员，分成6个班级，每班30人。高中1个班，初中4个班，小学1个班。第一天早上课堂结束，项目组立即召集外籍教师和中方教师，听取了教学反馈意见，并根据具体情况及时进行了调整。到了第三天，众多学员基本适应了全英语课堂，并且课堂气氛活跃，互动效果良好。项目组主要成员不间断地对各班进行听课和督导，印江县教育局师资培训中心杨旭东主任还专程赶到铜仁，走进教室听课，并与学员交流。每天上课，志愿者除了提前做好语音设备检测、教室卫生、饮水等后勤保障工作以外，还协助中方教师做好考勤记录、课堂评价反馈，并及时将培训动态报送到印江县教育局师资培训中心。

系列讲座：除了进行小班教学外，为缓解学员疲劳，增强培训效果，培训中间我们穿插了系列讲座，讲座专家都来自教学一线，有丰富的实战经验，受到学员欢迎。比如：邀请了天津滨海新区塘沽大庆道小学英语一级教师王菁，四川省成都石室中学初中英语一级教师张玉兰、高中英语一级教师彭德河，分别为小学、初中、高中班学员作专题讲座。根据学员反馈，三场讲座紧贴教育教学改革最前沿，接地气，有水平，信息含量大，让大家有了新的收获和感受。学员严易兰在心得体会中写道：铜仁一中初级中学田巧燕老师关于中考英语“传统文化知识要点复习”的实操课，韩苏老师关于“学科核心素养下的新课堂”的理论加实际案例分析点评课，以及成都专家张玉兰关于“初中英语课堂创新设计”的讲座，告诉我们课堂应该遵循“灵活创设教学方式，合理利用各种教学资源，开展多元化教学活动”三原则，另外再根据当堂课不同的侧重点可采取游戏教学法或思维导图法创设不同的、灵活多样的、轻松的课堂氛围，最大限度地调动了学生学习英语的主观能动性，主动学好英语。

户外拓展：户外拓展是本次培训的亮点，培训期间，基本上每天下午课后都有一次小拓展，同时在周末还安排了4次大型拓展活动。随着大型的英语户外拓展活动的顺利开展，整个“小精特”项目培训活动被推向高潮。户外活动或素质拓展、游戏活动，有效缓解了学员们的学习压力，培养了参训人员克服困难的毅力，健康的心理素质和乐观向上、积极进取的人生态度，促使学员们在活动中认识到团队合作的重要性，如何进行团队合作、如何进行课堂教学创新等。项目组通过拓展活动，促使每个学员对自己平时的教学方式进行反思，让广大学员在学习中体验和感悟，以便于将所学到的东西传递给自己的学生，以推动整个课堂教学改革创新，提升英语的听说读写能力。

四、项目实施效应

（一）人才培养效应

参与本次“小精特”培训的12名青年志愿者，全部是国际学院英语专业二、三年级学生。半个月全程参与教学、管理和服务，使他们在实践中得到了进一步的锻炼和提高，其收获至少体现在四个方面：

一是有效提高了教师职业意识。从众多优秀的英语骨干教师那里，感受到自身能力与合格教师存在的差距，从而促使学生不断反思、审视自我，并提前作出职业生涯规划；二是充分认识到职业技能的重要性。与中小学英语骨干教师的全面接触，让学生了解到了地方英语教师的必备能力和中小学对英语教育人才的岗位期待值，认识到了“教师专业知识和技能是教师的立身之本”；三是充分体验到文化交流的必要性。语言是文化交流的桥梁，语言沟通的更深层次是文化交流和互动。整天与外籍教师交流，他们除了发现自身语言能力欠缺外，还感受到中外文化的差异，并能从文化差异中去寻找价值认同，从而更加深刻地体验到中外文化交流的重要性；四是培养了实干的意志品质。学生在参与项目的过程中，每天起早贪黑，做好服务工作，中午也不能休息，特别是在户外素质拓展过程中，头顶烈日坚持工作，令人感动。学生在这个过程中得到了锻炼和成长，这本身就是收获。

以下是参与项目的部分学生的心得体会：

志愿者王松：我作为志愿者参加这个“小精特”英语培训，从中学到了很多东西。有人曾经说过一句话“如果你觉得自己还行，那你应该去实践一下”。是的，通过这次实践，我明白了自己的不足和应该努力的方向。这次参加培训的中方教师和外籍教师都投入了很多精力，让印江县的参训教师学到了很多教学方法。培训还请来了好多资深的专家，开展了几次比较有意义的讲座。通过这次学生志愿团队、社会服务团队和外教教师一起努力，共同付出，我懂得了合作，提高了团队协作意识，大家在一起学习、工作，就像一个大家庭一样和谐，感谢这次我遇到的老师和同学。

志愿者陈淼：这是我在大学里第一次当志愿者，在此之前，我想象中的志愿者就是帮忙做些小事情，维持秩序什么的，在当了这次“小精特”的志愿者后，我发现志愿者除了助人，也是在自助。在使其他生命活出色彩的同时，志愿者也可以从中得到思想上的升华，学会与人沟通，学会关爱他人，也更深刻地领会到生命的意义。而且，志愿者的活动，也为我提供了一个接触社会的机会，提供了一个锻炼自己的机会。这次活动中，我遇到了很多的良师益友，我们和蔼的班主任，认真的外教，还有那群可爱的老师“同学们”。在“小精特”15 天的时间里，我们志愿者和老师们一起学习、一起完成各自的任务，大家配合默契，愉快地度过了 15 天的培训。参与这次的志愿者活动，我积累了大量的经验，也为个人后续发展做了准备。

志愿者葛瑞雨：我第一次在这个暑假做了志愿者，也算是助教吧。刚开始，我并没有觉得我会有什么收获，可能就是帮帮老师的忙，做点杂事而已。但是从培训工作开始，我慢慢觉得没有这么简单。来自印江各中小学的英语老师，她们都有着不同的教育方式和自己独到的教学经验。来自各个国家的外教，她们都有着自己独特的教学模式。我们每天虽然是做志愿者，但是跟着参训学员一起听课，在这十五天中，我收获了太多东西。提高了教师职业意识，认识到做一个人民满意的教师是需要付出巨大努力的。如何提高自己的教学能力，如何为学生涉及课堂活动提高学生学习英语的兴趣等，这些创新的课堂模式让我受益匪浅。作为一名学生，我看到了自己以后作为老师的样子。很感谢小精特培训班带给我的一些收获。

沙子坡中学教师田飞：户外拓展真有趣，齐心协力创佳绩！外教老师真严格，公平公正成绩！这几天的户外活动，让我明白了 teamwork 的重要性，使我这个本来害羞紧张的“大男人”也活泼了起来。我的学生为什么不爱英语，不喜欢我的课堂？所有的问题我都找到了答案，因为我的课堂只有单词，句子，语法，就算是我自己也会感觉 very boring 吧！我会把这几天所学到的东西，融入我的课堂，让我的学生爱上我，爱上 English！

印江二中教师陈文霞：外教性格开朗；课堂气氛活跃；教学设计多样化：课堂小游戏、户外拓展、口语交际、写作训练，这些活动培养了我们的听、说、读、写能力。助教和志愿者对我们的人文关怀，让我们感受到了家的温暖。

沙子坡中学教师黄祥和：有趣的课堂，热情的外教，总能带给我们不一样的感受，Annie 的幽默，Stephen 的狂热，都深深地吸引着我们，让我们仿佛回到了学生时代，那种对学习的渴望，那份对英语的挚爱又被重新点燃。生命不息，学习不止！

印江二中教师严易兰：外教生动活泼的课堂和丰富多彩的户外活动，让我们领略到了异域文化的不同；铜中一线老师田巧燕的实操课以及韩苏老师的理论加实际分析点评课，让我切实感受到了“我和优秀老师之间的差距真的好大好大，距离好远好远”。所以，作为教师，我真的应该活到老、学到老；应该用心备好和上好每一节课；用真诚对待每一个学生。

印江三中教师张露：这几天的学习使我的思想有了一个新的转变，作为一名英语教师，必须具有渊博的英语知识，熟练的操作技能，良好的思维品质，在英语教学的探究过程中，教师不应该只把英语知识的传授作为自己的主要教学任务和目的，也不能把主要精力花费在检查学生对知识掌握的程度上，而应该成为学习共同体中的成员，培养学生的创新思维能力，在问题面前，教师和孩子们一起寻找答案，在探究英语教学的道路上，教师应成为学生的伙伴和知心朋友，让孩子们在愉悦中接受新知识！

（二）师资队伍建设效应

本次培训，项目组采取了“双导师”制度，10 名中方教师、14 名外籍教师提前交流切磋，共同备课，共同参与课堂教学，形成了参训学员、中方教师、外籍教师“三位一体”的交流互动的课堂教学格局。外籍教师结合自己多年的教学经验，提前独立备课，形成系统性教案后，提交中方教师参考。中方教师根据基础教育特点，结合当地英语教学实际，提出教学环节设计、教学方法改进等方面的修改意见，并在修改过程加强了对中外优秀文化的认同和教育思想的交流。前期教学准备充分，课堂教学过程生动，英语口语实战交流效果明显，教学方法备受欢迎。同时，邀请本地中小学教学一线的英语骨干教师、名师来给学员作专题讲座，注重课堂改革创新实践交流，广大学员深受启发。国际学院教师在参与培训过程中，通过深入了解英语教学改革、新课标，与地方英语骨干教师不断交流、探讨教育教学方法，指出一些人才培养方案有待完善，帮助我们提高了教学实践的改革创新意识，为国际学院的人才培养、教学改革提供了诸多思路。

（三）科学研究效应

在“小精特”项目实施过程中，中方教师、外籍教师和管理团队的沟通是非常顺畅的。大家在讨论中，发现有很多值得去研究的新问题。比如：新课标下的英语课堂教学改革方向，英语口语模块化的教学构建，地方英语教育的国际化问题研究，英语口语实战交流有效性探索，等等。这些都可以与国际学院的教育教学改革有效结合起来，与我们的语言应用研究结合起来。后来，在学员结业时，项目组查阅了每个学员写出的关于本校英语教育教学现状的调研报告、不同年级的英语课堂设计稿，挑选出优秀的修订、汇编成册，反馈给印江县教育局，为下一步英语教育教学改革提供了必要的参考依据。

（四）社会服务效应

1. 扩大学校影响，树立培训品牌

铜仁学院人发扬“苦心励志、追求卓越”的大学精神，紧紧扎根地方办大学，主动融入铜仁地方经济社会，积极服务于铜仁基础教育的国际化，在社会服务国际化方面进行了大胆的实践和探索。国际学院“小精特”英语骨干师资培训项目，正是在这样一种国际化办学理念指导下产生的结果，是社会服务国际化的重要体现，是国际教育本土化的有力支撑。通过“小精特”英语骨干师资培训，能够充分利用学校的办学资源和人才优势向全社会展示学校的良好形象和办学实力，进一步提升铜仁学院在贵州地方高校的知名度和竞争力，扩大学校的影响力，树立学校品牌。

2. 了解行业需求，引导教学改革

当前，整个铜仁区域的中小学英语教师的口语表达水平不理想，大多数是发音不标准、表达不流畅，让人听不懂，无法正常用英语和外国人沟通。据了解，由于长期缺乏英语交流环境，各中学也没有真正重视英语口语教学，只是为了考试成绩而上好英语这门课程。有的教师自己教了多年英语，突然遇到外籍教师时却是“哑巴”“聋子”。很多英语教师希望在口语方面能有专门的学习培训。为此，我们针对现实问题制订了《中小学英语骨干教师专业素养及教学创新能力提升高级研修班培训方案》，实施“小精特”，以凸显培训特色。“小”是指小班，采取国际标准的小班英语教学，根据培训学员的实际水平分成小班，每个班不超过 30 人；“精”是指精品，精心设计课堂教学，打造教学精品，由外籍教师团队和中方教师团队根据地方中小学英语教师的特点，共同讨论和设计教学手段和方法；“特”是指特色，充分利用学校办学资源，全程邀请英语母语国家的专家参与培训，通过课堂教学、课外情景会话、户外拓展训练、专题讲座、公开示范课等多种授课方式进行，因材施教，重点放在英语实战交流和会话上。

3. 立足实战交流，倒逼课堂创新

据悉，铜仁区域的中小学教师迫切希望解决中小学英语教师口语、听力方面存在的问题。铜仁学院的办学定位从“教学型”转向“教学服务型”，服务地方从“被动适应”转向“主动融入”，正好契合了广大中小学教师这一需求，这是我们利用专业优势服务地方的大好机遇。希望通过此探索，来反思我们自己在人才培养过程中存在的问题，也希望结合英语专业实际，推动社会服务工作上水平、出特色。实施“小精特”项目，让广大中小学英语教师通过参与全英语课堂的培训，与众多外籍教师亲密接触，专业素养及教学创新能力都真正得到了提升。最终通过全英语的学习培训，推动中小学英语课堂改革创新，促进英语教学上水平。

图 5 培训大合影

图 6 结业典礼现场

（作者系铜仁学院国际学院讲师）

服务地方教育，教育学院学生幼儿园顶岗实习纪实

邓家英

一、项目概况

（一）项目名称：服务地方教育，教育学院学生幼儿园顶岗实习纪实

（二）项目内容：教育学院选拔部分学前教育专业学生赴幼儿园顶岗实习

（三）服务类别：人才服务

（四）顶岗实习地点：铜仁市第三幼儿园、铜仁市天都幼儿园、万山区谢桥静静幼儿园、万山区鱼塘乡未来星幼儿园等

（五）顶岗实习时间：2018 年 9 月至 2019 年 1 月

二、项目获得过程

（一）项目来源

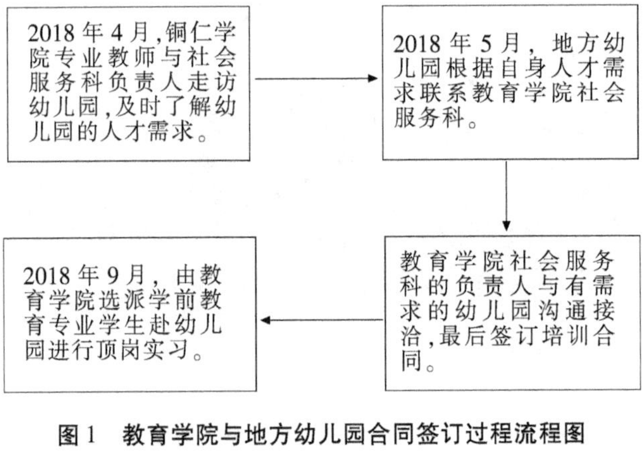

图 1　教育学院与地方幼儿园合同签订过程流程图

（二）协议书（合同书）签订

为创新人才培养模式，更好地服务地方社会教育事业，培养符合幼儿园需要的应用型人才，铜仁学院教育学院与地方幼儿园双方达成“铜仁学院教育学院学生顶岗实习项目”协议。

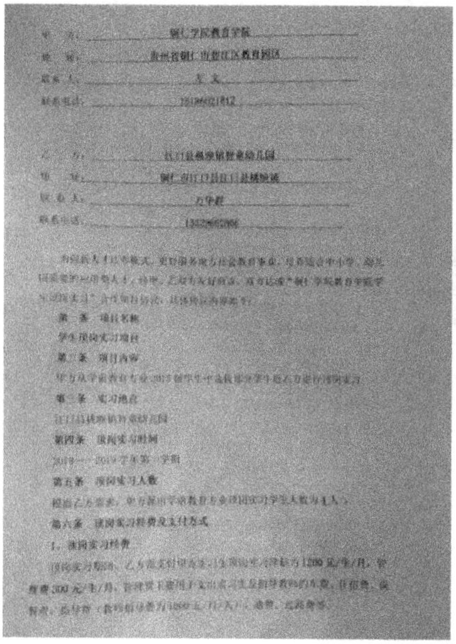

甲　方：铜仁学院教育学院

第一条　项目名称

学生顶岗实习项目

第二条　项目内容

第三条　实习地点

第四条　顶岗实习时间

第五条　顶岗实习人数

第六条　顶岗实习经费及支付方式

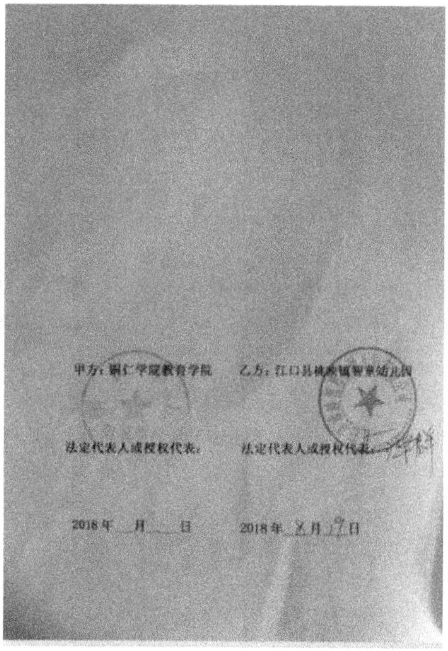

甲方：铜仁学院教育学院

法定代表人或授权代表：

2018年　月　日

法定代表人或授权代表：

图 2　协议书（示意图）

三、项目实施情况

近年来，根据教育部、国家发展改革委员会和财政部联合印发的《关于引导部分地方普通本科高校向应用型转变的指导意见》和国务院办公厅印发的《乡村教师支持计划（2015—2020）》等文件精神，铜仁学院作为铜仁地区唯一的普通高等本科院校，在改革教师教育体系、培养师范生实践教学能力、服务地方基础教育发展、实施顶岗实习工作等方面进行了很多有益的尝试和探索。因此，为了贯彻落实铜仁学院《关于加强专业实习（实训）工作的指导意见》（院政发〔2013〕162 号）文件精神，按照人才培养目标的要求，教育学院结合学前教育专业教学计划及专业特点，推动并实施了顶岗实习项目。

（一）基本情况

教育学院顶岗实习项目进行到了第 2 期。由选派专业教师带队，截至目前，共有 160 余名学生先后到铜仁市碧江区、万山区、江口县等 10 余所乡镇幼儿园开展实习工作。

图 3　进行安全教育

图 4　指导、看望学生

（二）项目实施保障

1. 组织保障

①成立领导小组

组　长：刘德平、梁成艾

副组长：胡慧、田劲松、王华刚

成　员：刘菊芬、谌铜平、田仁海、左文、龙兴林 邓家英 杨明胜、杨晓潜

②学生安全、纪律管理

负责学生纪律管理和安全教育管理，处理学生顶岗实习过程中突发的安全意外，配合顶岗实习单位做好学生日常安全管理。

责任科室：学生科

负责人：龙兴林、邓家英、杨明胜、杨晓潜

③专业指导

负责学生顶岗实习业务的指导，顶岗实习简报、成绩、手册等资料的收集、整理与归档；顶岗实习带队教师考核管理；向实习单位了解学生教育教学情况，负责顶岗实习学生的教育教学指导。

责任科室：教务科、学前教育教研室

负责人：田仁海、谌铜平、邓家英、杨明胜、杨晓潜

④经费管理

负责顶岗单位的对接（学生入园、离园等事情协调），合作协议拟定与签订，合作经费的管理，学生顶岗实习津贴的发放。

责任科室：社会服务科

负责人：左文

2. 机制保障

依据学校出台的《铜仁学院学生实习管理办法（试行）》（院政发〔2017〕135 号）《铜仁学院 2019 届学生实习工作方案》等一系列与之相关的制度，教育学院为了切实做好顶岗实习工作，圆满完成实习任务，规范顶岗实习学生及指导教师的管理，提高实践教学质量，先后制订了《铜仁学院教育学院 2019 届学生专业顶岗实习方案》《铜仁学院教育学院顶岗实习带队教师管理办法》等顶岗实习管理办法，为切实做好顶岗实习工作提供了机制保障。

（三）项目实施过程

1. 项目实施团队

表 1　团队成员名单

	姓名	技术职务	学历	专业	学院
团队成员	梁成艾	教授	博士研究生	特殊教育	教育学院
	胡慧	副教授	硕士研究生	英语专业	教育学院
	田劲松	副教授	本科	学前教育	教育学院
	王华刚	副教授	本科	理学	教育学院
	刘菊芬	教授	本科	小学教育	教育学院
	谌铜平	讲师	硕士研究生	学前教育	教育学院
	田仁海	副教授	本科	特殊教育	教育学院
	左文	助教	本科	学前教育	教育学院
	龙兴林	讲师	硕士研究生	小学教育	教育学院
	邓家英	讲师	硕士研究生	学前教育	教育学院
	杨明胜	副教授	本科	学前教育	教育学院
	杨晓潜	副教授	本科	学前教育	教育学院

2. 项目实施过程

①组织顶岗实习领导小组，领导本系实习工作，制定实习方案并上报教务处。

②选派有经验和责任心强的教师作为顶岗实习带队教师。

③带队指导教师提前联系顶岗实习幼儿园，安排实习工作。安排实习生提前办好相关入园手续，并组织学生按时入园。

④实习开始后带队教师深入幼儿园中听课，检查、了解实习情况，指导学生编写实习周志、实习简报、实习总结，听取教师汇报等。

图5　深入实习生课堂进行指导

图6　到实习地指导、看望学生

⑤实习结束，指导人员对学生实习期间的表现做出客观评价，给出实习成

绩的初步意见。

⑥审定实习成绩。带队指导教师负责完成学生实习周志、实习鉴定表、实习学生成绩评定表、优秀实习生推荐表、实习简报等实习管理材料的收集与整理，实习结束后及时上交存档。

⑦实习结束时做出本院书面实习总结报院教务处，并负责向学校推荐参加评选优秀实习生。

四、项目实施效应

（一）人才培养效应

1. 加深学生职业认识，提升职业素养

从2017年项目实施以来，无论是对实习学校还是对学生自己来说，顶岗实习都有重要意义。它可以使学生加深对职业岗位工作的认识，逐步明确自身的发展定位，明确人生的发展道路。此外，顶岗实习还可以提高学生的职业素质，培养学生的敬业精神、团队精神、责任意识以及良好的职业心态和作风。因为，学前专业的顶岗实习与传统的专业实习最大的区别在于“顶岗实习是指学生到真实的工作环境中参与一般职业人一样的工作”。顶岗的特点使得学生的角色身份与职责发生了改变，即他们是以教师的身份完成教师职责内的工作。

2. 强化实践环节，增强学生职业能力

学前教育专业顶岗实习是学校有效推进“校、园合作”人才培养模式的重要形式，是培养专业技能型人才的重要途径，是学生在完成学校公共课、专业课以及实训课以后进行的实践性教学环节，是提高学生专业实践技能的重要途径。学前教育专业学生顶岗实习同样加强了学生的实践能力，使学生达到锻炼自己的目的，其实际操作能力也得以提升，最终达到符合幼儿园实际需要的目的。因此，顶岗实习中专业技能的提升就是学生实习中的最大收获，顶岗实习是学生专业能力形成的重要教学环节。

3. 提升学生的社会交往能力

顶岗实习最大的优势就是可以使学生逐步了解和熟悉社会，在社会实践中学会做事、学会做人，为将来走上社会、顺利实现就业做好充分的思想、心理准备和奠定良好的基础。

4. 磨炼学生意志

大学生通过顶岗实习，尤其是在教学条件和生活环境相对较差的环境下工作一段时间，可以锻炼他们的意志，使他们树立自强、自立、艰苦奋斗、服务社会、奉献人民的坚定信念，为以后走上基础教育工作岗位打下坚实的基础。

（二）社会服务效应

1. 推进地方学前教育事业的发展

顶岗实习是一项工程，是高校构建社会主义新农村、对农村进行服务教育的重要举措。该举措能够在一定程度上缓解农村基础教育中师资紧张的现状，为农村学校带去新的教育理念、方法，为基础教育改革注入新的活力。而铜仁学院教育学院自 2017 年开始，每学年都会安排学前教育专业四年级的部分学生奔赴铜仁地区的多个乡镇幼儿园进行顶岗实习。顶岗实习一方面有效缓解了乡镇部分幼儿园教师缺口过大的现状，另一方面也为地方乡镇幼儿园带去了专业的教育理念。

2. 加强校、园之间的联系

顶岗实习是高校支持地方教育的成功范式，是实现社会教育公平、建设和谐社会的重要组成部分，其社会意义不容忽视，尤其是顶岗实习对铜仁地区的农村基础教育的促进作用：有利于打破农村幼儿园的封闭局面；有利于农村幼儿园内部教师的教育与发展深造；有利于提高农村幼儿的视野和学习上进心；有利于乡镇幼儿园与高校联系。

五、顶岗实习的现实困境

经过这两年的摸索，我校教育学院的学前教育专业和顶岗实习模式正在改革探索中不断发展与完善。与此同时，作为教师教育的一个实践教学环节，顶岗实习在教学内容、实践环境、师资配置、指导过程等环节上更为复杂，这项工作开展起来也面临了诸多问题和困境，主要如下：

（一）人际交往不适应，甚至产生交往障碍

学生对幼儿园里的人际交往缺乏必要的认识，对如何和幼儿园领导、主班教师处理好关系感到茫然，尤其是如何管理一些问题行为较多的孩子，是令许多实习学生头痛的难题。还有与幼儿的家长如何打交道、如何组织召开家长会也是学生的知识盲点。

（二）学生综合素养不足

顶岗实习作为教育实习的一种独特形式，它的基本内容是学生在进入幼儿园进行为期半年的“全职”教师岗位锻炼，学生完全履行其实习岗位的所有职责，这对于初上讲台的学生来讲，挑战性非常大。从我院学生实习的实地调研情况来看，主要存在以下问题：①理论知识与实践教学相分离。很多时候由于学生知识储备量欠缺，班级管理经验不足，且不能很好地将在校期间习得的教育教学理论知识运用于乡村基础教学。②身份的转换。教育实习是学生从学生身份向教师身份转化的开始，尽管在校期间的学习使其具备了一定的教师素养，但在大学里都是一种“应然”状态下的教师教学，并非“实然”的教学状况。事实上，实习教师是非正式教师，有关教育教学的知识的建构是以学生身份进行的，而在顶岗实习期间却要以教师身份加以运用，这样的二元身份导致的现实冲击对学生来讲有些难以适应。

（三）学生实习缺乏实效性

通过本人带队指导情况来看，学生们普遍感到顶岗实习工作实效性较差。例如，在幼儿园这一真实的工作场景中，经常会碰到因经验不足而难以当场解决的教育教学问题。而由于顶岗实习作为一种特殊实习形式，很多时候没有安排幼儿园指导老师，且大多在乡镇以下的农村幼儿园顶岗实习，本身幼儿园条件有限、师资缺乏，很多幼儿园里的教师也不是专业的，是无法给顶岗实习的学生提供更专业的支持和帮助。久而久之，学生们就产生了懈怠感，干一天算一天，工作经验的获得全凭自身领悟，有的学生表示收获不大。此外，从部分学生实习期间任职的岗位来看，有的实习点都会把学生安排在保育员岗位，或者是给幼儿园的班级老师当助手，没有机会换岗、轮岗，不能有计划地学习各个岗位的技能。所以，学生们顶岗实习成就感削弱，认为顶岗就是给孩子们端端饭、铺铺床、盖盖被、打扫卫生等琐事。因此，这种情况很难全面实现顶岗实习教学目标的状况，也直接影响到了学生顶岗实习的效果。

（四）学校实习指导老师临场指导的不足

学生在顶岗实习过程中知识、技能的获得，相关技术问题的解决，离不开学校实习指导老师和实习单位师傅们的耐心指导。因为顶岗实习的特殊性，很多实习单位是缺乏实习指导老师的，这个时候就主要靠学校安排的带队指导教师。从本人与学生的交谈中了解到学生一般都喜欢“一对一现场指导”的实习指导方式，都希望能像师傅带徒弟一样习得技术和经验。但因为学校实习指导老师也很难时刻临场指导，一个方面是实习点较分散，实习人数较多，指导老师指导不过来，另一个方面是很多时候带队指导教师缺乏专业有效的指导。究其原因，一是专业指导老师本身教学、科研、教育和社会服务负担太重，无法全身心地投入学生实习指导工作中；二是学校中严重缺乏真正具备专业理论知识又有丰富实践经验、能指导实生实习实训的双师素质教师。学校安排的专业实习指导教师最缺乏的就是实践经验和指导经验，对于学生迫切需要解决的实际工作问题常会陷入束手无策的尴尬境地。

六、对策

（一）建立心理健康教育机制

根据实习生的心理健康状况建立心理健康教育机制，加强实习前、中、后期心理健康教育。顶岗实习前，学校召开的实习动员大会和安全教育工作不能局限于介绍实习单位的情况、实习的注意事项，还应做好即将实习学生的心理调适、心理咨询和职业生涯规划咨询，让他们能够准确定位，以积极的心态面对实习，在实习中有所成长。同时，学校还应配备或增加心理健康咨询室的工作人员数量，开通专为实习生咨询的专线电话、微信和 QQ，方便学生在实习期间与学校专业的心理咨询师联系，及时疏导心结。

（二）多层次改革人才培养方案，积极优化人才培养方案

当前，我校与许多其他地方高校一样，学生缺乏解决实际问题的实践能力以及创新创业能力。师范生的综合素养不足的根源在于学生得不到足够的实践、实训和实习锻炼的机会。因此，专业学院要重点关注顶岗实习效果反馈与意见征询。对学生在顶岗实习过程中出现的问题和学生在专业知识技能上不适配的状况，要深度改革自身的教学课程体系以及日常的教学内容。为此，应深入一线实习幼儿园进行专业调研，充分了解幼儿园对人才培养的专业需求，然后以此为依据，优化人才培养方案。

首先是在总体上实施“1 +2 +0.5 +0.5”的培养模式，力图构建一个搭配合理的教学实训平台。即第一学年实施通识教育，第二、三学年加强教育专业主干课程教学与技能实训，第四学年上期进行顶岗实习，第四年学年下期综

合毕业论文写作反思实践教学。其次是重点在第二、三学年的时候引入双导师制。每一名学生配备校内本专业的一位老师和校外幼儿园教育的一位老师担任指导教师。这样就能有效地克服理论与实践知识分离的问题。最后，见习、实习工作开展之前，学生可以通过双导师的双向经验传承，加强说课、案例分析、模拟教学、教学设计等方面的实训，继而从整体上提高师范生的综合实践能力。

（三）严把指导教师关，提升顶岗实习指导效果

已有研究表明，能够有丰富教学经验和娴熟教学技能的教师承担实习指导教师的工作，是促进实习生顺利完成实习任务的前提条件。因此，在实习过程中，带队实习指导老师主要职责是帮助实习生解决工作中遇到的问题，促进实习生经验的增长和专业的发展，指导老师的专业素质、专业形象和专业精神等，都是实习生专业成长的重要参照。

鉴于此，学校要结合自身实际，制订高校指导教师入园指导计划，明确指导教师的角色和职责，同时给予制度和经费上的支持，并实施相应的评价与激励制度，以鼓励高校教师全程参与顶岗实习工作，从而提升顶岗实习的效果与质量。另外，专业学院应加强对双师型素质教师培养的力度，让他们不仅仅能在实习岗位上指导学生的实习，还能参与幼儿园园本教材和课程的开发。

（四）以校、园合作为纽带加强校外实习基地建设

顶岗实习是学前教育专业学生提高实践能力的有效途径。专业学院要高度重视校外实习基地的建设，有计划、有选择地与铜仁市有一定办学规模、层次，管理规范，能起到良好示范作用的幼儿园联系、沟通、合作，使之负起培训教育学生的职责。同时，专业学院也要发挥优势，主动出击，定期走访顶岗实习基地，及时了解幼儿园对人才的需求状况，为幼儿园输送优秀人才，努力做到在同等条件下优先签约合作学校毕业生，从而达到幼儿园和学校“双赢”的效果。

（作者系铜仁学院教育学院讲师）

玉屏侗族自治县中小学教师队伍质量提升培训

张瑜璇

一、项目概况

（一）项目名称：2018 年玉屏侗族自治县教师暑期培训项目
（二）主持人：田兴斌
（三）经费来源及数额：玉屏县教育局拨款
（四）委托单位：玉屏县教育局
（五）服务类别：人才服务
（六）实施时间：2018 年 7 月 31 日至 8 月 11 日
（七）实施地点：西南大学

二、项目获得（争取）过程

（一）项目来源

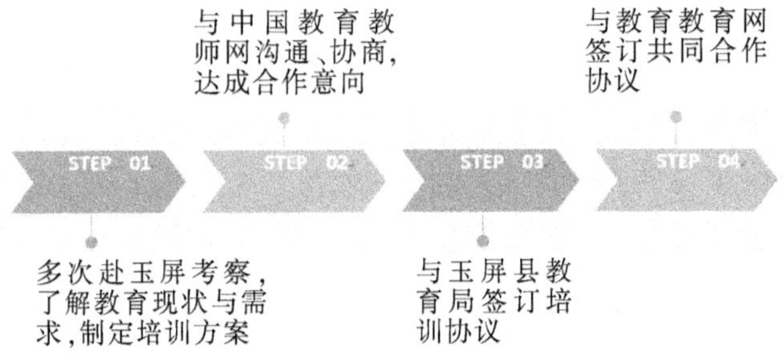

图 1　项目获取过程

此次培训由贵州省铜仁市玉屏侗族自治县教育局、铜仁学院国际学院主办，田兴斌博士工作室与中国教师教育网联合承办。为做好此次培训项目，国际学院首先多次与玉屏教育局沟通，了解当地的教育现状、培训的目的与要求等，再与中国教育教师网沟通协商，拟定培训方案，最终把培训地点定在了重庆的西南大学，并邀请了重庆市的十八名专家作为此次培训的授课教师。

（二）协议书（合同书）内容

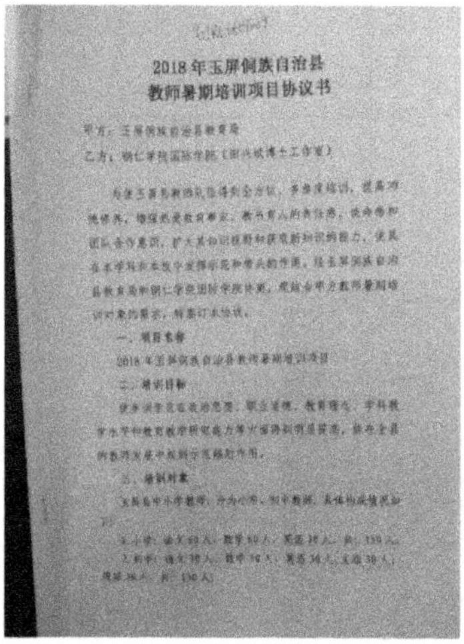
2018年玉屏侗族自治县
教师暑期培训项目协议书

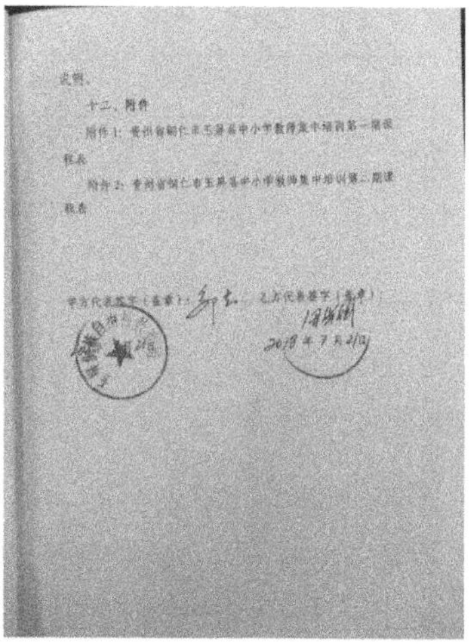
十二、附件

图2　项目协议书（示意图）

（三）协议书（合同书）签订

签订时间：7 月 21 日
签订地点：玉屏县教育局
签订人：田兴斌、邹志

图3　签约仪式

三、项目实施情况

（一）项目培训对象

表1　培训对象表

期次	时间	对象	学科	人数
第一期	7月31日—8月5日	小学教师	语数外	150
第二期	8月6日—8月11日	中学教师	语数外 政史地 生化物	150

（二）项目具体任务

政策设计和制度建设模块方面：一是了解新时代教师队伍建设的政策、重点、内容和措施；二是学习发达地区教师队伍质量提升的方式、手段和方法。

专业引领和理论建构模块方面：一是了解名校内涵建设的主要措施，内容及路径；二是提升教师的内生动力等。

实践探索和参观考察模块方面：一是实地走访，了解县外相关学校办学质量提升推进的有关策略、经验以及存在问题；二是通过座谈交流了解教师在提升教育质量中的地位和作用。

（三）项目实施保障

1. 组织保障

国际学院派出四名教师、六名学生志愿者，主要负责后勤服务工作：玉屏县教育局派出五名带队老师，主要负责教师管理工作：中国教育教师网派出六名工作人员，主要负责教学联络、后勤保障等工作。

2. 机制保障

（1）制订课表

表 2　小学教师培训课程表

<table>
<tr><th>日期</th><th>时间</th><th>授课形式</th><th>课程</th><th>教师</th><th>地点</th><th>参训学员</th></tr>
<tr><td>7 月 31 日</td><td colspan="6">学员报到</td></tr>
<tr><td rowspan="2">8 月 1 日</td><td>上午</td><td colspan="4">开班典礼、合影、参观校园</td><td>全体学员</td></tr>
<tr><td>下午</td><td>专题讲座</td><td>新时代基础教育改革与发展</td><td>王牧华</td><td rowspan="15">西南大学体育学院</td><td>全体学员</td></tr>
<tr><td rowspan="2">8 月 2 日</td><td>上午</td><td>专家报告</td><td>课堂教学设计及评价</td><td>张先斌</td><td>全体学员</td></tr>
<tr><td>下午</td><td>专家报告</td><td>家校共育研究促进学校品牌建设</td><td>陈中梅</td><td>全体学员</td></tr>
<tr><td rowspan="4">8 月 3 日</td><td>上午</td><td>学校考察</td><td>优质小学之案例
——参观重庆市两江新区小学</td><td>秦波</td><td>全体学员</td></tr>
<tr><td rowspan="3">下午</td><td rowspan="3">专业培训</td><td>语文阅读素养提升</td><td>刘小红</td><td>语文</td></tr>
<tr><td>数学课堂教学设计</td><td>巴蜀小学老师</td><td>数学</td></tr>
<tr><td>英语阅读技巧</td><td>重庆树人小学老师</td><td>英语</td></tr>
<tr><td rowspan="6">8 月 4 日</td><td rowspan="3">上午</td><td rowspan="3">专业培训</td><td>同课异构（示范课）</td><td>刘小红</td><td>语文</td></tr>
<tr><td>同课异构（示范课）</td><td>巴蜀小学老师</td><td>数学</td></tr>
<tr><td>同课异构（示范课）</td><td>重庆树人小学老师</td><td>英语</td></tr>
<tr><td rowspan="3">下午</td><td rowspan="3">专业培训</td><td>课堂教学设计及评价（研讨）</td><td>刘小红</td><td>语文</td></tr>
<tr><td>课堂教学设计及评价（研讨）</td><td>巴蜀小学老师</td><td>数学</td></tr>
<tr><td>课堂教学设计及评价（研讨）</td><td>重庆树人小学老师</td><td>英语</td></tr>
<tr><td rowspan="2">8 月 5 日</td><td>上午</td><td>专题讲座</td><td>互联网＋课堂教学评价</td><td>罗化瑜</td><td>全体学员</td></tr>
<tr><td>下午</td><td></td><td>交流研讨、结业典礼</td><td></td><td>全体学员</td></tr>
</table>

表3 中学教师培训课程表

日期	时间	授课形式	课程	教师	地点	参训学员
8月6日	学员报到					
8月7日	上午	开班典礼、合影、参观校园				全体学员
	下午	专题讲座	新时代基础教育改革与发展	王牧华	西南大学体育学院	全体学员
8月8日	上午	专家报告	互联网+背景下的教学新生态	罗化瑜		全体学员
	下午	专家报告	如何提高课程研发能力	龚雄飞		全体学员
8月9日	上午	学校考察	优质中学之案例 ——参观重庆市江北区子水中学	王毅		全体学员
	下午	专业培训	语文阅读能力提升	刘小红		语文
			数学能力提升策略	卿胜隆		数学
			英语中高考备考策略分析	常山		英语
			历史中高考备考策略分析	杨森		文综
			物理中高考备考策略分析	林艳华		理综
8月10日	上午	专业培训	同课异构（示范课）	林通伟		语文
			同课异构（示范课）	卿胜隆		数学
			同课异构（示范课）	杨科		英语
			同课异构（示范课）	雷振业		文综
			同课异构（示范课）	张法勇		理综
	下午	专业培训	课堂教学设计及评价（研讨）	班委会		语文
			课堂教学设计及评价（研讨）	班委会		数学
			课堂教学设计及评价（研讨）	班委会		英语
			同课异构（示范课）	李玉兰		文综
			同课异构（示范课）	任思青		理综
8月11日	上午	专题讲座	互联网+课堂教学评价	罗化瑜		全体学员
	下午		交流研讨、结业典礼			全体学员

（2）确定授课专家名单

王牧华：西南大学教育学部副部长，教授，博士生导师；张先斌：重庆市两江新区星湖小学副校长；陈中梅：渝北区空港新城小学校长，重庆市渝北区首批未来教育家培养对象；秦波：重庆市两江动心学校校长，重庆市首批未来教育家培养对象；罗化瑜：重庆市第二十九中信息中心主任，重庆三峡学院兼职教授，西南大学硕士生导师，重庆市第二批未来教育家培养对象；龚雄飞：重庆市沙坪坝区教师进修学院院长，重庆市首批未来教育家培养对象；王毅：

重庆子水中学校长，重庆市第二批未来教育家培养对象，綦江区原教委副主任；刘小红：重庆市江津区教科所所长，重庆市首批未来教育家培养对象；卿胜隆：重庆市渝北区实验中学副校长；常山：中学高级教师，西南大学教育硕士专业学位研究生校外指导教师，西南大学卓越教师计划指导老师；林艳华：高级教师，重庆市名师，重庆市骨干教师，西南大学研究生导师；杨森，华东师大历史系研究生毕业，西南大学附中课程研发中心副主任、重庆市市级历史骨干教师、西南大学卓越教师计划师元班导师；李玉兰，女，中共党员，毕业于重庆师范大学地理系，重庆字水中学高中地理教师，教龄30年，中学高级教师，重庆市教师资格证面试官，连续多届重庆江北区骨干教师；杨科，中共党员，中学英语高级教师，重庆市骨干教师，重庆市优秀班主任，江北区先进教师、优秀班主任；张法勇，男，现就职于重庆市字水中学，高中物理教师，学校课程发展中心主任，中国民主同盟会盟员，重庆市特级教师，市级“优秀教师”，市级骨干教师；雷振业，男，江北区区级骨干部教师，连续10年担任高中政治教研组组长，重庆市江北区高中高三政治组中心组成员；林通伟，重庆市字水中学高中语文教师，中国民主同盟盟员，江北区骨干教师；任思青，男，大学本科，现任教于重庆市字水中学，重庆市高中生物骨干教师。

（3）制订培训考核标准

玉屏县2018年义务教育阶段学科教师暑期全员培训考核标准

一、考核标准（共100分）

（一）出勤（20分）

迟到、早退一次各扣10分，旷课1节（按每半天2节课计）扣15分。扣分不封顶。

（二）听课（20分）

若出现打瞌睡、接打电话、用手机聊天、窜座位、闲谈、出洋相等影响课堂的行为，每发生一次分别扣10分。扣分不封顶。

（三）作业（20分）

1. 完成作业（10分）全完成得10分，缺一次扣10分（扣分不封顶）。

2. 作业质量（10分）按好、中、差三个等级分别给8—10分、6—8分、4—6分。

（四）考试（40分）

按百分制试题进行折算（考核分=考试实得分×0.4）

二、考试方式

由各学科培训组集中进行考核。按参培学员、任教学校、出勤得分、听课得分、作业得分、考试得分、总分、等第，制成“2018 年义务教育阶段____（填学段学科）全员培训学员考核成绩汇总表”。

三、考核等次

70 分以下为不合格，70 分及以上为合格（其中 80—90 为良好，90 分及以上为优秀），仅对合格人员颁发培训结业证书。

（四）项目实施过程

1. 项目实施团队

表 4　项目实施团队

	姓名	技术职务	学历	学院
教师	田兴斌	教授	博士	国际学院
	杨芹	副教授	硕士	国际学院
	曾大立	副教授	本科	国际学院
	鲁芮汐	副教授	硕士	国际学院
	雷远东	讲师	本科	国际学院
	张瑜璇	讲师	硕士	国际学院
学生	姓名	年级	专业	学院
	韦莎丽	2015 级	师范英语	国际学院
	舒保聚	2016 级	师范英语	国际学院
	江川兰	2017 级	师范英语	国际学院
	龙江	2017 级	师范英语	国际学院
	赵馨	2017 级	师范英语	国际学院
	刘小婷	2017 级	师范英语	国际学院

2. 项目实施过程

7 月 31 日上午 11 点，铜仁学院志愿者与各位老师前往重庆高铁西站迎接玉屏县各位老师，抵达酒店后，志愿者们引领每位老师有序进行签到并给老师们发放相应的学习手册，随之引导老师办理酒店入住登记手续。

中国教育教师网安永健老师、李林等老师带领铜仁学院志愿者前往西南大学体育学院进行工作安排。志愿者们每天有序安排玉屏县中小学教师乘坐大巴，清点每组应到人数，有无请假缺旷人员，为老师们做好后勤工作。

四、项目实施效应

（一）人才培养效应

《铜仁学院英语专业师范方向人才培养方案》要求学生在技术技能上不仅具备英语专业和语言教学两个方面核心知识的应用能力，还应具有先进的教育理念和思辨能力、合作意识与能力、高度的责任感，同时具有一定的创新能力和较强的社会适应能力。在此次培训中，学生们不仅能吃苦耐劳，面对出现的困难也能及时与相关负责人沟通、出谋划策；对老师布置的任务全力以赴去完成，不仅培养了学生团队合作意识，增强了团队协作能力，个人的综合素质也得到了提升。

此次志愿服务活动，准备充分，过程顺利，取得了圆满的成功。无论是有经验还是无经验的志愿者，在工作中积极向老师请教，向同伴学习，开阔了眼界，充实了假期生活。

（二）师资队伍建设效应

在各位专家的精心指导下，学员们纷纷表示，通过铜仁学院国际学院与中国教育教师网承办的此次培训，不仅学到了许多理论知识和教学技能，而且有了新的目标、新的航向，且找回了初心。并希望后续还能和各位专家继续学习和探讨相关知识。专家们也表示希望今后能继续通过铜仁学院这个平台为贵州的教师事业贡献一分力量。

（三）社会服务效应

1. 扩大学校影响，树立学校品牌

自2015年以来，国际学院以“立足黔东，面向全省，辐射武陵”为导向，积极有效地开展社会服务工作，取得了一定成绩。一是产教融合，服务地方教育，为地方发展提供智力支撑，社会服务取得实效；二是以服务发展为宗旨，社会服务能力显著增强，校政深度合作长效机制建立完善。使学校的人才培养始终立足于行业人才需求的前沿，从而反哺地方社会经济发展的办学理念；三是稳步推进社会服务工作，提高经济和社会效益。

2. 提升专学院专业建设和办学水平

铜仁学院利用学院资源和自身优势，加大与地方政府合作，探索地方中小学英语教育改革发展之路，推进高校教育与初级教育的融合，实现教学能力和科研能力并举的多样化培训体系，提高人才培养质量，促经济社会发展。

3. 了解行业需求，引导教学改革

本次培训，从学习者分析、教学目标设计、教学方法、策略设计、教学流程设计、教学媒体设计、教学评价设计等方面提高了受培教师“教学设计”理论基础素养及教学设计实践能力，让受培教师掌握了先进的教育教学方法，懂得了教育教学的基本规律、基本原则和基本方法，了解了现代教学的发展趋势和新成就，从而提升其教学实践经验、课堂教学设计能力、课堂教学组织和课外活动的组织能力。

（作者系铜仁学院国际学院讲师）

依托专业优势，扎实开展家风礼仪、公务基本礼仪规范培训

杨雪

一、项目概况

（一）项目名称：家风礼仪、公务基本礼仪规范培训

（二）主持人：杨雪

（三）经费来源及数额：项目合作方拨付，2000 元

（四）委托单位：松桃苗族自治县纪律委员会

（五）服务类别：人才服务

（六）实施时间：2018 年 3 月

（七）实施地点：松桃苗族自治县

二、项目获得（争取）过程

（一）项目来源

1. 领导重视，教职工积极进行社会宣传

为了充分发挥人文艺术、教学设施等资源优势，挖掘师生服务社会潜力，切实履行社会服务职能，人文学院构建了社会服务体系以助力社会服务工作开展。社会服务工作要求利用教师自身资源或学校资源为社会提供服务，以提升人文学院教师专业素养达到培育学生的目的，体现学校服务社会应有的水平、能力和责任。学校出台的各项政策鼓励教职工积极参与社会服务工作，体现自身价值，这也对我院教师起到了较大激励作用。我院秘书学专业教师以专业教育为中心，通过专业知识能力及自身特长实现社会服务的途径，在日常工作以及社会交往中有意识地对外宣传专业优势，各方面积极留心社会需求动向，与社会外界加强沟通交流。通过这样的方式，获取了社会层面对于礼仪培训方面

的需求，从而促进了多项社会服务项目的达成。

2. 发挥社会服务项目优势

礼仪培训师资方面，铜仁学院人文学院秘书学教研室有教礼仪的专业教师，礼仪修养、公文写作是秘书学专业学生的必修课程，专业教师和学生在礼仪知识和示范方面具备良好的条件。此次项目合作双方具备良好的社会交往关系，在了解对方需求后，项目主持人与合作方进行沟通，在获知对方计划从外地聘请专业人士进行礼仪培训的情况后，积极与对方联系，介绍我院专业特色以及承担礼仪培训的相关优势，最终与松桃苗族自治县纪律委员会成功签订项目合作协议。

3. 项目实施过程

在项目完整实施过程中，项目负责方根据实际情况认真准备，积极沟通联系，针对对方要求组织研讨培训内容，将历史、民俗、礼仪知识进行融合，结合纪委工作的特殊性制订培训框架及内容，筹备过程中就框架内容多次与对方沟通并进行修改，最后各方面达成一致，礼仪培训团队分工协作，推进项目顺利实施。

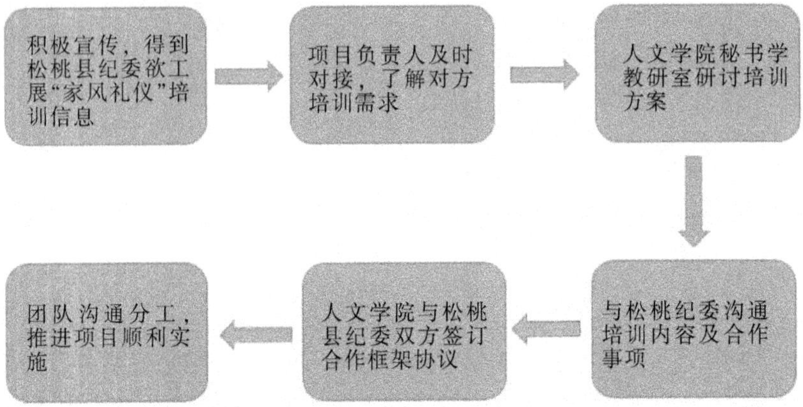

图1 礼仪培训项目实施过程流程图

（二）协议书内容

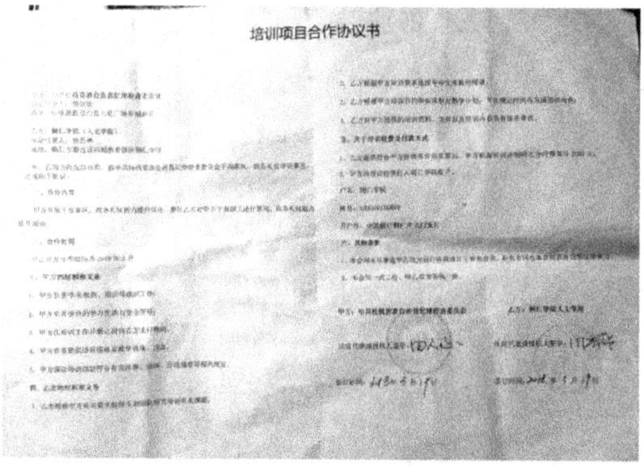
培训项目合作协议书

图2　协议书（示意图）

（三）协议书（合同书）签订

2018 年 3 月 19 日，铜仁学院人文学院院长田黎星与松桃苗族自治县纪律委员会“勤廉家风”传承活动负责人田人心签订项目合作协议书。

三、项目实施情况

（一）项目具体任务

此次项目任务主要是开展“家风”与“公务礼仪”相结合的培训，这是松桃苗族自治县纪检监察系统“勤廉家风，从我传承”系列活动的开篇，参训人员为松桃县纪委监察系统干部及家属，所以合作方非常重视培训的效果。根据对方提出的要求，培训项目承担方查阅资料认真策划，将培训课程分为家风礼仪传承、公务礼仪讲授展示两个部分，根据当天活动实际情况，与对方沟通确定培训时间为两个半小时。

（二）项目实施过程

1. 成立项目实施团队

此次项目主要由项目主持人杨雪负责完成，筹备期间考虑了组织安排学生进行礼仪规范展示，但后期与合作方沟通，因时间、异地等特殊原因取消了学生实地展示环节，改为视频播放。

2. 项目实施筹备

根据培训内容和要求，培训教师杨雪通过请教历史民俗学专家印有家副教授，查阅家风传承资料，对家风模块讲授内容进行了充分准备；鉴于纪委工作特殊性和敏感性，对于培训资料从封面到内容都与对方多次沟通并修改。根据纪检系统工作特征，结合礼仪讲授内容，对于公务礼仪规范讲授进行侧重修改，并且设计了实践体验环节。礼仪存于心践于行，单纯的理论讲述如果能结合一定的自身感受，整体培训效果会更加突出。

3. 项目实施过程

此次松桃纪检监察系统家风建设活动开启了“七个一”活动，即“组织一场家风培训、征集一条亲情寄语、开展一次家风家访、征集一首廉政歌曲、评选一批最美家庭、摄制一部家风电影、进行一次精神苦旅”。《家风礼仪、公务基本礼仪规范》培训安排在启动大会后的第一个环节。“家风是社会风气的重要‘原细胞’，为培育一支具有良好家风和工作作风的纪检监察干部队伍，夯实风清气正政治生态的重要基石。”松桃苗族自治县县委常委、纪委书记胡定在启动大会上表述，该县共邀请200余名纪检监察干部及其配偶参会。

图3　参会现场

此次培训内容分为家风礼仪、公务礼仪两个部分。在培训过程中，培训人杨雪首先向参训人员介绍了“家风”的文化内涵以及历史典型案例。

随后杨雪通过播放周恩来同志的家风纪录片的方式加深观众印象，激起思想、情感共鸣。选择周恩来同志的家风案例作为培训素材是结合了纪检部门工作特性，周恩来同志一生弘扬中华民族廉洁奉公、朴素谦逊的美德，始终以一个共产党员的标准严格要求自己，这是值得当代纪检干部学习的。

图 4　培训人介绍家风

图 5　参训人员观看周恩来家风纪录片

影片结束后，培训内容从我国家风的发展变迁进入“现代文明家风礼仪角色传承”部分，结合现代社会家庭，从个人角色、夫妻、公婆、儿女、媳婿几个方面结合现代社会案例讲述在家庭家风传承中需要遵循的相处原则，使参训人员从心理上真正接受家风的浸润，从而将其融入个人生活去发扬和传承。家风是德的重要体现，有德之人必识礼，家风的传承也是礼仪的体现。“不学礼，无以立。”在家庭中，我们规范言行，传承良好家风。在工作中，我们又需要展现出什么样的风范？培训内容设置了这个值得思考的问题。现场讨论气氛活跃，参训人员根据自己的工作经验提出了很多具体的践行方式。

图 6　培训人展开互动授课

四、项目实施效应

（一）人才培养效应

此次家风礼仪、公务基本礼仪规范项目的实施对人文学院的人才培养起到了助推和优化作用。虽然此次培训未将学生带至现场进行礼仪规范展示，但是秘书学专业学生的礼仪规范示范属于常规训练。

图 7　学生礼仪展示团队日常训练

在日常专业课程教学中，教师也会结合社会服务项目元素，将现代社会发展趋势及通过社会调研的组织机构需求融入“秘书实务”“秘书礼仪”等操作性较强的课程中。

图 8　结合礼仪实践进行课堂教学

通过一系列的社会服务工作积累了比较丰富的经验后，可以考虑在院、校开设相关选修课程，以扩大专业知识覆盖面。本次项目学生虽未实地参与，但在参加其他礼仪培训类项目活动时，学生纷纷表示这样的活动对于自身有很好的锻炼效果，锻炼自己化解内心的紧张忐忑，能够走上展示舞台规范从容地完成各项礼仪动作，与同伴完成良好礼仪互动展示。

图 9　学生参与礼仪培训社会服务项目

这样的社会服务活动不但紧密联系生活，还拓展了学生的文化以及就业视野，加深了理性认识，同时也丰富了自己的校园文化生活，最重要的是激发了自己的专业荣誉感和自豪感，使得学生不仅提升了专业素养，还增强了综合能力，这恰恰是秘书学专业学生培养的初衷和目标。

（二）师资队伍建设效应

师资队伍建设是教育工作重中之重，只有高素质、高能力、勤恳工作、乐于奉献的教师队伍，才能担当起大学教育的重任，提高专业的教学质量的关键同样在于良好的师资队伍的建设。礼仪培训类社会服务项目的实施提高了人文学院教师的工作积极性，为教师的理论认知提供了广阔的实践平台，学、思、行三者相结合激发了教师的工作热情，同时也加强了教师间的学术交往联系，对于教师自身综合能力的提升大有裨益。在项目进行过程中，人文学院教师通过与同行及行业专家的互动与沟通，针对合作方的要求对于培训内容进行各方面的修改和细化，拓宽了自己的专业知识领域。铜仁学院“双师型”教师队伍的建设就需要这样的身体力行，将课堂理论和社会实践相结合，体现教师双重价值，人才培养服务地方建设发展，体现了我校建设应用型院校的目标。

（三）科学研究效应

传承礼仪是传承中华民族优良传统文化的需要。现代社会重视人际交往，人与人之间的相处讲求尊重，尊重是礼仪的核心。面对社会行业需求，如何更好地在社会各个行业体现“尊重”，这是值得探讨和研究的问题。我国素有“礼仪之邦、文明古国”的美称，礼仪文化源远流长。此次家风礼仪、公务基本礼仪规范项目的申报、实施，不仅是对传统礼仪知识的再次学习和体会，同时也增强了培训教师自身的科研能力，将礼仪和优秀家风文化传统相结合，拓宽了认知及研究领域，对于今后的科研工作具有指导作用。在此次项目合作过程中，项目主持人也了解到松桃县纪委目前有两项科研课题需要完成，此次家风礼仪培训效果良好，松桃县纪委有意向邀请铜仁学院专家合作完成课题。经过项目主持人接洽沟通并将情况及时汇报人文学院分管领导，人文学院积极安排相关教师参与落实，截至目前已与松桃县纪委成功签订一个科研课题协议，项目经费 26000 元。

（四）社会服务效应

1. 扩大学校影响，树立学校品牌

在社会服务实施过程中，人文学院教师始终秉持“铜仁需求，国家标准”的理念，认真筹备，严谨务实完成项目任务，培训效果良好，松桃县纪委负责领导对于此次社会服务工作给予了高度肯定，他们评价所授内容对其开展实际工作有很强的实用价值。“通过聆听家风礼仪、政务礼仪专题讲座，要当好‘廉洁守门员’，让说情传话者找不到门，送礼行贿者进不了门！”参训家属表示树立要“守家有责”的观念，共同守好“幸福门”，守住自己的家门，传承优良家风。这种社会舆论对铜仁学院良好的社会服务品牌形成一种良性助推作用。

培训结束当天下午，松桃县纪委外宣部门已经将家风活动相关内容进行了网络报道，人民网·贵州频道、新浪网、铜仁电视台、铜仁纪委监察系统网等媒体均对活动进行了报道。

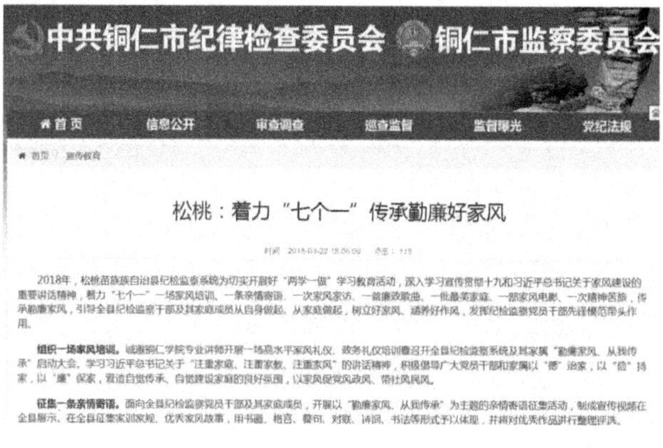
中共铜仁市纪律检查委员会 铜仁市监察委员会

首页 信息公开 审查调查 巡查监督 监督曝光 党纪法规

松桃：着力“七个一”传承勤廉好家风

2018年，松桃苗族自治县纪检监察系统为切实开展好“两学一做”学习教育活动，深入学习宣传贯彻十九和习近平总书记关于家风建设的重要讲话精神，着力“七个一”一场家风培训、一条亲情寄语、一次家风家访、一首廉政歌曲、一批最美家庭、一部家风电影、一次精神苦旅，传承勤廉家风，引导全县纪检监察干部及其家庭成员从自身做起、从家庭做起，树立好家风、涵养好作风，发挥纪检监察党员干部先锋模范带头作用。

组织一场家风培训。诚邀铜仁学院专业讲师开展一场高水平家风礼仪、政务礼仪培训暨召开全县纪检监察系统及其家属“勤廉家风、从我传承”启动大会。学习习近平总书记关于“注重家庭、注重家教、注重家风”的讲话精神，积极倡导广大党员干部和家属以“德”治家，以“俭”持家，以“廉”保家，营造自觉传承、自觉建设家庭的良好氛围，以家风促党风政风、带社风民风。

征集一条亲情寄语。面向全县纪检监察党员干部及其家庭成员，开展以“勤廉家风、从我传承”为主题的亲情寄语征集活动，制成宣传视频在全县展示。在全县征集家训家规、优秀家风故事，用书画、格言、警句、对联、诗词、书法等形式予以体现，并将对优秀作品进行整理评选。

图 10　各网络媒体对家风活动报道（示意图）

各媒体在报道中均对于铜仁学院教师的家风礼仪培训环节有关注。媒体信息的及时传播，既有助力于我们的社会服务工作的开展，又加强了铜仁学院的社会影响力，对于铜仁学院品牌树立也具有较强推动作用。

2. 了解行业需求，引导教学改革

人文学院家风礼仪培训社会服务项目的开展使得人文学院教师走出了大学“象牙塔”，进入了社会不同领域进行科学研究，在开展社会服务工作的过程中更多地去了解专业服务对象、环境的情况，了解高速发展的社会中各个行业的需求，将专业教学理论与社会行业实践相结合，在对人才培养上更加具备主动性和方向性，根据社会需求、行业需要进行教学改革，实时调整专业、学科、课程。在课堂教学中，教师可将社会需求转化为课堂知识，通过讲授、实训等方式传授给学生，培养学生积极接收新知识、关注时事的习惯，在课堂和校园中感知理论和实践结合，在此基础上积极为学生寻求社会实践基地见习锻炼机会，将学生专业学习与我校服务社会理念结合起来，将理论和实践合理结合融会贯通才能促使学生学而有成。

3. 加强校地合作，促进社会发展

人文学院与松桃县政府部门的合作旨在进一步密切校地合作，促进资源共享、优势互补、协同发展。在家风礼仪培训项目结束之后，双方又推进了科研项目合作，签订了关于“监察体制改革”科研合作项目，科研经费为 26000 元。此项目涉及多项实地调查及理论研究，这在一定程度上调动了我校教师的科研积极性，同时也有助于教师科研能力的提升。家风礼仪培训社会服务工作不仅具备宣传效果，同时提升了地方监察工作人才综合素质，加强人才队伍建设，产生了积极的社会效应，凸显了地方院校服务社会发展的坚定决心，为铜仁市地方发展贡献了力量。人文学院秘书学专业一直致力于学践结合，2018 年 9 月秘书学专业 2016 级 46 名学生响应学校“服务地方”号召，根据学校服务学习工作方案的部署前往德江县档案局、人力资源和社会保障局、教育局，开展为期 40 余天的岗位服务学习，各小组同学按照服务学习部门的安排，迅速进入工作状态，会务接待、文件归档、数据录入、资料整理等工作陆续展开。通过学校提供的服务学习平台，秘书学专业学生在工作过程中努力学习，勤奋工作，将课程学习与实际工作紧密结合，在学习中服务，在服务中成长，专业能力在社会服务学习中得到了极大的锻炼和提高。

五、其他

社会服务是我校的基本职能，在人才培养中渗透社会服务内容，不能局限于课堂教学，而要主动走出校园，结合地方经济社会发展需要，利用社会服务平台，积极提供社会服务，更好地为地方经济社会发展提供人才资源保障。近两年来，在学校政策的支持下，人文学院秘书学专业教师充分发挥人才优势、智力优势，积极主动融入地方与社会组织开展交流与合作，带领学生开展各种社会实践，举办了多次关于公（商）务礼仪、公文写作等职业素质方面的培训，取得了良好的效果和声誉。今后专业师生将积极学习、思考、践行，多措并举，培养专业人才的同时进一步加强和改进社会服务工作，将社会服务工作向纵深推进，做好优质人才培养和输送工作。

（作者系铜仁学院人文学院讲师）

校企共育人才，国际学院旅游专业学生赴公司顶岗实习

杨芹

一、项目概况

（一）项目名称：校企共育人才，国际学院旅游专业学生赴公司顶岗实习

（二）主持人：杨芹

（三）经费来源及数额：内蒙古额济纳旗金源和天下文化旅游股份公司

（四）委托单位：内蒙古额济纳旗金源和天下文化旅游股份公司

（五）服务类别：人才服务

（六）实施时间：2018 年 6 月 21 日至 10 月 30 日

（七）实施地点：内蒙古阿拉善盟额济纳旗达来呼布镇金沙湾景区

二、项目获得（争取）过程

（一）项目来源

本项目来源于 2017 年国际学院与内蒙古额济纳旗金源和天下文化旅游股份公司签订的教学见习项目。2017 年 9 月 10 日至 10 月 20 日，国际学院旅游英语专业 46 名学生到当地进行了教学见习活动。学生们的优秀表现得到了用人单位的高度认可。2018 年 3 月，公司总经理廖凯先生主动与我院联系，希望能为额济纳旗的地方旅游经济发展提供更高层次的服务，同时也让学生在见习的基础上进行进一步的实践能力的提升。双方就此达成顶岗实习协议。

图 1　项目来源流程图

（二）协议书（合同书）签订

签订时间：2018 年 5 月 21 日。

签订人：杨芹、魏青。

协议内容：铜仁学院旅游英语方向学生到额济纳旗金源和天下文化旅游股份公司顶岗实习。

三、项目实施情况

（一）项目具体任务

国际学院负责选拔参加顶岗实习的学生，并进行岗前培训，制订顶岗实习方案；额济纳旗金源和天下文化旅游股份公司负责给学生提供合适的工作岗位，指派顶岗实习指导教师；实习学生按要求完成各项顶岗实习任务。

图 2 国际学院召开顶岗实习工作筹备会

图 3 顶岗实习动员大会、岗前培训

（二）项目实施保障

1. 组织保障

从 2015 年开始，国际学院就成立了以院长为组长的实习领导小组，指导和安排学生的教育实习和顶岗实习工作。成员包括分管教学副院长，教务科科长，学生发展科科长，毕业班班主任，实习队的学生小组长，从上至下完整的组织机构为各种实习工作提供了组织保障。

2. 机制保障

为了让项目顺利实施，国际学院拟定了一系列机制，其中包括：成立顶岗实习工作领导小组保证工作有序进行；制订实习方案让实习工作有据可依；召开实习动员大会给学生做好实习前的思想和心理准备，让学生了解将要去顶岗实习的工作情况；与顶岗实习单位签订合同保证实习学生的权益；为实习学生购买保险，解除学生往返路途中可能出现的生命、财产安全问题的后顾之忧。

3. 资源保障

实习工作安排好以后，由该班班主任协调为学生订好到额济纳的车票，学生统一前往实习目的地。公司也安排人员接站并把学生送到实习地点。根据不同的工作岗位安排了多位有丰富的实际工作经验的指导教师。给学生安排的宿舍是八人间，有暖气、热水定时供应。景区间的工作往返有交通车接送，每周安排统一时间上街购买生活用品。所有这些措施都为学生安心实习提供了后勤保障。

（三）项目实施过程

1. 成立项目实施团队及项目实施筹备

顶岗实习项目团队成员包括田兴斌博士，主要负责统筹安排项目的引进及签订合同等工作；分管教学副院长杨芹、学生科李念老师和班主任陈美茜一起负责组织学生并向学生宣传顶岗实习项目内容；社会服务科张瑜璇老师负责与额济纳顶岗实习项目负责人洽谈具体事宜，收集学生信息并为学生做好后勤服务；教务科雷远东老师负责实习材料的收集归档工作。本次顶岗实习安排了12 名学生。

表 1　国际学院实习项目实施团队

姓名	职称、职务	分管工作
田兴斌	国际学院院长、教授	统筹安排项目的引进
杨　芹	国际学院副院长、副教授	具体实施执行项目、签协议
李　念	国际学院学生发展科科长	组织学生并向学生宣传顶岗实习项目内容
陈美茜	2015 级旅游英语班班主任	组织学生并向学生宣传顶岗实习项目内容
雷远东	国际学院教务科科长	负责实习材料的收集归档
张瑜璇	国际学院社会服务科科长	负责与额济纳顶岗实习项目负责人洽谈具体事宜
廖　凯	内蒙古额济纳旗金源和天下文化旅游股份公司金沙湾景区总经理	前期洽谈

续表

姓名	职称、职务	分管工作
魏　青	内蒙古额济纳旗金源和天下文化旅游股份公司金沙湾景区项目经理	签署协议、执行顶岗实习工作
学生姓名	性别	
李怀梦	女	
蒋金萍	女	
李发海	男	
王振	男	
韦天敏	女	
吴扬扬	女	
徐翔	女	
姚雪梅	女	
祖鹅	女	
向丹亚	女	
陈兰	女	

2. 项目实施过程

旅游英语方向培养的学生是能够坚持四项基本原则，德、智、体、美等全面发展的，通过专业系统的理论实际学习，具备旅游管理专业知识和技能，具有人文与科学素质、创新精神和实践能力，能在旅游企业、事业单位从事旅游管理和研究的应用型人才。国际学院把旅游英语专业学生送出去进行顶岗实习既是贯彻铜仁学院应用转型发展的宗旨，为培养学生实践能力搭建了平台，又是顺应高校采用产教融合新模式为地方社会经济文化发展服务的需求，更是让学生多了一个与少数民族文化融合的机会，培养了学生的跨文化交际能力。前期的跟岗见习工作完成后，学生们通过锻炼已经把自己的大部分专业知识与实践工作进行了有机结合，后期 2018 年 6 月到 10 月的顶岗实习工作，更是让他们在各自的岗位上尽情地施展自己的才能，做中学、学中做，各项能力都得到了提升。我们的教育转型也得到了跨越式的发展。

四、学生感想与项目实施效应

（一）学生感想

远离万家灯火，隔绝众生喧哗。大漠的朝阳就如皎然的《效古》里所说："日出天地正，煌煌辟晨曦"，和着清晨的沙风，我们正式开始在额济纳旗金源和天下公司见习的第一天。

七点半我参与了我人生中的第一次工作晨会，然后就培训上岗，虽然我的工作只是售景区门票，但我代表着铜仁学院和公司的形象，这让我感受到了一定的压力。仅仅是"您好，几位?""这是您的票，请收好"和（报价—找零—出票）这样简单的对话与流程都练习了无数遍，可实际操作时还是会紧张发抖。有时遇到刁钻的游客，我们要努力把负面情绪压在心里，用微笑面对客人的蛮横不讲理。

夕阳西下，结束了一天的工作，约上三两个同学，我们一起去荒原中摘刺果、黄沙上奔跑，在怪树林聊天，感觉这一周来的忧闷心情全都消散在这大漠的沙风中。沿着栈道往回走，城墙上昏黄的灯光让我第一次觉得，原来艰难的环境有时也会那么温柔，触碰到我柔软的心。

有时候，不管你的周遭是凄荒还是喧闹，也不管你的生活是波折还是安稳，你都别试图去抗拒改变和成长。我们将会在这里留下成长的足迹，以更坚强和成熟的心去面对愈来愈壮阔的人生。

（2015 级旅游英语班简代婷）

图4　学生们在岗位上工作

三年前刚上大学的我们，因喜欢旅游而选择了旅游专业，三年后面临实习的我们因向往漠北的风景，而选择黑城弱水胡杨风景区作为实习地。去年九月，我也来过这里，可是如今的风景已不是去年的风景，心境也不是去年的心境。那时我们都是被动的，无奈的，迷茫的，我们觉得自己还小的同时，又有点好高骛远，觉得将来的自己不至于去干这些工作或者不喜欢搞这些工作，可事实是我们连这些工作也干不好。

自己作为一个实习生再次来到这里，来到同一家公司，还没到景区运营接待游客的时间，我们大部分时间都坐在办公室，这似乎比起售票检票简单重复的工作要高级得多，但当领导让我们写景区简介、写销售文案、做路线规划的时候，我们都战战兢兢，似懂非懂，以至于不敢保证完成任务。我感觉我们做每一件工作都要待到危机重重，才知变法图强。但我相信我们一定会在内外的压力下变得越来越强大。

流光容易把人抛，不知不觉我们已在这里度过近两个月，实习未完，可我们的身心已经受到很大的洗礼，工作与学习相结合，把几年来在书本上学到的知识运用到工作中，又在工作中不断学习书本上没有的知识。通过实习，我们浮躁的心慢慢沉静，彷徨与迷茫渐渐消失，相信待到实习期满，除了知识、体验和回忆，我们将收获澄澈的心境和吃苦耐劳的精神。

（2015级旅游英语班李发海）

本周对我来说是非常忙碌的一周。我的工作从星期一开始贯穿到星期五，接触到全新的工作任务，对我来说就是一次更新的体验和挑战，我在尽力完成工作后也有了不少的收获。看着自己的工作得到领导的肯定，成就感还是满满的。

星期一：注册各网站账号（收集招商信息）收集美食商家信息，特别是美团网上的小吃商家。打电话询问商家在胡杨节是否有意向来景区做商铺。联系往年商户、牧民。星期二：了解招商信息，准备招商公告，打电话，到黑城看商铺，进一步了解招商信息。星期三：招商公告基本完成，经领导指点后对公告进行最后的完善。在额济纳旅游全攻略微信公众号以及公司官方微博发布招商公告。星期四：在今日头条及各旅游网站发布黑城弱水胡杨风景区的招商信息。开始接听到咨询招商项目的来电。参加运营部全体会议，明确了解运营部结构和分工，也大致确定自己的工作方向和工作内容。星期五：发招商传单。

通过这一周的实习工作，我的深刻体会就是：实习是一项用人单位和实习生双赢的活动。对接受实习生的单位而言，是发展储备人力资源的措施，可以低成本、大范围地选择人才，培养和发现真正符合用人单位要求的人才。额济纳旗金源和天下文化旅游股份公司更是如此，公司十分注重人才的培养，给我们实习生发挥的空间非常大，有的同学选择了行政部门，有的同学选择了酒店部门。对学生而言，实习可以有更多的机会尝试不同的工作，扮演不同的社会角色，逐步完成职业化角色的转化，发现自己真实的潜力和兴趣，以奠定良好的事业基础，也为自我成长丰富了阅历。不管选择什么工作，什么职业，都要努力做好本职工作，兢兢业业。我们应该自己主动找一些事情来做，从小事做起，刚开始也只有这样，慢慢去熟悉自己的工作。

在实习期间，我们需要更加自律，更加独立，我们也在实习期做出了许多成绩，我们在努力成长，像大漠里的胡杨，坚韧，隐忍，努力在自己的岗位上汲取知识。人生，当生如胡杨，生三千年不死，死三千年不倒，倒三千年不朽。我们实习生更须如此，要吃苦耐劳，要随时进入自主学习的状态，要有积极的工作心态，不管在什么时候，遇到什么困难，都要保持乐观的生活态度。在工作中要发扬团队精神，很多工作往往不是凭个人的力量就能完成的，很多时候是一个团队在完成一个项目。将所学的专业知识运用到工作中去，合理的分工可以使大家在工作中各尽所长，团结合作，配合默契，事半功倍。同时也能提高自己与别人沟通、交流的能力以及与人合作的能力。积累的工作经验对自己今后走进社会、走进职场都有非常大的帮助。

（2015 级旅游英语班韦天敏）

（二）师资队伍建设效应

在顶岗实习项目实施过程中，师资队伍建设也采取“走出去，引进来”的模式，不仅加强对学生的培养，同时也在双师型教师队伍的打造方面采取一些力所能及的措施，定期派出旅游英语方向教师林青、华娴、鲁芮汐等到其他学校和旅游公司、景区、酒店等企业行业进行学习、培训取得相应资格证书。国际学院双师型教师数量逐年上升，在培养学生方面都充分发挥了作用。同时，也邀请企业行业相关人员对学生进行企业文化、行业知识宣讲；参与英语学科建设及人才培养方案的制订，为我们培养多元化人才出谋划策，为我们的学科团队建设提出指导性意见和建议。

图5　实习带队老师与学生一起在工作岗位上

图6　大家一起讨论人才培养方案与行业实际需求

（三）社会服务效应

1. 扩大学校影响，树立学校品牌

从2017年9月的跟岗见习开始到今年的顶岗实习，国际学院共派出了近60人次的学生参与其中。他们带到额济纳的不仅仅有过硬的专业本领，还有新鲜的学习理念，做中学，学中做；用不屈的合作精神在与其他工作人员的相处过程中扩大了学校的影响力，树立了学校品牌。正是基于用人单位对跟岗见习学生的专业水平、协调能力等有了充分的肯定后，今年的顶岗实习工作才得以继续开展，用人单位对我校的实习生工作满意度非常高，铜仁学院国际学院的品牌也从大西南传到了大草原！

图7　顶岗实习与社会服务有机结合

2. 了解行业需求，引导教学改革

顶岗实习为国际学院提供了深入了解和研究旅游英语专业的机会，通过问卷调查数据分析、岗位人才需求调查等形式，高等学校了解了行业对人才培养的基本需求，数据反作用于学科教学，引导国际学院进行教学改革、课程改革及人才培养方案的修订。这些措施都是为了配合地方社会经济发展的人才需求，服务地方社会、为企业行业输送合格的人才。

（作者系铜仁学院国际学院副教授）

三、文化服务篇

铜仁市2018年校园足球三级联赛总决赛的组织与实施

雷丽

一、基础与背景

近年来，随着国家对校园足球发展的重视，各省市校园足球的开展如火如荼，也初见成效。《全国青少年校园足球活动实施方案》的指导思想中就强调："以增强学生体质，培养青少年拼搏进取、团结协作的体育精神为宗旨，通过广泛开展校园足球活动，建立和完善小学、初中、高中和大学四级足球联赛，普及足球知识和技能，形成校园足球文化"。可见，联赛的开展可检验校园足球发展程度，比赛成绩可衡量校园足球的开展成效，各种校级联赛、县（区）级比赛、市级比赛应运而生。

铜仁市校园足球在国家政策的保障和省、市领导的重视下，近几年发展迅速，各种赛事日渐丰富多样，规格和规模不断提高，对竞赛组织提出了更高的要求，众所周知，良好的赛事组织和竞赛环境对运动员运动水平的发挥有着至关重要的作用，专业裁判员和工作人员对赛事的公正公平有着强有力的保障作用，铜仁市校园足球三级联赛总决赛是全市校园足球最高级别赛事，覆盖面广，规模大，参赛人数多，竞技水平高，要服务好这样大型的足球赛事，对竞赛实施团队的专业素养是极大的考验，2018年铜仁市校园足球三级联赛总决赛的圆满完成得到了社会各界的一致好评和认可，该足球赛事服务案例的推广是旨在能够对其他城市及区、县的校园足球竞赛组织工作的开展起到借鉴和学习作用，努力打造铜仁市校园足球精品赛事，起到示范引领作用，更好的服务和推动校园足球的发展。

二、项目概况

（一）项目名称：铜仁市2018年校园足球三级联赛总决赛
（二）项目负责人：余静、刘忠、雷丽
（三）经费来源：铜仁市教育局拨款
（四）委托单位：铜仁市教育局、铜仁市体育局
（五）服务类别：文化服务、资源服务
（六）实施时间：2018年7月9日至23日
（七）实施地点：铜仁学院、铜仁幼儿师范专科学校、铜仁一中、碧江区职校

三、项目获取过程

（一）项目来源

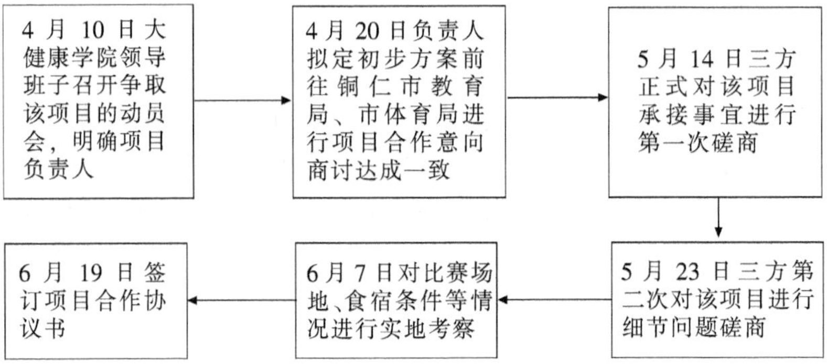

图1　获取项目过程

（二）协议书内容

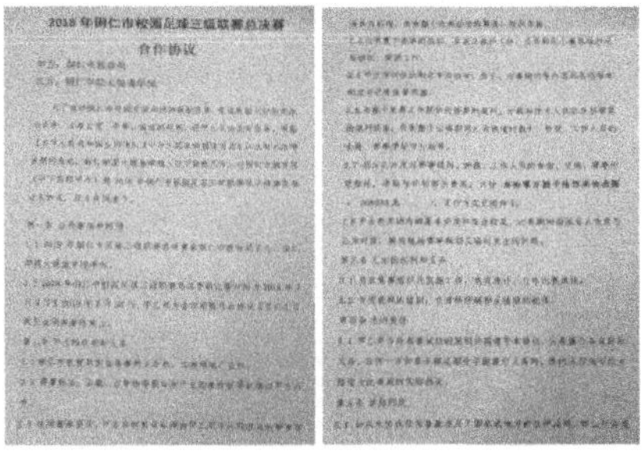

图2　协议书（示意图）

（三）协议书签订

时间：2018年6月19日
地点：铜仁市教育局
签订人：余静、黄国刚

四、项目实施情况

（一）项目具体任务

铜仁市校园足球三级联赛总决赛分为小学组、初中组和高中组，各组分男、女和甲、乙以及混合组，共计11个组别，项目任务是做好每个组别竞赛工作，包括赛前准备（报名、裁判及工作人员培训、秩序册的编排等）、赛事开展（竞赛、成绩的统计及公布、单元赛事总结及颁奖等）、赛后总结（撰写总结、整理归档）任务，具体时间安排如下：

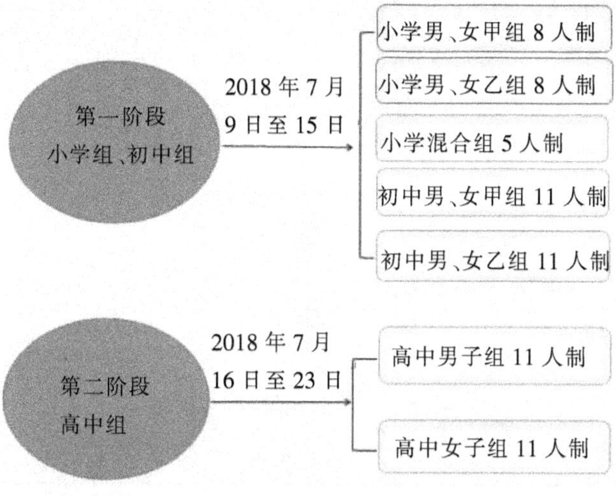

图3　任务具体时间安排

（二）项目实施保障

1. 组织保障

项目实施之初，大健康学院多次召开专题会议，拟定项目负责人，制订方案计划，成立项目领导小组，由大健康学院院长余静、党委书记张艳丽任组长，副院长刘忠、周崇武、党委副书记杨芬任副组长，党政办主任、运动健康系主任、学生科长、大体部长、社会服务科长、场馆中心主任、科研科长、医务中心主任为成员的领导小组，另外，铜仁市教育局、体育局也专门成立了赛事委员会，合力为该项目的实施提供了强有力的组织保障。

图4　项目专题会议

2. 机制保障

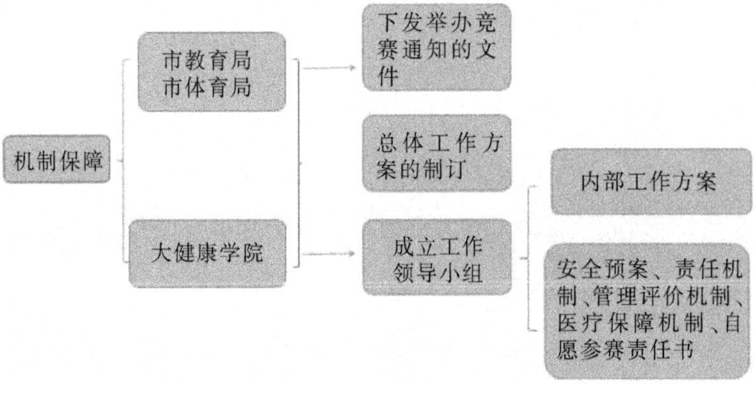

图5　机制保障

自协议签订后，大健康学院和铜仁市教育局、体育局联合制订三级联赛总决赛的总体工作方案，铜仁市教育局、体育局联合下发了《关于2018年铜仁市校园足球三级联赛总决赛的竞赛通知》，大健康学院制订了内部工作方案，划分好各部的职责要求，明确负责人，并制订了安全预案机制（重点）、责任机制、管理评价机制和医疗保障机制、签订《自愿参赛责任书》来保证比赛的顺利开展。

3. 资源保障

（1）专业的标准场地

在该项目的合作上，大健康学院有场馆资源优势：拥有标准11人制场地一块，8人制场地两块，5人制场地一块，能够同时满足小学5个组别的比赛，是目前铜仁市足球场能同时容纳比赛最多的场地。

图6　足球场

（2）经验丰富的师资团队

大健康学院运动健康系有足球专业教师5人，其中研究生学历3人，国家预备级裁判员1人，国家一级足球裁判员4人，足球专选班学生38人，其中国家二级足球裁判员15人，国家三级足球裁判员21人。老师都曾多次参加省、市各级各类足球比赛组织及裁判工作，学生能够掌握足球专项知识，熟悉足球竞赛规则，多次担任市级比赛裁判工作，有较为丰富的实践经验，整个团队能够胜任本项目的组织管理及裁判工作。

（3）舒适安逸的食宿环境

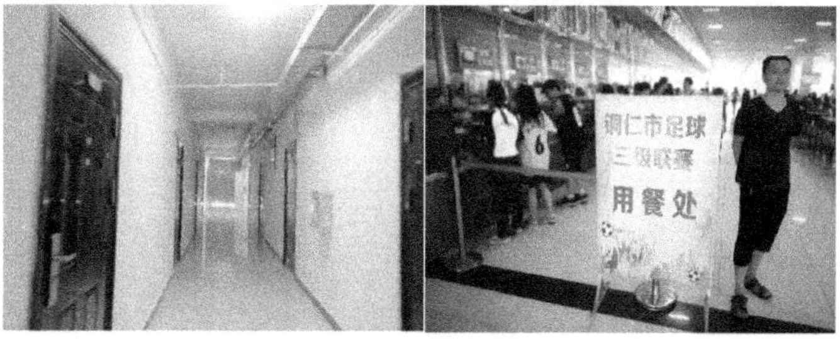

图7　寝室、食堂

（三）项目实施过程

1. 项目实施团队

表 1　团队人员名单

		姓 名	技术职务	学 历	专 业	学 院
团队成员	教师	余静	教授	本科	体育教育	大健康学院
		张艳丽	教授	本科	护理学	大健康学院
		刘忠	教授	本科	体育教育	大健康学院
		王萍	教授	本科	体育教育	大健康学院
		周崇武	副教授	本科	体育教育	大健康学院
		杨芬	副教授	研究生	体育教育	大健康学院
		文兵	副教授	本科	体育教育	大健康学院
		童富强	副教授	本科	体育教育	大健康学院
		张玉军	教授	本科	体育教育	大健康学院
		王拱彪	副教授	研究生	体育教育	大健康学院
		马宁	副教授	研究生	体育教育	大健康学院
		贾隆基	讲师	研究生	社会工作	大健康学院
		袁鸿志	助教	本科	体育教育	大健康学院
		易彩霞	讲师	研究生	护理学	大健康学院
		印双红	讲师	研究生	护理学	大健康学院
		陈燕	讲师	本科	社会工作	大健康学院
		雷雨	副教授	研究生	体育教育	大健康学院
		孙馨	助教	本科	护理学	大健康学院
		邢振超	副教授	研究生	体育教育	大健康学院
		罗秀英	讲师	研究生	社会工作	大健康学院
		任达锋	副教授	本科	体育教育	大健康学院
		王睿智	助教	本科	人体科学	大健康学院
		陈方超	副教授	博士	心理学	大健康学院
		王晓黔	高级技工	大专		大健康学院
		雷丽	讲师	研究生	体育教育	大健康学院
		徐涛	讲师	研究生	体育教育	大健康学院
		崔健	副教授	本科	体育教育	大健康学院
		刘炬东	讲师	研究生	体育教育	大健康学院

续表

		姓 名	年 级	专 业	在校情况	学 院
团队成员	学生	杨超	2014级	体育教育	毕业生	大健康学院
		唐六兵	2015级	体育教育	在校生	大健康学院
		钟良权	2015级	体育教育	在校生	大健康学院
		周超	2015级	体育教育	在校生	大健康学院
		舒环	2015级	体育教育	在校生	大健康学院
		吴小龙	2015级	体育教育	在校生	大健康学院
		朱江洪	2015级	体育教育	在校生	大健康学院
		李开发	2015级	体育教育	在校生	大健康学院
		黎艳芳	2015级	体育教育	在校生	大健康学院
		杨娜	2015级	体育教育	在校生	大健康学院
		张柳	2015级	体育教育	在校生	大健康学院
		杨肖青	2015级	体育教育	在校生	大健康学院
		舒姝	2015级	体育教育	在校生	大健康学院
		雍迷	2015级	体育教育	在校生	大健康学院
		杨雪林	2015级	体育教育	在校生	大健康学院
		彭栋宇	2015级	体育教育	在校生	大健康学院
		龙代河	2015级	体育教育	在校生	大健康学院
		杨彪	2015级	体育教育	在校生	大健康学院
		罗浪	2015级	体育教育	在校生	大健康学院
		杨毅	2015级	体育教育	在校生	大健康学院
		韦开拓	2015级	体育教育	在校生	大健康学院
		刘忠辉	2015级	体育教育	在校生	大健康学院
		潘世彪	2015级	体育教育	在校生	大健康学院
		罗鸿翔	2015级	体育教育	在校生	大健康学院
		谢恩奇	2015级	体育教育	在校生	大健康学院
		何叶	2015级	体育教育	在校生	大健康学院
		吴秀恒	2016级	体育教育	在校生	大健康学院
		邹亮	2016级	体育教育	在校生	大健康学院
		郭晓敏	2016级	体育教育	在校生	大健康学院
		陶乐乐	2016级	体育教育	在校生	大健康学院
		尹强	2016级	体育教育	在校生	大健康学院
		付滔滔	2016级	体育教育	在校生	大健康学院
		田忍	2016级	体育教育	在校生	大健康学院
		熊蔚珑	2016级	体育教育	在校生	大健康学院
		杨坤鑫	2016级	体育教育	在校生	大健康学院
		杨海飞	2016级	体育教育	在校生	大健康学院
		张华琴	2016级	体育教育	在校生	大健康学院

续表

		姓 名	年 级	专 业	在校情况	学 院
团队成员	学生	罗勇	2016 级	护理学	在校生	大健康学院
		涂乐乐	2016 级	护理学	在校生	大健康学院
		黄碟	2016 级	护理学	在校生	大健康学院
		陈梦佳	2016 级	护理学	在校生	大健康学院
	其他人员	姓名	技术职务	学历	专业	单位
		李宝坤	讲师	研究生	体育教育	铜仁幼儿师专
		刘维	经理	本科	土木工程	武陵山投资集团
		秦志凯	中二	本科	体育教育	铜仁九中
		刘健康	毕业生	本科	体育教育	贵阳求是学院
		张锐	中二	本科	体育教育	万山八中
		邢伟	中二	本科	体育教育	德江桶井中学
		杨获林	中二	本科	体育教育	铜仁锦江小学

2. 实施筹备

本项目实施筹备工作分有综合协调组、会务组、竞赛组、资格审查组、场地器材组、后勤保障组、赛事监督组、医务组、安保组、仲裁委员会。

综合协调组：余静、王拱彪、马宁、贾隆基

工作职责：统筹协调院外各职能部门工作；负责赛事服务指南制定等工作。

会务接待组：杨芬、张玉军、袁鸿志、易彩霞、印双红、陈燕

工作职责：统筹会务工作；统计参赛情况和接待运动队报到工作，组织召开联席会议；负责统筹赛事颁奖仪式人员安排；负责闭幕式会场布置、表演节目及议程审定等工作；负责赛事宣传报道等工作；负责各参赛单位工作证、运动员参赛证及参赛学校标牌、证书、奖杯等制作。

竞赛组：雷丽及学生 4 名

工作职责：制定并组织实施竞赛规程、比赛日程；统计、公布比赛成绩；负责裁判的聘请、选派、培训等工作；负责秩序册和成绩册的编排制作。

资格审查组：张玉军、王睿智及学生 5 名

工作职责：负责对运动员资格进行审查。

场地器材组：任达锋、王晓黔、陈勇（一中赛场）、谢国（幼专赛场）、米勇（区职校赛场）

工作职责：统筹安排落实好本校比赛场地、比赛所需器材工作；协调做好本校赛场比赛器材保障工作。

后勤保障组：周崇武、文兵、童富强、雷雨、孙馨、邢振超、罗秀英

工作职责：负责所有参赛人员食宿安排和交通引导；协调学校后勤处、学工部及财务处，保证赛事期间比赛场地及驻地人员使用水、电和经费开支等保障工作。

赛事监督组：刘忠

工作职责：负责对赛区工作协调、指导和监督；依据组织委员会要求和有关规定，提出建议和要求；对场地、设施进行检查，提出整改要求；对比赛进行监督，对赛区工作、裁判工作、球队表现、比赛公正性作出评定。

医务组：张艳丽、陈方超及医务中心5人

工作职责：协调最近医院应急救护工作，负责比赛期间医疗、急救、药品、担架等保障工作。

安保组：陈尽东

工作职责：制定比赛（安全责任书）及安全事故应急预案，做好比赛的安全保卫工作，维护场内外秩序，负责比赛有关的交通安全和保畅工作。负责各代表队入住学生公寓及周边的巡查工作。

仲裁委员会：王萍、余静

工作职责：负责处理比赛时突发事件和比赛过程中有争议的问题等。

3. 实施过程

（1）基本情况

大健康学院和铜仁市教育局、体育局合作市足球三级联赛总决赛已有三年之久，这一次是承包制合作，大健康学院高度重视，2018年的市三级联赛总决赛是历年来开展规模最大、参与人数最广的一次大型足球赛事，在16天的时间内分两个阶段完成小学、初中、高中组共11个组别、124支队伍、291场的比赛，在项目领导小组的安排部署下，精心组建项目团队，力求圆满完成本次项目。

表2　基本情况数据统计

参赛数据				参与服务数据		
参赛队伍数	参赛人数					
	领队	教练	队员	本院教师	学生	校外人员
124	88	224	2175	28	41	7

（2）比赛前的准备

规定时间进行报名，汇总报名队伍名单进行竞赛日程的编排及秩序的编排和打印，各种参赛证和指示牌的制作，比赛所需表格及用具的准备，学科知识体现在竞赛组织与编排的课程。

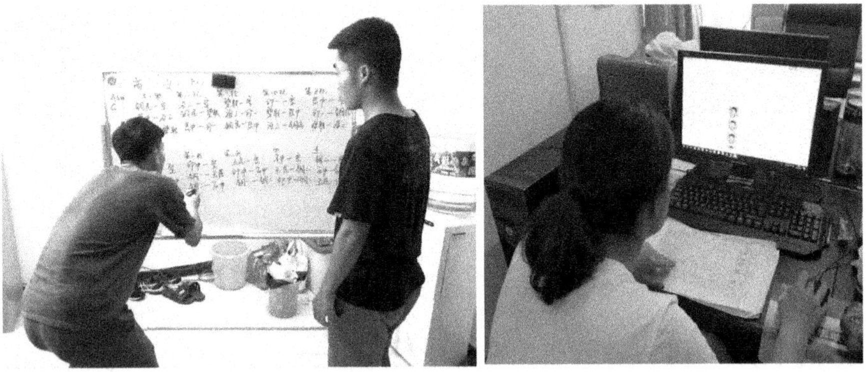

图 8 秩序册和日程编排

比赛器材的采购，预算所需器材，后勤组负责采购，验收好器材规格和数量，移交至场地管理组入库，待比赛前一天场馆组协同裁判组一起布置比赛场地。

裁判员培训会，裁判员培训是进一步对规则理解和熟悉，是对体能的恢复和检验，统一判罚尺度和要求，比赛突发事件的应急处理，执裁典型案例的分析。

表 3 裁判员培训时间安排表

日期	时间	培训内容	培训人	培训地点
7 月 7 日	9：00—10：30	11 人制、5 人制竞赛规则及裁判法	崔健、邢伟	音乐楼 201
	10：30—11：30	典型案例分析	徐涛	音乐楼 201
	15：00—16：30	体能练习	刘炬东	田径场
7 月 8 日	9：00—11：00	裁判实践练习	崔健、刘炬东	足球场
	16：00—18：00	比赛场地布置	刘炬东	足球

图9　裁判员培训

资格审查组、会务组和后勤组，对参赛队员进行资格审查，发放参赛证，并对各代表队验交体检表、安全预案、保险单、自愿参赛责任书，安排好参赛队伍食宿事宜。

召开领队、教练员、竞赛组长及裁判长联席会议。

图10　联席会议

（3）竞赛阶段

竞赛的开展是项目的核心阶段，是保证比赛质量的关键。一阶段小学、初中组共计81支队伍，二阶段高中组43支队伍，分别在铜仁学院、铜仁幼儿师范专科学校、碧江区职校和铜仁一中进行，裁判员分成五个小组分别前往赛场，根据竞赛日程的安排，在烈热酷暑的夏季每天每小组要完成八场比赛，工作量之大，要求之高，是对裁判员团队一次严峻的考验，每名裁判员需要熟记竞赛规则，运用足球专业知识和实践经验对比赛作出公正的判罚，使学科专业知识（竞赛规则、裁判法）在实践中得以运用和检验，也是对裁判员的体能和心理素质及综合能力的一次提升，实现课堂教学与实践教学的结合。

图 11　比赛现场

各竞赛场地由一名裁判长（副裁判长）负责，负责人要求每场必须到位，关键场次执哨，负责每天比赛结束，召开裁判员总结会，对当日出现的争议判罚进行分析讨论，并根据第二天比赛对阵情况安排裁判员，特别是关系到小组出线和淘汰赛的关键场次，需要慎重安排，注意规避原则，并对出现的共性问题集中讲解，做好充足准备，提高执裁准确性。

图 12　各组裁判员总结会

公布成绩、判定名次：每单元结束后裁判组和竞赛组第一时间计入成绩公告，小组赛结束后竞赛组判定名次，公布进入淘汰赛的队伍并电话告知。

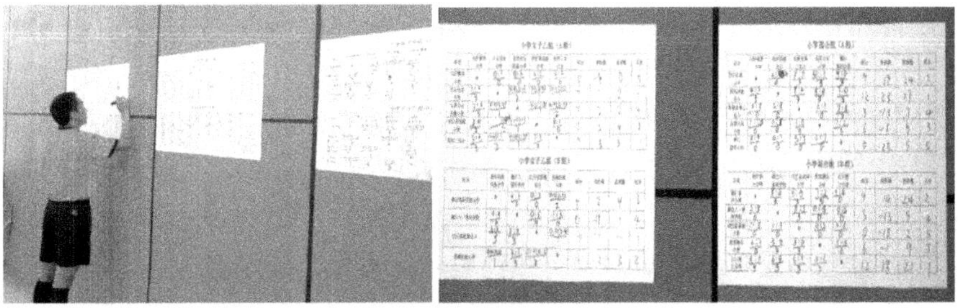

图 13　成绩公告

申诉事件处理：由申方提供书面申请提交至仲裁委员会，仲裁委员会调查事件原因，当值裁判长和裁判员出具裁判报告，竞赛组提供摄像记录，经研究出具处理结果，执行处罚决定。

医务组护航：每个竞赛场地各设一个医疗点，为比赛的顺利进行保驾护航，在平均 36℃的炽热高温下，长时间的户外剧烈运动对运动员、裁判员和工作人员是一种极大的挑战，加之足球运动的特性，极容易出现运动损伤、中暑、抽搐等症状。

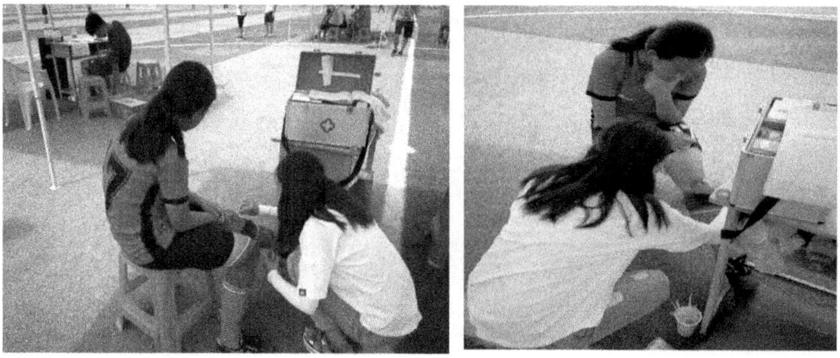

图 14　医护治疗

（4）颁奖、资料归档

比赛结束后公布成绩颁奖闭幕，整理比赛器材入库，竞赛组负责原始记录表封存，汇总成绩存档上报市教育局、体育局，要求各小组裁判长撰写裁判总结，记录详情案例保存。

五、项目实施效应

（一）人才培养效应

大健康学院师生长期高度重视师生的社会实践工作，提出“走出教室，走向社会”的口号，社会实践是实现大健康学院人才培养的重要途径，本项目大健康学院参与服务的师生共计 69 人，赛前组织、赛中竞赛、赛后总结的各阶段无不是对教师和学生综合能力的提升，学生在课本上获取的专业知识可以有效地应用于实践，能够灵活的掌握知识的迁移，培养了团队合作意识，学会交流沟通，提升了责任意识和服务意识，参与服务的学生中有大部分即将进入实习阶段，表示参与这次服务受益匪浅，有信心把所学运用到实习工作中，增强自我组织和管理赛事的能力，为体育教育工作输送力量。

（二）师资队伍建设效应

体育学科专业的特点要求教学不仅仅局限于课堂，并且在信息发达的今天，获取知识的途径更广，教师要不断更新自我专业知识，吸收学科前沿信息，才能紧跟社会发展的需要，才能有所储备教授学生。自本项目签订以来，大健康学院多次召开专题会议，研究项目团队的组成，派遣经验丰富的老师参与，大健康学院有 28 名老师参与，项目实施团队均是高学历高职称教师，其中裁判长和副裁判长是国家预备级裁判员和国家一级裁判员，实施过程中教师亲自示范，详细讲解，精准把控，这样的言传身教是对教师的自我锻炼和技能提升，能有力地保证项目实施的质量，团队的通力合作也得到了主办方的一致好评。

（三）科学研究效应

大健康学院以服务创新为切入点投身于社会服务中，把知识转化为实践，实践提炼为理论，创造知识的升华，在项目实施过程中，对遇到的困难问题进行记录，并与以往数据进行对比研究，典型事例的讨论，编排合理性的研究，捕捉到科学研究的价值，善于总结，发现问题的关键，积极寻求解决方案，为以后服务类似项目提供参考依据。

（四）社会服务效应

1. 扩大学校影响，树立学校品牌

铜仁学院社会服务工作辐射到全市，获得了社会的好评与认可，在学校提供良好的大环境下，大健康学院立足于“专业发展结合社会服务”的需求一举拿下该项目的合作。团队兢兢业业、认真负责、不辞辛苦的工作态度得到了主办方的高度评价，也得到了参赛队伍及老师和家长的一致好评，体现了铜仁学院师生的精神面貌和专业素养，与主办方已达成长期友好合作关系，扩大了学校的影响力度，对其他体育赛事的举办起到了示范引领作用，树立了品牌形象。

2. 了解行业需求，引导教学改革，注重评价管理

大健康学院重视服务应用型人才的培养，社会的需求是我们专业建设的导向，现今社会的发展对人才的培养提出了更高的要求，对高校的教学改革提出

了考验，教学改革必须立足于行业的需求，体育教育属于专业技术服务类，教学就不单单局限于课堂和操场，开拓项目化课程建设，把教学内容、教学手段及教学评价融入项目中，让学生自己动手做，充分运用所学知识，发挥学生的主观能动性，实际操作解决问题，培养动手能力，把教学寓于项目实践中，让学生积累经验，重视“过程评价”，学生在实践体验中总结自我，及时反思，为其走向社会打下坚实的基础，实现人才培养在社会服务中的育人功能。

（作者系铜仁学院大健康学院讲师）

传承地方文化，服务黔东大地

——艺术学院排演歌舞诗《梦想飞翔》

卢慧

一、基础与背景

《国家中长期教育改革和发展规划纲要（2010—2020年）》《国务院办公厅关于全面加强和改进学校美育工作的意见》等文件要求，全面贯彻党的教育方针，以立德树人为根本任务，落实文艺座谈会精神，进一步加强美育育人功能，推进学校美育改革发展。普通高校美育课程要依托本校学科优势和当代教育资源优势，拓展教育教学内容和形式，引导学生完善人格修养，强化学生的文化主体意识和文化创新意识，增强学生传承弘扬中华优秀文化的责任感和使命感；根据自身优势和特点，开发具有民族、地域特色的地方和校本美育课程等措施构建科学的美育课程体系和大力改进美育教育教学。贵州省委关于建设多彩贵州民族特色文化强省的决策部署，充分展现“文化利民、文化惠民、文化富民”成果，丰富广大人民群众的精神文化生活。我校作为地方高校，明确了提出了“山”字形发展理念，充分发挥艺术教育在落实高校立德树人中心任务和践行五大职能的优势作用，狠抓传统文化、传承地方文化，服务黔东大地。

二、项目概况

（一）项目名称：歌舞诗《成就梦想》；舞蹈《锦鸡炫美》

（二）项目负责人：卢慧

（三）经费来源：市财政专项经费、学校拨款

（四）项目经费：80万元

（五）委托单位：铜仁市委宣传部、市民宗委、市文广新局

（六）服务类别：文化服务、资源服务

（七）实施时间：2017 年 6 月 25 日至 8 月 31 日

（八）实施地点：铜仁学院、碧江区大剧院

三、项目获得过程

根据市委宣传部《铜仁市 2017 年文艺调演暨首届少数民族文艺会演工作方案》的安排和部署，全市各区县、高校立排一台原创剧目和创作一至两个节目参赛。经学校罗红芳副校长办公会会议研究，由党委宣传部、校团委牵头，艺术学院负责，相关部门和学院配合，成立以卢慧为总导演的策划和创作导演组，经过方案提交审查，决定立排剧目歌舞诗《梦想飞翔》。

四、项目实施情况

（一）时间安排

第一阶段：台本策划。2017 年 7 月 4 日至 20 日。

第二阶段：节目排练、服装设计制作、舞美设计制作。2017 年 7 月 21 日至 8 月 25 日。

第三阶段：联排合成。2017 年 8 月 26 日至 28 日。

第四阶段：走台彩排。2017 年 8 月 29 日至 30 日。

第五阶段：展演比赛。2017 年 8 月 30 日。

（二）保障措施

根据学校 2017 年 7 月 4 日校党办发〔2017〕12 号文件关于印发《铜仁学院参加全市 2017 年文艺调演暨首届少数民族文艺会演工作方案》的通知执行。

各学院、部门：

《铜仁学院参加全市 2017 年文艺调演暨首届少数民族文艺会演工作方案》经学校研究同意，现印发给你们，请遵照执行。

铜仁学院参加全市 2017 年文艺调演暨首届少数民族文艺会演工作方案

为深入贯彻落实《中共中央关于繁荣发展社会主义文艺的意见》和省委关于建设多彩贵州民族特色文化强省的决策部署，充分展现“文化利民、文化惠民、文化富民”成果，丰富广大人民群众的精神文化生活，根据铜宣通〔2017〕29 号文件要求，经学校领导商讨，我校将参加铜仁市 2017 年文艺调演暨首届少数民族文艺会演，具体工作方案如下：

高举中国特色社会主义伟大旗帜，认真贯彻落实习近平总书记系列重要讲话精神特别是在文艺工作座谈会上的重要讲话精神，深入贯彻党的十八大和十八届三中、四中、五中、六中全会精神、省委第十一届八次全会和市第二次党代会精神，坚持社会主义先进文化前进方向，加强民族优秀传统文化的保护、传承和发展，创作生产一批传播社会主义核心价值观、体现中华民族优秀文化，具有思想性、艺术性、观赏性的优秀文艺作品，构建多彩繁荣的文化生态，为铜仁念好“山”字经、做好“水”文章、打好生态牌，奋力创建绿色发展先行示范区，全力打造绿色发 展高地、内陆开放要地、文化旅游胜地、安居乐业福地、风清气正净地营造浓厚的社会文化氛围，以良好的精神状态迎接党的十九大胜利召开。

一、活动主题

喜迎十九大　多彩民族风　梵净学府情

二、组织机构

为切实加强活动的组织领导，特成立领导机构及工作组委会，组成人员为：

团队教师成员

顾　问：李树新　侯长林

主　任：罗红芳

副主任：叶　丹　张　钱　周曾艳　崔德虎

成　员：李社琴　蒲天银　张江林　王继红　李　洁

徐永东　陈尽东　刘德平　洪　颧　余　静　张艳丽

活动组委会下设办公室，负责组委会日常工作，由叶丹同志兼任办公室主任，张钱、周曾艳同志兼任办公室副主任，明确专人负责具体工作。办公室下设综合协调组、演出参赛组、后勤保障组、宣传报道组、医疗及安全保障组、督查组6个工作组，分别承担具体工作任务。

（一）综合协调组

组　长：叶　丹

副组长：张　钱　周曾艳

成　员：刘玉康　蒋旭军　田　淼

工作职责：统筹协调专家团队（罗红芳、叶丹、崔德虎、张钱、周曾艳、卢慧、任元春、李运春、田淼），负责处理活动组委会办公室的日常工作；负责制定活动总体方案以及对外联络和经费预算；负责活动各项工作的组织联络、协调服务等工作，及时研究解决各种问题和困难。

（二）演出参赛组

组　长：崔德虎　李　洁

副组长：张敬忠　谢云忠

成　员：卢　慧　王　梅　任元春　郭征帆　黄　凯

李运春　杨　芳　张　妮　麻晔斐　龙　黎

符　玲　刘　美　付　蕾　罗　燕　王振国

覃春江　张慧芬　谭景元　田大河　田　洁

王明远　吴　涛　吴　浩　谭　委　黄　莉

杨松慧　田茂荣

工作职责：　负责对参演单位的节目和剧目进行全过程的指导监督；负责参赛剧目策划、演出具体方案制定、排练。

（三）后勤保障组

组　长：徐永东

副组长：李社琴　蒲天银　陈尽东　刘玉康　谢云忠　王华刚　徐　美

成　员：谢芳林　陈尚荣　付贤墨　符开沈　袁再臣

文　兵　龙　黎　龙兴林　高鹏程　黎丽蔓

工作职责：负责做好演出活动所需服装、道具等相关招标工作和经费保障；学生假期排练的管理住宿、餐饮、安全等工作。

（四）宣传报道组

组　长：叶　丹

副组长：郭　明

成　员：张朝飞　谭　钰　张东方

工作职责：负责活动宣传报道工作的总体协调

（五）医疗、安全保障组

组　长：陈尽东

副组长：张艳丽　肖庭华

工作职责：负责做好活动期间的医疗、安全保障工作；负责其他突发事件的预防和处理。

（六）督查组

组　长：王继红

副组长：黄广丽　孙向阳

成　员：李　博　谢德根

工作职责：负责督促参演剧目的排练进程情况。

三、实施步骤

（一）动员部署阶段（2017 年 6 月）：做好活动的组织发动及其他准备工作，制定和落实具体工作方案，召开活动筹备工作会议，全面启动活动。

（二）节目创作、排练阶段（2017 年 7 月至 8 月中旬）：7 月 18 日参加演出的所有演职人员返校，7 月 19 日启动排练工作（具体排练时间安排表待定）。8 月初组织专家指导组对我校参演剧目进行实地指导和督促，及时研究解决筹备工作中的各种困难和问题，确保参演节目（剧目）的质量和水平。

（三）节目展演阶段（2017 年 8 月下旬）：按照职责分工，扎实做好会演期间的各项工作，确保活动圆满成功。

四、工作要求

（一）高度重视，精心组织。参加铜仁市 2017 年文艺调演暨首届民族文艺会演，是贯彻落实习近平总书记系列重要讲话精神、省委关于建设多彩贵州民族特色文化强省和市第二次党代会精神的重要举措，是全力打造“一区五地”的有效载体，各相关部门要高度重视，细化工作方案，明确责任分工，强化督促指导，保质保量完成各阶段的工作任务。

（二）尽早谋划，及时启动。各相关部门要按照要求，尽早谋划，及时启动参演节目（剧目）的编排工作，要坚持社会主义先进文化前进方向，全面贯彻“二为”方向和“双百”方针，坚持以人民为中心的创作导向，结合地方实际，精心打造编排体现地方文化特色的节目（剧目）。

（三）加强审查，确保质量。各相关部门要认真把好节目（剧目）的政治关，确保思想健康，主题鲜明，积极向上，在思想性、艺术性和观赏性方面达到较高的水平，要严防节目（剧目）中出现不符合民族政策、违反少数民族风俗习惯和宗教信仰等方面的内容。

（四）面向基层，务求实效。要紧紧把握健康向上、团结奋进的主基调，面向群众、面向基层，坚持贴近生活、贴近实际、贴近群众的原则，注重活动的参与性、互动性和体验性，努力满足广大师生的精神文化需求，吸引广大师生广泛积极参与，力争活动有声有色。

（五）强化责任，确保安全。牢固树立安全意识，切实把安全问题摆在首位，制定安全预案，明确责任人，严谨、周密、细致地做好活动各个环节的组织、管理工作，确保活动安全有序进行。

表1　铜仁学院参加全市2017年文艺调演暨首届少数民族文艺会演演员名单

院系	姓名	性别	专业	演职节目
艺术学院	罗仕豪	男	音乐学	合唱演员
艺术学院	黄　瑜	男	音乐学	合唱演员
艺术学院	刘志凯	男	音乐学	合唱演员
艺术学院	田俊怡	男	音乐学	合唱演员
艺术学院	罗　峰	男	音乐学	合唱演员
艺术学院	李家宽	男	音乐学	合唱演员
艺术学院	陈　波	男	音乐学	合唱演员
艺术学院	熊小江	男	音乐学	合唱演员
艺术学院	杨江贵	男	艺术教育	合唱演员
艺术学院	杨　杰	男	音乐学	合唱演员
艺术学院	勾章益	男	音乐学	合唱演员
艺术学院	黄思齐	女	音乐学	合唱演员
艺术学院	成海燕	女	音乐学	合唱演员
艺术学院	陈剪琴	女	音乐学	合唱演员
艺术学院	赵梦娇	女	音乐学	合唱演员
艺术学院	刘　璇	女	音乐学	合唱演员
艺术学院	张　雪	女	音乐学	合唱演员
艺术学院	田　林	女	音乐学	合唱演员
艺术学院	张　娇	女	音乐学	合唱演员
艺术学院	肖雅丽	女	音乐学	合唱演员
艺术学院	荆慧娟	女	音乐学	合唱演员
艺术学院	欧江英	女	音乐学	合唱演员
艺术学院	毛林宇	女	音乐学	合唱演员
艺术学院	吴丽商	女	艺术教育	舞蹈演员
艺术学院	吴月华	女	艺术教育	舞蹈演员

续表

院系	姓名	性别	专业	演职节目
艺术学院	石　茜	女	艺术教育	舞蹈演员
艺术学院	田慧琴	女	艺术教育	舞蹈演员
艺术学院	石成芹	女	艺术教育	舞蹈演员
艺术学院	冯晓雨	女	艺术教育	舞蹈演员
艺术学院	王君霞	女	艺术教育	舞蹈演员
艺术学院	舒　维	女	艺术教育	舞蹈演员
艺术学院	侯靖萍	女	舞蹈教育	舞蹈演员
艺术学院	蒋德健	男	舞蹈教育	舞蹈演员
艺术学院	龙佳琪	女	舞蹈教育	舞蹈演员
艺术学院	彭　霞	女	舞蹈教育	舞蹈演员
艺术学院	田玉洁	女	舞蹈教育	舞蹈演员
艺术学院	童　凌	女	舞蹈教育	舞蹈演员
艺术学院	王小秋	女	舞蹈教育	舞蹈演员
艺术学院	韦小冯	女	舞蹈教育	舞蹈演员
艺术学院	吴结结	女	舞蹈教育	舞蹈演员
艺术学院	吴丽红	女	舞蹈教育	舞蹈演员
艺术学院	席培瑞	女	舞蹈教育	舞蹈演员
艺术学院	晏　鹏	男	舞蹈教育	舞蹈演员
艺术学院	杨玉琳	女	舞蹈教育	舞蹈演员
艺术学院	张　欢	女	舞蹈教育	舞蹈演员
艺术学院	张梦霞	女	舞蹈教育	舞蹈演员
艺术学院	张小英	女	舞蹈教育	舞蹈演员
艺术学院	周子莫	女	舞蹈教育	舞蹈演员
艺术学院	肖付敏	女	舞蹈教育	舞蹈演员
艺术学院	陈　培	女	舞蹈教育	舞蹈演员
艺术学院	张永竹	女	舞蹈教育	舞蹈演员
艺术学院	杨胜露	女	舞蹈教育	舞蹈演员
艺术学院	袁红燕	女	舞蹈教育	舞蹈演员
艺术学院	李　雪	女	舞蹈教育	舞蹈演员
艺术学院	李　娴	女	舞蹈教育	舞蹈演员

续表

院系	姓名	性别	专业	演职节目
艺术学院	阳珊珊	女	舞蹈教育	舞蹈演员
艺术学院	罗　青	女	舞蹈教育	舞蹈演员
艺术学院	何玉琴	女	舞蹈教育	舞蹈演员
教育学院	卯芸芸	女	14 学 1	舞蹈演员
教育学院	郑丽双	女	14 学 1	舞蹈演员
教育学院	尹江琳	女	14 学 1	舞蹈演员
教育学院	郭婷	女	14 学 1	舞蹈演员
教育学院	杨小红	女	14 学 1	舞蹈演员
教育学院	候小星	女	14 学 1	舞蹈演员
教育学院	石本芳	女	14 学 1	舞蹈演员
教育学院	胡娟	女	14 学 1	舞蹈演员
教育学院	朱灿	女	14 学 1	舞蹈演员
教育学院	梁永珊	女	14 学 2	舞蹈演员
教育学院	田金玉	女	14 学 1	舞蹈演员
教育学院	陆小敏	女	16 小教	舞蹈演员
教育学院	雷慧	女	16 特教	舞蹈演员
教育学院	孙理娟	女	16 学 2	舞蹈演员
教育学院	杨多	女	15 学前	舞蹈演员
教育学院	张琴红	女	14 学 1	舞蹈演员
教育学院	彭凯琴	女	14 学 1	舞蹈演员
教育学院	刘慧敏	女	14 学 2	舞蹈演员
教育学院	张一心	女	14 学 2	舞蹈演员
教育学院	文仁秀	女	14 学 2	舞蹈演员
教育学院	陈娜娜	女	14 学 2	舞蹈演员
大健康学院	王　鑫	男	15 休闲	舞蹈演员
大健康学院	罗鸿翔	男	15 休闲	舞蹈演员
大健康学院	苏健松	男	15 休闲	舞蹈演员
大健康学院	杨　佳	男	16 社工	舞蹈演员
大健康学院	池明健	男	16 社工	舞蹈演员
大健康学院	杨卫红	男	16 休闲	舞蹈演员
大健康学院	彭高福	男	16 休闲	舞蹈演员
大健康学院	吴祥周	男	16 休闲	舞蹈演员
大健康学院	罗海航	男	16 休闲	舞蹈演员

续表

院系	姓名	性别	专业	演职节目
大健康学院	王　刚	男	16 休闲	舞蹈演员
大健康学院	谭　坤	男	16 休闲	舞蹈演员
大健康学院	郭小兵	男	16 休闲	舞蹈演员
大健康学院	冯　冬	男	16 休闲	舞蹈演员
大健康学院	陈启明	男	16 体教	舞蹈演员
大健康学院	熊尉珑	男	16 体教	舞蹈演员
大健康学院	尹　强	男	16 体教	舞蹈演员
大健康学院	田　忍	男	16 体教	舞蹈演员
大健康学院	谌宏权	男	16 体教	舞蹈演员
大健康学院	付滔滔	男	16 体教	舞蹈演员
大健康学院	张圣林	男	16 体教	舞蹈演员
大健康学院	王受双	男	15 体教	舞蹈演员
大健康学院	黄文刚	男	15 体教	舞蹈演员
大健康学院	唐六兵	男	15 体教	舞蹈演员

五、项目实施效果

（一）项目实施顺利

领导重视，分工明确，保障工作顺利开展。我校本次文艺会演活动通知后，学校领导高度重视。学校领导经商讨，组织召开了筹备工作安排会，成立了以党委书记李树新、校长侯长林为顾问，副校长罗红芳为主任，相关部门各学院负责人为成员的工作组委会。设置了综合协调组、演出参赛组、后勤保障组、宣传报道组、安全（医疗）保障组、督察组，切实加强了活动的有序推进。

图 1　铜仁学院参加全市少数民族文艺会演工作推进会

图 2　铜仁学院党委书记李树新、副校长罗红芳亲临艺术学院部署民调工作

图 3　铜仁学院各部门负责人讨论民调工作会议

7月25日上午，我校在博思楼206教室召开参加全市2017年文艺调演暨首届少数民族文艺会演启动仪式，安排部署有关工作任务。宣传部部长叶丹，学生处处长张钱，团委副书记周曾艳，艺术学院分党委书记崔德虎、副院长李洁、谢云中，相关专业学院学生工作负责人，参加会演排练学生等共100余人到场。仪式由张钱主持。

为做好有关工作，我校制订了详细的工作方案，成立了领导机构及工作组委会，由副校长罗红芳担任组委会主任，叶丹、张钱、周曾艳、崔德虎担任副主任。组委会下设办公室，负责组委会日常工作；办公室下设综合协调组、演出参赛组、后勤保障组、宣传报道组、医疗及安全保障组、督查组6个工作组，分别承担具体工作任务。

图4　仪式现场

仪式上，叶丹作了讲话。他说，我校特别注重校园文化建设，积极开展和参与各级各类文化活动，服务地方文化产业和经济社会发展，赢得了社会高度赞许。同时，学校不断拓宽人才培养渠道，鼓励学生参与社会实践活动，引导学生在实践中锻炼自己、提升自己，服务学生全面发展。他希望大家高度重视，严格要求自己，遵守纪律，强化责任，确保安全，发扬我校“苦心励志、追求卓越”的大学精神，勤奋刻苦，克服困难，积极参加排练，将代表我校最高艺术水准的节目和学校的特色完美地呈现出来，高质量完成演出任务，为学校争光。

图 5　宣传部部长叶丹讲话

张钱强调，大家要严格按照相关要求，根据排练任务安排，扎实做好排练期间的各项工作；要注重安全，做好管理服务工作，保证排练顺利进行；要积极主动，有责任心，切实做好排练工作，保质保量完成任务。

图 6　学工部部长张钱主持会议

图 7　艺术学院副教授卢慧强调相关事宜

仪式上，节目排练负责人、艺术学院教师卢慧就排练有关事宜进行了强调和说明，希望大家珍惜机会，展现自我，认真排练。各小组负责人就排练具体事宜进行了交代，明确具体工作任务。

（二）师资队伍建设有效提升

充分整合我校艺术教师资源，自力更生，发挥每一个教师的专业优势，调动每一个教师积极参与，团结协作，让每一个教师有事做，能做事，全身心投入，让教师团队在实践中得到锻炼，提高创作水平，丰富创作经验，提升实践水平，保证节目的创作质量。

图 8　艺术学院崔书记带领教师在录音棚工作

图 9　外聘指挥家吴小冬创作整台晚会音乐

（三）学生专业水平有效增强，人才培养途径有效拓宽，美育育人效果显著

在创作排练过程中，学生是本台剧目的绝对主体，他们来自不同的专业群体，我们根据他们的能力和特点，挖掘优势、调动学生的积极性，量身设计动作语汇和表演语言，学生的主动参与度就更高了，同时专业能力得到了实践检验。由于连日来的高温天气，演员们挥汗如雨，但每一个人都在坚持练习，不叫苦不叫累，不打退堂鼓，展现了铜仁学院师生良好的精神风貌。本次会演活动总导演卢慧表示：“本次活动的节目策划、编排都由我校独立完成，参演师生牺牲了暑假的休息时间，从 7 月 24 日开始排练，每天早上八点半开始，有时候晚上十二点都还在坚持。”

图 10　演员们凌晨还在剧场坚持排练

（四）科学研究出特色

本项目挖掘了一批具有黔东地域的民族歌舞资源和民俗、风俗文化资源，

并与校园文化有机结合，创新了民族文化和校园文化的新模式，赋予作品新的时代内涵。作品以“梦想飞翔”为主题，分为“幸福家园”“希望田园”“梦聚校园”三个篇章，展现一个人从幼学到大学的成长历程，以一年的民俗节为主线，以民族文化、学校特色节为载体，以音乐舞蹈诗体裁，以铜仁特有的民族民间艺术、音乐舞蹈等艺术形式并结合高校文化传承和人才培养的特点，编织一幅铜仁风情的画卷、一曲教育的赞歌、一首成长的诗歌、一串放飞梦想的舞步。

（五）社会服务效应显

2017 年 8 月 31 日，由中共铜仁市委宣传部、市民宗委、市文化广电新闻出版局主办的铜仁市 2017 年文艺调演暨首届少数民族文艺会演颁奖晚会在万山区大剧院圆满落幕，我校立排的歌舞诗《梦想飞翔》喜获创作金奖和节目二等奖。国家民委经济发展司副巡视员王海青，铜仁市委书记陈昌旭、市人大常委会主任陈达新，贵州省民委副主任徐飞，国家发改委发展综合规划司专项规划处处长吴萨，铜仁市委常委、组织部部长陈代军，铜仁市委常委、宣传部部长夏虹，铜仁市委原常委、宣传部原部长刘婕以及铜仁市四家班子在家领导出席了颁奖晚会。我校党委委员、副校长罗红芳出席了颁奖晚会并代表学校领奖。

本项目为铜仁文化事业的发展贡献了高校的力量，有力地展示了铜仁学院的办学水平，宣介了学校的知名度和美誉度。

图 11　我校获奖奖牌

图 12　宣传部部长夏虹出席开幕式致辞并宣布开幕

图 13　铜仁市 2017 年文艺调演暨首届少数民族文艺会演

图 14　铜仁市副市长刘岚、我校副校长罗红芳与演职人员合影

图 15　领导、嘉宾为获奖单位颁奖并合影

六、项目内容

歌舞诗《梦想飞翔》分为三个篇章。

第一篇章“幸福家园”以“小木马”为序，通过小朋友们天真、可爱、精彩的表演，演绎了年三十守岁、正月正看花灯、二月二耍龙、五月五锦鸡炫美的习俗和童年幸福快乐、五彩缤纷、满怀憧憬的场景，吟诵了一首成长的诗歌。

序 1：小木马

童年是一首歌，歌里有我们的幸福快乐；

童年是一幅画，画里有我们五彩的生活；

童年是一个梦，梦里有我们的想象和憧憬 ；

童年是一个节，节日里我们慢慢长大……

图 16　节目守岁、看花灯

第二篇章《希望田园》以《花书包》为序，把少年的生机勃勃、阳光灿烂、充满希望和六月六夏锄、七月七秋收、八月八尝新、月九播种的节日传统相结合，呈现了一幅生活的美景。

序2：花书包

少年是原野，广袤无边；

少年是秧苗，充满希望；

少年是麦浪，十里飘香；

少年是阳光，明媚灿烂……

图17 八月八尝新

第三篇章《梦聚校园》以《成就梦想》为序，通过青年学者在阳光里、在校园里怀揣梦想、扬帆远航和对学校科技节、音乐节、文化节的演绎，诠释了学校明德致用的理想，谱写了一曲教育的赞歌。尾声《绽放》，覃春江和田菊一首激情的《绽放》和演员曼妙的舞姿，用绽放的姿态，表达了追逐梦想、放飞理想的美好愿景。

序3：成就梦想

生在阳光里，梦在蓝天下，踏着青春的脚步走来，身在校园里 ，心中装天下，听着时代的旋律长大，怀揣七彩的梦想起航，扬起希望的风帆远航……

图18 音乐会

本台歌舞诗画面，展现了一个孩子像一颗小苗发芽成长、长成一棵小树，再到参天大树，他走进了大学，融入了大学生活，实现了人生理想的情景。整台歌舞诗，是大学精神的绽放，是大学文化的绽放，是民族大团结的绽放，是我校蓬勃发展、砥砺前行的缩影与写照。

七、不足之处

本项目的实施，虽然时间短、任务重，但是在保障有力和大家的共同努力下，克服了困难，结果是让人满意的。不过，在一阵热热闹闹之后，就没有了下文，值得我们反思。原因固然有很多，但有一个问题急需解决，就是体制机制。在学校其他专业五大职能做到了融会贯通的，艺术领域在体制机制上急需跟进，不然，就会是校内和校外、课内和课外各一张皮，为比赛而比赛，成果得不到转化和运用。同时，没有一个长效的机制，不对学生进行有效的常态化训练，临时抓壮丁，没有人才支撑，质量也不可能提高。以上不足需要在今后持续改进。

（作者系铜仁学院艺术学院副教授）

唱响新时代，放歌新未来

——艺术学院合唱团参加多彩贵州合唱比赛

麻晔斐

一、基础与背景

合唱是声音的共性艺术、群体的艺术、综合性的艺术，它的音域宽广，音色丰富，声音多样、丰满，富有多层次声音表现的空间和分为，可以利用循环呼吸延长音乐的时值，通过多声部、多层次的表现手段和处理方法，达到高度谐和的一种艺术表现形式。

铜仁学院艺术学院大学生合唱团成立于2013年，合唱团是以普及、提高合唱艺术水平，丰富人们文化艺术生活为根本，以和谐为先、艺术为上为原则，为繁荣文化艺术、建设和谐社会而积极努力的公益性艺术团体。

二、项目概况

（一）项目名称："唱响新时代．放歌新未来"多彩合唱比赛

（二）项目负责人：任元春

（三）经费来源：学校专项经费拨款

（四）委托单位：市委宣传部、铜仁学院党委宣传部、铜仁学院艺术学院

（五）服务类别：文化服务、资源服务

（六）实施时间：2018年8月4日至9月13日

（七）实施地点：铜仁学院艺术学院、贵州省广播电视台

三、项目获取情况

为贯彻落实习近平新时代中国特色社会主义思想和党的十九大精神，按照贵州省委、铜仁市委宣传部《"唱响新时代 放歌新未来"2018多彩贵州歌唱活动总体方案》要求，经学校党委会研究，由校党委宣传部牵头，艺术学院

负责，相关部门配合，我校组建铜仁学院师生合唱团参加本次活动。

四、项目实施情况

（一）时间安排

排练时间	2018 年 8 月 4 日至 9 月 10 日 上午 9：00—11：30 下午 14：30—17：30 晚上 19：00—21：30
排练地点	艺术学院音乐厅
全市决赛时间	2018 年 8 月 28 日
全省决赛时间	2018 年 9 月 13 日

（二）保障措施

根据学校 2018 年 8 月 3 日校党办发〔2018〕39 号文件关于印发《关于组织参加“唱响新时代 放歌新未来”2018 多彩贵州歌唱活动》的通知执行。

1. 活动名称

2018 多彩贵州歌唱活动

2. 活动主题

唱响新时代 放歌新未来

3. 组织机构

为切实加强活动的组织领导，特成立领导机构及工作组委会，其组成人员为：

团队教师成员

顾　问：李树新　侯长林

总策划：饶小华　罗红芳

主　任：叶　丹

副主任：张　钱　周曾艳　崔德虎　李　洁　王劲松

成　员：陈尽东　蒲天银　徐永东　刘玉康　肖庭华　蒋旭军
谢云中　田　森　任元春　龙　黎　张朝飞　张东方
谭　钰　张　迅　黄　莉　付　蕾　向　谧

组委会办公室设在党委宣传部文化发展中心，办公室下设综合组、参赛指导组、宣传组、学生管理组、安全保障组、服装道具组、经费保障组，负责歌唱活动有关事宜。

综合协调组

综合协调组

组 长：田 淼

工作职责：综合组设在党委宣传部宣传文化发展中心，负责活动方案的起草、赛事的组织、综合协调及统筹等工作。

参赛指导组

参赛指导组

合唱团团总：崔德虎

副 团 长：田 淼

艺术总监：任元春

合唱编曲：李运春

声乐指导：杨 芳 王振国 杨昌建 覃春江 符 玲 张 妮

动作编导：田 淼

领 唱：覃春江 汪熙琳

指 挥：任元春

钢琴伴奏：谭景元

参赛组设在艺术学院，负责参赛的各项工作。

宣传组

宣传组

组 长：张朝飞

副组长：张东方 谭 钰

宣传组设在党委宣传部新闻科，负责排练及大赛期间的宣传报道工作。

学生管理组

学生管理组

组 长：刘玉康

副组长：龙 黎

成 员：黄 莉 付 蕾 向 谧

学生管理组设在学生处办公室，负责假期排练期间的学生住宿及管理工作。

安全保障组

安全保障组

组 长：陈尽东

副组长：肖庭华

安全保障组设在学校保卫处，负责学生假期排练期间的安全。

服装道具组

服装道具组

组　长：蒋旭军

副组长：张　迅

服装道具组设在校团委，负责排练及参赛期间的服装、道具采购及管理。

经费保障组

经费保障组

组　长：蒲天银

经费保障组设在财务处，负责活动经费划拨、服装道具采购审计。

4. 工作要求

（1）艺术学院与各相关职能部门要高度重视此项工作，切实有序地开展，并积极配合市组委会相关工作。要适应活动规则变化，采取切实措施加强作品打造，提升参赛水平。

（2）艺术学院要认真组织师生排练参赛，各相关职能部门要做好后勤保障工作。暑假期间参与排练及参赛的教师将按时、按量计算纳入年度目标绩效考核。

表 1　铜仁学院参加合唱团人员名单

团 长：崔德虎　副团长：田　淼　指 挥：任元春　伴奏：谭景元

声部	序号	姓名	班级	联系电话	团内职务
女高音	1	万华华	15 音乐学	18685628036	
	2	谭冰慧	15 音乐学	18311861181	
	3	谢露红	15 音乐学	18285629220	
	4	刘璇	15 音乐学	15880796054	
	5	任甜甜	16 级音本	18385893309	
	6	熊慧	16 级音本	15985474707	
	7	骆银艳	16 级音本	18286248854	
	8	任甜甜	16 级音本	18385893309	
	9	邹见兰	16 级音本	15286797069	
	10	田　莉	16 级音本	15908569844	
	11	叶书艳	16 级音本	15885159250	
	12	田小云	16 级音本	18385918401	
	13	张　娇	15 音乐学	13984462550	
	14	陈剪琴	15 音乐学	18886333251	
	15	张　妮	教师		声部长
	16	杨　芳	教师		女声声乐统筹

续表

声部	序号	姓名	班级	联系电话	团内职务
女低音	1	程海燕	15 音乐学	15185648650	
	2	毛林雨	16 音本	18885673964	
	3	杨　阳	16 级音本	18885684439	
	4	杨　剑	16 级音本	15597909068	
	5	杨光芝	16 级音本	15186865452	
	6	梁　茸	16 级音本	15329061844	
	7	田　莉	16 级音本	15908569844	
	8	周 娅	16 级音本	13698576163	
	9	龚正娅	16 级音本	15186159727	
	10	祝汪艳	16 级音本	18286611003	
	11	石佳庭	16 级音本	15286274695	
	12	余光碧	16 级音乐	18786597345	
	13	田　林	15 级音本	15599495440	纪律委员
	14	符　玲	教师		声部长
男高音	1	王振国	教师		男声声乐统筹
	2	崔德虎	教师		声部长
	3	田　淼	教师		
	4	刘志凯	16 级音本	18508563073	
	5	勾章益	16 级音本	13308561682	
	6	宋子鑫	16 级音本	15685652840	
	7	李进杰	16 级音本	18586527879	
	8	骆远青	16 级		
	9	冉林坤	16 级 1 班		
	10	龙显才	17 级	15121662317	
	11	潘丙黔	17 级	13314481795	
	12	李晨曦	17 级	13885615407	
	13	吴世林	17 级	17685367905	
	14	田　雨	17 级	13885633427	
	15	熊小江	15 级	15185844384	
	16	任明强	15 级	18285951640	

续表

声部	序号	姓名	班级	联系电话	团内职务
男低音	1	杨昌建	教师		声部长
	2	田俊怡	16 级音乐	16765660413	
	3	刘　超	16 级 1 班	18886387249	
	4	吴思成	17 级音乐	18485615545	
	5	包琳恩	17 级	15186913040	
	6	罗仕豪	16 级音乐		
	7	李家宽	15 级	17585598784	
	8	曾　毅	15 级	18708641653	
	9	张林翔	17 级	17684068335	
	10	王明军	17 级	13765152440	
	11	王行龙	17 级	18984636370	
	12	陈　波	15 级	17685364138	
	13	冉应红	16 级 1 班	15934680203	
	14	杨雪康	16 级 1 班	15121634697	

五、项目实施效果

（一）项目实施顺利

领导重视，分工明确，保障工作顺利开展。我校本次活动通知后，学校领导高度重视。经学校领导商讨，组织召开了筹备工作安排会，成立了以党委书记李树新、校长侯长林为顾问，党委副书记饶小华、副校校长罗红芳为总策划，党委宣传部部长叶丹为主任，相关部门各学院负责人为成员的工作组委会。设置了综合协调组、参赛指导组、后勤保障组、宣传报道组、学生管理组、服装道具组、安全（医疗）保障组、经费保障组，切实加强了活动的有序推进。

（二）积极排练

2018 年暑假，团员们克服各种困难，冒酷暑，战高温，每填坚持排练 3 小时以上，尤其是为避免吃饱饭产生困顿影响排练效果，团员们不吃晚餐，仅靠点心和水果补充一点能量。一分耕耘，一分收获，终于在较短时间内迅速提升演唱水平，为参加贵州省举办的“唱响新时代．放歌新未来”多彩合唱比赛取得优异成绩奠定了坚实基础，为我校赢得了荣誉。

图 1　排练现场

（三）社会服务效应显

9 月 13 日晚，2018 多彩贵州歌唱大赛合唱决赛在贵州广播电视台演播大厅举行。来自全省的 16 支优秀合唱团队经过激烈的角逐，我校合唱团以 98.791 的总分排名第五，荣获 2018 多彩贵州歌唱大赛合唱优秀奖。颁奖仪式在 10 月中旬举行的多彩贵州文化艺术节闭幕式的歌唱活动优秀节目展演时候进行。参加本次大赛的还有贵州师范大学、凯里学院、遵义师范学院三所高校合唱团，进入前六名的高校合唱团只有贵州师范大学、铜仁学院、凯里学院三支队伍，我校合唱团在参赛的地方高校合唱团中成绩排名第一。

本项目为铜仁文化事业的发展贡献了高校的力量，有力地展示了铜仁学院的办学水平，宣介了学校的知名度和美誉度。

图 2　比赛现场

图3　比赛现场电子屏幕上显示成绩

图4　我校合唱团在贵州广播电视台合影

（作者系铜仁学院艺术学院副教授）

四、技术服务篇

贵州省佛顶山国家级自然保护区昆虫种类调查

吴怡蓓

一、项目概况

（一）项目名称：佛顶山昆虫种类调查

（二）委托单位：贵州省佛顶山国家级自然保护区管理局

（三）服务类别：技术服务

（四）实施时间：2018 年 4 月至 2019 年 12 月

（五）实施地点：贵州省佛顶山国家级自然保护区

二、项目实施及完成情况

（一）项目获得过程

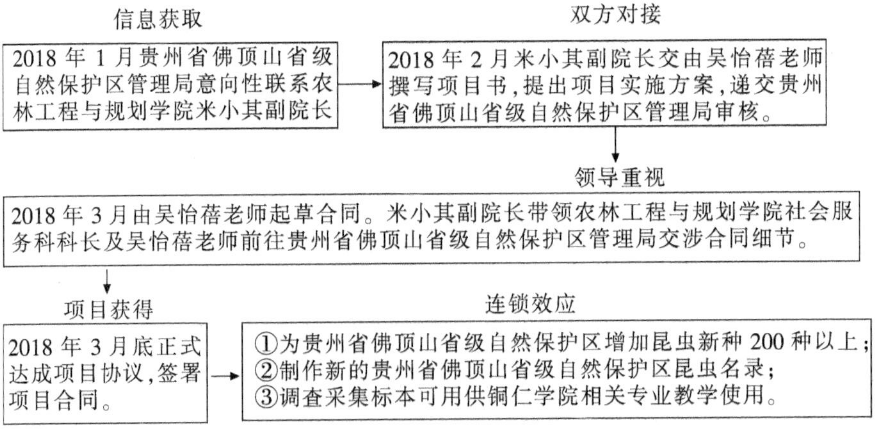

图 1　项目获取过程示意图

（二）技术路线

1. 技术服务流程

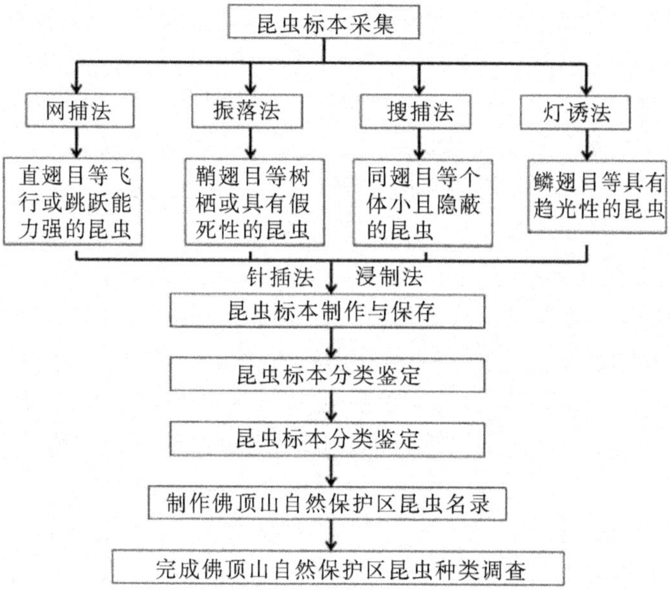

图 2　技术服务总路线流程图

2. 服务内容

本项目服务内容主要有：佛顶山蜻蜓目、半翅目、鞘翅目、鳞翅目及其他常见昆虫种类调查研究。

（1）佛顶山蜻蜓目、半翅目、鞘翅目、鳞翅目及其他常见昆虫标本采集：根据调查昆虫的形态特征、生物学特性以及栖息环境制定相应昆虫采集及种类调查方案，完成佛顶山景观昆虫种类调查研究。

①人才培养方案中课程涉及的知识点和技能点：掌握《森林昆虫学》课程昆虫分类学章节中相关昆虫的基础知识。

蜻蜓目：种类较多，分布较广，目前已知的蜻蜓接近 5900 种，其中我国记录的种类大约有 650 种，是蜻蜓多样性最高的国家之一。蜻蜓目包括蜻蜓和豆娘。头大，半球形或哑铃形。复眼发达，单眼 3 个。触角刚毛状。翅膜质，分布有发达的网状翅脉。腹部细长。半变态，一生经历卵、稚虫和成虫 3 个时期。绝大多数稚虫水生，许多蜻蜓年生1代，有的种类要经过3—5年才完成1代，卵产于水面或水生植物体内。老熟稚虫出水后爬到石头、植物上，常在夜间羽化。

半翅目：口器为刺吸式，从头的前端伸出，休息时沿身体腹面向后伸，一般分为4节；触角较长，一般分为4—5节；前胸背板大，中胸小盾片发达；前翅基半部骨化，端半部膜质，为半鞘翅；许多种类有臭腺，开口于胸部腹面两侧和腹部背面等处。约有38000种。渐变态。卵单粒或成块，产于寄主体表、组织内或土中，负子蝽将卵产在雄虫体背。多数种类1年发生1代，以成虫越冬。少数种类1年发生多代，以卵越冬。

鞘翅目：是昆虫纲中乃至动物界种类最多、分布最广的第一大目。种类繁多，系统复杂。这个类群的前翅角质化、坚硬、无翅脉，称为“鞘翅”。口器咀嚼式；触角形状多样，10—11节；前胸发达，中胸小盾片外露；前翅为角质硬化的鞘翅，后翅膜质；幼虫为寡足型，少数为无足型。常见昆虫（俗称）：天牛、瓢虫、萤火虫、屎壳郎、斑蝥、独角仙、吉丁虫、芫菁、金龟子、锹形虫、叩头虫、龙虱、米象。全变态，但有部分种类如芫菁科、步甲科、隐翅甲科、大花蚤科和豆象科等均具有复变态，即幼虫各龄出现多种不同形态。很多种类的成虫具假死性，受惊扰时足迅速收拢，伏地不动，或从寄主上突然坠地。

鳞翅目：包括蛾、蝶两类昆虫，属有翅亚纲、全变态类。全世界已知约20万种，中国已知约8000余种。该目为昆虫纲中仅次于鞘翅目的第二个大目。分布范围极广。完全变态，完成一个生活史循环通常1—2个月，多则2—3年。成虫多具趋光性（蓝紫光—灯诱）、趋化性（如糖醋液诱杀），有的具迁飞习性（黏虫等）。

② 掌握昆虫标本采集、制作及保存的方法和技巧：采集、制作及保存昆虫标本是从事森林昆虫学研究的基本技术。由于自然界的各种昆虫生活方式和环境各异，其活动能力和行为千差万别，有的昆虫形态也常模拟环境，因而必须有丰富的生物学和有关的采集知识，才能采得完好的所需标本。采集和制作大量标本后，还必须有科学的保管方法，使标本经久不坏。

（2）佛顶山蜻蜓目、半翅目、鞘翅目、鳞翅目及其他常见昆虫标本的鉴定：利用昆虫分类工具（分类检索表、昆虫图鉴、中国昆虫志等分类学工具书以及显微镜等分类鉴定工具），鉴定本项目所采集制作的标本，完成佛顶山景观昆虫种类调查研究。

人才培养方案中课程涉及的知识点和技能点：掌握昆虫分类工具的使用方法，掌握昆虫的分类学特性。

（3）佛顶山蜻蜓目、半翅目、鞘翅目、鳞翅目及其他常见昆虫生态图片采集：利用数码相机拍摄野外调查过程中发现的昆虫生态图片，展现佛顶山景观昆虫多样性。

人才培养方案中课程涉及的知识点和技能点：掌握生物学习性以及摄影相关知识。

（三）组织团队

表 1　团队人员名单

团队成员	教师	姓名	技术职务	学历	学院
		米小其	教授	博士	农林工程与规划学院
		吴怡蓓	校聘讲师	硕士	农林工程与规划学院
		冉辉	教授	硕士	农林工程与规划学院
		杨天友	副教授	硕士	农林工程与规划学院
		王成	讲师	硕士	农林工程与规划学院
		蒋瑜	校聘讲师	硕士	农林工程与规划学院
	学生	姓名	年级	专业	学院
		朱令	2017 级	林学	农林工程与规划学院
		方学兰	2017 级	林学	农林工程与规划学院
		李粤丰	2017 级	林学	农林工程与规划学院
		陈松	2017 级	林学	农林工程与规划学院
		杨宽	2016 级	园林	农林工程与规划学院
		谭猛	2017 级	园林	农林工程与规划学院

（四）项目实施具体过程

1. 项目实施方案

（1）项目内容

多渠道全面采集佛顶山自然保护区昆虫标本进行分类鉴定，并对标本进行制作保存，确定佛顶山自然保护区昆虫的种类。

（2）项目目标

弄清佛顶山自然保护区昆虫种类，使其昆虫资源得到更为合理地保护、开发与利用，为当地生物多样性研究提供重要的理论基础。制作所得标本可保存于佛顶山自然保护区标本馆，除了具有一定的科研意义外，还可为此保护区带来旅游展览价值。

（3）具体采取的项目方案

昆虫标本采集地点：根据不同海拔高度全方位深入调查的原则，我们主要的调查区域设置在包溪、大坪、芭蕉坪、尧上、团山、清水河、蛇岭、白岩山、九叉树、扶堰、甘溪、坪望等地。

昆虫标本采集时间：为了全面调查佛顶山自然保护区昆虫种类，我们将每个月前往佛顶山自然保护区 5 天进行标本采集。

采集用具的构造和使用：

①捕虫网

采集昆虫最常用的工具，按结构和用途不同，可分为以下四种类型。

a. 空网

用来采集蝴蝶、蜂类、蜻蜓等擅飞的昆虫。网圈用粗铁丝弯成，直径约 33 厘米，两端长出的末端弯成小钩，固定在网柄上。为了携带方便也可做成对折形。网柄长约 1 米，用木棍、竹竿制成。网袋用透气、坚韧、淡色的尼龙纱、珠罗纱、纱布等制成。网的长度应超过网圈直径的一倍。袋底略圆，以利于将捕获的昆虫装进毒瓶。袋口用布镶边，内穿网圈。

b. 扫网

制作方法与空网相同。但因用来扫捕树丛、杂草丛中隐蔽的昆虫，因而要用较结实的白布或亚麻布制作网袋，网框、网柄都要选择坚固的材料，以承受网扫时较大阻力。扫网的网底也可做成开口式，用时将网底扎住，网扫后打开网底，可将昆虫直接倒入容器或毒瓶。

c. 刮网

在树皮上采集昆虫时，可用粗铝丝作架，前面连接上一段有弹性的钢条，缝上白布的网袋，底端可捆扎上个小瓶，以便接虫。

d. 水网

用来采集水生昆虫。根据水域深浅，河、溪的宽狭，水草的稀密及所采的昆虫种类来选择网的规格和种类。作水网的材料要坚固耐用，用铜纱、铝纱、马尾毛、尼龙丝或亚麻织成的布制作。浅水捕捞的水网和空网相似，深水捕捞的网口和网柄要垂直

②吸虫管

专门用来采集蚜虫、小蜂、蓟马、粉虱等身体柔弱不易拿取的微小昆虫。

吸虫管是利用吸气形成的气流将昆虫吸入容器内。准备两根略为弯曲的玻璃管通过带胶盖的吸虫管，其中一根玻璃管的外端，按上胶皮管并接上吸气球，内端捆上纱布或铜纱罩。使用时将另一根弯管口对准要采的昆虫，按动吸气球，便可将要采的昆虫吸入瓶中。

③毒瓶

专门用来迅速毒杀昆虫。一般应用封盖严密、磨口广口瓶和直径较粗的厚玻璃管或塑料管等做成，以保证毒气不易泄漏。毒杀药品常采用氰化钾或氰化钠，将其铺在底层，压实后，铺一层锯末屑，压平后再在上面加一层石膏粉，此层不宜厚，压平实，滴上清水，用干净毛笔均匀涂抹，使成硬块。简便的方法是将氰化钾等粉末撒在脱脂棉上，用纱布包好，放在瓶底，压实上盖一层硬纸板，再盖一层约 0.5 厘米厚的泡沫塑料即可。当买不到氰化钾时，可用乙醚或醋酸乙烷代替也可。使用时应注意蝶、蛾类不能与其他昆虫共用一个毒瓶，以免碰坏鳞片，更不能用来毒杀软体的幼虫。在毒瓶中可放些细长的纸条，用来隔开虫体，以免互相冲撞受损。旧毒瓶或损坏破碎不能到处乱丢，一定要深埋水解处理。

④诱虫灯

利用昆虫中许多种类具有趋光性而设计制作的诱捕工具。诱虫灯可分固定式和流动式等。固定式诱虫灯要选择有电源和植物种类复杂的位置安装，并要求光源射程远及诱来的昆虫能比较容易地进入灯下的容器内或毒瓶内。上面是铁皮灯罩，下面是铁皮漏斗，漏斗下方连接毒瓶，灯源可用普通灯泡或黑光灯。流动式诱虫灯，只要拉好电线，接通电源，利用野外的树木、木桩或埋竹竿，如放电影一样，支挂好一块诱虫幕布，将灯头挂在上方，当昆虫诱来后，停在幕布上的可以用毒瓶扣捕，落在附近的地方，可人工捕捉或用网轻轻一扫。为提高诱虫效果，也可选用黑光灯作光源。为保护灯管，可在黑光灯外套上聚乙烯制作的网眼纱罩。

⑤采集箱

可分为幼虫活体采集箱（还有幼虫采集盒）和保存标本的采集箱。幼虫活体采集箱，是用木材做成一个长 31.1 厘米、宽 20.1 厘米，高 21.5 厘米的长方形木箱，木箱中间用铁纱隔成 12 个大小不同的方格，每个小方格向外的一面有一个外开小门，和箱框间有排钩。上面 6 个方格的上方各留一小洞，采集时可把善于跳跃的昆虫从此洞口放入，并塞好木塞。这种采集箱是用来携带准备采回继续进行饲养观察的活虫体，不但箱内空气流通，并能放人路途中昆虫所需要的大量饲料，虫体不致损伤，容易成活，（如图6）幼虫采集盒是一种小型采集盒，可用铁皮或铝做成，盒盖上装一块透气的铜纱和一个带活盖的孔，为便于携带，可设计成大小几个做成一套，依次套叠起来。（如图6）为较长期外出采集可设计一种用来装成虫、幼虫标本，以及小型采集工具和毒瓶的木制采集箱。（见图6）箱内可分3层，上面一层是个木盘，可盛采集时用的刀、剪、镊子以及作采集记录用的铅笔，记录本等用具。中层分为4—5个长条格用来装浸泡幼虫标本的指形管，其中2～3格可较短，留下空隙装毒瓶。下面一层分为长条格，用来存放包装成虫标本的三角形纸袋。

⑥采集袋

外出采集需要携带必备的采集工具，如毒瓶、指形管、镊子、剪子、采集刀、记录本、钢卷尺、采集盒等等，为了使用和携带方便，可设计成背包式的袋子，里面层次多些，外面有插放毒瓶和指形管的筒袋，这样各种用具分格存放，使用方便，并且不会互相冲击损坏，外面筒状袋应加布盖，以免瓶塞丢失。

⑦挖土采集工具

不少采集者常常只注意采集地面植物及空中飞翔的昆虫，而往往忽略掉土中、石块下或树皮下和枝干中的一些隐蔽性害虫的幼虫期或蛹期的生活、越冬、化蛹场所。挖土采集或刮皮剪枝的工具有铁钯、铁铲、采集刀、枝剪、小锯等。

⑧三角纸

用坚韧的白色光面纸或硫酸纸，裁成3与2之比的长方形纸片，并有大小不同数种，以包装临时性的保存标本之用。折叠方法见图7。

⑨其他必备的采集用具

平底指形管、放大镜、眼科剪子，毒虫铗、小毛笔、铅笔、针、线、胶布、牛皮筋等。

昆虫标本的采集方法：

①网捕法：这种方法适于采集飞行或跳跃的昆虫，如蝶类、蜂类、蜻蜓、蝗虫、叶蝉等，集到的昆虫放入离心管、三角纸袋或毒瓶中。

②振落法：这种方法适于采集树栖的昆虫，金龟子、甲虫等，集到昆虫后放入离心管、毒瓶或盛有无水乙醇的容器中。

③搜捕法：这种方法适于采集个体小及营隐蔽生活的昆虫，蚜虫等。

④灯诱法：这种方法是利用灯光采集那些具有趋光性的昆虫，如蛾类、甲

虫、蟋蟀等。

昆虫标本的制作方法：

昆虫要及时处理制作成标本，才能长久而完整的保存下来。根据不同昆虫的特点和后续研究用途，可以制成干制标本、浸制标本，制作方法如下：

①干制标本：用昆虫针刺入昆虫胸部，整形、阴干，制成标本。

②浸制标本：浸制保存液有很多种，可用于不同的研究用途，我们主要使用酒精作为浸制保存液，因为酒精无毒副作用、使用方便，可用于日后提取 DNA 进行分子生物学研究；但是酒精浸制的标本容易脆裂。

昆虫标本的保存：

昆虫标本是需要永久保存的，是人类宝贵的科学财富，标本保存要解决防霉和防虫两大问题，特别是南方地区必须在标本室配备抽湿机等设备用于防霉，标本保存最关键的问题是防虫。最方便常用的驱虫剂是风油精和樟脑块，二者价格便宜、无毒副作用、药效好。针插标本应放到标本盒中保存，盒内放入一些干燥剂（防霉）和驱虫剂（防虫）密闭保存于通风、干燥、不被阳光照射的标本柜中．浸制标本应注意密封好标本瓶口（以防浸泡液的蒸发），陈列于标本橱内。

2. 项目实施过程遇到的困难及解决办法

（1）佛顶山地形复杂，生物多样性丰富，野外调查过程中安全风险高，对调查人员野外求生及应变能力要求高。

解决办法：联系当地护林员提供路线规划，复杂地形邀请护林员一同前往。进山前做好充足的后勤资源保障，制定一系列应急措施，预备常见疾病病理特征资料及常用应急药物，条件允许下，每次调查带领一位专业医护人员。

（2）昆虫生存受环境影响较大，项目开展过程中天气环境限制作用比较大。

解决办法：合理制定项目实施方案，在昆虫生长繁茂的季节加大野外调查力度，在昆虫越冬时节开展标本鉴定工作。

3. 技术服务完成情况

（1）目前已完成三次野外调查，全部团队成员已熟练掌握昆虫调查方法，熟悉项目实施过程。

团队成员深入佛顶山深处　　团队成员设置捕虫网

图3　野外调查现场

（2）采集100余种昆虫生态图片。

凤蝶　　象鼻蝉　　萝纹蛾

图4　部分昆虫生态图片

（3）采集300余种昆虫，制作成标本。

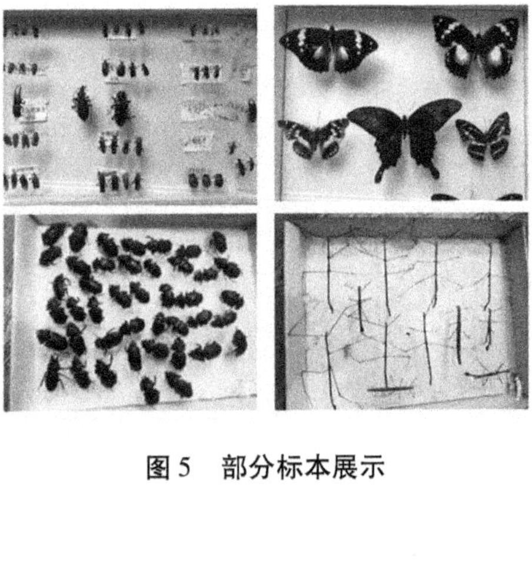

图5　部分标本展示

三、项目取得的成果及效应

（一）科研成果

（1）与学生一同撰写一篇学术论文，已被《广东蚕业》接收，未正式发表。

（2）以此项目为基础，开设多门本专业学生项目课程，以项目培养学生。

（二）人才培养效应、学科建设效应

农林工程与规划学院林学、园林学专业多名学生参与了该项技术服务，取得了很好的项目实践效果。通过整个技术服务过程协助老师进行昆虫标本的采集、制作、保存及鉴定，学生对“森林昆虫学”“园林植物病虫害防治”等专业课程有了全面的认识，进一步把昆虫学、病虫害防治的课堂理论知识与实际操作结合起来，进一步夯实了森林昆虫学、园林植物病虫害防治等专业知识及标本上台、昆虫鉴定等专业技能；该项目的实施进一步提升了学生的专业综合能力，通过参与到该项技术服务中，学生的专业综合能力有较大的提升，特别是应用专业知识的能力，服务社会需求等意识有了大的提升；该项目的实施培养了学生的团结协作能力得到加强，学生在项目过程中有不清楚的地方，能虚心向老师请教。同学之间也经常进行交流与探讨，学生之间的协作能力、师生间的协作能力都得到了提升；该项目也对园林、林学专业的校外实践教学作了积极探索，与佛顶山自然保护区建立了长期有效的合作意向。本项目一共培养本科生 6 名。

（三）社会效应与经济效益

（1）协助贵州省佛顶山省级自然保护区管理局弄清佛顶山自然保护区昆虫种类，使其昆虫资源得到更为合理地保护、开发与利用，为当地生物多样性研究提供了重要的理论基础。制作所得标本可保存于佛顶山自然保护区标本馆，除了具有一定的科研意义外，还可为此保护区带来旅游展览价值。

（2）加强我院与贵州省佛顶山省级自然保护区管理局的合作，提升了社会服务能力，进一步树立了学校良好的专业形象。

四、项目取得的主要经验及启示

（一）项目实施过程中应注意的关键事项、主要经验

（1）组织管理经验：领导重视、强化服务意识、有效沟通、强化执行。

（2）操作经验：安全第一，强有力的后勤保障；外出人员必须具备丰富基础知识，业务扎实；外出人员心理素质强大，吃苦耐劳。

（二）项目对人才培养、教学、科研的启示

（1）政府层面：协助贵州省佛顶山省级自然保护区管理局弄清佛顶山自然保护区昆虫种类，使其昆虫资源得到更为合理地保护、开发与利用，为当地生物多样性研究提供重要的理论基础。

（2）学校层面：加强了与当地政府的合作，提升社会服务能力，为学校树立良好形象。

（3）教师层面：进一步将专业理论知识与实践操作结合起来，进一步夯实专业技能。

（4）学生层面：将课堂理论与实践操作结合，巩固专业知识，使学生提升沟通交流能力，培养学生吃苦耐劳精神，增强自我挑战及团队合作意识。

（作者系铜仁学院农林工程与规划学院讲师）

印江县2017年新一轮退耕还林造林工程验收

谭廷鸿　杨红　胡佳佳

一、项目概况

（一）项目名称：印江县2017年新一轮退耕还林造林工程验收

（二）委托单位：印江县林业局

（三）所属社会服务类别：技术服务

（四）项目实施时间：2018年7月至8月

（五）项目实施地点：铜仁市印江县

二、项目实施及完成情况

（一）项目背景及获得（争取）的过程

退耕还林是国家林业生态建设的重点工程之一，是国家加强生态文明建设的重要举措，更是贵州省脱贫攻坚工作中林业生态补偿脱贫的重要措施之一。近年来，印江县退耕还林工程乡镇实施面积广、任务重，而且验收环节中技术要求较高。鉴于此，印江县林业局特邀铜仁学院林学专业具有丰富验收经验的杨红社会服务团队，对印江县2017年度新一轮退耕还林造林工程进行验收。

本项目获得（争取）的过程如下：

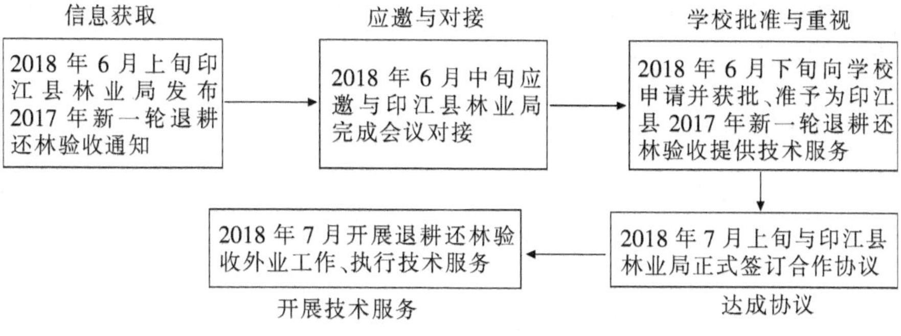

图1　项目获取过程示意图

（二）技术服务内容

1. 外业调查

（1）采用平板电脑现场核实造林小班边界；

（2）以 1:10000 的比例尺对地形图进行现场勾绘核实；

（3）按照国家新一轮退耕还林验收技术规程逐个小班进行成活率、造林树种、林种等内容调查，并现场记录小班调查因子表。

人才培养方案中课程涉及的知识点和技能点有：

①掌握地形图的识别和应用，利用地形图正确判读地物地标；

②学会利用平板电脑进行导航，对造林小班进行现场识别和认定；

③结合地物地标能够在影像图和地形图上对造林小班完成分割、修边及新增等操作；

④学会退耕还林验收小班成活率的验收方法、树种识别、林种调查，并正确记录小班调查表。

2. 内业数据统计、小班图形处理

（1）退耕还林验收外业调查的数据分类、汇总及电子表录入；

（2）矢量数据库的编制（Xian_ 1980_ 3_ Degree_ GK_ CM_ 108E 坐标系）；

（3）按国家林业局要求，通过 ArcGIS 软件完成造林验收小图班小面积影像数据库建立。

人才培养方案中课程涉及的知识点和技能点有：

①掌握矢量数据库编制；

②地形图、影像图在 ArcGIS 软件中的应用；

③将外业调查中的地形图、影像图转入 ArcGIS 软件，并完成高清影像图的编辑、转化、合并及导出。

（三）组织团队

由于本项目验收团队人数较多，其中教师 16 人，学生 34 人，共计 50 人，具体人员名单如表 1 所示。为了验收工作的顺利开展和质量保障，团队成员分为 6 个验收小组和 1 个质检小组，其中验收小组由带队老师和学生组成，质检小组由农林工程与规划学院领导及教师组成。质检小组成员包括李建新、杨传东、赵成刚、邱发根、杨天友；验收小组成员及负责验收乡镇分工如下表所示：

表 1　团队成员结构及人员名单

<table>
<tr><td rowspan="26">团队成员</td><td rowspan="17">教师</td><td>姓名</td><td>技术职务</td><td>学　院</td><td>专　业</td></tr>
<tr><td>杨　红</td><td>副教授</td><td>农林工程与规划学院</td><td>林学</td></tr>
<tr><td>王　岚</td><td>副教授</td><td>农林工程与规划学院</td><td>植物学</td></tr>
<tr><td>谭廷鸿</td><td>副教授</td><td>农林工程与规划学院</td><td>植物学</td></tr>
<tr><td>李泰君</td><td>副教授</td><td>农林工程与规划学院</td><td>植物学</td></tr>
<tr><td>李建新</td><td>教　授</td><td>农林工程与规划学院</td><td>林学</td></tr>
<tr><td>杨传东</td><td>研究员</td><td>农林工程与规划学院</td><td>林学</td></tr>
<tr><td>李　兢</td><td>实验师</td><td>农林工程与规划学院</td><td>林学</td></tr>
<tr><td>胡佳佳</td><td>讲　师</td><td>农林工程与规划学院</td><td>植物学</td></tr>
<tr><td>杨忠华</td><td>讲　师</td><td>农林工程与规划学院</td><td>园林</td></tr>
<tr><td>包润泽</td><td>讲　师</td><td>农林工程与规划学院</td><td>园林</td></tr>
<tr><td>胡玉玲</td><td>副教授</td><td>农林工程与规划学院</td><td>林学</td></tr>
<tr><td>邱　岚</td><td>副教授</td><td>农林工程与规划学院</td><td>生物</td></tr>
<tr><td>赵成刚</td><td>教　授</td><td>农林工程与规划学院</td><td>农学</td></tr>
<tr><td>邱发根</td><td>副教授</td><td>农林工程与规划学院</td><td>园林</td></tr>
<tr><td>戴婧婧</td><td>讲　师</td><td>农林工程与规划学院</td><td>植物学</td></tr>
<tr><td>杨天友</td><td>副教授</td><td>农林工程与规划学院</td><td>动物学</td></tr>
<tr><td rowspan="9">学生</td><td>姓　名</td><td>年　级</td><td>学院</td><td>专业或学业状态</td></tr>
<tr><td>朱洪琴</td><td>14 园林</td><td>农林工程与规划学院</td><td>考取林学研究生</td></tr>
<tr><td>张天海</td><td>14 园林</td><td>农林工程与规划学院</td><td>参加工作</td></tr>
<tr><td>朱勋省</td><td>14 园林</td><td>农林工程与规划学院</td><td>备考研究生</td></tr>
<tr><td>彭泽喜</td><td>14 园林</td><td>农林工程与规划学院</td><td>备考研究生</td></tr>
<tr><td>罗　航</td><td>15 园林</td><td>农林工程与规划学院</td><td>园林</td></tr>
<tr><td>田　园</td><td>15 园林</td><td>农林工程与规划学院</td><td>园林</td></tr>
<tr><td>赵　军</td><td>16 园林技术</td><td>农林工程与规划学院</td><td>园林技术</td></tr>
<tr><td>安　旭</td><td>16 园林技术</td><td>农林工程与规划学院</td><td>园林技术</td></tr>
<tr><td>崔文杰</td><td>16 园林技术</td><td>农林工程与规划学院</td><td>园林技术</td></tr>
</table>

续表

		姓 名	年 级	学 院	专业或学业状态
团队成员	学生	蔡祥鸿	16 园林技术	农林工程与规划学院	园林技术
		吴再昆	17 林学	农林工程与规划学院	林学
		国朝胜	17 林学	农林工程与规划学院	林学
		严 兴	17 林学	农林工程与规划学院	林学
		吴姣姣	17 林学	农林工程与规划学院	林学
		肖黔龙	17 园林	农林工程与规划学院	园林
		陈兰华	17 园林	农林工程与规划学院	园林
		石凤银	17 园林	农林工程与规划学院	园林
		蒲 垚	17 林学	农林工程与规划学院	林学
		张鸿辉	17 林学	农林工程与规划学院	林学
		田 玲	17 林学	农林工程与规划学院	林学
		郑洋群	17 林学	农林工程与规划学院	林学
		李 华	17 林学	农林工程与规划学院	林学
		费 腾	17 林学	农林工程与规划学院	林学
		张 兵	17 林学	农林工程与规划学院	林学
		王灵敏	17 林学	农林工程与规划学院	林学
		安雪仙	17 林学	农林工程与规划学院	林学
		杨爱香	17 林学	农林工程与规划学院	林学
		杨小倩	17 林学	农林工程与规划学院	林学
		潘秀奎	17 林学	农林工程与规划学院	林学
		邓夏雨	17 林学	农林工程与规划学院	林学
		韦利梅	17 林学	农林工程与规划学院	林学
		陈昱洁	17 林学	农林工程与规划学院	林学
		余连相	17 林学	农林工程与规划学院	林学
		黄婷婷	15 园林	农林工程与规划学院	园林

为了保障项目执行过程中物资充沛及资源利用最大化，项目组还专门成立了后勤保障小组，成员有王岚、李兢、胡佳佳、胡玉玲。另外，项目前期获取、具体执行及报告提交等环节也成立了攻关小组，成员包括杨红、谭廷鸿、彭泽喜、张天海、黄婷婷。

表 2　印江县 2017 年新一轮退耕还林验收分组情况

<table>
<tr><th>组别</th><th>带队老师</th><th>学生</th><th>验收乡镇及面积</th></tr>
<tr><td>第一组</td><td>杨　红
邱　岚</td><td>彭泽喜、赵军、国超胜、严兴、陈昱洁邓夏雨</td><td>刀坝 12700 亩、天堂 9000 亩，共计 21700 亩</td></tr>
<tr><td>第二组</td><td>谭廷鸿</td><td>张天海、吴再昆、田玲、蔡祥鸿、郑洋群</td><td>板溪 10000 亩、沙子坡 7000 亩、木黄 1500 亩，共计 18500 亩</td></tr>
<tr><td>第三组</td><td>包润泽</td><td>朱勋省、费腾、安雪仙、韦丽梅</td><td rowspan="2">新寨 8000 亩、峨岭街道 6000 亩、龙津街道 1600 亩、
中兴街道 4200 亩、杉树 5500 亩，共计 25300 亩</td></tr>
<tr><td>第四组</td><td>李兢、戴婧婧</td><td>朱洪琴、潘秀奎、王灵敏、陈兰华、杨小倩、肖黔龙</td></tr>
<tr><td>第五组</td><td>杨忠华</td><td>田园、吴姣姣、蒲垚、石凤银、崔文杰、张鸿辉</td><td>杨柳 5500 亩、洋溪 5000 亩、缠溪 7000 亩，共计 17500 亩</td></tr>
<tr><td>第六组</td><td>李泰君</td><td>罗航、余连相、李华、杨爱香、张兵、安旭</td><td>合水 10000 亩、郎溪 3100 亩、罗场 1300 亩、紫薇（永义）2600 亩，
共计 17000 亩</td></tr>
</table>

（四）项目实施

1. 准备工作

外业调查工具准备。具体包括：数码照相机、GPS、平板电脑、水壶、地形图、小班记录表、工作包、铅笔、橡皮、移动硬盘、油漆、塑料袋等。

外业调查其他准备。蛇药、雄黄、酒精、风油精、创可贴、感冒药、防暑药、雨具、工作服、登山鞋等。

2. 培训队伍

队伍培训是为了保障外业工作质量和工作安全，主要包括：技术培训、业务培训、安全培训和安全纪律培训。

（1）业务培训

图 2　退耕还林验收外业调查实地培训及现场指导

为了做好本次退耕还林验收工作，杨红老师专门组织参与本次验收的老师、学生就退耕还林验收工作进行了外业调查、数据统计和内业资料整理的培训，同时也对退耕还林验收国家标准及要求进行了详细说明。外业培训在印江县峨岭镇同心村实地进行，由印江县林业局高级工程师、铜仁学院老师杨红主讲，并实地演示了地形图识别、校方设置、成活株数认定等操作流程和操作细节；同时结合林业部门退耕还林验收标准指导填写小班调查表。

（2）安全培训——野外安全

防中暑：中暑是一种在炎热气候中易发生的严重疾病，如果治疗不及时，将导致脑损伤，重则死亡。本次退耕还林验收开展时间正值夏季，高温下工作中暑是外业工作中需要重点预防的安全隐患。发现中暑者后，应及时将患者移至凉爽干燥的地点，解开衣服，用凉水降温，并少量喂水。

防止蛇咬：夏季外出，尤其是穿越草丛和森林，预防蛇咬伤也是重点安全工作。蛇是野行性动物，白天藏在洞穴或石头阴影处，夜晚活动。野外工作中切勿将手伸到树洞里去掏摸，也不要把手伸到石缝中去；在毒蛇出没的地区行动时，应穿长裤、高帮登山鞋，并随时注意脚下，防止蛇咬。

防止昆虫伤害：应穿长袖衣和长裤，扎紧袖口、领口，皮肤暴露部位涂搽防虫药。不要在潮湿的树荫和草地上坐卧。遇到蜂巢，最好绕行，戴草帽是最好的防蜂措施；如遇马蜂袭击，首先要用衣服将头颈部包裹住。被蜂蜇后，应立即拔出蜂刺，用力掐住被蜇伤部位。用嘴反复吸吮（须确保口腔黏膜没有破损）以吸出毒素。出现过敏反应者，应立即送去医院抢救。

防止蚂蟥咬伤：蚂蟥是危害很大的虫类，预防以穿厚袜子，扎紧裤脚为最佳措施。遇到蚂蟥叮咬，不要硬拔其躯体，可用手拍打或用酒精滴在其前吸盘处，或用燃烧着的香烟烫，让其自行退出而脱落，然后压迫伤口或用止血药止血，并用碘酒涂搽伤口以防感染。行进中，应经常查看有无蚂蟥爬到身上。

（3）安全纪律

抓好安全教育工作，贯彻安全第一、预防为主的方针；同时，要求每个老师和学生都签订了廉政责任书和工作承诺书。

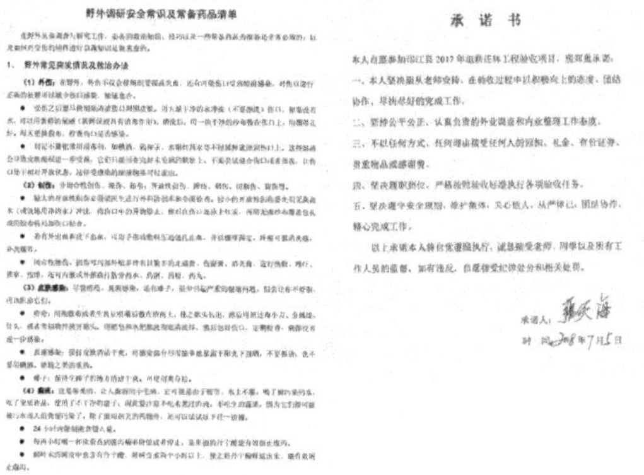
野外调研安全常识及常备药品清单

1. 野外常见突发情况及救治办法

承 诺 书

本人自愿参加印江县 2017 年退耕还林工程验收项目，现郑重承诺：

一、本人坚决服从老师安排，在验收过程中以积极向上的态度、团结协作，尽力尽好的完成工作。

二、坚持公平公正、认真负责的外业调查和内业整理工作态度。

三、不以任何方式、任何理由接受任何人的馈赠、礼金、有价证券、贵重物品或感谢费。

四、坚决履职尽位，严格按照验收标准执行各项验收任务。

五、坚决遵守安全规则，维护集体，关心他人，从严律己，团结协作，精心完成工作。

以上承诺本人将自觉遵照执行，诚恳接受老师、同学以及所有工作人员的监督，如有违反，自愿接受纪律处分和相关处罚。

承诺人：

时 间：2018 年 7 月 5 日

图 3　退耕还林外业安全知识培训及纪律工作（示意图）

3. 项目实施过程遇到的困难及解决办法

（1）参与本次验收的人员较多，涉及农林工程与规划学院 2014 至 2017 各年级林学、园林和园林技术等专业的学生，大部分学生未曾参与过退耕还林验收项目，理论培训及实际指导工作难度大。解决办法：加强前期外业训和内业集中培训；重视实地演示和操作反馈；分小组并采取老生带新生、协同合作的工作方式。

（2）本次验收需要完成的工作内容较多、程序复杂、时间紧迫，加上盛夏季节，野外工作天气炎热、蛇虫多，工作风险非常大，对整个团队都是一个不小的挑战。解决办法：全部队员购买保险，并严格执行安全培训，小组成员集体行动，小分工大协作，多个乡镇验收工作协同推进。

图 4　退耕还林验收外业、内业培训与演练

（3）本次验收工作涉及乡镇、村较多，范围广，林班数量庞大，需要填写的表格种类多、数量大，要做到细致、准确才能全面完成工作任务。解决办法：以小组为单位每天汇报外业验收林班数量、内业整理情况；拟定次日验收计划和路线、与护林员提前联系做好对接工作。

（4）本次验收工作按小图班小面积进行，现场签订、修图技术含量高，要有地形图和平板电脑才能完成。

（5）退耕还林是国家林业生态建设的重点工程之一，近年来印江县退耕还林工程乡镇实施面积广、任务重，而且验收环节中技术要求较高。因此，要求各乡镇林业站管理人员与村护林员密切配合验收，并经质检组抽检合格才能进行验收报告撰写。

图 5　退耕还林验收质检组指导工作及护林员参与外业调查

三、项目实施效应

（一）人才培养效应

（1）锻炼教师12人。此次退耕还林验收内容较多，任务繁重，自愿参加的一部分老师没有退耕还林验收的经验。本次验收，不仅使这部分新加入的老师掌握退耕还林验收的标准和实施流程，所有教师的退耕还林验收实践技能也得到了大幅提升。

（2）培养本科生34名，其中1人考上西南林业大学林学专业研究生，1人签约工作单位。园林和园林技术专业的学生对于林业工程中退耕还林项目几乎没有涉及，2017级林学专业的学生也只学习过林业科学相关课程的理论知识，未能参与实际、实地的退耕还林验收工作。本次退耕还林验收项目执行过程中，采取老师带队、老生带新生的方法，重视全方位学习、多技能掌握，强调团队协作与专项能力培养，以理论知识与实践技能相结合，以建设技术型服务团队为目标，力争在铜仁市打造一支由铜仁学院教师—学生团队为核心的地方性林业生态建设技术服务团队。通过此次验收的磨炼，我校已经培养了一批专业化的学生队伍。

（二）社会效应

（1）为我校林学科普教育提供了重要平台，同时也为我校园林、园林技术，特别是林学专业的学生提供了实践实训基地。林学专业的教学不仅需要传授理论知识，还需要为学生提供接触实地、接近真实和亲近自然的机会。与印江县林业局的技术合作，不仅将退耕还林验收工作顺利完成，还建立了良好、互信的合作关系，为学校培养学生争取到了一块长期的教学实践实训基地。

（2）加强了与事业单位的合作，提升了社会服务能力，进一步为学校树立了良好的形象。由教师和学生组成的庞大验收团队，掌握了退耕还林验收的技术和方法，在工作态度、技术标准和质量保障等方面都赢得了印江县林业局的认可。

（3）把植物学、林学和林业遥感等课堂理论知识与实际操作相结合，进一步夯实了师生对林学、林业资源等专业实践技能的掌握。老师和学生在此次退耕还林验收过程中，掌握了退耕还林造林小班核对、林种辨别、样方调查等外业验收工作；同时还拓展了其他方面的技能，如坡地草皮种植、枯死松树病因查证等。

图6　退耕还林验收成员种植草皮效果展示

四、项目取得的主要经验及启示

（一）组织管理经验

（1）领导重视：本项目得到了学校发展规划处、农林工程与规划学院领导班子特别是李建新院长的大力支持。充分协调各方面资源，保障了项目圆满完成。

（2）组织有序：主要由项目负责人杨红带队，完成项目的前期培训、实地培训、内业培训、安全培训、廉政纪律培训、带队老师培训等。

（3）职责明确，团结协作，强化执行，分工明确。主要分工如下：

后勤保障组：王岚、杨红、李建新、罗静。工作职责：负责野外工作所需工具、吸水纸、瓦楞纸、保险、药品，联系租车等，提前一周做好了准备。

野外普查组：杨红、李泰君、谭廷鸿、李兢、戴婧婧、邱兰、包润泽、杨忠华、胡玉玲、朱洪琴、张天海、彭泽喜、朱勋省、罗航、田园、张兵等46人。工作职责：全员参与野外验收工作。

内业整理组：杨红、王岚、胡佳佳、陈兰华、黄婷婷、陈煜洁、邓夏雨。工作职责：负责按技术需求指导并参与内业整理相关工作，主要完成修图、数据处理、建立数据库、撰写验收报告等内容。

后勤保障组：罗静处长、李建新院长、米小其副院长。工作职责：协调各方面资源，及时有效提供相关信息。

财务管理组：杨红、王岚。工作职责：负责财务收支和财务报账。

质量检查组：李建新、赵成刚、邱发根。工作职责：按要求抽取 2% 的小班进行面积、树种、成活率等质量检查。

（二）操作经验及认识

（1）队伍建设。培训和锻炼出一支熟练掌握退耕还林验收业务知识且熟知林业基础工作的实用型技术专家团队非常重要。

（2）安全至上。首先，队员需要有野外调查的工作经验。野外调查大部分在荒山野岭，很多情况下要靠自己探路，甚至临时辟路，毒蛇毒虫也会构成威胁。所以应当请一个熟悉当地的向导，并随时准备好防虫消毒药品。其次，司机经验也很重要，在野外交通不便、路况复杂，有必要请一个经验丰富且沉稳的司机。

（3）验收经验。第一，需要队员熟悉林业内业和外业相关软件，运用信息技术与实地勘察相结合。第二，对需要开展的工作做到心中有数，合理确定验收路线。第三，要学会和护林员、种植户、县林业局及造林验收队伍进行有效沟通，才能又好又快、保质保量地完成验收工作。第四，小组成员之间要保持密切联系和良好沟通。这样既能做到工作不留死角、不出现空白，又能确保出现问题及时救治。第五，必须正确解读国家有关退耕还林的政策、法律法规，才能使所做工作达到国家规定的验收标准和技术要求。

（作者系铜仁学院农林工程与规划学院副教授）

铜仁市2018年农田灌溉水有效利用系数测算分析

卜宁

一、项目概况

（一）项目名称：铜仁市2018年农田灌溉水有效利用系数测算分析

（二）委托单位：贵州省水利科学研究院

（三）服务类别：技术服务

（四）实施时间：2018年6月至2019年2月

（五）实施地点：铜仁市境内各县27个样点灌区

二、项目实施及工作要求

（一）项目获得过程流程图

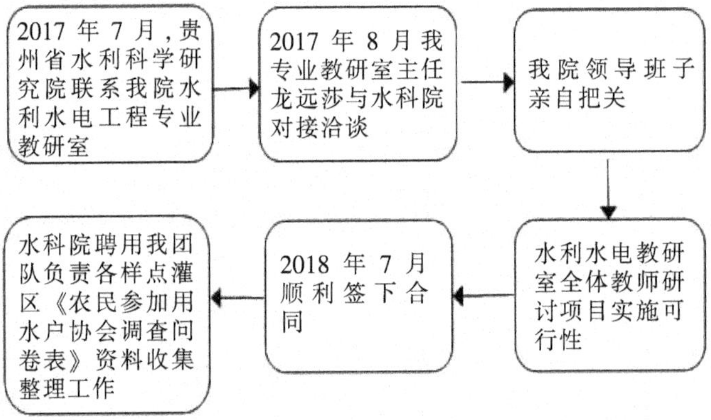

图1　项目获得过程示意图

（二）技术路线

（1）全体教研室教师参加贵州省水利科学研究院组织的农田灌溉水有效利用系数测算培训班。

（2）获取各灌区资料，联系地方水务局、灌区负责人。

（3）集中讨论实施方案。

（4）方案优选。

（5）相关系数测量的日期规划。

（6）费用预算。

（7）下灌区对灌区工作人员进行灌区流量、灌区渠首渠道水深、田块田面水深测量等方面技术指导，进行各灌区渠首流速测算、邀请农民填写调查问卷。

（8）分析计算2018年铜仁市农业灌溉水利用系数并编制成果报告、提交水位流量关系曲线率测定成果及灌区原始记录。

该技术路线包含了大量的水力学、节水灌溉理论与技术及水文学等课程知识，学生需要进行水文流速仪的操作使用及测算结果的数据处理。

（三）组织团队

表1　团队成员名单

团队成员	教师	姓名	技术职务	专业	学院
		龙远莎	讲师	水利水电工程	农林工程与规划学院
		卜宁	助教	水利水电工程	农林工程与规划学院
	学生	姓名	年级	专业	学院
		龚飞	2017级	水利水电工程	农林工程与规划学院
		张磊磊	2016级	水利水电工程	农林工程与规划学院
		罗贤伟	2016级	水利水电工程	农林工程与规划学院
		祖启熊	2016级	水利水电工程	农林工程与规划学院
		田明	2017级	水利水电工程	农林工程与规划学院
		王方志	2016级	水利水电工程	农林工程与规划学院
		熊强	2016级	水利水电工程	农林工程与规划学院

（四）项目实施

1. 项目前期准备

前期准备工作包括四个方面：

（1）组建项目团队：为确保能在2019年1月30日前提交《2018年铜仁市农田灌溉水有效利用系数测算分析成果报告》、水位流量关系曲线率测定成果及灌区原始记录，使项目得到有序推进，农林工程与规划学院领导亲自指导，除水利水电工程专业全体教师为项目团队成员外，还抽调了2016级、2017级水电专业品学兼优、能吃苦耐劳的学生30余名（其中江口、玉屏县灌区8名），大家共同完成前期项目准备工作，包括灌区具体位置勘察、资料搜集、方案设计等。

（2）项目用具准备：为对各灌区试验田干渠标准断面、渠首标准断面的水深、流速等数据进行实地测量及技术指导等工作提供必备的物质条件和安全保障，准备用具主要包括数码相机、卷尺、便携式水文流速仪、笔记本、铅笔、橡皮等测量和记录工具。

（3）安全保障准备：购买保险、草帽、水壶、雨具等物资，以及藿香正气水、花露水、风油精、创可贴、防暑药等药品。

（4）测算调查工作准备：准备《水力学》《水文学》《农田节水灌溉理论与技术》、相关技术规范、水文流速仪使用说明书等专业工具书；搜集各灌区交通图及地方水务局、灌区负责人联系方式。

2. 培训项目团队

为确保项目团队成员外出测量、技术指导工作的安全，保证项目工作质量，项目组对团队成员进行了培训。培训主要包括：安全培训、专业知识培训、现场测量技术培训。

（1）安全培训：①外出测量及水库灌区的安全培训；②遇到极端天气的自我保护安全培训，暑期下灌区测量，山路偏陡，部分水库地处深山，交通道路不完善，无法行车，高温下大量的徒步容易引起身体不适，故进行紧急状态自救方法培训。③乘车安全自救培训。

（2）专业知识培训：培训内容包括农田灌溉水有效利用系数测算、相关技术规范、水文流速仪等仪器和器材的使用、现场测量数据处理方法及注意事项、数据资料整理存档、计算机辅助资料存档等培训。

3. 项目实施

贵州省农田灌溉水有效利用系数测算分析工作于2017年在全省进行，应贵州省水利科学研究院委托，铜仁学院农林工程与规划学院水利水电工程教研室团队承接了铜仁市2018年农田灌溉水有效利用系数测算分析工作和技术指导任务。因工作需要，贵州省水利科学研究院还决定聘请我团队进行各样点灌区《农民参加用水户协会调查问卷表》资料收集整理。

图2　团队人员与玉屏县罗家寨灌区水管所工作人员商讨测算方案

铜仁市2018年农田灌溉水有效利用系数测算分析项目需要进行现场调查及样点灌区灌溉用水状况相关数据测算。铜仁市样点灌区共27个，其中7个中型灌区，20个小型灌区，江口、玉屏县样点灌区一共6个，皆为小型灌区。样点灌区所在地山路偏陡，多数水库地处深山，道路不完善，无法行车，项目实施较为困难。

承接该项目后，我校领导高度重视，农林工程与规划学院领导建议水利水电工程教研室成立项目团队，教研室老师积极地加入团队的工作中。同时2016级、2017级水利水电工程专业的学生也加入项目中。项目团队从6月初开始对项目进行综合考察、方案设计及前期资料搜集，6月中旬团队进入方案讨论及优选阶段，方案设计前后经过了四轮的讨论修改及汇报，确定每位老师负责一到两个县的灌区，并且根据总方案制订符合各县灌区具体情况的特定项目设施方案。通过与铜仁市各县水务局、灌区水管所进行多次洽谈，7月初各灌区负责教师带队，对项目样点灌区标准试验田、渠道标准断面、灌区渠首进行实地勘察、数据测量及对灌区测算工作人员进行测量技术指导，并组织当地各样点灌区农民填写《农民参加用水户协会调查问卷表》资料，历时四个月，团队测算、搜集到了完整数据，填写了调查表，并且整理归档。

图 3 江口县黑庆山灌区农民家里走访填写调查问卷表

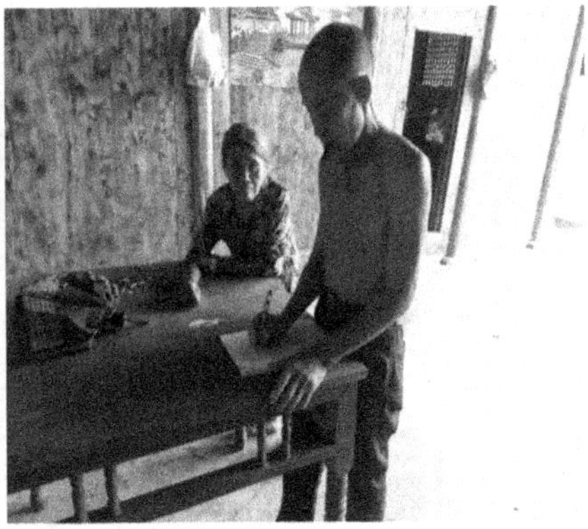

图 4 玉屏县打谷冲灌区农民填写调查问卷表

4. 项目实施过程中遇到的困难及解决办法

（1）遇到的困难

①各县平均样点灌区数目三个，每个样点灌区有实验田块至少两块，各个灌区地理位置过于分散，最远处驱车需 4 小时，实验田块间距离较远，多数水库渠首地处深山，线路长，交通道路不完善，无法行车。因车程遥远又需要在大量险峻深山徒步，测量、技术指导较为困难。

②项目实施阶段为暑期，天气炎热，深山多蚊虫。

③时间紧、任务重、测算工作量较大，并且工作的推进还需要各地方水务局、灌区水管所的支持与配合，但是正值扶贫紧要时期，地方水务工作人员多驻村扶贫，工作衔接出现很多困难。

④项目成员水文流速测量经验较为欠缺。

⑤水库有些闸阀不能正常开启关闭，给渠首流速等测量带来诸多不便。

（2）解决办法

①项目前期做好充分准备；认真进行专业知识培训、安全培训。

②协同作业，互相交流经验，提前联系当地工作人员预约放水灌溉时间及测量时间，确保各项数据测算工作人员在规定时间到位。

③分组进行灌区勘察，根据每次要测算的数据，查找规划最优路线，节时高效地完成任务。

④与水科院代表密切保持沟通，及时根据其需求及反馈进行方案调整。

⑤向经验丰富的教师、技术工作人员学习，与灌区测算工作人员保持良好的沟通交流。

图5 玉屏县黑塘灌区实地勘察实验田

图6 江口县地落灌区实地勘察灌区

5. 项目主要工作内容及目标要求

现场调查测算2018年度样点灌区灌溉用水状况，分析计算2018年铜仁市农田灌溉水利用系数并编制成果报告。团队于2018年11月30日前登录“地级市灌溉水有效利用系数测算信息管理平台”完成信息填报，于2019年1月30日前提交成果资料，成果资料包括《2018年铜仁市农田灌溉水有效利用系数测算分析成果报告》六份、水位流量关系曲线率定成果及灌区原始记录。

图7 测量江口黑庆山灌区渠首水流流速

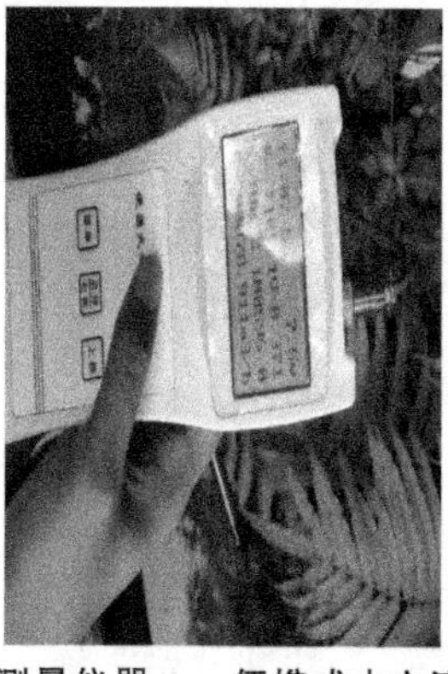

图8 测量仪器——便携式水文流速仪

三、项目取得的成果及效应

（一）取得的成果

完成“地级市灌溉水有效利用系数测算信息管理平台”信息填报，完成《2018年铜仁市农田灌溉水有效利用系数测算分析成果报告》、水位流量关系曲线率测定等。

（二）人才培养效应、学科建设效应

农林工程与规划学院水利水电工程专业2016级、2017级30余名学生全程参与了该项目，取得了很好的实践效果：一是学生通过对项目前期准备、样点灌区渠首流速测算、工作人员测量技术指导等工作的全程参与，全面掌握了农田灌溉水有效利用系数测算分析方法，系统学习了水文流速测量，巩固了水力学、水文学、农田节水灌溉等专业知识，提升了实践操作技能；二是学生的团队协作能力得到加强，加强了老师和学生之间的交流与探讨；三是为水利水电工程专业的校内校外实践教学作了积极的探索。

（三）社会效应与经济效益

（1）为贵州省水利科学研究院及铜仁市各地方水务局罐区管理工作站提供了农田灌溉水有效利用系数测算分析工作的技术指导。

（2）不管下雨还是烈日，从不间断地指导工作，技术指导人员吃苦耐劳的精神，较高的服务地方意识，多次得到地方工作人员的赞许，极大地提升了铜仁学院的良好形象。

（3）经过一年来对铜仁市各地方的技术服务，铜仁学院水利水电工程专业教师团队及师生社会服务团队的知名度得到提高，相继有更多的社会服务项目与我校接洽，如铜仁学院至白马洞河道治理项目，铜仁市水务局已经与我院社会服务团队签约并开始实施。

（4）农田灌溉水有效利用系数测算分析工作的完成可以更好地提高农田灌溉水有效利用率，进而使水资源、电力资源等得到更加合理的调配及利用，使农田产量得以提升，使灌区农民的收入得以提高，充分体现了高校服务社会的作用及意义。

四、项目取得的主要经验及启示

（一）项目实施过程中的主要经验

1. 组织管理经验

领导重视、强化服务意识。组建项目团队，院领导给予大力支持与重视，并且帮助协调工作，水利水电工程老师和学生共同参与，保障了此项工作的圆满完成。

2. 实施操作经验

对 2018 年铜仁市农田灌溉水有效利用系数测算分析后，团队将测算方法、分析方法、实施方案及项目实施经验进行详细记录并存档。

（二）项目对人才培养、教学、科研的启示

1. 铜仁市各地方层面

为当地罐区管理工作站提供了农田灌溉水有效利用系数测算分析工作的技术指导，完成项目进而提高农田灌溉水有效利用率，使农田产量得以提升，使灌区农民的收入得以提高，为贵州省脱贫攻坚贡献力量。

2. 学校层面

加强了学校与贵州省各水利部门及企业的合作，提升了社会服务能力，为学校树立了良好的形象。

3. 教师层面

进一步把水力学、水文学、农田节水灌溉等专业知识的课堂理论与实践相结合，丰富和提高了农田灌溉水有效利用系数测算分析、水文流速测量等专业知识和技能。

4. 学生层面

一方面，学生将课堂理论知识与实际操作相结合，巩固了专业知识；另一方面，学生学会了如何解决农田灌溉水有效利用系数测算分析中实际存在的问题，提升了测量及专业实践的能力。

（作者系铜仁学院农林工程与规划学院助教）

医教合作建立博士工作站，探索残障儿童医教结合新模式

陆艳

一、项目概况

（一）项目名称：铜仁康复医院—铜仁学院陆艳博士工作站合作项目

（二）主持人：陆艳

（三）合作单位：铜仁康复医院

（四）服务类别：科研服务

（五）实施时间：2018 年 5 月 11 日至今

（六）实施地点：铜仁康复医院

二、项目获取过程及协议

（一）项目获取过程

表 1　项目获取过程

时间	过程内容
3 月 5 日	信息获取：铜仁学院特教专业团队应邀参观铜仁康复医院
3 月 28 日	初步对接：开始对接，并在铜仁康复医院挂牌成立实践教学基地。
4 月 2 日	尝试合作：铜仁康复医院协助铜仁学院共同举办世界自闭症日公益活动并初步达成合作意向。
5 月 11 日	签订协议：铜仁学院教育学院与铜仁市康复医院签订陆艳博士工作站合作协议
5 月 11 日至今	科研服务：开展科学研究，深入儿童康复科，实施医教结合的康复模式并定期开展行业最新研究讲座

（二）协议书（合同书）部分内容

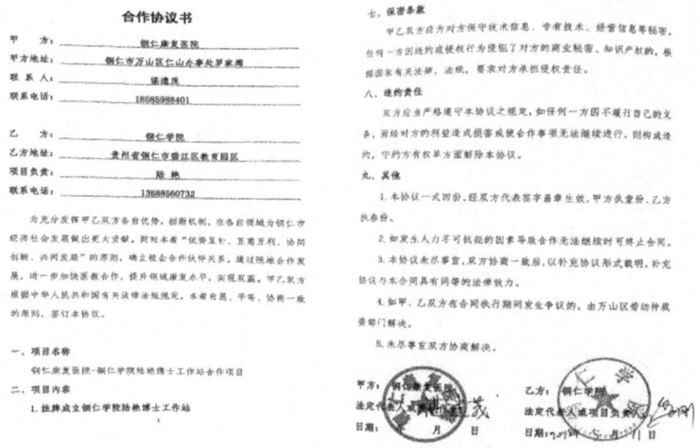

合作协议书

甲　　方：铜仁康复医院
甲方地址：铜仁市万山区仁山办事处罗家湾
联 系 人：谌遗茂
联系电话：18085988401

乙　　方：铜仁学院
乙方地址：贵州省铜仁市碧江区教育园区
项目负责：陆艳
联系电话：13889560732

为充分发挥甲乙双方各自优势，创新机制，在各自领域为铜仁市经济社会发展做出更大贡献，同时本着“优势互补、互惠互利、协同创新、共同发展”的原则，确立校企合作伙伴关系，建立院地合作发展，进一步加快医教合作，提升领域康复水平，实现双赢。甲乙双方根据中华人民共和国有关法律法规规定，本着自愿、平等、协商一致的原则，签订本协议。

一、项目名称

铜仁康复医院-铜仁学院陆艳博士工作站合作项目

二、项目内容

1. 挂牌成立铜仁学院陆艳博士工作站

1

七、保密条款

甲乙双方应为对方保守技术信息、专有技术、经营信息等秘密，任何一方因违约或侵权行为侵犯了对方的商业秘密、知识产权的，根据国家有关法律、法规，要求对方承担侵权责任。

八、违约责任

双方应当严格遵守本协议之规定，如任何一方因不履行自己的义务，而给对方的利益造成损害或使合作事项无法继续进行，则构成违约，守约方有权单方面解除本协议。

九、其他

1. 本协议一式四份，经双方代表签字盖章生效，甲方执壹份、乙方执叁份。

2. 如发生人力不可抗拒的因素导致合作无法继续时可终止合同。

3. 本协议未尽事宜，双方协商一致后，以补充协议形式载明，补充协议与本合同具有同等的法律效力。

4. 如甲、乙双方在合同执行期间发生争议的，由万山区劳动仲裁委部门解决。

5. 未尽事宜双方协商解决。

甲方：铜仁康复医院
法定代表人或项目负责人：
日期：　年　月　日

乙方：铜仁学院
法定代表人或项目负责人：
日期：2018年5月11日

图1　协议书（示意图）

（三）协议书（合同书）签订

项目签订时间：2018 年 5 月 11 日
项目签订地点：铜仁康复医院
项目签订人：谌遗茂（铜仁康复医院院长）、王华刚（教育学院副院长）

三、项目实施情况

（一）项目实施团队成员

李宁（康复治疗师）、彭霓、钟丹丹（学生）、李江丽（学生）、苏文洁（学生）、吴琼芳（学生）、李兰（学生）、彭丽媛（学生）、郑镇子（韩国理论指导专家）。具体人员情况如下表：

表2　团队成员名单

姓名	性别	出生年月	专业技术职务	工作单位	项目中的分工
李宁	男	1984.09	康复治疗师/学士	铜仁康复医院	康复训练指导
彭霓	女	1989.12	讲师/硕士	铜仁学院	教学技术指导
郑镇子	女	1962.11	教授/博士	韩国又石大学（境外）	国际技术指导
钟丹丹	女	1996.05	学生	铜仁学院	训练员
李江丽	女	1997.02	学生	铜仁学院	训练员
苏文洁	女	1997.02	学生	铜仁学院	训练员
吴琼芳	女	1999.01	学生	铜仁学院	训练员
李兰	女	1998.08	学生	铜仁学院	训练员
彭丽媛	女	1996.08	学生	铜仁学院	训练员

（二）服务内容

在调研的基础上，项目团队在医教结合背景下本着“优势互补、互惠互利、协同创新、共同发展”的原则，确立校企合作伙伴关系。通过院地合作发展，进一步加快医教合作，提升领域康复水平，实现双赢。项目具体内容如下：

（1）在康复医院内部设立博士工作站，以博士工作站项目的形式推动残障儿童医教结合新模式的研发，并最终将研究成果出版成书。

（2）在医教结合模式下，确立特殊教育学生教育诊断与评估工具应用，并编撰适合医教结合模式下使用的特殊教育专业教材。

（3）在医教结合模式下，带领团队训练人员赴康复医院开展各个障碍领域的个别化案例实训，对各类障碍分类编撰案例集，作为日常教学辅助教材。

（4）将个别化的IEP教学与IFSP教学融合，形成新模式带领专业学生在康复医院内的特教训练室进行教学实验研究，探索出新的障碍人教学模式。

（5）定期开展教学与康复技能培训讲座，将教育与康复融合的理念教给高校的专业学生和医院的医护人员，真正做到医教结合。

（6）定期派团队学生赴康复医院实训，实训过后形成案例报告交给医院，丰富医院案例档案内容，增强学生的实操能力和科研写作能力。

（7）将研究的案例与国内外专家共同探讨，一起探索残疾儿童的康复模式。

（8）为康复医院培养一支具有特殊教育知识的医教结合训练团队，将医教结合的模式打造成康复医院的品牌与特色。

（三）医教结合模式的主题设计

主题设计分为三大板块，分别为评估、干预和评价。这三大板块也是实际康复与教学结合的主要操作流程。

1. 主要目标

（1）帮助残障儿童家长实现从观望者到参与者、从依赖者到组织者、从执行者到设计者的角色转换。让家长重新认识自己的孩子，客观了解自己的孩子，知道孩子现在所处的心理、生理阶段，及时有效地给予辅助治疗；

（2）通过项目研究使得高校专业学生夯实自身的教育康复技能，为日后成为优秀的康复训练师打下基础。

（3）帮助医院从多角度多领域去进行康复治疗，形成自身的医教结合品牌。

2. 内容框架

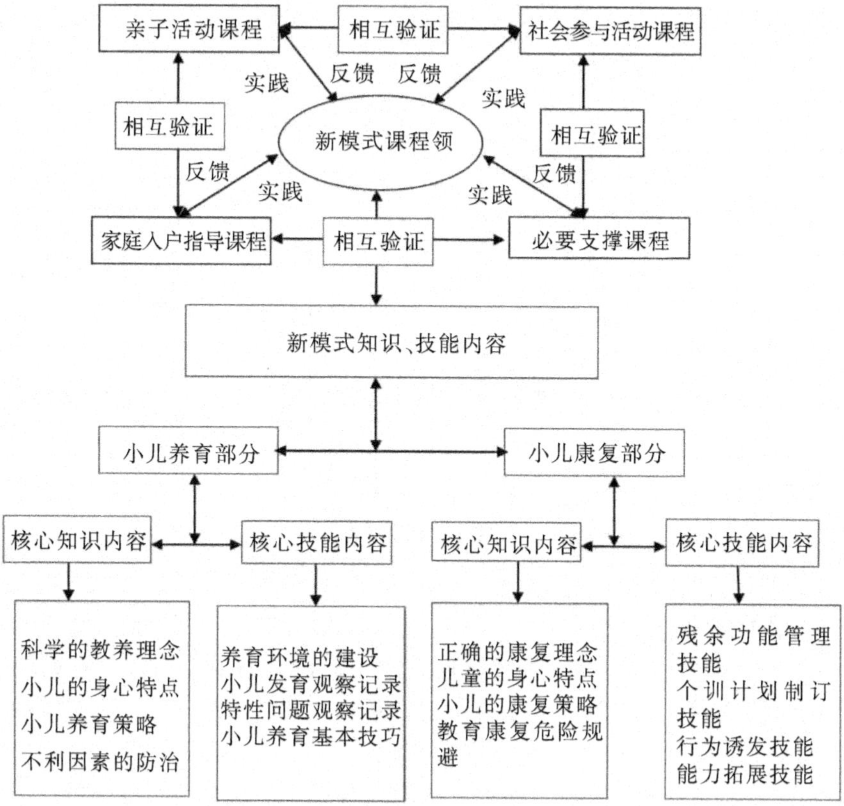

图2 内容框架图

3. 实施思路

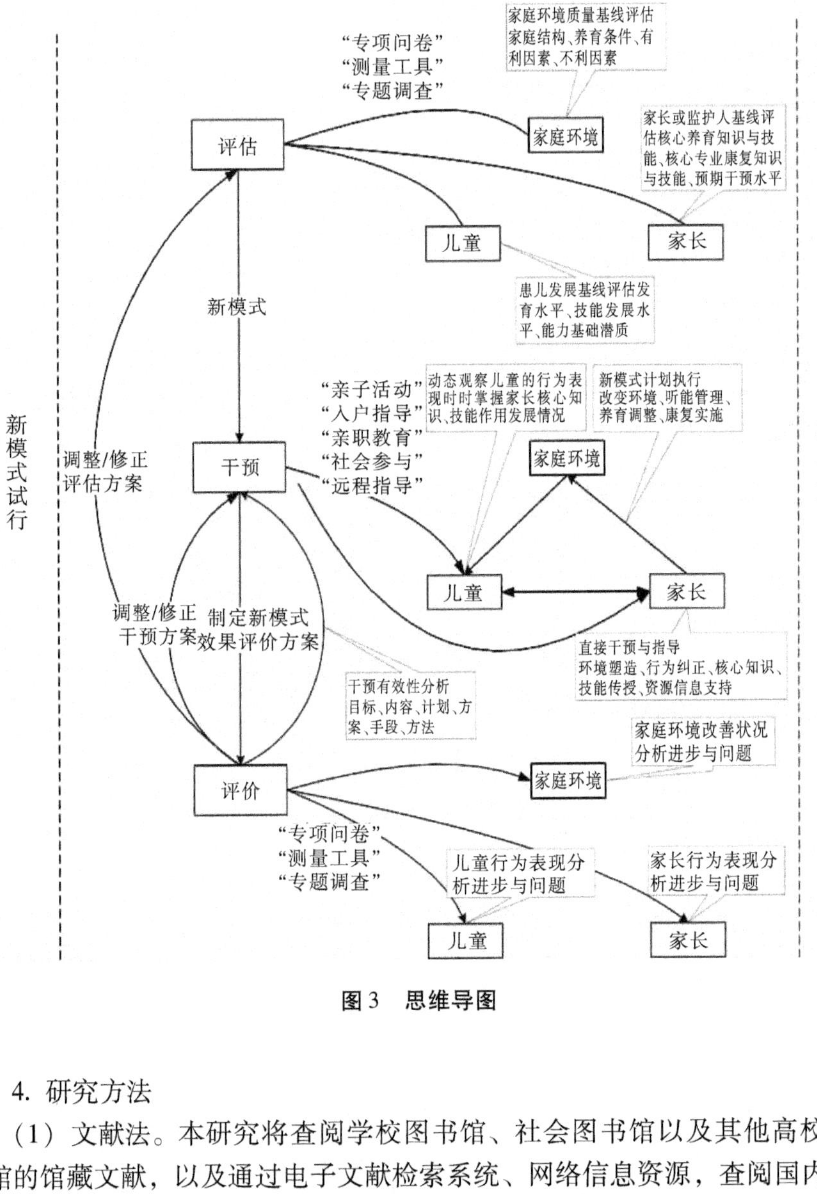

图 3　思维导图

4. 研究方法

（1）文献法。本研究将查阅学校图书馆、社会图书馆以及其他高校的图书馆的馆藏文献，以及通过电子文献检索系统、网络信息资源，查阅国内外与残障儿童个别化教育和个别化家庭教育相关的研究文献资料，包括图书、期刊、报纸、会议资料、媒体信息等，为本研究相关的法律、制度分析、问题分析、策略管理、实践考察等奠定了基础。

（2）案例研究法。案例研究是在某一范围内作系统的研究。由于本研究采取的是以质化研究为取向的工具性案例研究方法，研究者进入实地工作的时间是有限的，因此，要选择那些更容易研究的案例，在确定研究样本时，主要考虑是否具有残障儿童就读与康复、研究者是否拥有相对便利的条件等。

5. 主题研究技术路线

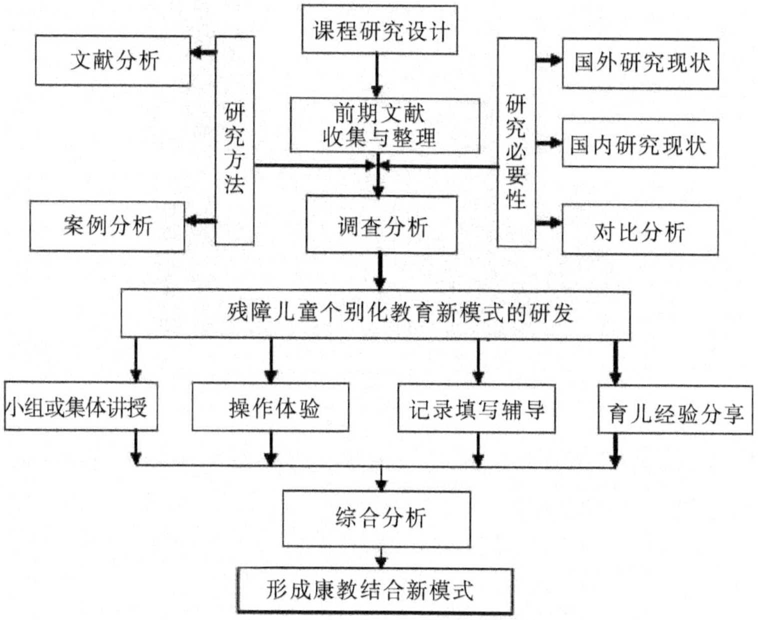

图4　技术路线图

（四）项目阶段性成果

具体已开展的研究工作如下：

（1）在医教结合模式下，确立特殊教育学生教育诊断与评估工具应用，并编撰适合医教结合模式下使用的评估著作《特殊教育学生教育诊断与评估工具的应用研究》。

（2）在医教结合模式下，带领团队训练人员赴康复医院开展了自闭症儿童的个别化案例训练，共训练9位自闭症儿童，目前已形成自闭症儿童案例集。

图5　医院特教室案例实施现场

（3）进行教学与康复技能培训与指导，将教育与康复融合的理念传授给高校的专业学生和医院的医护人员。

图6　案例指导现场

图 7　讲座培训现场

四、项目效果与反思

（一）与人才培养紧密结合

目前贵州省内设有特殊教育本科专业的只有四所高校，分别为铜仁学院、安顺学院、贵州工程应用技术学院及贵州师范学院。2011 年 9 月，铜仁学院特殊教育专业招收了第一批本科生，招生至今招收学生数共计 219 人。目前，特殊教育专业已有三届毕业生，共计 96 人，在校生有 123 人。本着“开天窗”与“接地气”的开创性理念，本专业初步拟定出了“智慧通达 + 工学一体 + 能力为本 + 教康结合”的人才培养模式。特殊教育专业的培养目标为培养德智体美全面发展的，掌握特殊教育的基础理论、基本知识和基本技能，熟悉特殊教育政策法规，了解与特殊教育学科领域相关的知识和特殊教育学科发展的趋势，具备能在特殊教育学校、普通学校以及相关康复机构从事特殊儿童的教育、康复、咨询、管理等工作的能力，培养能立足铜仁、面向贵州、人格品质健全、专业知识坚实、技术技能较强，具有智慧灵性及国际视野的复合型人才。遵循学校的办学理念，本专业的专业特色见下表：

表 3 专业培养目标对本专业人才培养提出的基本要求

培养要求	具体指标	支撑课程
人格品质	职业理解与认识	特殊教育教师职业道德
	对障碍学生的态度	特殊儿童心理与发展
	教育教学的态度与行为	特殊儿童心理健康与辅导
专业知识	障碍学生发展知识	人体解剖生理学、特殊儿童病理学、儿童文学
	学科基础知识	特殊教育史、特殊教育概论、特殊教育政策法规
	教育教学设计	统计与测量、特殊教育概论、特殊学校语文课程与教学、特殊学校数学课程与教学、特殊学校职业教育课程与教学、自闭症儿童教育、智力障碍儿童教育、个别化教育计划
	通识性知识	教育学综合专题、现代教育技术、教师语言技能
技术技能	环境创设与利用	特殊儿童生活保健、教玩具设计与制作
	康复技能	特殊儿童康复学、听力语言康复
	组织与实施	特殊儿童诊断与评估、特殊儿童班级管理、特殊儿童早期干预、特殊儿童游戏治疗、特殊儿童行为矫正、感觉统合训练、实用美术、实用琴法
	激励与评价	教师语言技能
	沟通与合作	盲文、手语
	反思与发展	特殊儿童家庭教育、融合教育
智慧灵性	人文和艺术素养	儿童文学、律动、舞蹈创编
	审美情趣	实用美术、实用琴法

透过专业人才培养方案的培养目的与培养要求可以看出，特殊教育专业学生若想很好地完成学习任务，必须掌握多学科的本领，其中康复技能和教学技能都是必须掌握的内容。由于校内专业训练器材和训练条件还不够完善，该项目的实施，可以弥补专业训练时硬件设施的不足，且在真正意义上改变了高校特殊教育专业课堂的死板格局，不再是纯理论式的教学体系，而是结合专业的发展和国家的要求，将特殊教育和康复医学相结合，走出一条理论联系实践的医教结合之路。

（二）项目前期已取得社会效益

铜仁市残联的数据显示，截止到 2017 年，铜仁本地的残疾人（包含非执证残疾人）约 27 万余人。残疾人曾接受的扶助、服务的前四项及比例分别为：

曾接受过医疗服务与救助的有 35.61%；曾接受过救助或扶持的有 12.53%；曾接受过康复训练与服务的有 8.45%；曾接受过辅助器具的配备与服务的有 7.31%。

残疾人需求的前四项及比例分别为：有医疗服务与救助需求的有 72.78%；有救助或扶持需求的有 67.78%；有辅助器具需求的有 38.56%；有康复训练与服务需求的有 27.69%。

由此可以看出，本地残疾人的康复救助和特殊教育仍需不断努力，与国家的《第二期特殊教育提升计划 2017—2020》和《贵州省残疾儿童康复救助办法》中的目标仍然相差很远。高校从人才培养方案的设计开始，注重学生的服务意识、注重潜能开发和缺陷补偿，提高残疾学生的综合素质，培养残疾学生积极面对人生、全面融入社会的意识和自尊、自信、自立、自强的精神。加强师资队伍建设和培训工作，继续抓好随班就读，加强师资队伍建设和培训工作，增强教师对残疾儿童的关爱意识，切实提高残疾儿童的教育质量，让他们接受更好的教育。积极开展扶残助残活动宣传，唤起全社会对残疾儿童的关心、爱心，动员全社会各方面的力量捐资助学，加强对学龄儿童的管理，切实采取有效措施，充分保障残疾儿童接受教育的权利。

铜仁康复医院与铜仁学院的这一医教结合合作模式，既满足了国家对特殊教育方面的要求，又满足了国家对康复方面的要求。在两者结合下，既解决了特殊教育师资欠缺等一部分问题，又提高了残疾儿童的康复水平，还促使一部分没有学上的残疾儿童可以在医院康复的同时，同步享受到特殊教育的知识的传授，避免了往日康复与认识脱节的现象。这种模式深受残疾儿童家长和医院的认可。通过残联残保金的支持，目前铜仁本地 8 岁以下的残疾儿童每年可在康复医院享受到 18000 元的国家康复与特殊教育补助专项基金，康复医院本身可以通过农保、社保的介入，帮助残疾儿童报销 75%—90% 的康复医疗费用。这帮助残障儿童家庭减轻了许多经济压力。当然这种医教结合的模式也为医院带来更多的求治者，会提高医院的经济收益。就拿自闭症儿童这一类障碍儿童来计算，自实施该模式以来，在康复医院长期接受治疗的自闭症患儿已从原先的 12 人增长为 45 人。仅此类障碍儿童，按照每年 5 万的康复费用计算，已经增长了 165 万。当然这一康复模式也使得残障孩子在早期能够及时地接受康复和教育，真正做到早发现，早干预，早治疗。这为残障孩子早日融入主流社会打下了基础，为国家实现真正的融合教育做好了准备。

（三）项目中长期预测社会效益

1. 对残疾儿童影响

通过医教结合的康复模式，增进和提升残疾儿童的发展，帮助残疾儿童获得适应日常生活和学习的相应功能；通过助残服务，促进残疾儿童在语言和沟通、认知、社会交往、生活自理等方面能力的获得和发展；通过助残服务，为残疾儿童创造一个更丰富的环境，让残疾儿童获得更多与同伴互动的机会，能力得到发展，功能得到改善，使他们可以适应社会、融入社会，拥有一个有意义的人生。

2. 对残疾儿童家庭的影响

第一，减轻家庭的压力和负担。养育一个残疾孩子对每个家庭来说都是一场“持久战”。助残服务，一方面可以缓解家庭的心理压力，另一方面也减轻了家庭的经济负担。第二，增进家长对残疾的理解。家长作为儿童的第一任老师的重要性越来越被认可，家庭教育的观念也越来越深入，但是很多家长并没有通畅的途径来获取关于残疾儿童发展的科学知识，特别是缺乏关于残疾儿童的科学的认知和理解，比如很多家庭会认为“贵人语迟”，当儿童语言发展迟缓，仍抱着等待观望的态度，反而错过了改善儿童功能的最佳时机。第三，提升家长帮助残疾儿童的技能。我们都相信环境对于残疾儿童的发展有非常关键的影响，残疾儿童的很多技能也都需要慢慢获得或者学习，但家长是否天生也具备“教养”的技能呢？家长也需要学习，特别是面对残疾儿童，家长需要为这些孩子提供更丰富的环境，需要具备更专业的技能，特别是要学会心理调适、学会寻找支持和资源、掌握特定的帮助自己孩子的能力。第四，改善家庭的生活质量。养育一个残疾儿童对于家长的要求非常高，不仅是经济压力，还有更多的是心理压力，甚至来自社会的压力。助残服务可以改善残疾儿童在各个领域的发展，促进残疾儿童获得更好的适应能力。同时，随着家长能力提升，家长的自我效能感，以及与残疾儿童进行互动的能力、亲子关系等都可以得到改善，也拉近家庭成员之间的关系，进而提升整个家庭的生活质量。

3. 对医院的影响

在医院方面，以“尊重差异，以人为本”理念，思考如何增强残疾儿童自养的能力，开发残疾儿童潜在的资源，探索残疾儿童互助模式。在服务过程中，加快了儿童康复的发展，大力提升儿童康复的普及率，切实保障残疾人康复的权利，帮助广大残疾人全面发展和融入社会、共享改革发展成果，实现幸福人生梦。

4. 对社会的影响

第一，减少未来残疾儿童成年后社会性依赖和机构性收容的可能性。助残康复服务可以极大地改善儿童的短期发展，也有非常好的长期效应，在早期获得积极的养育环境和教育干预机会，成年后儿童可以完成更大的学业、就业概率并且可以独立生活，成为可以为社会贡献力量的公民，而不是依赖社会救助和供养，生活在收容性的机构里，后者将需要政府投入更多的财政和人力支持。第二，减少残疾儿童入学后需要特殊教育的可能性。帮助残疾儿童在普通教育环境内与其他健康儿童一样学习，并且能顺利地适应学习和生活。第三，助残康复服务也具有非常重要的经济效益。儿童作为社会的未来，而家庭作为社会的基石，通过系统持续的助残服务为残疾儿童及其家庭提供直接和间接的支持和服务，也是为整个社会做出的很大贡献，一方面可以促进人口的素质发展，提升国民的健康水平，另一方面未来这些残疾儿童需要社会照料的可能性减少，也具有非常重要的社会价值。

（四）问题及展望

第一，之前的特殊教育专业人才培养方案课程设置的不合理的地方，需要根据社会实际需求进行及时修订。第二，学生在学习各类障碍类别时需要有自己研究的障碍方向的选择，有时需要选择对象进行专攻。第三，需要对学生科研写作能力进行多种形式的指导，这样才能把研究的案例成果用文字的形式表达出来。第四，加强医学技术和教学技能的结合，努力开发医教结合新技术。

（作者系铜仁学院教育学院副教授）

铜仁市2018年国家一级社会体育指导员培训技术指导

文兵

一、项目概况

（一）项目名称：铜仁市2018年国家一级社会体育指导员培训技术指导

（二）项目负责人：余静、文兵

（三）委托单位：铜仁市体育局

（四）服务类别：社区体育理论、技术指导

（五）实施时间：2018年6月至10月

（六）实施地点：铜仁学院、铜仁幼儿师范高等专科学校

二、项目获得过程

（一）项目来源

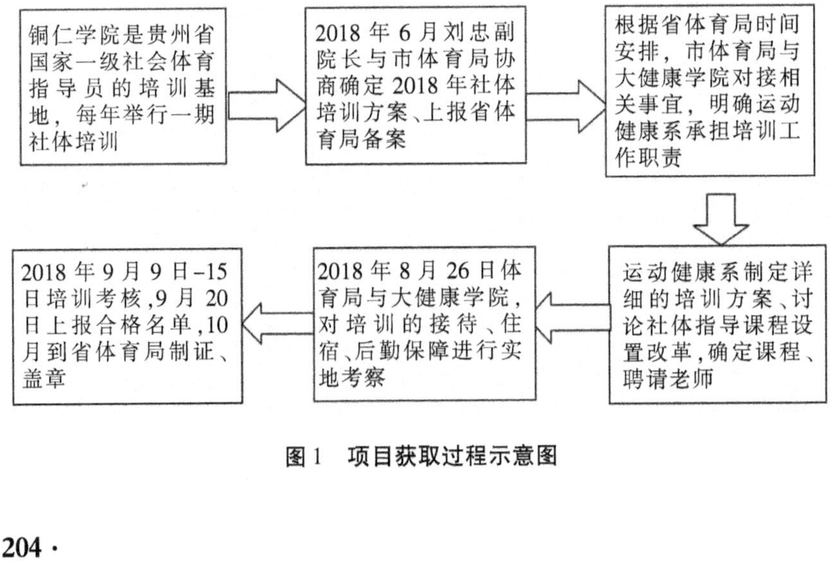

图1　项目获取过程示意图

（二）协议书内容

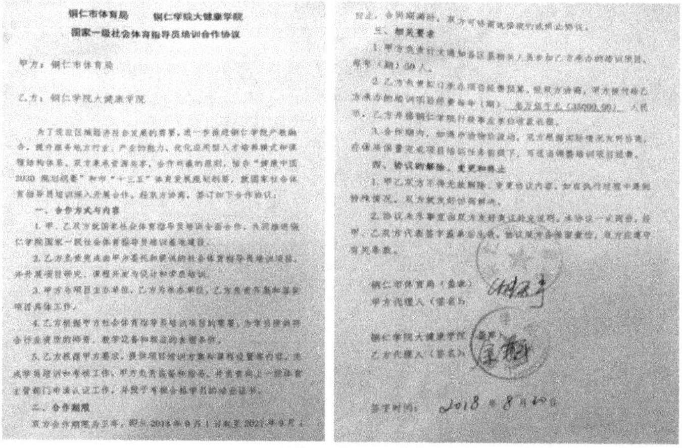

铜仁市体育局　　铜仁学院大健康学院

国家一级社会体育指导员培训合作协议

甲方：铜仁市体育局

乙方：铜仁学院大健康学院

一、合作方式与内容

二、合作期限

三、相关要求

四、协议的解除、变更和终止

铜仁市体育局（盖章）

甲方代理人（签名）

铜仁学院大健康学院（盖章）

乙方代理人（签名）

签字时间：2018年8月20日

图2　协议书（示意图）

三、项目实施情况

（一）项目具体任务

省体育局黔体群（2018）38号《贵州省全民健身实施计划（2016—2020年）》和《社会体育指导员管理办法》要求：做好铜仁市区县班50名学员，铜仁学院在校大学生200名学员、铜仁幼儿师范高等专科在校大学生200名学员，共计450名国家一级社会体育指导员学员的注册、培训、考核、制证等任务，使受训学员基本达到《社会体育指导员等级制度》所规定的一级社会体育指导员标准。提高对《全民健身条例》重要性和社会体育指导员岗位必要性的认识，加深对党和国家关于社会体育工作方针政策的理解，增强开展社会体育工作的主动性和自觉性；进一步了解社会体育的基本规律与原理，充实专门工作的理论知识，提高开展社会体育指导工作能力与业务水平；通过考核，基本达到一级社会体育指导员的标准，具备社会辅导、教学能力，群众体育活动的组织开展能力。具体实施阶段如下：

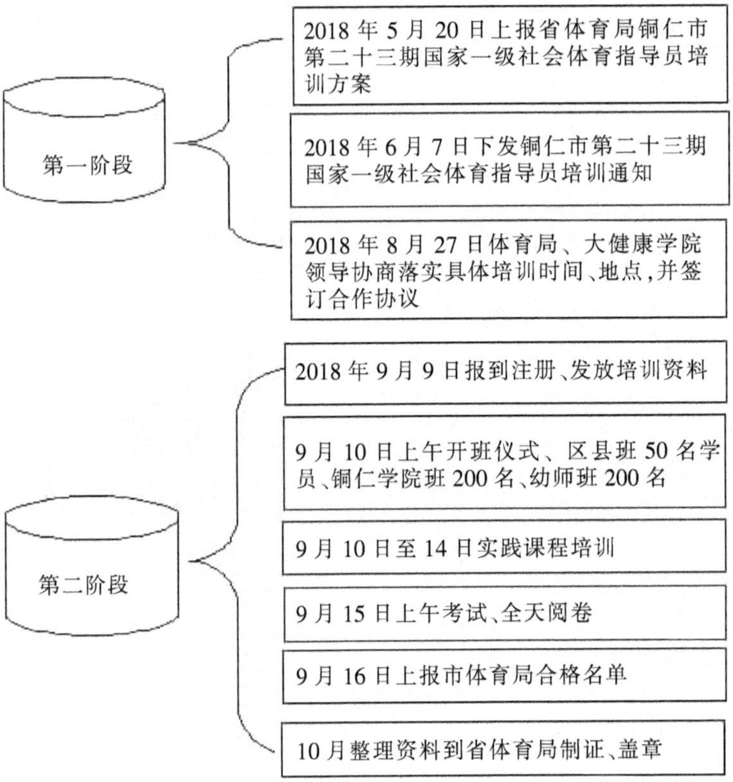

图 3　培训具体工作时刻表

（二）项目实施保障

（1）组织保障：该项目是大健康学院作为贵州省体育指导员培训基地与铜仁市体育局共同培养基层社会体育指导员体育事业发展重点项目，两个单位的领导班子高度重视，召开了专题会议，成立了项目工作领导小组，多次召开筹备会议，商讨项目的开展事宜，为落实好该项目的开展提供了有力的组织保障。

组长：付君（铜仁市体育局局长）、余静（铜仁学院大健康学院院长）

副组长：张艳丽（大健康学院分党委书记）、熊开宇（铜仁市体育局副局长）、刘忠（大健康学院副院长）、周崇武（大健康学院副院长）、杨芬（大健康学院分党委副书记）

成员：龚清明、文兵 、邢振超 、王道才、方新、童富强 、吴海龙、邵江涛、金滟、梁洪玉、闫鑫

（2）师资保障：为了保证本次培训质量，根据铜仁市第二十三期国家一级社会体育指导员培训课程安排，项目组组建了大健康学院强大的师资团队，其中教授5人、副教授18人、研究生学历13人，具有国家级社会体育指导员资质8人，具有国家一级社会体育指导员资质10人，国家一级篮球裁判员3人、国家健身教练员2人、健身气功一级社会体育指导员1人、国家一级羽毛球裁判员2人、国家一级田径裁判员3人。多次参加省市篮球、足球、武术、健美操、田径、民族传统体育、健身俱乐部等竞赛的组织和裁判工作，熟悉体育活动组织的规律，有较强的实践经验和担任本次培训的课程教学和实践指导能力。

（3）课程保障：本次培训工作在大健康学院分管教学的刘忠副院长的组织下，对国家一级社会体育指导员的课程设置进行了部分调整，在《国家社会体育指导员培训大纲》的原则下，结合当前社区体育发展和广大群众的体育活动，有针对性地开设了大众体育课程，针对区县班学员，把原来的理论教学时数的比例下调，理论部分重点强调社区体育法规建设、社区体育活动组织管理等章节，增加了实践运动广场舞、时尚健身操、九太极、健身器械、运动生理损伤等实践环节的学习。针对铜仁学院和幼儿师范高等专科学校的400名学员，因在校大学生的课程学习设置已经从运动技能的各个方面进行了系统的掌握，所以在培训当中，主要从社区体育指导员所具备的能力，功能等理论方面进行培训，使本次培训更加高效。

图4　刘忠副院长主持课程设置研讨会

四、项目实施过程

1. 成立培训工作领导小组

组　长：余静

副组长：张艳丽、刘忠、周崇武、杨芬

领导小组下设办公室，负责人文兵，具体负责整个培训工作期间的各项工作，办公室下设工作小组。

会务接待组职责：统筹会务工作，学院报到注册、培训资料发放、培训班开班仪式会场准备、拟定开班仪式流程、邀请开班仪式的领导嘉宾

负责人：王拱彪　　　成员：方新、易彩霞、孙馨

宣传报道组职责：负责培训期间的新闻撰写、审稿、挂网报道宣传工作

负责人：童富强　　　成员：陈燕、袁鸿志

后勤保障组职责：负责铜仁市各区县50名社会体育指导员学员的生活、住宿安排、餐票的制订

负责人：易超　　　　成员：王睿智

课程组职责：负责一级社会体育指导员课程设置、任课教师聘请、培训学员考勤管理、考试试卷制作、考试试卷批改、成绩录入报送等

负责人：文兵　　　成员：张玉军、马宁、罗秀英

2. 设计项目课程表

图5 铜仁学院班课表（示意图）

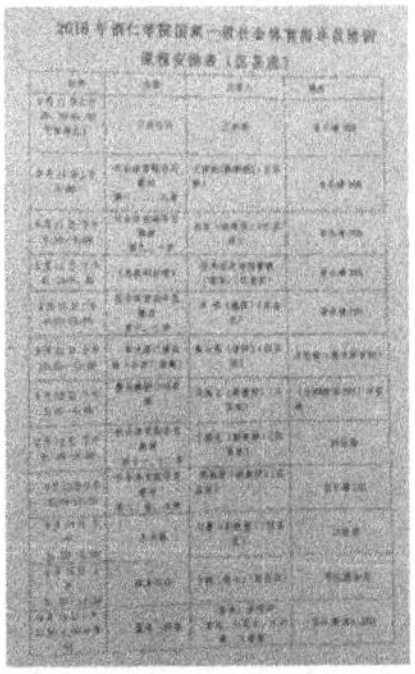

图6 区县班课表（示意图）

图7 幼儿师范专科学校课表（示意图）

3. 组织项目教师团队

表1　项目实施团队名单

	姓名	技术职务	学历	专业	专项等级	备注
团队成员名单	余静	教授	本科	体育教育	田径一级	羽协主席
	张艳丽	教授	本科	护理学	护理一级	
	刘忠	教授	本科	体育教育	足球一级	足协主席
	周崇武	副教授	本科	体育教育	羽球一级	
	杨芬	副教授	研究生	行政管理	一级指导员	
	李莹	教授	本科	体育教育	国家级指导员	学科带头人
	刘洪涛	副教授	博士	体育教育	一级指导员	学术带头人
	文兵	副教授	在研	体育教育	一级田径	
	张玉军	教授	在研	体育教育	一级指导员	体操裁判员
	王道才	副教授	本科	民族体育	国家级指导员	
	王拱彪	副教授	研究生	体育教育	国家级指导员	
	吴海龙	副教授	研究生	民族体育	国家级指导员	全国龙狮裁判员
	童富强	副教授	本科	民族体育	国家级指导员	
	田丽	副教授	研究生	体育教育	国家级指导员	
	郭庆霞	副教授	研究生	体育教育	国家级指导员	
	鲁娜娜	副教授	研究生	体育教育	国家级指导员	
	宁丽娟	副教授	研究生	体育教育	田径一级裁判员、一级社会体育指导员	中小学体育艺术教育专家库成员
	周智红	副教授	本科	体育教育	一级指导员	健美操一级教练员
	蔡云燕	讲师	在研	体育教育	一级指导员	健美操一级教练员
	崔健	副教授	本科	体育教育	篮、足球一级	篮协裁判委员会主任
	邢振超	副教授	研究生	体育教育	一级指导员	篮球一级裁判员
	方新	讲师	研究生	休闲体育	全国户外运动中级指导员	
	徐涛	讲师	研究生	体育教育	足球一级	中国足协D级足球教练员
	马宁	副教授	研究生	体育教育	国家级指导员	体操二级裁判员
	刘智敏	讲师	本科	医学护理	护理一级	
	刘炬东	讲师	研究生	体育教育	足球一级	D级足球教练员
	冯霞	副教授	在研	体育教育	田径一级	健身气功一级社会体育指导员
	任达峰	副教授	本科	体育教育	篮球一级	篮协副秘书长

五、项目主要服务的内容

本次培训工作根据《社会体育指导员技术等级培训大纲》的要求主要从社会体育指导员的工作规范、基本知识、健身指导、组织管理及铜仁市社区体育的现状自设教材内容等方面进行培训，全面提升各学员的综合理论知识与实践指导相结合的能力。

（一）理论培训

本次培训的学员涉及铜仁市区县班各行业体育工作者和体育爱好者，包括区县体育局体育工作专职人员、社区体育爱好者、企事业单位体育爱好者。培训的主要目标是：

让学员从理论上掌握当前我国公民参加全民健身活动的权利和保障、有关体育社团、俱乐部的法规、体育场地设施的法规、建立体育公共服务体系的法规。只有掌握了相关的法规制度才能做到有法可依的保障。让学员了解健身团队的组织特点、管理的基本方式，体育健身俱乐部的组织特点、管理的基本模式、国内外体育健身俱乐部发展趋势、运动项目协会的组织特点、管理的基本模式、我国运动项目协会的改革与发展、体育人群协会的组织特点、管理的基本模式，体育健身站点的基本特征、管理职责、管理方式社区健身（文化站）中心的基本特征、管理职责、管理方式，地区体育（文化）中心的基本特征、管理职责、管理方式，我国体育公共服务体系的基本结构、运作模式、管理方式；机关、企事业单位体育的基本特征、组织模式、管理方式，社区体育、地区体育、社会体育的基本特征、组织模式、管理方式，让学员全面认识社区体育指导员的社会价值和社会功能。

（二）实践运动技能的培训

本次培训根据铜仁市群众体育活动开展现状的调查分析，结合培训学员的实际需求和社会体育指导员实践需求，充分利用我院教师的专业优势，对大众广场舞、九太极、八段锦、城市健身运动、民族传统体育项目、运动急救等课程进行教学，注重实际操作能力和实用性的原则。这样能满足区县班学员在实践技能学习过程当中对当前我国群众体育运动项目的掌握和指导工作。

图8 八段锦

图9 九太极

图10 民族传统体育龙狮表演

（三）考核与结业

考核采用考察与考试相结合的办法，考查形式有：作业、专题报告、考勤等，累计请假超过一天者或者缺课超过培训时间的1/10者，取消培训资格。考试采用闭卷的方式，学员在完成规定的40个学时的学习后，经考核合格，方可获得一级社会指导员培训合格证书。

六、项目取得的成果及效应

（一）科研成果

本次培训工作结束后，我校与市体育局进一步合作，以大健康学院的部分老师和学生组成铜仁市社会体育指导与社区体育指导的调研团队，真正落实铜仁学院在应用转型的过程当中，大健康学院对铜仁市各区县社会体育指导、社区体育活动、群众体育文化生活所带来的影响和价值。最后项目组向市体育局进行提交了一份铜仁市社会体育指导员工作调研报告，对当前铜仁市社会体育指导员的分布情况、社会体育工作指导情况及社区体育活动的开展进行了全面的调研，为市体育局对铜仁市社会体育指导员的培训工作和社区体育活动的监督提供了有效依据。同时以此为契机，加大了对大健康学院运动健康系学生科研学术水平的提升，争取在2019年指导大健康学院运动健康系学生申请铜仁学院大学生创新项目，并发表论文1篇。

（二）人才培养，与学科建设效应

大健康学院运动健康系的老师和学生参加了该项目技术的培训和服务，取得了很好的项目实践效果。首先是教师通过整个技术服务过程，在与培训学员的交流讨论过程当中，对我国社会体育指导员培训的形式和社区体育的需求及当前社区体育指导员的社会价值有了全面的认识和了解，为更好地完成贵州省国家一级社会体育指导员基地建设提供了有效的支撑。其次是通过对学生的培训，提升了学生的专业综合素养，特别是应用专业知识能力，服务社会需求意识有了大的提升。对运动健康系的人才培养方案当中学生社会实践能力模块和项目化课程模块提供了有效的理论支撑。

（三）构建行业需求的人才培养课程体系

本次培训当中，大健康学院坚持以“应用”为导向，以“专业化”运动技能培训为主线，体医交叉融合，构建理论教学与运动技能实践教学与应用并重的三大课程体系，立足于行业需求，通过渗透与融合实现对人才的全面打造。开拓项目化课程体系突出重点、集中优势开展受群众欢迎的运动技能项目，发挥传统技能项目优势。在原有开设运动技能的基础上，增设了九太极、健美操、广场舞、健身器械、健身路径等实用性运动健身项目。还第一次将运动急救融入了课程，真正落实了学校提出的专业融合、学科融合、课程融合的理念，实现了人才培养在社会服务中的育人功能，得到了区县学员的认可，避免了理论课时偏重、实践学习偏少的不合理的布局。

（四）双师型师资队伍的合理构建

自项目实施以来，大健康学院召开多次专题会议，确定该项目团队责任人和指导思想，提出了由运动健康系、护理健康系跨专业、跨学科的博士、教授牵头，教学水平高、教育教学理念先进、专业技能高超、实践操作能力强、素质过硬的双师型教师队伍组成培训团队。主要涵盖了体育学当中的体育人文、运动人体科学、运动训练、运动竞赛等学科。充分把体育专业知识转化为实践，通过对“应用型、专业化”社会体育指导员人才培养模式的探索与实践，培养、涌现了一批逐渐成熟的中青年骨干教师。

（五）社会服务效应

首先，本次培训技术指导，大健康学院首次组建了最高学历、最高职称的人员队伍，促进了铜仁学院社会服务与基层体育工作的实际接轨，充分利用专业优势、人才优势、扎实的理论基础、实践能力立足于铜仁、服务于铜仁，通过经验交流等渠道向全市的体育工作者、文体局介绍我院人才培养模式，得到文体局的充分认可和高度评价，并建立了长效合作机制，在推动铜仁市各区县体育活动的开展过程当中，得到了市体育局等相关单位的认可，树立了品牌形象，扩大了学校的影响力。本项目符合铜仁学院应用型转型发展的要求，符合学院“明德，致用；铜仁需求，国家标准；依托梵净，服务发展；苦心励志，追求卓越”的核心办学理念。

其次，是了解行业需求，引导教学改革。本次培训为大健康学院提供了深入了解和研究铜仁市各区县社区体育指导员的工作现状和存在的问题的机会，通过访谈了解社区体育广大群众的基本需求，从而引导大健康学院进行教学改革、课程改革及人才培养方案的修订。加强体育专业学生社会实践、体育服务、裁判服务、竞赛服务等基础教育与人才培养，满足市场需求。

（作者系铜仁学院大健康学院副教授）

校企合作共建产教融合示范基地，助推园林专业创新发展

邱发根　杨红

一、项目概况

（一）项目名称：农林工程与规划学院产教融合示范基地建设项目

（二）合作单位：铜仁市碧江区华丰农业投资有限公司

（三）所属的社会服务类别：产教融合型技术服务

（四）项目实施的时间：2018 年 3 月至今

（五）项目实施的地点：铜仁学院

二、项目实施及完成情况

（一）获得的过程

铜仁市碧江区华丰农业投资有限公司（以下称“华丰农投”）是碧江区城市投资有限公司的子公司。该公司主要从事果蔬育苗生产、园林苗木生产与园林花卉销售、园林规划设计与施工、园艺作物栽培管理等业务。公司的特点及优势在于资金实力雄厚、业务量大、业务范围广，但仍存在技术上的不足，技术力量薄弱，管理人才缺乏，急需从事园林规划设计、花卉苗木生产技术、花卉苗木销售推广的管理人员。

铜仁学院杨红社会服务团队认真分析双方需求，主动与铜仁市碧江区华丰农业投资有限公司对接。经过多轮谈判，华丰农投愿意在铜仁学院校内实训基地投资 240 多万元用于校企合作相关项目，开展产教融合合作。

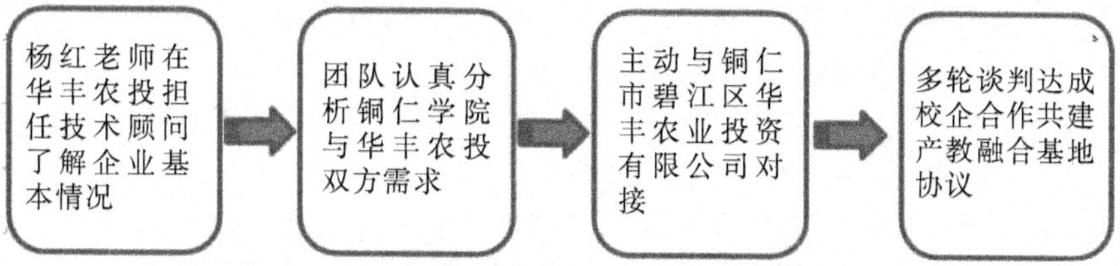

图1　获得的过程

（二）技术路线

1. 双方需求分析

（1）团队认真分析了农林工程与规划学院内专业结构、学科构成特点及人才培养模式，同时对应用型人才培养模式进行分析，提出对校内实训基地的需求。学院的实际需求：①缺少成规模、成体系的校内实训场地。②缺少行业、企业经验丰富的校外指导老师。③缺少对行业最新发展动态的信息获取平台。④符合应用转型发展的项目课程体系不够完善。

（2）团队认真分析行业、企业需求，分析企业优势与劣势，提出技术人才供应方案及技术服务方案，寻找与企业的最佳合作点。企业的实际需求：①通过铜仁学院平台提升企业形象。②利用铜仁学院科研力量研发、选育园林植物新品种并进行推广。③通过将企业管理人员参与到学院教学过程中实现员工再培训。④通过校企合作为企业输送需要的人才。

（3）经过三次协商，最终确定与铜仁市碧江区华丰农业投资有限公司开展产教融合合作。

（4）铜仁学院提供温室、大棚及约10亩地作为校企合作基地，将学院龙川路打造成集园林花卉苗木科研、生产、销售于一体的产教融合示范基地。

2. 人才培养方案中课程涉及的知识点和技能点

（1）园林观赏植物认知：为了能够结合树木学、花卉学的植物认知教学要求，经过长期的植物收集，基地内已经收集有观赏乔木、观赏灌木、观赏藤木、观赏竹类、一二年生花卉、宿根花卉、球根花卉、肉质花卉、兰科花卉等近300种常见园林观赏植物。

观赏乔木：主要有红豆杉、水杉、香果树、楠木、花榈木、蓝冰柏、凹叶厚朴、木绣球、樱花、红枫、羽毛枫、栾树、青枫、琴叶榕、金边榕等。

观赏灌木：主要有苏铁、含笑、南天竹、山茶、茶梅、大叶黄杨、金边黄杨、月季、黄金构骨、雀舌黄杨、日本花柏、金艳绣线菊、矮生铺地柏、金光绒柏、鸡爪槭、水果蓝、紫薇、紫荆、金球北美香柏。

观赏藤木：主要有中华猕猴桃、紫藤、光叶叶子花、花叶络石、常春油麻藤、花叶蔓长春、多花蔷薇、金银花等。

宿根花卉：主要有火炬花、鸢尾、夏堇、石竹、玉簪、菊花、萱草、银叶菊、香石竹、长春花等。

一二年生花卉：主要有醉蝶花、凤仙花、万寿菊、孔雀草、百日草、矮牵牛、一串红、美女樱、冰岛虞美人、瓜叶菊、三色堇等。

肉质花卉：主要有虹之玉、火祭、初恋、姬秋丽、丽娜、棕玫瑰、吉娃娃、熊童子、珊瑚珠、黄丽、白牡丹、姬星美人、佛珠、锦晃星、玉蝶、冬美人、胧月、蓝豆等。

（2）园林观赏植物应用：基地的前期建设过程中学生参与园林植物景观规划与设计、庭院景观设计、花园景观设计、室内观赏植物装饰设计、盆景设计制作、插花艺术设计等相关设计内容。

（3）园林植物栽培养护与管理：园林苗圃营建、观赏植物选育、园林植物移栽与定植、园林植物的整形修剪、园林植物的土壤管理、园林植物的施肥技术、园林植物的灌溉技术、园林植物病虫害防治。

（4）园林苗木花卉市场营销：园林苗木市场信息分析、园林苗木花卉市场营销、园林工程机械器具营销、国内外花卉行业发展状况。

（三）组织团队

表1 团队人员名单

		姓名	技术职务	专 业	学 院
团队成员	教师	杨 红	副教授	林学	农林工程与规划学院
		李建新	教授	林学	农林工程与规划学院
		赵成刚	教授	生物	农林工程与规划学院
		邱发根	讲师	园林	农林工程与规划学院
		杨 月	讲师	园林	农林工程与规划学院
		李 兢	实验师	林学	农林工程与规划学院
		郭春喜	副教授	风景园林	农林工程与规划学院
		包润泽	讲师	风景园林	农林工程与规划学院
		杨忠华	讲师	园林	农林工程与规划学院

续表

<table>
<tr><td rowspan="12">团队成员</td><td rowspan="7">长期参与学生</td><td>姓名</td><td>年　级</td><td>专业</td><td>学 院</td></tr>
<tr><td>勾艳</td><td>15 级</td><td>园林</td><td>农林工程与规划学院</td></tr>
<tr><td>田园</td><td>15 级</td><td>园林</td><td>农林工程与规划学院</td></tr>
<tr><td>石仁江</td><td>15 级</td><td>园林</td><td>农林工程与规划学院</td></tr>
<tr><td>李明轩</td><td>16 级</td><td>园林</td><td>农林工程与规划学院</td></tr>
<tr><td>周羽</td><td>17 级</td><td>园林</td><td>农林工程与规划学院</td></tr>
<tr><td>肖乾龙</td><td>17 级</td><td>园林</td><td>农林工程与规划学院</td></tr>
<tr><td rowspan="6">参与项目班级</td><td>年级</td><td>专业</td><td>人数</td><td>学院</td></tr>
<tr><td>2015 级</td><td>园林</td><td>52 人</td><td>农林工程与规划学院</td></tr>
<tr><td>2016 级</td><td>园林</td><td>88 人</td><td>农林工程与规划学院</td></tr>
<tr><td>2017 级</td><td>园林</td><td>50 人</td><td>农林工程与规划学院</td></tr>
<tr><td>2017 级</td><td>林学</td><td>42 人</td><td>农林工程与规划学院</td></tr>
<tr><td>2017 级</td><td>风景园林</td><td>50 人</td><td>农林工程与规划学院</td></tr>
</table>

（四）项目实施

1. 项目总体规划设计阶段

2018 年 3 月份项目开始进入总体规划设计阶段，前期项目团队与铜仁市碧江区华丰农业投资有限公司项目负责人一起对场地进行反复的现场踏勘，对场地的周边环境、地质条件、水文资料、土壤条件、原生植被状况、工程管线情况进行调查，利用 GPS 对原始地形进行测绘，同时通过航拍机对场地及周边进行详细记录和分析。经过充分的讨论和细致的研究，同时在满足项目建设内容要求的前提下结合现场实际情况进行总体规划设计。

图 2　规划设计流程

具体的规划设计内容如下：

（1）建设 5 个规格为 8 米 ×25 米的单体育苗大棚，共计 1000 平方米，主要用于林业种苗、园林观赏植物选育，所有苗木培育地按标准化苗圃建设微喷灌设施。

（2）建设高质量园林植物种质资源收集圃一个，开展园林植物新品种研究并推广。

（3）建设温室园艺生活馆，展示一二年生花卉、宿根花卉、球根花卉、肉质花卉、兰科花卉、爬藤植物，同时销售相关园林工程机械器具及种植土壤基质。设立公共交流区域及业务洽谈小型会议室供学生开展讨论使用。设立DIY实训场专门用于学生创新创业训练和新园林植物展示。

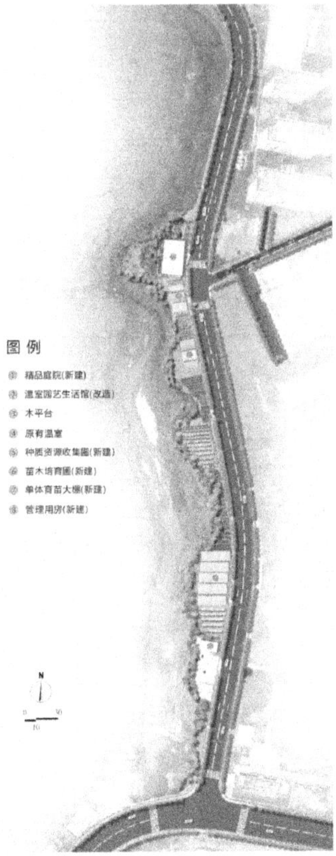

图3 农林工程与规划学院产教融合示范基地总体规划（示意图）

（4）修建精品花园庭院两个。一个庭院以现代简欧式风格为主，利用大叶黄杨、红叶石楠、月季等植物营造围合空间，以场地内原有的景石为中心配置造型松、金边黄杨、瓜子黄杨、石竹、夏堇、绣球、矾根、草坪等植物打造小型花园景观。另一个庭院充分利用场地内挖掘出的大量石灰岩石材，就地取材、因地制宜，结合当下流行的岩生花园设计手法，利用醉蝶花、彩叶草、花叶络石、玉簪、景天、绣球花等植物打造现代岩生花园。由于花园位于山崖边，出于安全考虑及观景要求，用木栅栏围合，并设计悬挑的观景平台，在平台上能观赏周边的溪流美景。花园内设置休闲座椅、遮阳伞、秋千等游乐设施。

（5）修建观景平台一座、景观木屋一座、木质卫生间一座、景观廊架两组。

（6）合作共建园林规划设计工作室一间，工作室配置格子办公桌，电脑等设备，工作室成员主要为园林和风景园林专业教师及学生。计划开展乡村振兴景观规划设计项目。

2. 基地项目施工阶段

2018 年 4 月初，项目完成总体规划设计后立即进入施工阶段，该阶段包含土方开挖、场地平整、土壤改良、地形制作、基础制作、管线预埋、钢结构施工、大棚搭建、木结构施工、室内装饰装修、植物栽植、灯光音响布置、设备调试等过程。项目施工过程项目团队全程参与设计、施工指导。园林、林学、风景园林学生参与植物种植。

（1）5 月初，项目经过两个多月的施工项目已初见规模，温室园艺生活馆正式投入使用，种质资源收集圃建设完成，部分观赏植物入住收集圃。

（2）6 月初，合作共建园林规划设计工作室正式成立，工作室配备高性能电脑、打印机、投影仪等设备。

（3）6 月底，项目单体育苗大棚建设完成正式投入使用，精品庭院、观景平台、景观木屋一座、景观廊架等配套设施相继完成施工。

图 4　场地平整

图 5　基础及钢结构龙骨施工

图 6 温室园艺生活馆室内装饰装修

图 7 木结构廊架施工

图 8　学生参与绿化苗木倒运

图 9　学生参与庭院绿篱栽植

3. 开展协同育人

农林工程与规划学院产教融合示范基地建设项目竣工后，园林、林学、风景园林等专业学生均能通过基地，开展园林景观规划与设计课程项目实践，开展园林植物栽培与养护管理课程项目实践实训，开展园林植物景观配置课程项目实践与实训，开展园林施工项目课程实践实训参与实践实训，提升学生实践动手能力，实现应用型人才培养。同时学生还能开展创新创业训练，开展园林植物栽培与养护，开展园林植物新品种引进与推广实践，开展园林植物销售与管理创新创业训练。

以园林植物轻基质生产工作为例，这个知识点是园林植物栽培与养护中土壤管理的内容，基地为学生提供了场地及原料，在指导老师教授完基本原理后，由老师指导学生开展植物轻基质生产工作。

（1）轻基质即轻型育苗基质，是经过发酵或炭化处理过的农林废弃物与泥炭、珍珠岩、蛭石等轻体矿物质组成的混合物。相对于传统育苗基质，其以轻为主要特点，兼具基质的其他特性。轻基质是实现工厂化育苗的重要前提，是轻基质网袋容器育苗的基础，现已广泛应用于农业育苗生产、林木容器育苗等行业。

图 10 花卉入住温室园艺生活馆

图 11 学生在种植资源收集圃开展研究

（2）常用的轻基质主要原料成分有泥炭、珍珠岩、蛭石、椰糠、椰丝、农林废弃物（经炭化或发酵的稻壳、锯末、树皮、玉米芯、秸秆、谷壳等）及部分工业废料（炉渣、蔗渣、中药渣、造纸厂废料、糠醛厂废料等）。轻基质生产线的工艺流程包括：原料处理—筛分—配比—搅拌—装袋。其中筛分工序应注意的是：播种、嫁接、扦插以及嫩枝扦插育苗对基质成分、粒度的要求不同，因此要对基质进行筛分。基质应有一定的粒度，不能过细。选用专门制作的滚筒筛，也可以人工筛分。不同粒度的基质，要分别装袋。筛过的基质干燥后才可以装袋保存。

图 12 学生在基地内开展实践学习

图 13 园林工程机械器具展示架

图 14　公共交流区域

图 15　多肉植物展示销售区

4. 项目完成情况

（1）人才培养效应

基地目前为我校园林、林学、风景园林等专业 282 名本科生提供重要的实训平台，锻炼教师 6 名。教师通过参与企业园林苗木生产、研发、销售、管理、设计、施工全过程，实现理论与实践教学结合，提高教师实践动手能力。实践为教学提供更多实践案例，提升教学水平。同时企业技术人员也融入学生的实践教学过程中，为学生带来最新的行业动态及苗木信息、设计理念及最新的材料、方法。

图 16　企业技术人员介绍新引进品种

图 17　企业技术人员讲解花境设计

（2）社会效应

①团队加强了与行业、企业的合作，提升了社会服务技能，进一步为学校树立了良好的形象。

②大量的木本植物、一二年生花卉、彩色叶植物进入基地，使铜仁学院西门成为一道靓丽的风景线，美化亮化了校园环境，同时吸引周边居民到基地参观，为全校师生、周边居民打造了一个周末休闲体验中心，形成了示范效应及商业效应，提高了学院的影响力。

三、项目取得的主要经验及启示

（一）组织管理关键事项

领导重视、组织有序、职责明确、有效沟通、强化执行。具体情况如下：

（1）领导重视。本项目得到学校和农林工程与规划学院领导班子的大力支持，保障了项目圆满完成。

（2）明确职责，有效沟通、强化执行。主要分工如下：

外联及资料准备组：李建新、赵成刚、杨红、李兢。工作职责：负责外联及收集资料。现场调查组：杨红、包润泽。工作职责：负责现场调查、测量资料收集。规划设计组：邱发根、杨月、包润泽、杨忠华。工作职责：负责项目基地规划设计、施工图设计。施工指导组：杨红、李建新、邱发根、包润泽。工作职责：负责现场施工指导。实践课程组：杨红、李兢、郭春喜。工作职责：负责开展项目课程实施工作。

（二）获得的主要认识及未来发展目标

产教融合、协同育人，共建产教融合示范基地、园林规划设计工作室，依托华丰农业投资公司深厚的行业背景，依托铜仁学院优质的教学科研团队，校企双方形成行业、企业全方位参与专业建设、人才培养和课程设置机制，共同打造多模式产教融合、协同育人的校企合作平台。未来计划开展“八个共同”人才培养模式，即：共同制定培养标准、共同完善培养方案、共同构建课程体系、共同开发教材讲义、共同组建教学团队、共同建设实训基地、共同实施培养过程、共同评价培养质量，积极推进应用型人才培养及农林工程类专业集群建设。

（铜仁学院农林工程与规划学院副教授 邱发根）

彰显地方高校文化辐射源，服务松桃县中小学校园文化建设

孙飞　田隽

一、项目概况

（一）项目名称：彰显地方高校文化辐射源，服务松桃县中小学校园文化建设

（二）项目负责人：孙飞

（三）经费来源：松桃县教育局

（四）委托单位：松桃县教育局、松桃新天地广告装饰有限公司

（五）服务类别：技术服务

（六）实施时间：2018 年 6 月 20 日至 8 月 13 日

（七）实施地点：铜仁市松桃苗族自治县

（八）服务课程名称：企业形象设计

二、项目获得（争取）过程

（一）项目来源

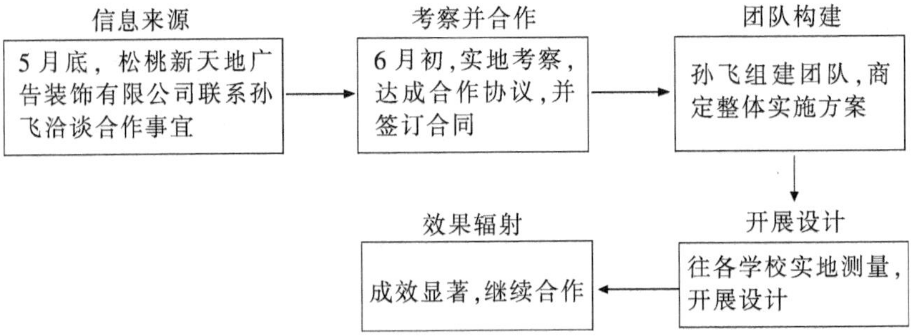

图 1　获取项目过程

（二）项目合同书

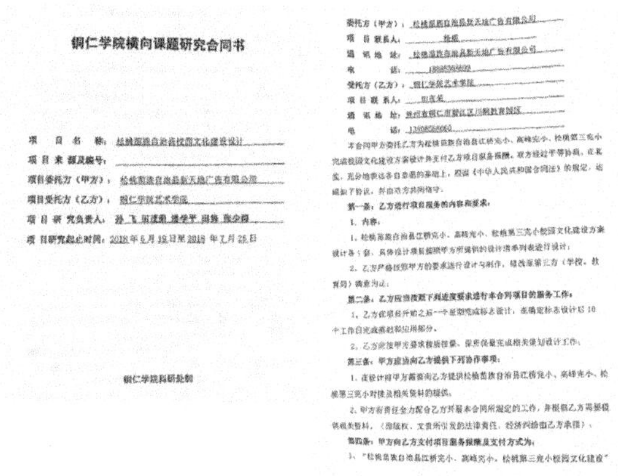

铜仁学院横向课题研究合同书

项目名称：松桃苗族自治县校园文化建设设计

项目来源及编号：

项目委托方（甲方）：松桃苗族自治县新天地广告有限公司

项目受托方（乙方）：铜仁学院艺术学院

项目研究负责人：孙飞 [illegible]

项目研究起止时间：2018年6月19日至2018年7月25日

铜仁学院科研处制

委托方（甲方）：松桃苗族自治县新天地广告有限公司

项目联系人：杨威

通讯地址：松桃苗族自治县新天地广告有限公司

电话：[illegible]

受托方（乙方）：铜仁学院艺术学院

项目联系人：[illegible]

通讯地址：贵州省铜仁市碧江区川硐教育园区

电话：[illegible]

本合同甲方委托乙方为松桃苗族自治县江桥完小、高峰完小、松桃第三完小完成校园文化建设方案设计并支付乙方项目报务报酬。双方经过平等协商，在真实、充分地表达各自意愿的基础上，根据《中华人民共和国合同法》的规定，达成如下协议，并由双方共同恪守。

第一条：乙方进行项目服务的内容和要求：

1. 内容：

1. 松桃苗族自治县江桥完小、高峰完小、松桃第三完小校园文化建设方案设计各1套，具体设计项目按照甲方所提供的设计清单列表进行设计；

2. 乙方严格按照甲方的要求进行设计与制作，修改至第三方（学校、教育局）满意为止；

第二条：乙方应当按照下列进度要求进行本合同项目的服务工作：

1. 乙方在项目开始之后一个星期完成标志设计，在确定标志设计后10个工作日完成基础和应用部分。

2. 乙方应按甲方要求按质按量、保质保量完成相关策划设计工作。

第三条：甲方应当向乙方提供下列协作事项：

1. 在设计前甲方需要向乙方提供松桃苗族自治县江桥完小、高峰完小、松桃第三完小对接及相关资料的提供。

2. 甲方有责任全力配合乙方开展本合同所规定的工作，并根据乙方需要提供相关资料。（因版权、文责所引发的法律责任，经济纠纷由乙方承担）。

第四条：甲方向乙方支付项目服务报酬及支付方式为：

1、“松桃苗族自治县江桥完小、高峰完小、松桃第三完小校园文化建设”

图2　项目合同书（示意图）

（三）合同签订

时间：2018年6月20日
地点：松桃县教育局
签订人：孙飞、杨威

三、项目实施情况

（一）项目具体任务

松桃县中小学校园文化建设设计，主要是对松桃县所有中小学的学校进行校园文化设计，根据每个学校的教学理念、办学思想、文化建设主题等进行设计，具体设计如下：

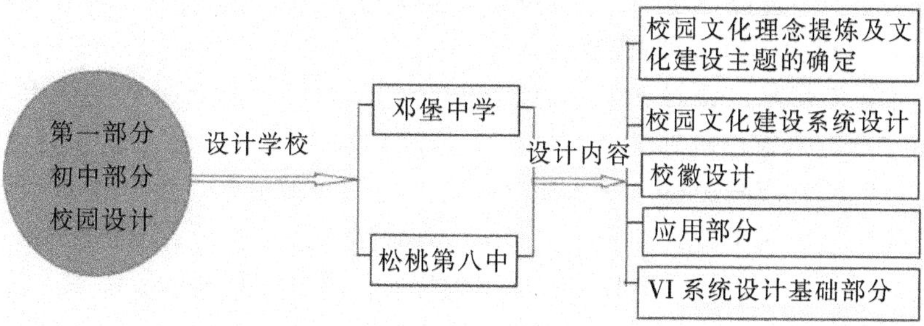

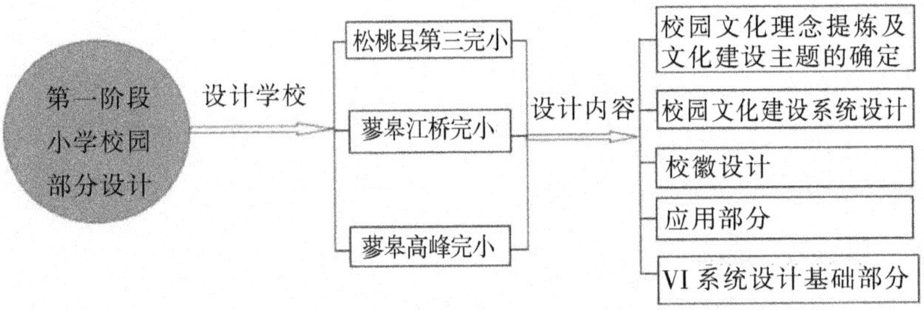

图 3　项目具体内容与任务

（二）项目实施保障

1. 组织保障

项目实施之初，艺术学院李洁院长和社会服务科多次关心项目合作进展，项目组拟定项目负责人，制定方案计划，成立项目实施小组，由艺术学院孙飞任组长，田隽、田茂荣、潘学平和张少涛为成员，另外，松桃县教育局、松桃新天地广告装饰有限公司相关人员共同成立了设计审核组，合力为该项目的实施提供了强有力的组织保障。

2. 机制保障

自合同签订后，艺术学院和松桃县教育局、松桃新天地广告装饰有限公司联合制定设计总体工作方案，艺术学院项目组制定了内部设计工作方案，明确负责人，拟定好各部分设计的设计要求，保质保量完成本项目的实施。

3. 资源保障

（1）专业的设计室

艺术学院有设计工作室资源优势，拥有标准电脑机房 2 间，梵净山创意实训中心 1 个，专业图书室 1 间，能够同时满足本次设计要求。

（2）有经验丰富的师资团队

艺术学院美术与设计系有设计专业教师 10 余人，其中研究生学历 6 人，承接本次设计的专业教师 5 人，团队教师均多次参加省、市各级各类设计比赛，并取得优异成绩；参与学生在之前的学习中，部分学生参加过多项省级、市级比赛，也取得了较好的成绩。团队教师熟悉设计各个环节，多次参与其他公司公司相关设计工作，有较丰富的实践经验，整个团队能够胜任本项目的组织管理及设计工作。

（三）项目实施过程

1. 组建项目团队

表 1　项目人员名单

	姓名	技术职务	学历	专业	任务分工
教师	孙飞	副教授	本科	视觉传达	总体统筹协调、外联、方案设计主创、工程预算
	田隽	副教授	硕士研究生	产品设计	方案设计主创
	张少涛	讲师	硕士研究生	产品设计	方案设计主创、环艺设计
	潘学平	讲师	本科	环艺设计	方案设计主创、施工图设计
	田茂荣	助教	本科	动漫设计	协调、外联、素材收集
学生	滕明彤	2016 级	本科在读	视觉传达	学生组项目设计组长
	李信	2016 级	本科在读	视觉传达	学生组项目设计组长
	王港	2016 级	本科在读	视觉传达	学生组项目设计组长
	范芸	2016 级	本科在读	视觉传达	素材收集、整理
	侯丹丹	2016 级	本科在读	视觉传达	素材收集、整理
	侯飞	2016 级	本科在读	视觉传达	设计助理
	侯学会	2016 级	本科在读	视觉传达	设计助理
	胡玉瑛	2016 级	本科在读	视觉传达	设计助理
	周植庆	2016 级	本科在读	视觉传达	设计助理
	刘达	2016 级	本科在读	视觉传达	素材收集、整理
	罗海清	2016 级	本科在读	视觉传达	素材收集、整理
	蒙正佳	2016 级	本科在读	视觉传达	设计助理
	石尚维	2016 级	本科在读	视觉传达	设计助理
	唐春会	2016 级	本科在读	视觉传达	设计助理
	唐诗	2016 级	本科在读	视觉传达	设计助理
	韦丽娜	2016 级	本科在读	视觉传达	素材收集、整理
	项敏	2016 级	本科在读	视觉传达	素材收集、整理
	徐其花	2016 级	本科在读	视觉传达	设计助理
	杨剑	2016 级	本科在读	视觉传达	设计助理
	杨松	2016 级	本科在读	视觉传达	设计助理
	赵仕兰	2016 级	本科在读	视觉传达	设计助理
	周鑫	2016 级	本科在读	视觉传达	设计助理

2. 实施筹备

本项目实施筹备工作分为素材收集组、方案设计组、施工图组、环境艺术组、工程预算组。

（1）素材收集组

责任教师：田茂荣；学生：范芸、侯丹丹、刘达、罗海清。

工作职责：负责各学校当地文化元素、学校历史、学校特色、办学理念设计元素等材料收集。

（2）方案设计组

教师：田隽；

第一组组长：腾明彤，成员：侯飞、侯学会、胡玉瑛；

第二组组长：李信，成员：蒙正佳、石尚维、唐春会；

第三组组长：王港，成员：徐其花、杨剑、杨松。

工作职责：负责各学校校徽、校服、校内导向系统、宣传系统等设计。

（3）施工图组

责任教师：潘学平；学生：韦丽娜、周植庆。

工作职责：负责各系统位置的布局等工作。

（4）环境艺术组

责任教师：张少涛；学生：项敏、唐诗。

工作职责：负责各系统材料的选择把控等工作。

（5）工程预算组

责任教师：孙飞；学生：赵仕兰、周鑫。

工作职责：负责各系统设计的经费预算，包括工程造价。

3. 实施过程

（1）实地考察调研及勘测尺寸

为确保完成任务，项目课程团队组织相关教师带领2016级视觉传达设计1班的部分同学进入将要设计的学校进行实地考察，与学校领导、老师交流、了解学校情况、办学历史，并进行实地场地勘察，对学校教学楼、操场、活动场地、食堂进行实地勘测。

图4　松桃县初中、小学实地查看学校现有校园文化建设情况及勘测尺寸

（2）素材收集、集中讨论

由资料组负责收集学校所在地方民俗、苗族文化风俗、学校办学历史、办学理念等资料。在充分了解各学校的情况下，各小组进行资料分类、讨论文化理念提取，开始进行第一阶段的校徽（标志）设计。

图5　学生组项目设计组长搜集相关素材

（3）设计方案讨论及优选

在设计过程中由相关的老师对三个小组进行辅导，各小组在校徽设计阶段，进行细分小组设计，拿出多种设计方案给甲方以及松桃县教育局进行选择，在最优方案中再进行细化优化，直至对方满意为止。

图6 学生进行设计方案讨论及优化选择

（4）设计初步完成，与校方讨论完善

经素材收集组、方案设计组、施工图组、环境艺术组、工程预算组开展实地调研、精细设计等工作，将学校园文化建设设计方案初步完成，并与校方讨论修正设计方案。

图7 与学校讨论初步设计方案效果图

4. 设计成果展示

在甲方和教育局对设计效果进行反复修改直到满意后，按合同要求设计效果图成册，以及设计矢量图给甲方，完成整套设计流程。因一整套方案内容涉及较多，每所学校的设计效果图均有70来页，现以松桃第三完小校园文化建设设计案例为例，展示如下：

图 8 校园文化建设主题(示意图)

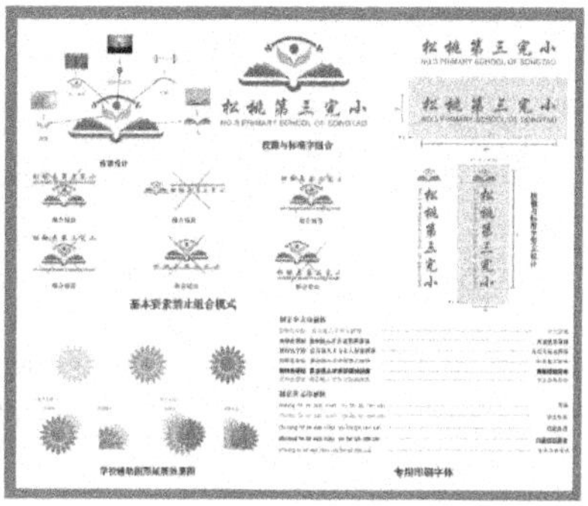

图 9 基础部分主要设计(示意图)

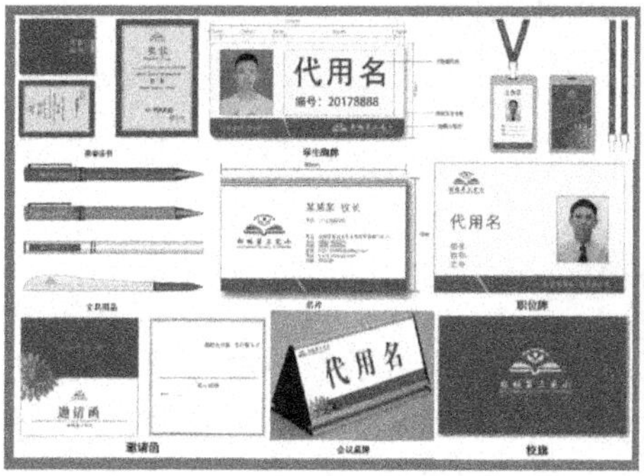

图 10 应用部分设计(示意图)

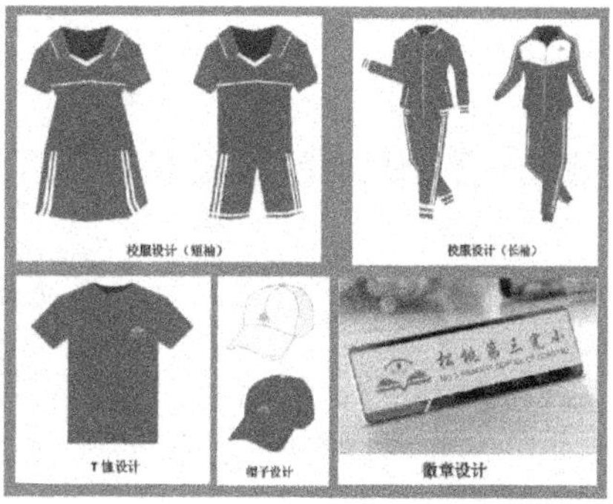

图 11 应用部分设计(示意图)

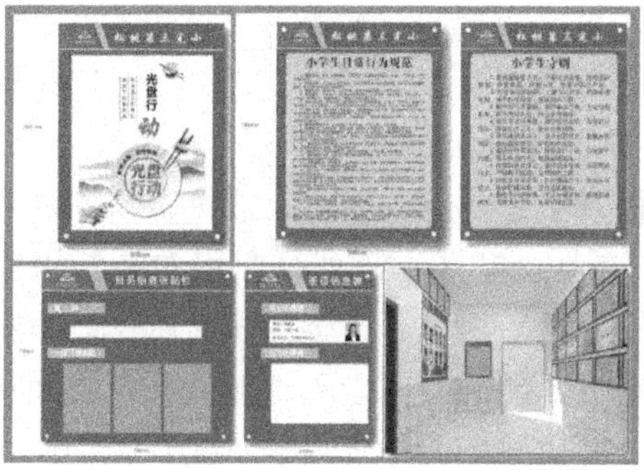

图 12 应用部分设计(示意图)

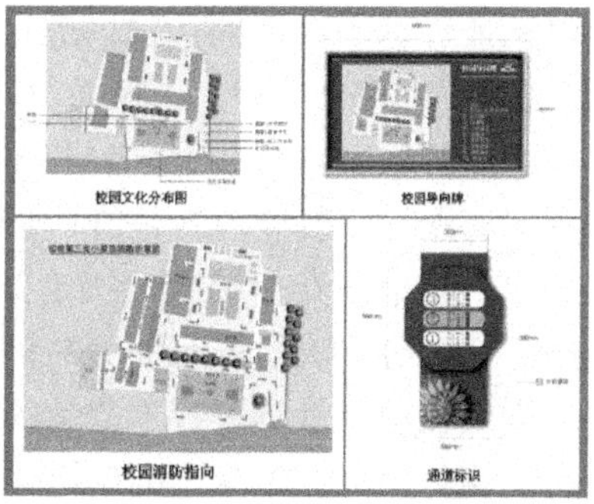

图 13 应用部分设计(示意图)

5. 技术服务指导完成情况

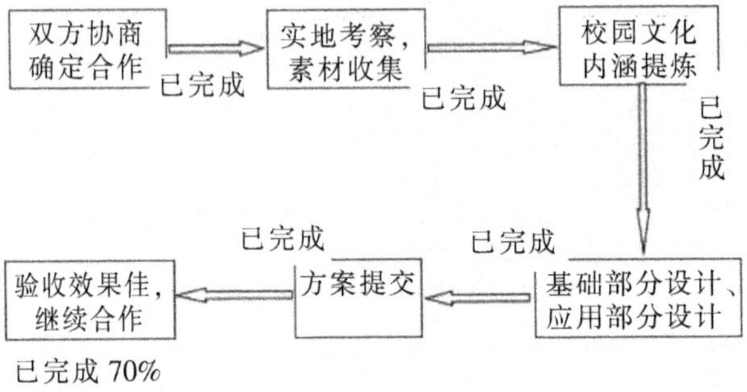

图 14　技术服务指导完成情况

四、项目取得的成果及效应

（一）人才培养效应、学科建设效应

（1）艺术学院视觉传达设计专业 22 名学生参与了该项设计项目的服务，取得了很好的项目实践效果。一是通过整个设计服务过程协助老师进行实地考察、素材收集、草图方案绘制、校园文化主题的提炼、标识设计的色彩搭配、把握色彩象征寓意等工作，学生完整地参与了该设计项目的全过程，对“企业形象设计”有了全面的认识，进一步巩固了“平面构成”“色彩构成”“图形创意设计”“字体设计”“版式设计”“色彩中的设计心理学”“计算机辅助设计”等课程的专业知识，同时提升了“计算机辅助设计”“企业形象设计”等课程的实践操作技能。二是进一步提升了专业综合能力，通过参与到该项设计服务中，学生的专业综合能力有了较大的提升，特别是应用专业知识的能力，服务社会需求等意识有了大的提升。三是培养了学生的团结协作能力得到加强。学生在项目过程中有不清楚的地方，能虚心向老师请教。同学之间也经常进行交流与探讨，学生之间的协作、师生间的协作都得到了提升。

（2）进一步把企业形象设计课堂理论知识与实际操作结合起来，并且在实践中还学到了课本上没有学到的校园文化建设（环境设计）这方面知识。通过此项目，不仅加深了学生对项目课程的理论知识的掌握，还通过项目学会将新知识融入现实设计之中，开阔视野，做到融会贯通，增强专业技能的掌握。

（3）此次活动更加明确了企业形象设计课程的实践性。正是基于这门课程的实践性强的特点，我们课程的目标是培养学生的职业能力。课程在各个环节紧紧围绕“培养职业能力”这一目标来进行，明确指出预期学生“能够（会）做什么”，更加强调在复杂的工作情境中进行分析、判断并采取行动的设计能力。只有通过项目带动课程，才能更好地将人才培养宗旨落地，才能实现学生学以致用的价值之所在。

（4）学生培养：培养本科生 22 名。

（二）师资队伍建设效应

视觉传达设计专业的特点要求教学不仅仅局限于课堂，并且在信息发达的今天，获取知识的途径更广，教师要不断更新自我设计专业知识，掌握设计技能，还得多与企业合作，服务于企业，多将理论实践化，才能有所储备以教授学生。自本项目签订以来，艺术学院孙飞组建团队，选派经验丰富的老师参与，艺术学院有 5 名老师和 22 名学生参与，项目实施团队的教师均是视觉传达设计专业、高学历、高职称教师组成，设计过程中教师亲自操作，详细讲解，精准把控，这样的言传身教是对教师的自我锻炼和技能提升，能有力地保证项目实施的质量，团队的通力合作也得到了松桃县教育局、松桃新天地广告装饰有限公司的一致好评和认可。

（三）科学研究效应

艺术学院视觉传达设计专业师生团队以设计服务创新为切入点，投身于社会服务中，把设计理论知识转化为设计实践，实践提炼为理论，设计创新知识的升华，在项目实施过程中，对遇到的设计困难问题及时记录，并与以往设计方案进行对比研究，典型设计方案的讨论，编排合理性的研究，捕捉到科学研究的价值，发现问题的关键，积极寻求解决方案，为以后服务类似项目提供参考依据。

（四）社会服务效应

1. 踏实从业，树立形象

我校社会服务工作辐射到县乡，得到了社会的好评与认可，在学校提供良好的大环境下，艺术学院立足于“企业重形象，设计为企业”的需求，顺利拿下该项目，虽然到各乡镇或村小学、中学距离较远，但均坚持实地考察，把当地文化融入设计中，保证每个学校设计各有特色。本设计团队兢兢业业、认真负责、不辞辛苦的工作态度得到了松桃县教育局、松桃新天地广告装饰有限公司的高度评价，极大地提升了铜仁学院教师的良好形象。

2. 了解行业需求，引导教学改革，融入项目课程

艺术学院重视服务应用型人才的培养，社会的需求是视觉传达设计专业建设的导向。现今社会的发展对人才的培养提出更高的要求，对高校的教学改革提出了考验，教学改革必须立足于社会需求。视觉传达设计专业属于专业技术服务类，教学就不单单只局限于课堂，将项目化课程建设融入其中，把教学内容、教学手段及教学评价融于项目中，让学生自己动手做，充分运用所学知识，发挥学生的主观能动性，实际操作解决问题，培养动手能力，把教学融入项目实践中让学生积累经验，重视“过程评价”，学生在实践体验中总结自我，做到及时反思，为其走向社会打下坚实的基础，实现人才培养在社会服务中的育人功能。

五、项目取得的主要经验及启示

（一）项目实施过程中应注意的关键事项、主要经验

1. 组织管理经验

领导重视：本项目得到李洁院长，崔德虎书记的大力支持；带好队伍：主要由负责人孙飞带队，积极协调、沟通，全面负责各项工作；明确职责：有效沟通、强化执行。

2. 实施操作经验

整个项目课程实施，是一个系统工程，前期课程理论知识的掌握，项目的调研、设计，以及在实际工作中和甲方的沟通，遇见的问题和困难自然是不言而喻的。部分操作经验如下：善于发现、整理资料：市场调查中有些资料是收集不到的，只有不断地和学校领导、老师交流，才能在谈话中整理一定的资料；组织团队成员讨论，提出个人见解，善于归纳、分析，发现突破点。通过讨论形成共同的创意思想，然后根据创意思想来进行阶段创作；充分利用学生掌握课程理论知识，通过软件将设计创意表现出来，在表现出来的效果图阶段，力求做到大家相互多提意见，尽量做到效果图没有错误，完美；效果图提交阶段会根据甲方的意见进行修改，组织小组成员根据甲方的意见进行分析、调整，重新设计，尽力满足甲方的要求。

（二）项目对人才培养、教学、科研的启示

学校层面：加强与地方的合作，提升教师社会服务能力，为学校树立了良好形象；教师层面：进一步提升了教师自身的专业知识能力，提高了项目课程的课堂理论知识在实践中的综合运用能力，丰富了项目课程的课堂案例；学生层面：将课堂理论知识与实际操作相结合，巩固了专业知识。学会了设计知识和技能的实践化，提升了与人沟通的能力。培养了学生挑战自我的意识和团队互助的精神，养成了吃苦耐劳的品质。

（三）存在的问题

因初次接触和实施项目课程，教师与学生对项目的时间把握度不够，导致出现前松后紧的状态，后期设计制作工作量较大；学生在进行小组创意方案的过程中，没有提炼学校办学理念或将学校“三风一训”的项目内容融入设计方案，导致前期方案制作时间过长，资料组在进行资料整理时的元素提炼不足，今后的教学过程中应当增加此部分内容，提升学生将项目要求与设计理念融合的综合能力。

（作者系铜仁学院艺术学院副教授）

五、科研服务篇

印江县云上天池度假山庄景观规划设计

杨忠华

一、项目概况

（一）项目名称：印江县云上天池度假山庄景观规划设计

（二）委托单位：贵州云上天池农旅综合开发有限公司

（三）所属的社会服务类别：科研服务

（四）项目实施的时间：2017 年 7 月至 11 月

（五）项目实施的地点：印江县新寨镇

二、项目实施及完成情况

（一）获得（争取）的过程

2017 年 7 月，农林工程与规划学院杨红、杨忠华老师与贵州云上天池农旅综合开发有限公司（甲方）负责人周总洽谈关于规划设计休闲度假生态山庄的景观规划设计，并达成初步合作协议。甲方则希望我方充分结合国家乡村振兴以及扶贫等政策的契机，规划设计度假休闲生态山庄。针对甲方的提出的要求及实际基地现状和任务书要求，我们提出将于 2017 年 12 月前完成整个度假山庄的景观规划设计方案和可行性报告，科研性报告解决整个方案的可行性研究，提出解决思路；景观规划设计方案解决基地建设，甲方提供相应的设计费用。

（二）技术路线

1. 设计团队

表 1　团队名单

<table>
<tr><td rowspan="10">团队成员</td><td rowspan="4">教师</td><td>姓 名</td><td>技术职务</td><td>学 历</td><td>专 业</td><td>学 院</td></tr>
<tr><td>杨忠华</td><td>讲师</td><td>硕士研究生</td><td>风景园林</td><td>农林工程与规划学院</td></tr>
<tr><td>杨红</td><td>高级工程师</td><td>本科</td><td>林学</td><td>农林工程与规划学院</td></tr>
<tr><td>邱发根</td><td>讲师</td><td>硕士研究生</td><td>风景园林</td><td>农林工程与规划学院</td></tr>
<tr><td rowspan="6">学生</td><td>姓 名</td><td>年 级</td><td>专 业</td><td>学生培养</td><td>学 院</td></tr>
<tr><td>谢梅</td><td>2014 级</td><td>园林</td><td></td><td>农林工程与规划学院</td></tr>
<tr><td>龙金燕</td><td>2014 级</td><td>园林</td><td></td><td>农林工程与规划学院</td></tr>
<tr><td>田芳</td><td>2014 级</td><td>园林</td><td></td><td>农林工程与规划学院</td></tr>
<tr><td>彭泽喜</td><td>2014 级</td><td>园林</td><td></td><td>农林工程与规划学院</td></tr>
<tr><td>叶宇丹</td><td>2016 级</td><td>园林</td><td></td><td>农林工程与规划学院</td></tr>
</table>

2. 设计前资料准备

（1）设计前期资料准备

项目于 2017 年 7 月 12 日收到甲方邀请，希望我方于 8 月前与甲方洽谈合作事宜，并开展现场勘查。针对项目业务的不同，以及我们各人员的专业特长，把印江县云上天池度假山庄景观设计项目组分为景观规划设计组和业务联系组，其中杨忠华老师担任景观规划设计组组长，成员为杨红、谢梅、龙金燕、田芳和彭泽喜，负责整个项目的景观规划设计的技术问题，杨红老师担任业务组组长，成员有杨忠华老师，主要负责对接甲方，协调项目的推进情况、甲方的资金保障等问题，保证整个项目能顺利完成。

（2）项目洽谈前的资料准备

由于多数学生是第一次接触实际的景观规划设计项目，项目实际规划设计中需要哪些数据，而哪些数据是甲方有义务提供的，哪些数据则是自己调查研究的，这些是很有必要提前告知学生的。同时，还须提前预测甲方对该项目的基本期望和可能出现的问题。

期望甲方提供的资料：该区域的上位规划、项目范围内的土地性质、CAD 地形图以及甲方的任务书（山庄风格、经营内容、投资预算、山庄主要项目、盈利规划）等；自己需要准备的资料：当地文化习俗、建筑特色、当地的特色产业（茶叶）、交通现状、周边县城旅游现状以及旅游期待、旅游趋势等。

（3）项目洽谈

双方于8月份在甲方公司进行项目合作意向洽谈。此次洽谈主要是明确甲方、乙方的权利和任务、设计内容、设计要求、甲方须提供资料的内容（地形图，这部分是设计最基本的内容，但也是容易造成工作量增大的原因）以及设计深度（主要体现在方案设计和施工图设计）。

3. 第一现场调研

在项目洽谈过程中，我方须充分了解了甲方的想法、甲方的要求和目前甲方存在的困难，以便得到更加合理的解决方案。在该项目中，项目的建设形式是以当地村民自家农田合作入股以及甲方投入资金共同建设的项目，以乡村振兴为契机，积极申请政府的部分资金补助。我方的联系组也积极联系政府方面，协助将该项目纳入扶贫项目，解决部分资金投入。

设计组则对该项目基地进行现场踏勘和实地拍照以及对周边环境资源、人文资源进行调研采访。主要包括了地形图与基地现状地形进行对比，周边自然环境资源、气候信息（风向、光照时间、水期的变化）和人文环境资源（建筑文化、历史文化、特色文化）等内容进行记录和分析等。

图1 现场勘查

图2 环境现状

4. 数据分析——寻找解决方案

结合甲方的要求和现场调研所得到的数据进行分析、归类寻找该项目场地的优缺点和可利用的因素，最终寻找出哪些产品适合在该项目中，以及这些产品该如何布局和分期建设。此次数据分析的主要目的是寻找场地的自然优势和特别之处，以便找出最合理的规划设计方案。

该基地的主要问题为场地的高差较大、道路未成系统、森林面积较大、水域面积大等。同时，这也是该基地的一大优势，地势高差较大可以很好地体现贵州特色依山而建的山地景观，并且使用顺等高线和分台的形式来解决高差较大的问题，因地制宜，重新规划设计场地园路；森林面积大很好地展现了该区域自然环境的秀美，以及可以增设乔木特色景观——树屋景观；大面积水域则可以打造为水上别墅、水上高尔夫、水上乐园和荷花景观区等水上娱乐活动项目和景观项目等。

文化利用也是必要的。需对当地历史文化、民风民俗进行萃取，使用特色的文化作为景观设计元素，对当地村民的想法和期望以及当地人的茶文化进行了分析和解读，得出当地茶的品质很好的结论，并形成较大的规模，在当地有较大影响，而且发展比较成熟。因此，在方案设计中，我们把该茶的相关产业引入该景观规划设计的项目中，从而提升茶产业的影响力和销量以及丰富该项目的产品。结合分析场地的主要优势、场地的特性以及甲方的要求，我们把项目定位为休闲型度假山庄景观规划设计。

（三）方案设计

1. 草图方案

针对设计前期的资料整理以及场地的优势分析，设计组将设计方案的第一步设计草图尝试解决实际问题。

设计组把场地问题、甲方需求、当地需求和任务书进行综合分析，并和设计组成员共同思考该方案的设计方向和需要解决的问题。设计小组以两人一组进行草图设计，并以一个星期为限进行多稿方案设计。

此阶段的草图设计方案主要是为了快速解决问题，并尝试寻找一个最好的综合解决方案。草图设计方案中的解决问题主要步骤分为：第一步，分析问题，找准问题，哪些问题是主要的并且是必须解决的；第二步，进行案例分析，查找解决类似问题的方案，借鉴解决问题的方案；第三步，以此为基础进行综合规划设计；第四步，分析各自草图设计方案的优缺点，找出最优方案。由于另一组成员都是学生，缺乏查找资料的方法和较强的草图设计方案的表现能力，因此该组成员以学习为主的方式进行，然后共同交流，提出最优方案。在方案交流中，充分分析各个方案的不足之处，再对方案打“补丁”，形成比较成熟的初步规划设计方案。

2. 深化方案

在草图设计方案定稿后就要进行深化设计方案。深化设计方案设计主要是使用电脑软件进行深化设计，主要使用天正 CAD、sketchup2014、Photoshopcs6、lumion6. 0 以及 Adobe InDesigncs6 进行绘制。

用天正 CAD 进行绘制方案底图。CAD 绘制底图时，是必须重视设计规范的，这部分工作是否规范将决定后期其他图纸的工作量和图纸的规范性。因此，该阶段的 CAD 绘制要求熟知各种设计规范，绝不能马虎，不顾设计原则。比如，在绘制道路宽度、机动车道路的转弯半径、建筑的尺寸等内容时都须按规范进行绘制，保证后期其他的相关图纸的合理性、科学性以及美观性。

用 Sketchup 进行方案的模型绘制。在 CAD 绘制完底图后，将底图导入 Sketchup 进行方案模型绘制。Sketchup 方案模型绘制也是以 CAD 绘制的底图为基础，同时还必须严格按照相关的规范进行建模。比如，建模中的台阶、坐凳、建筑等高度都必须严格按照相关规范进行，然后对整个方案进行推敲和优化。这个阶段是讲究模型的合理性，同时还须考虑模型细节性，方便下一步的工作便捷性。

用 Lumion 和 Photoshop 绘制效果图。Sketchup 的方案模型建成后将导入 lumion 进行效果图绘制，效果图绘制主要使用 lumion 进行设计绘制初步效果图，Photoshop 对初步效果图进行修缮，使效果图更加真实。

总平面图和功能分区图的绘制。使用 Photoshop 对 cad 底图进行平面图和功能分区图的绘制，这部分绘制工作是可以同步进行的，主要让学生组进行绘制。

用 Adobe InDesign 绘制汇报方案。在绘制平面图和效果图的同时，让设计组的两位成员了解方案表现形式以及表现深度，使用 ID 进行方案汇报绘制。

3. 方案汇报

2017 年 10 月进行第一次方案汇报，此次汇报主要是看设计内容是否符合甲方的要求以及甲方是否增加设计内容。由于第一次汇报的时间比较紧，因此，此次的汇报方案的部分效果图多为设计意向，主要让甲方明白我们的设计内容和意图，但意向设计效果图也是必须符合设计要求的意向图，不然就会适得其反。在第一次汇报中根据甲方提出的问题，设计组再次回到场地勘查，然后再调整方案的表现内容，以达到因地制宜的景观规划设计方案。

重新勘察地形后再次修订方案，并使用软件绘制的效果图替代了意向图，使用完整的设计方案图纸于 10 月 20 日再次汇报云上天池度假山庄景观规划设计方案，顺利通过，得到甲方的高度认可。

三、项目取得的成果及效应

（一）规划成果

印江县云上天池度假山庄景观规划设计方案在详细调研之后，立足解决实际问题、可持续发展的出发点开展方案设计工作。

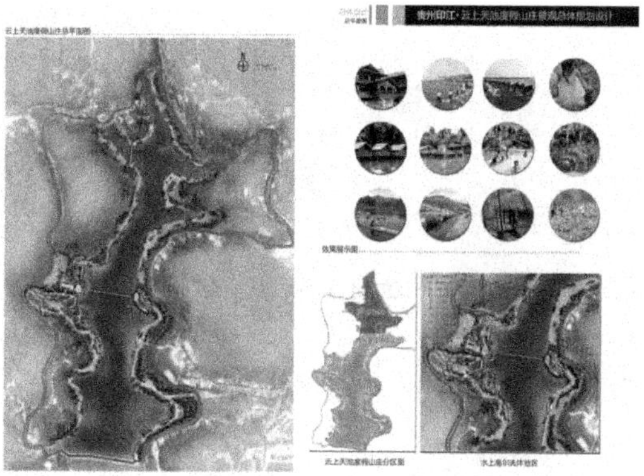

图 3　云上天池度假山庄总平面图（示意）

（1）云上天池度假山庄的景观规划设计是以印江县少数民族吊脚楼的建筑形式为元素进行规划设计的休闲酒店式度假山庄，山庄在以台地分层设计的形式来解决高差问题的同时，通过台地抬高山庄的主建筑，增加建筑的雄伟壮观感。建筑还规划了茶文化中心，增加山庄内容的同时，还提升了当地茶文化的产品影响力。

图 4　云上天池度假山庄效果图（示意）

（2）水上高尔夫为该项目重点打造的内容，也是该项目的亮点。在整个贵州省从未出现过，打造水上高尔夫具有新颖性。因此，通过该项目来吸引游客和充分利用水上域。

图5　水上高尔夫效果图（示意）

（3）水上别墅也是该项目重点打造、增加山庄特色的内容，该项目共设计了9个水上别墅。别墅主要具有娱乐和住宿共存的空间。

图6　水上别墅效果图（示意）

（4）其他内容，该方案中充分利用自然环境设计树屋，农业体验区、垂钓区和接待中心等。

图 7　树屋效果图(示意)

图 8　亲水平台及垂钓区效果图(示意)

（二）人才培养效应

该项目培养本科生 4 人，也培养了学生解决问题的能力以及使用软件的能力，做景观规划设计方案的综合能力以及向甲方汇报的能力。在该方案设计过程中，老师重点培养学生对实际设计方案的整个流程的理解，增强学生对园林专业的热爱。

（三）社会效应

（1）通过实地调查场地、环境、历史、人文等数据与资源情况，为印江县云上天池度假山庄的建设以及整个梵净山区域的旅游、铜仁农业旅游景观规划设计的开发和利用提供设计参考。

（2）为云上天池度假山庄的建设提供了良好的设计依据，提供了可行的方法和可信的数据。

（3）不管下雨还是烈日，团队均深入印江县新寨镇周边进行调研工作，整个团队团结、吃苦耐劳的精神多次受到甲方称赞，极大地提升了铜仁学院的良好形象。

四、项目取得的主要经验及启示

（一）项目实施过程中应注意的关键事项、主要经验

（1）组织管理经验：项目负责人要带好队伍、明确职责、有效沟通、强化执行。具体主要由项目总负责人杨忠华带队，负责所有项目的定位、进度以及设计情况。

（2）实施操作经验：整个项目实施过程是庞大而系统化的工作，调研、设计等工作的艰辛、烦琐，不可预知的问题和困难。实施操作经验总结为：一支有专业的建筑、规划、景观等设计团队且知识扎实的技术专家组至关重要。由于此次设计组的成员多为学生，而学生的设计能力和软件的表达能力还待加强；在方案设计中时间节点把控有待加强，学生的设计理念待提升。

（二）项目对人才培养、教学、科研的启示

（1）社会层面：应该积极引进社会项目，以学校人才资源为地方服务，同时也要以社会服务项目促进师生能力提高，扩大学校影响力。

（2）学校层面：提升社会服务能力，为学校树立了良好的形象。

（3）教师层面：提升了教师自身的专业能力，以行业的标准来衡量自己，及时提升自身的能力。在今后课堂上还须加强引导学生的思辨能力，提升学生的解决问题的能力和引导解决问题的思路，加强学生对行业标准规范的学习以及园林景观设计软件学习等内容。

（4）学生层面：将课堂理论知识与实际操作相结合，巩固了专业知识，仍须加强学生团队协作能力，加强学生模拟实际项目设计的练习，加强学生对绘图的软件的学习以及在实践中反思自身的不足，达到以思促学的作用。

（作者系铜仁学院农林工程与规划学院讲师）

藤茶中二氢杨梅素口服液质量指标检测及应用

陈仕学

一、项目概况

（一）项目名称：藤茶中二氢杨梅素口服液质量指标检测及应用

（二）委托单位：贵州方瑞堂生物科技有限公司

（三）所属的社会服务类别：技术服务

（四）项目实施的时间：2017 年 9 月至 2019 年 12 月

（五）项目实施的地点：铜仁市万山区、江口县

二、项目实施及完成情况

（一）获得（争取）的过程

图 1　项目获得流程图

（二）技术路线

该技术路线有一定难度和深度，但涵盖了很多专业知识，需要学生利用所学知识解决实际问题。

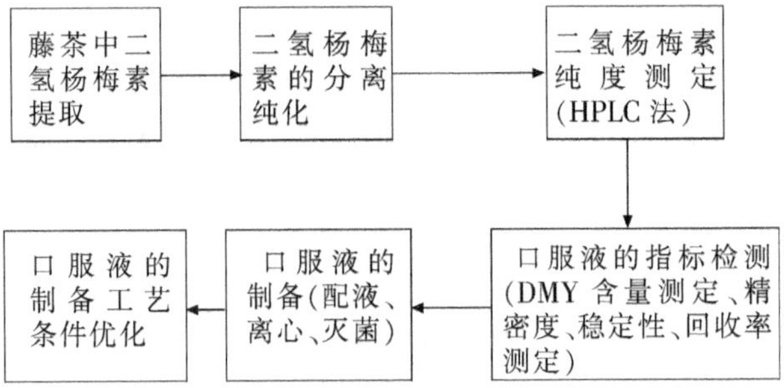

图 2　藤茶中二氢杨梅素口服液制作技术路线图

（三）组织团队

表 1　团队名单

团队成员	教师	姓名	技术职务	学历	专业	学院
		陈仕学	教授	硕士研究生	生物化学	材料与化学工程学院
		姚元勇	副教授	硕士研究生	化学	材料与化学工程学院
		张孟琴	副教授	硕士研究生	生物化学	材料与化学工程学院
		卢忠英	讲师	硕士研究生	天然化学	材料与化学工程学院
		邢明明	讲师	硕士研究生	生药学	材料与化学工程学院
		张萌	讲师	硕士研究生	分析化学	材料与化学工程学院
	学生	姓名	年级	专业	成果	学院
		余娇	2013 级	制药工程	实验研究报告	材料与化学工程学院
		宋萍	2014 级	制药工程		材料与化学工程学院
		程小涛	2014 级	制药工程		材料与化学工程学院
		何来斌	2016 级	制药工程		材料与化学工程学院
		陈德权	2016 级	食品科学与工程	申请专利 2 项，其中一项公开	材料与化学工程学院
		王云洋	2016 级	制药工程		材料与化学工程学院
		黄玉	2017 级	制药工程		材料与化学工程学院
		袁利军	2016 级	制药工程		材料与化学工程学院

（四）项目实施

1. 手工藤茶制作工艺

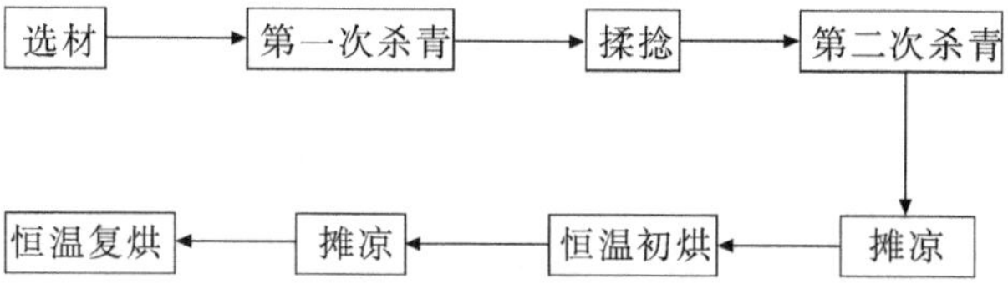

图 3　手工制作藤茶

2. 二氢杨梅素提取、分离纯化

取 30 克藤茶，用 90 毫升石油醚浸泡 3 小时，抽滤后用蒸馏水洗去石油醚，烘干。加入 300 毫升 95% 乙醇，60 ℃水浴加热 1 小时，重复 3 次，合并滤液，浓缩至晶体析出。加入 300 毫升蒸馏水水浴加热至 80℃，静置过夜。抽滤后 45℃烘干，得 DMY 粗品，取 DMY 粗品加入 40 毫升丙酮，溶解，抽滤，滤液浓缩至晶体析出，加入 700 毫升蒸馏水，水浴加热 75℃，溶解，抽滤，滤液于 0～4℃条件下重结晶，至晶体析出干燥备用。

图 4　二氢杨梅素分离纯化产品

3. 纯度测定

操作条件：检测波长为 290 纳米；色谱柱为：IustainnertS® C18（4.6 毫米 ×250 毫米，5 微米），配比浓度为 1 毫克/毫升，流动相为甲醇—0.03% 磷酸（25∶75，V/V），流速 0.7 毫升/分，柱温：25℃，进样量为 5 微升；分析时间为 30 分钟，进行纯度检测。纯度 = 样品测得浓度/配比浓度 ×100%。

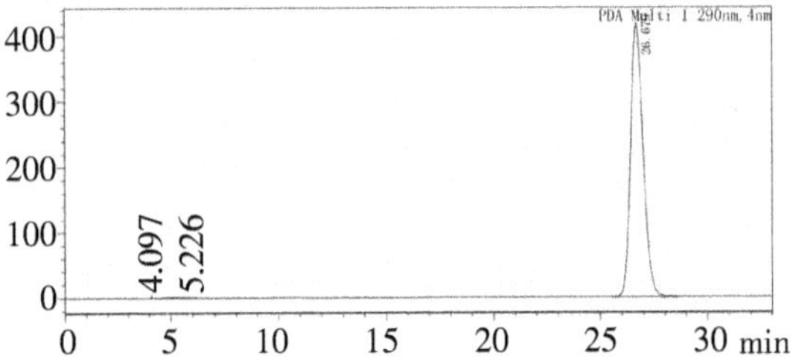

图 5　DMY 标准品谱图

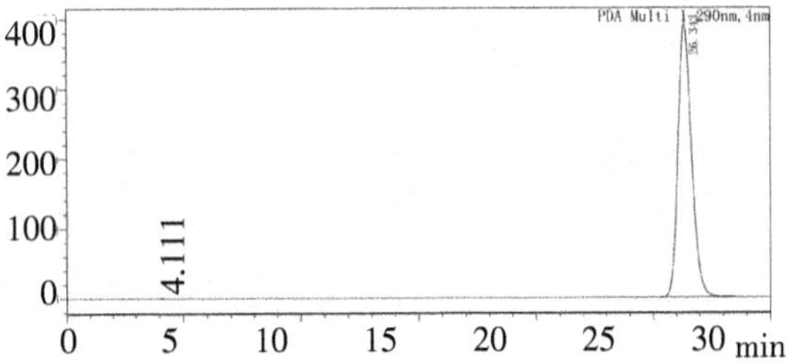

图 6　样品中 DMY 的 HPLC 谱图

由上图可知，图谱中出现单一峰，表明二氢杨梅素被分离好，二氢杨梅素的浓度为 0. 950 毫克/毫升，测得二氢杨梅素的纯度为 95%。

4. 口服液的制备工艺条件优化

以口服液的澄清度、颜色和口感为评分标准，以二氢杨梅素用量 0. 03，0. 04，0. 05，0. 06 和 0. 07 克；蜂蜜用量 1. 0，1. 1，1. 2，1. 3 和 1. 4 克；柠檬酸用量 0. 02，0. 03，0. 04，0. 05 和 0. 06 克；蔗糖用量 1. 0，1. 5，2. 0，2. 3 和 2. 5 克进行单因素试验。在单因素基础上，采用 L9（34）正交设计试验，确定最佳工艺参数。

表 2　正交因素水平

水平	因素			
	DMY 用量（克）	蔗糖用量（克）	蜂蜜用量（克）	柠檬酸用量（克）
1	0. 03	1. 5	1. 1	0. 02
2	0. 04	2. 0	1. 2	0. 03
3	0. 05	2. 5	1. 3	0. 04

表 3　正交实验结果

实验号	因素				评分结果
	A	B	C	D	
1	0.03	1.5	1.1	0.02	1
2	0.03	2.0	1.2	0.03	6
3	0.03	2.5	1.3	0.04	7
4	0.04	1.5	1.2	0.04	4
5	0.04	2.0	1.3	0.02	5
6	0.04	2.5	1.1	0.03	8
7	0.05	1.5	1.3	0.03	3
8	0.05	2.0	1.1	0.04	2
9	0.05	2.5	1.2	0.02	9
K1	4.667	2.667	3.667	5.000	
K2	5.667	4.333	6.333	5.667	
K3	4.667	8.000	5.000	4.333	
R	1.000	5.333	2.666	1.334	

表 4　验证实验结果

序号	状态	口感	颜色	评分
1	澄清	酸甜	无色	90
2	澄清	酸甜	几乎无色	89
3	澄清	酸甜	无色	90
4	澄清	酸甜	无色	90
5	澄清	酸甜	无色	90

由表 4 可知，该工艺组合所制得口服液的口感、性状、状态稳定可靠，因此确定二氢杨梅素口服液的最佳制备处方为 DMY 用量 0.04 克、蔗糖用量 2.5 克、蜂蜜用量 1.2%、柠檬酸用量 0.03%。

（1）口服液的制备及指标检测

①口服液的制备

配液：根据最佳工艺优化条件称取各自量，加入纯化水，65 ℃加热溶解，配制成 100 毫升二氢杨梅素口服液。

离心：使用低速离心机离心 20 分钟，过滤，灌装于 C 形玻璃瓶中，每瓶装入量 10 毫升，灯检。

灭菌：在 121.3℃下高压蒸汽灭菌 30 分钟，密封。

②口服液的指标检测

根据《中国药典》2015 版中合剂的质量检测标准，对所制得的二氢杨梅素口服液进行质量检查，检查项目包括感官指标、微生物、装量差异、pH 和相对密度。

a. 感官指标

色泽：无色；状态：澄清透明有光泽液体；酸甜适中，无异味。

b. 微生物指标

将二氢杨梅素口服液在 121.3℃下高压蒸汽灭菌 30 分钟，观察其感官指标（色泽、状态），然后将口服液放在 37℃和相对湿度为 75% 的恒温培养箱中保温 7 天。观察二氢杨梅素口服液的感官变化并测定其菌落数总数，细菌数小于等于 100 个/毫升，霉菌及酵母菌小于等于 50 个/毫升，大肠杆菌不得检出。

感官检验的方法：色泽，观察二氢杨梅素口服液是否为无色液体；状态，观察二氢杨梅素口服液有无沉淀，是否澄清透明。

菌落总数的测定：按 GB/T 4789.2—2003《食品卫生微生物学检验菌落总数测定》进行。

表 5　口服液主要微生物检查

项目	检查结果
菌落总数/（cfu/mL）	≦ 50
霉菌数/（cfu/mL）	≦ 10
酵母菌数/（cfu/mL）	≦ 10
MPN（大肠杆菌最可能数）	0

③口服液中 DMY 含量测定

a. 标准曲线的制备

精密称取二氢杨梅素对照品 5.2 毫克，置 50 毫升容量瓶，加甲醇稀释至刻度，分别吸取上述对照品溶液 0.00，0.25，0.50，0.75，1.00 和 1.25 毫升分别置 10 毫升容量瓶，加入 10 毫升 5% AlCl3，用甲醇定容。于 314 纳米波长处分别测定吸光度。以二氢杨梅素浓度 C 为横坐标，吸光度 A 为纵坐标得标准曲线。

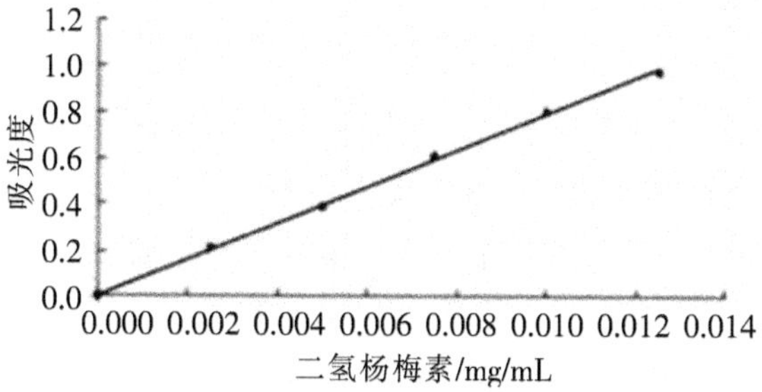

图 7　DMY 标准曲线的制备

b. 样品含量测定

分别量取样品 10 毫升五批，定容于 50 毫升容量瓶中，量取 1 毫升溶液，定容于 50 毫升容量瓶中，根据上述方法测定吸光度，计 精密度测定　算得二氢杨梅素口服液平均含量为 0.3 毫克/毫升。

c. 精密度试验

准确称取 7.7 毫克二氢杨梅素于 50 毫升容量瓶内，摇匀，吸取 10 毫升溶液于另 50 毫升容量瓶中，摇匀，在 294 纳米处平行测定 5 次，RSD 值为 0.624%（n=5），说明该方法精密度良好。

d. 稳定性测定

精密量取供试液 3 毫升，每隔 1h 取样，在 294 纳米处平行测定 5 次，结果表明样品在 4h 内稳定性良好，RSD 值为 0.33%（n=5）。

e. 回收率试验

分别精密移取 1 毫升样品于 5 只 50 毫升容量瓶中，加入 0.7 毫克二氢杨梅素标准品，加水定容，平行测定 5 次。加样回收率 =（测出对照品总量 - 取样相当对照品量）/添加此对照品量 ×100% 。

表 6　二氢杨梅素回收实验结果

序号	已知量/毫克	添加量/毫克	测得量/毫克	回收率%	平均值%	RSD%
1	0.3	0.7065	1.0023	99.5	99.6	1.82
2	0.3	0.7070	1.0020	95.5		
3	0.3	0.7101	1.0089	99.8		
4	0.3	0.7052	1.0011	99.5		
5	0.3	0.7055	1.0012	99.5		

5. 与企业洽谈合作

与贵州苗药生物科技有限公司合作，为大量生产二氢杨梅素提供保障、与贵州方瑞堂生物科技有限公司合作，开发藤茶二氢杨梅素口服液，

6. 项目实施过程遇到的困难及解决办法

项目实施过程中遇到的困难主要在于实验室研究阶段，一是藤茶二氢杨梅素纯化方法探索；二是藤茶二氢杨梅素口服液的制作工艺控制；三是藤茶二氢杨梅素口服液的微生物指标检测。以上存在的问题通过大量探索不断得到解决。

7. 项目完成情况

（1）完成了二氢杨梅素提取分离和纯化。

（2）完成了二氢杨梅素口服液的制备工艺优化条件。

（3）完成了二氢杨梅素口服液的微生物制备检测。

三、项目取得的成果及效应

（一）科研及专利成果

科研成果：发表论文 1 篇。陈仕学，姚元勇，卢忠英，等．藤茶中二氢杨梅素口服液制备工艺及质量指标检测［J］．食品工业，2018，39（3）。

（二）人才培养效应、学科建设效应

培养本科生 8 名，其中有 3 名毕业生。

（三）社会效应

（1）通过对藤茶二氢杨梅素的研究和口服液制备，有效延长了藤茶的产业链，促进江口藤茶产业的可持续发展。

（2）为合作企业解决了技术问题，促进企业发展。

四、项目取得的主要经验及启示

（一）项目实施过程中应注意的关键事项、主要经验

1. 关键事项：

（1）二氢杨梅素分离纯化方法选择。

（2）二氢杨梅素口服液的制备工艺条件选择。

（3）与企业合作。

2. 主要经验

（1）项目负责人要带好队伍、明确职责、有效沟通、强化执行。

（2）调研前要做好充分准备，这样才能做到事半功倍。

（3）团队间分工合作很重要。

（二）项目对人才培养、教学、科研的启示

（1）国家层面：充分当地资源，为促进区域经济发展提供科学依据。

（2）学校层面：提升社会服务能力，为学校树立了良好的形象。

（3）学生层面：①将课堂理论知识与实际操作相结合，巩固了专业知识。②培养了挑战自我的意识和团结互助的团队精神，培养了吃苦耐劳、勇敢顽强的品质。③学生意识到多参加教师的课题和科研项目，可大大提高自己的综合水平。

图8　团队教师、学生合影

通过本项目的实施，团队充分了解了藤茶产业发展的现状，取得了一定的实验室成果，下一步将与当地企业合作，为铜仁地方经济的发展贡献力量。

（作者系铜仁学院材料化学与工程学院教授）

铜仁市某某县基层监委规范运行的实践与探索

杨峻岭

一、项目概况

（一）项目名称：铜仁市某某县基层监委规范运行的实践与探索

（二）主持人：杨春君、杨峻岭等

（三）经费来源及数额：某某县纪律检查委员会资助

（四）委托单位：某某县纪律检查委员会

（五）服务类别：科研服务

（六）实施时间：2018 年 4 月至 8 月

（七）实施地点：铜仁市

二、项目获得（争取）过程

（一）项目来源

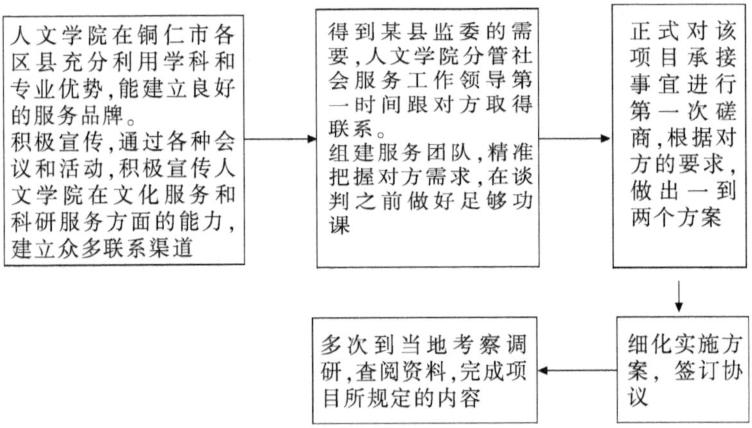

图 1　获取项目过程流程图

2018 年 1 月 10 日，某某县监察委员会正式挂牌成立，这是贵州省的第一个县级监察委员会。监察委员会的设立，属于国家的重大政治改革、制度改革、权力改革，必将对中国的政治生态、人大产生的各机关之间的权力配置等，产生巨大的影响；纪委与监察委员会合署办公，执行党纪监督和执行国法监督并举，形成合力，反腐败工作也必将朝更加深入的方向发展。然监察委员会从提出、试点到普遍成立的时间不长，其规范运行存在一些问题，如监察委员会工作人员来源多样，有原监察局人员，有原检察院的反贪、反渎、预防职务犯罪的人员，将来自不同部门、具有不同职业习惯的人员集中在一个部门工作，需要磨合；监察委员会是监督机构，如何在法律的范围内，依法行使监督权而不越过监督的边界，与司法机关紧密配合，需要在实践中进一步明确和探索。故探讨监察委员会在基层中的规范运行，提出符合基层实际情况的对策和建议，显得尤为必要。但由于某某县纪委、监委人员有限，欲委托相关单位组织人员对这一问题进行系统深入的研究，提炼基层县级监察委员会的工作亮点和基本经验，梳理存在的问题并提出破解之道，并将之提升到理论的高度。获此信息后，人文学院分管社会服务工作的张敬刚副院长积极主动与某某县纪委联系，并以该院历史系教师为主，组建了科研服务团队，撰写了开题报告，得到了某某县纪委的高度认可，并与铜仁学院人文学院签订了校政合作协议书，为以为更多项目的开展打好了基础。

（二）协议书（合同书）内容

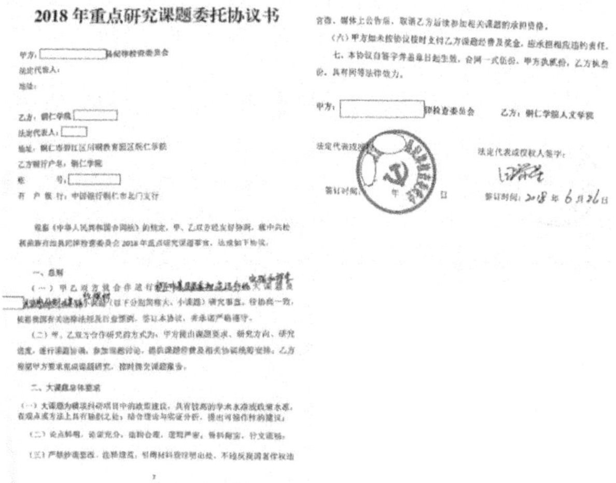

2018年重点研究课题委托协议书

乙方：铜仁学院

乙方银行户名：铜仁学院

开户银行：中国银行铜仁市北门支行

一、总则

二、大课题总体要求

（六）甲方如未按协议按时支付乙方课题经费及奖金，应承担相应违约责任。

乙方：铜仁学院人文学院

签订时间：2018年6月26日

图 2　协议书（示意图）

（三）协议书（合同书）签订

2018 年 6 月 26 日，某某县纪委常委宋某某、人文学院院长田黎星在某某县纪委会议室签订了铜仁学院人文学院校政合作协议书。

图 3　双方座谈会现场

三、项目实施情况

（一）项目具体任务

一是撰写研究报告，字数不少于 2 万字。共分为三部分：其一，原始文本（1 万字以上）；其二，研究简缩文本（5000—8000 字）；其三，决策参考（3000 字）。报告中提出政策建议，须具有较高的学术水准或政策水准，在观点或方法上具有独创之处；结合理论与实证分析，有可操作性。二是从基层监委规范运行的实践与探索的角度，在公开刊物共同发表学术论文。

（二）项目实施保障

1. 组织保障

学校社会服务中心、学院领导都十分关注并大力支持该项目的组织实施。明确了杨春君博士为本次项目的总负责人，同时集聚相关学科专业的教授、博士以及部分品学兼优的学生组成社会服务团队，并与某县纪委宣教室建立定期协调沟通机制，及时解决项目实施过程中出现的问题，为项目的顺利完成提供了组织保障。

2. 机制保障

学校现有的社会服务组织机构、相关的管理规章制度和教师参与社会服务的奖励机制，为教师服务社会提供政策和制度的保障。项目负责人负责制定项目实施方案，确保团队成员在负责人的组织带领下顺利开展调查研究、田野调查、资料整理、数据分析等工作。

3. 资源保障

一是人力资源配备合理。该服务项目的团队成员是人文学院科研能力强、实践经验丰富的专任教师，其中包括教授2人，副教授5人，博士2人，团队成员的年龄结构和学科背景合理。二是经费资源有保障。某某县纪委为该项目提供了若干资金资助，还有国家社科基金项目“清代钦差大臣与国家治理研究”（项目编号：17XZS026）和铜仁学院课程建设与改革项目“武陵山区民族民俗文化研究”（项目编号：2015xjkcgg－022）的经费资助，充足的经费为该项目的顺利完成提供了资金保障。三是办公场地和相关设施设备齐全到位。人文学院为课题组提供了专门的办公场地，并配备了电脑、打印机、摄像机等必要的设备，学校图书馆、学院图书分馆、学校的网络服务一流，使专业庞大的资源数据库能够正常运行，等等，均为该项目的顺利实施提供了资源保障。

（三）项目实施过程

1. 成立社会服务团队

该社会服务团队于2018年4月成立。团队成员有：杨春君、杨峻岭、赵文会、杨兴英、高应达、邵启富、王勇、曾智勇、李怡净。同时，为了培养学生的实践能力和科研能力，还以项目课程的形式从历史学专业抽调了肖莉、覃娜娜、陈央、周礼菊、甘海兰等五名品学兼优的学生参与项目。

2. 项目实施筹备

为推动该社会服务项目顺利实施，项目团队以人文学院历史系办公室为办公地点，从4月份开始就多次开会，就该项目的研究价值与可行性、研究的思路与方法及开展过程中的细节等问题进行多次讨论，在此基础上撰写了开题报告，得到了某某县纪委的高度认可，以此申报中共铜仁市纪委2018年党风廉政建设重点课题，并获立项。同时，对团队成员进行合理分工，安排具体调研日程，对学生在资料整理、访谈、田野调查和文档保密等方面进行培训，同时也对他们在团队协作、安全纪律等方面提出要求，安排专人与某县纪委宣教室保持对接，定期联系沟通交流，出现问题及时处理。

图 4　服务团队调研现场

3. 项目实施过程

铜仁市基层监委规范运行的实践与探索研究项目前后历时五个月，所有团队成员积极参与。在此期间，为确保该社会服务项目高质量完成，项目组成员先后走访了某某县县纪委、监委、检察院及某某县蓼皋镇、孟溪镇、普觉镇、木树乡、大路乡、妙隘乡等乡镇，访谈三十余人次，召开座谈会五次，调阅近三年县纪委、镇党委、纪检组的档案文书二十多卷。在对近三年某某县纪委开展的工作及某某县监委成立后运行情况有一个全面了解的基础上，认真梳理了某某县委在监察体制改革方面的主要做法、基本经验和工作困境，以此形成了 2 万字的研究报告，其中对监察委员会在基层中的规范运行提出了对策和建议。报告初稿完成后，我们与铜仁市纪委宣教室、某某县纪委领导等进行多次讨论，几经修改，经一个月的努力后终于定稿。同时还完成了该项目的子课题"某某苗族自治县监察体制改革路径探析"的研究。两份成果数据丰富、资料翔实，决策建议不仅具有较高的学术水准和政策水准，而且具有可操作性，得到了某某县纪委、监委领导的高度认可。历史学专业培养的是具有智慧灵性、国际视野及创新的高素质应用型史学人才，其学生在未来的职业发展中不仅仅是能够胜任中等学校历史教学和教学研究，而且也能胜任行政管理、宣传教育、文博档案等工作，这也是我们以项目课程的形式安排学生参与的初衷。在项目实施的过程中，我们综合运用了文献学、历史学、社会学、法学、档案学等学科知识，灵活运用了田野调查、民族民俗文化、行政管理学和版本目录学等课程的知识点和技能要求，这不仅使项目得以顺利完成，而且培养了学生的实践能力和科学研究的能力，为历史学专业下一步开展服务学习奠定了基础。我们也深刻地认识到，主动服务地方经济社会发展不仅仅是学校生存和发展的战略选择，更是我们历史学这一种传统专业履行社会服务的职能、推进专业应用转型的重要途径。我们也在思考，在今后的专业建设中应该如何充分利用“学术资源集聚高地”的学术资源优势向社会换取更优质的教育资源，“引社会服务之水，灌人才培养之田”，提升历史学专业人才培养的质量，向社会交出一份满意的答卷。

图5　学生参与文献查询

四、项目实施效应

（一）人才培养效应

该社会服务项目的实施对于历史学专业的人才培养起到了助推和优化的作用。为了将社会服务与人才培养紧密结合，体现“通识+专业+自主学习+项目课程”的“山”字形人才培养模式，早在项目筹备阶段项目组就以项目课程的形式从历史学专业挑选了肖莉、覃娜娜、陈央、周礼菊、甘海兰等5名品学兼优的学生加入项目组，此后在项目的调研、访谈、收集数据、资料整理分析过程中，几名同学以自己谦虚好学、勤于思考的学习态度认真完成了指导教师安排的各项任务。参与的学生普遍认为通过此次的项目课程学习使自己收获很大，主要体现在以下两方面：

图6　教师指导学生撰写材料

其一，通过参与项目课程学习，系统地了解了当前反腐败工作的严峻形势及基层监察体制改革内容、做法与成效。对于习近平总书记在十九大报告中提出全面从严治党有了更加直观和深刻的认识，对于中国特色社会主义理论的认识不再停留于书本，而是走出课堂。在认识社会的同时将理论与实践结合，增强了中国特色社会主义的道路自信，是一次深刻的思想政治教育活动。

其二，在项目课程的学习中，学生们系统地学习了资料查阅法、文献分析法、田野调查、访谈法等开展科学研究的基本方法，从项目中懂得如何开展调查研究、数据收集整理、学习文献综述和撰写报告等。这些都为他们以后进行学术研究作了良好的积累，也为他们日后的发展奠定了坚实的基础。

（二）师资队伍建设效应

此次社会服务项目的实施，密切了人文学院历史学专业教师与地方政府、行业专家的互动沟通，不再将自己的脚步局限于课堂，停留在对课本和教材的钻研，还提升了自己的理论和专业素养，对于打造和扩大历史学双师型教师队伍起了良好的推进作用。在项目实施的过程中，项目组还邀请了铜仁市纪委、监委、检察院、市政策研究室等理论扎实、工作经验十分丰富的专家参与课题讨论，听取他们的意见和建议，这不仅推动了项目的顺利实施，还对历史学科既要保持基础理论研究的同时，更要主动服务地方经济社会发展提出了很多宝贵的建议。

（三）科学研究效应

铜仁市基层监委在规范运行的实践与探索项目的研究报告中肯地分析了基

层监委在工作中的困境，同时针对这些问题，根据某某县、铜仁市的具体情况和监委今后的工作方向与发展趋势提出了11个方面的建议和对策。这些建议的理论性和操作性强，对今后基层监委的规范运行提出了宝贵的参考意见。在此基础上，项目负责人杨春君博士撰写的论文《加强监委对非中共党员的任用，深化监委、监察体制改革》参加了第十届贵州省委决策咨询博士高端论坛。同时，也是通过对此次项目的研究和实施，老师们锻炼和增强了自己的科研能力，开阔了自己的视野，拓宽了自己的研究领域，特别是对西南少数民族地区的国家治理研究产生了浓厚的兴趣，目前由团队核心成员高应达教授负责组建了科研团队，并以此申报教育部课题。

（四）社会服务效应

1. 扩大学校影响，树立服务品牌

在此次社会服务项目实施过程中，人文学院历史学专业始终秉持“铜仁需求，国家标准”的理念，特别是在“走出去，请进来”的过程中，社会对铜仁学院的办学定位、办学理念有了更加深刻的认识。在项目实施的过程中教师表现的严谨的治学精神、一丝不苟的工作作风和学生谦虚好学、踏实认真的学习态度，都给合作方留下了深刻的影响。这些都在无形中扩大了学校的影响，树立起铜仁学院秀外慧中的社会服务品牌。

2. 了解行业需求，引导教学改革

此次的社会服务项目使得教师在从事理论研究的同时更加深刻地了解专业的服务对象以及社会对专业人才的需求状况，同时，对于历史学专业2018版人才培养方案修订有了更多深入的思考和想法。特别是基于此次项目的项目课程教学中，我们也更加深刻地认识到我们在课程设置、课程结构方面的诸多不足，对于学生培养不能简单局限知识性的传授，更要培养他们认识问题、分析问题和解决问题的能力。同时，也要转变教学观念，提高教学质量，将知识性课堂逐步向思辨性课堂和研究性课堂转变，打造出一批学生爱学、乐学、好学的“金课”。同时，我们也认识到脱离现实的教育不可取，闭门造车的教育方式更是毫无意义，要充分了解行业和社会的需求，引导学生走出象牙塔，将理论与实践结合，开展服务性学习。

3. 加强校政合作，促进和谐社会发展

此次人文学院历史学系与某某县纪委合作，共同研究和探讨基层监察体制改革，这实际上就是主动将教师的专业优势和学术优势与地方政府的需求相结合，促进了资源共享、优势互补和协同发展。要构建政清人和的美丽和谐社会，就必须加强对权力的监督，保证权力的正确使用，这就需要构建集中统一、权责高效的监察体系和科学规范的运行机制。虽然此次项目的实施对于基层监察体制改革的研究和探索才刚刚开始，但是我们与地方政府的合作还是正在进行时，在后续的合作中，我们还会就这一课题进行深入研究，将基层反腐败的工作实践进行理论升华，进一步促进基层监察机构的规范运行和制度创新，推动形成风清气正的良好政治生态。

（作者系铜仁学院人文学院副教授）

江口县江城幼儿园市级示范幼儿园评估指导

杨瑛

一、项目概况

（一）项目名称：江口县江城幼儿园市级示范幼儿园评估指导

（二）主持人：杨瑛

（三）经费来源及数额：合同签约经费 8500 元，包括专家指导费、油费、过路费、税费、管理费等

（四）委托单位：江口县江城幼儿园

（五）服务类别：横向项目

（六）实施时间：2018 年 4 月 23 日至 5 月 23 日

（七）实施地点：江口县江城幼儿园

二、项目获得（争取）过程

（一）项目来源

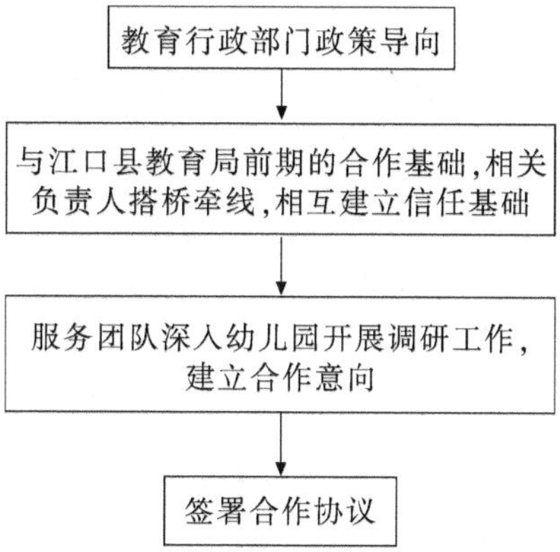

图 1　获取项目过程

1. 项目产生的政策背景

教育部在《关于实施第三期学前教育行动计划的意见》中指出本期的重点任务之一是提升保育教育质量。其中一个重要的目标就是要建立健全幼儿园保教质量评估体系，推进幼儿园质量评估工作。为了落实该项任务，各省、市、县教育行政部门将幼儿园的质量评估工作纳入学前教育工作的议程。江口县江城幼儿园在政府政策的引领下，关注自身展前途和办园方向，积极加入申创市级示范幼儿园的潮流中。

2. 前期的合作基础

在 2017 年至 2018 年两年间，我院学前教育专业 2014 级、2015 级两届学生先后赴江口县县城及乡镇公民办幼儿园顶岗实习，解决了江口县大部分幼儿园师资紧缺的问题。在这两年的时间里，教育学院和江口县教育局建立了良好的合作关系，我院培养的学生也得到教育局和合作幼儿园的认可，树立了良好的口碑。2018 年 3 月底，在江口县教育局政府副科级督学杨政林的牵线下，双方初步建立合作意向。

3. 深入调研，了解需求

2018 年 4 月初，教育学院学前教育专家团队赴江城幼儿园进行调研，了解该幼儿园当前发展的现状及存在的问题，分析出幼儿园在申报市级示范幼儿园过程中存在的优势和不足。在深入交流过程中，该园也了解到我院教师在评估工作中的丰富的经验。双方共同交流，最终在指导次数和指导内容方面达成一致，并于 4 月底正式签署协议。

（二）协议书（合同书）内容

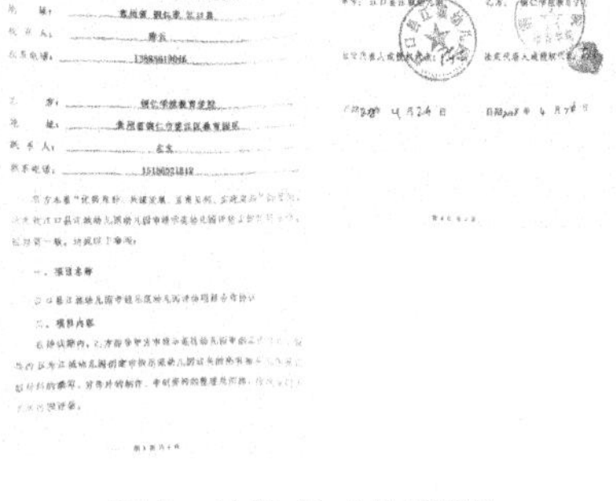

图 2　协议书（示意图）

（三）协议书（合同书）签订

签署时间：2018 年 4 月 26 日

签署地点：江城幼儿园会议室

签订人：左文（教育学院社会服务科科长）、陈云（江城幼儿园园长）

三、项目实施情况

（一）项目具体任务

项目实施人须指导江城幼儿园市级示范幼儿园申创工作三次，具体指导任务如下：

1. 指导汇报资料的撰写、宣传片的制作
2. 指导申创资料的整理与归档
3. 指导课堂教学和区域活动的开展
4. 组织专家团队进行预评估

（二）项目实施过程

1. 成立项目实施团队

针对江城幼儿园的合作诉求，保证项目实施的有效性和指导的针对性，经过教育学院相关领导的商讨并结合学前教育专业教师的个人意愿，成立了项目实施团队，团队成员如下：

项目负责人：杨瑛

项目团队成员：左文、邓家英

专家团队成员：田劲松（教育学院副院长，省级示范幼儿园评估专家）、龙琼（龙琼园长工作室负责人，省级示范幼儿园评估专家）、罗先花（铜仁市实验幼儿园保健医生，省级示范幼儿园评估专家）

2. 项目实施筹备

项目团队组建完成后，项目负责人根据团队成员的课程教学方向及评估的经验进行分工。

（1）项目负责人

①与幼儿园协商沟通。项目负责人主要负责和幼儿园相关负责人沟通，了解幼儿园的需求及工作安排，制定工作计划。

②联系专家团队。根据评估需求，联系预评估的专家，协商评估时间、评估内容和评估要求。

③做好后勤保障。项目负责人联系交通车辆，保障每次服务工作的顺利开展。

（2）其他团队成员

①认真领会文件精神。根据分工内容，精读《贵州省省级示范幼儿园评估细则（试行）》和《贵州省省级示范幼儿园评估指南（试行）》相关内容，拟定指导计划。

②根据幼儿园具体存在的问题进行有针对性的指导。项目组成员要进入幼儿园的具体现场，及时发现幼儿园在管理，教学，卫生与保健等方面存在的问题，并结合《评估细则》和《评估指南》的要求提出解决的方法和策略，做到有的放矢。

（3）专家团队

按正式评估要求对江城幼儿园进行一次预评估，总结该幼儿园的成绩与经验，发现其问题所在，并给出建设性建议，在此基础上形成书面报告，及时反馈给幼儿园，帮助幼儿园完善各项管理工作，为团队成员的下一次指导提供依据。项目时间安排及团队成员的具体工作分工如下：

表 1　江城幼儿园市级示范幼儿园评估项目工作安排

时间	负责人	负责指标	具体工作内容
第一阶段 搭建幼儿园团队，分工开展工作 （4 月底）	杨瑛	教育与学的质量	指导相关资料收集装档，幼儿园一日活动安排论证，课堂教学指导，区域活动指导
	左文	领导与管理 卫生保健	指导相关资料收集装档，指导幼儿园三年规划的制定，厨房工作的检查
	邓家英	关爱与支持儿童发展	指导相关资料收集装档，课堂教学指导，区域活动指导

续表

时间	负责人	负责指标	具体工作内容
第二 阶段 专家预评估 （5 月初）	田劲松	教与学的质量 幼儿园课程管理	评估幼儿园课堂教学情况，资料装档情况，幼儿园课程撰写情况，并写出反馈意见
	龙琼	领导与管理办园条件	评估幼儿园的三年规划制定的合理性，幼儿园管理的民主性，教师队伍建设情况，并写出反馈意见
	罗先华	卫生与保健	评估幼儿园的健康检查，卫生消毒，儿童膳食，常见病预防等方面工作开展情况，并写出反馈意见
	杨瑛	关爱与支持儿童发展	评估幼儿园是否关注公平、关爱儿童，幼儿五大领域的发展情况，并写出反馈意见
第三阶段 调整完善 （5 月底）	杨瑛	教与学的质量	根据专家反馈意见及县教育局初评意见进行资料和行为核对，抓住评估的关键点和调整的核心内容，完善资料装档
	左文	领导与管理卫生保健	根据专家反馈意见及县教育局初评意见进行资料和行为核对，抓住评估的关键点和调整的核心内容，完善资料装档
	邓家英	关爱与支持儿童发展	根据专家反馈意见及县教育局初评意见进行资料和行为核对，抓住评估的关键点和调整的核心内容，完善资料装档

3. 项目实施过程

（1）第一阶段——幼儿园团队组建及初看教师的教学和儿童的发展（2018 年 4 月 26 日）

①组建幼儿园对接团队。项目团队成员根据自己分工与幼儿园的负责人对

接，查阅相关部分的资料，提出初步的调整意见，具体任务分配如下：

领导与管理、办园条件：园长、业务副园长负责。

卫生与保健：保健医生负责。

教与学的质量、关爱与支持、儿童发展：业务副园长、保教主任、各年级组组长负责。

②查阅资料，了解资料归档情况，发现问题及改进建议如下：

问题：团队成员根据各自分工查阅相关资料，在查阅资料过程中出现的问题比较多，如没有按照评估细则的要求进行归档，资料摆放混乱；相同的资料多个部分重复出现，没有进行很好的归纳整理；资料归档缺乏逻辑性和层次性；很多计划的制订和落实的情况不一致，前后资料不统一；多处资料不完整；部分资料数据真实性有待考量，如幼儿园总人数和床数以及收费总金额不一致，幼儿园占地总面积数据没有相关图纸支撑，有虚报嫌疑；过程性资料的收集欠缺，大多数都是结果性资料；备课过于简单，只注重集体教学，忽视一日活动其他环节的教育性和规划性。

建议：根据《评估细则》进行资料整理；调整备课方案，按一日活动流程备课；按时间的顺序或类别整理资料，保证资料的逻辑性和层次性；注重过程性资料的收集，如课程编制前的研讨，制定三年规划征求教职工的意见的相关资料等；分计划的执行要和总计划保持一致，如专门的教研计划要和幼儿园年度计划中教研活动安排保持一致，具体的教研活动开展又要和教研计划相统一，从而保证计划—实施—评价线索一致。

③深入课堂，了解教学状况。团队成员杨瑛、左文、邓家英三人根据各自负责的指标分班进入幼儿园班级教室，重点观察大班教师的教学及孩子的发展。

在对大班教师课堂教学进行观摩后发现，课堂纪律混乱，孩子随意走动情况明显，教师的教学方法单一，提问偏向抽象性，教学过程中单纯的文字呈现比较多，缺乏直观的教具和图片，儿童对教学内容不感兴趣。幼儿的学习是以直接经验为基础，在游戏和日常生活中进行的，可见该幼儿园教师对幼儿的认知特点和学习特点缺乏科学的认识，教育理念有偏差。

建议：深入学习《幼儿园教育指导纲要（试行）》《3—6岁儿童学习与发展指南》等文件精神，以文件精神为引领，指导教学方向；把握幼儿的学习方式和学习特点，在教学活动设计中注重趣味性、渗透性和直观性；以年级组为单位开展主题教研活动，观摩或主题研讨的形式加强课堂的常规管理。

④查看常规，初看儿童的发展，发现问题与改进建议如下：

问题：在对江城幼儿园一日活动流程的观察中发现，一日活动流程安排太零碎，集体行动的环节较多，如统一喝水，统一如厕，早餐后等待统一的行动，在午餐时排队领取食物的时间过长，甚至出现第一组进餐快结束，最后一组还在领取食物的现象，消极等待现象出现的频率较高。在户外活动中由于场地狭小，小、中、大班三个班级拥挤在一起做操和游戏，人均空间密度不够，活动很难开展。

建议：调整一日活动流程，将时间整块化，安排相对灵活的时间，教师不用按流程赶时间，吃饭较快的幼儿可以看看书，玩玩具，操作任务完成较快的幼儿可以先如厕、喝水或吃点心，即注重了整体又强调了个性；调整取餐方式，强调幼儿的自我服务，将食物按桌分放，幼儿自己盛菜舀饭，即可以避免消极等待，还可以提高幼儿的动手能力；在调整一日活动流程时，将三个班级的活动安排时间错开，保证活动的有效开展。

时 间	活动内容
7: 30—8: 30	来园接待及早锻炼
8 : 30—9 : 10	早 餐
9: 10—10: 00	户外活动
10: 00—10: 30	集体教学活动
10:30—11:30	早点、区域活动
11:30—12:30	饭前准备、中餐、饭后散步
12:30—14:30	午 睡
14:30—15:00	午睡起床整理、午点
15:00—15:40	户外活动
15:40—16:20	游戏活动
16:20—17:00	离园前整理及离园

时 间	活动内容
7: 30—8: 30	来园接待、自由活动
8 : 30—9 : 10	早 餐
9: 10—9: 50	区域活动
9:50—10: 30	间操、早点
10:30—10:55	集体教学活动
10:55—11:30	户外活动
11:30—12:30	餐前准备、中餐、餐后散步
12:30—14:30	午 睡
14:30—15:00	午睡起床整理、午点
15:00—15:40	户外活动
15:40—16:20	游戏活动
16:20—17:00	离园前整理及离园

图 3　江城幼儿园调整后的中大班一日活动安排

（2）第二阶段——专家预评估（2018 年 5 月 9 日）

2018 年 5 月 9 日，幼儿园教学质量提升团队田劲松、龙琼、罗先花、杨瑛四人对江口县江城幼儿园进行教学质量的提升评估，在现场意见反馈的基础上形成书面评估反馈意见。

图4　专家预评估反馈意见现场

具体评估意见如下：

一、工作情况

根据《铜仁市示范幼儿园评估方案》，项目团队通过一天的观察、访谈、听课、查阅资料等环节，对领导与管理、教与学的质量、卫生保健、关爱与支持、儿童发展和办园条件六个方面进行综合评估，现将评估结果报告如下：

二、基本情况

幼儿园现有班级12个班，在园幼儿（从汇报材料体现）382人。全园在岗教职工51人。（其中行政人员3人，教师24人，保育员12人，卫生保健2人，厨房工作人员4人，财务人员1人，门卫1人，保安1人，驾驶员1人，接送车老师2人）。

三、指标达标情况

（一）领导与管理

1. 成绩与经验

（1）组织机构配置合理，有制度保障

建立了董事会下的园长负责制和幼儿园管理制度，按国家、省的相关要求配置教职工编制，每个班配置两教一保。

（2）有较优美的环境

幼儿园布局较合理，能根据幼儿的年龄特点，设置相应的活动区域，园长具备任职资格，工作尽职尽责。

（3）幼儿园的校园文化建设能体现了幼儿园的理念

在大环境的打造上能体现“寓教于乐，以礼明德”的办园理念。

（4）有幼儿园发展规划

制定了幼儿园发展规划。按照评估标准，成立了有管理者、教师、家长代表组成的幼儿园管理委员会参与幼儿园三年发展规划的制定。

（5）有较为健全的幼儿园管理制度

制定了园务管理制度，保教管理制度，卫生保健制度，后勤管理制度，教师奖惩制度等。

（6）制定了家委会制度并有计划开展各类活动，效果良好

设有家长委员会，伙食管理委员会，组织了形式多样的家园共育活动。（如：家长开放日、家长义工、六一亲子活动、冬季亲子运动会、节日庆祝活动、社会实践活动，周末向社区开放户外活动场地）每学期各班教师通过离园交流、电话访谈、宣传栏、QQ群、微信群等有针对性地形式对幼儿家长进行随访，有效地促进和家长的沟通与合作。

2. 问题与建议

（1）幼儿园办园理念未能体现职工的意愿

在理念形成的过程中有职工参与，但未能体现职工的意愿。如教职工的一些建议，管理层未能给一些回复。

建议：应在理念的形成过程中采取自下而上的方式，充分听取教职工的意愿。

（2）幼儿园的校园文化建设公共区域体现幼儿园的办园特色，但未能与课程设置紧密联系。

建议：办园特色要落在点上，而非面上。在大环境打造上有所体现的同时并与课程设置深入联系，并在文化墙、宣传栏、细节处等巧妙渗透与融合

（3）幼儿园领导在自觉维护幼儿园、幼儿和教职工的合法权益上无法体现。

建议：幼儿园领导应多学习国家相关的法律法规，定期召开教职工代表大会，做到依法办园。

（4）规划制定与实施工作开展无序

建议：拟写发展规划，制定实施工作方案；拟写幼儿园规划，监测工作方案并认真实施；监测评估结果进行记录和分析；幼儿园发展规划实施要进行学期总结、年度总结和周期总结；

（5）幼儿园有教师培养计划但没有与发展规划相对应，教研活动形式单一，活动欠缺实效性。

建议：各部门的工作计划内容应与规划相对应。在教学管理方面，加强理论学习，加强岗位练兵活动，加强指导，加强督促检查和分园轮岗交流。教研

活动多开展能解决实际工作中出现的问题。认真梳理老师专业上存在的问题，用心规划近期和长期的教研任务，制定具体目标，有计划、分步骤地开展园本教研。从小处着手，精心设计教研的目标、内容和形式，注重岗位练兵，突出研修的参与性、延续性和实效性。

（二）关爱与支持

1. 成绩与经验

尊重儿童游戏的权益，创设了以游戏为基本活动，让孩子们动手操作亲身体验的室内外游戏区和活动区。

有全园贫困家庭儿童名单及基本情况调查和资助资料。幼儿园没有歧视和偏见现象。教师有公平对待幼儿的意识，具体体现在座位的调整方面。

拟定有《安全排查制度》《教师安全防护责任制度》《保育员安全防护责任制度》等制度，有对相关制度的落实措施。有安全巡查记录、查寝记录、户外设施设备、大型玩具安全检查记录、安全教育教案、安全活动简报等资料。定期向家长发放安全通告、开展安全演练活动等。

2. 问题与建议

（1）幼儿自主游戏，娱乐的权利未得到保障和尊重

建议：教师集体组织游戏的环节减少，多放权给幼儿，鼓励幼儿自主选择游戏材料和伙伴进行游戏。

（2）缺少对特殊儿童（智力有障碍的儿童）具体的帮助措施，只是停留在表面的特殊关注，并无行之有效的措施。

建议：教师和家长多沟通，商讨有针对性的方法，使每个孩子都能得到更好的发展。

（3）游戏场地规划的合理性、区域活动材料的丰富性有待加强

建议：调整班级活动室的布局，将幼儿座位融入区域当中，使活动室更加区域化、生活化。班级区域材料太少，建议教师加强对区域材料的投放与更换，满足幼儿进区操作的需求量。

（4）师资队伍培训的有效性需进一步加强

建议：通过参与式培训和行动研究，提高教师全面观察幼儿、客观科学记录和正确评价的专业能力。为幼儿建立成长档案，全面地反映儿童发展水平及过程、教师的有效引领和家园合作。每学期多开展一些节日活动、亲子活动以及技能竞赛活动等，为每一位孩子提供展示的平台和机会。并在班级里提供儿童手工及绘画作品的展示区。

（三）卫生保健

1. 成绩与经验

（1）设有专职保健员，能正常开展卫生保健基本工作。

（2）幼儿新生入园体检率达100%，接种证有验收记录，教职工体检达100%。

（3）幼儿园建有卫生检查制度，环境整洁、干净、美观，班级物品摆放有序，便于幼儿操作。传染病预防工作措施到位，有相关宣传、教育、预防措施、预防接种登记及补漏接种能按要求完成，两年内未发生传染病。

（4）能制订一周带量食谱。

（5）建有常见病管理制度。

2. 问题与建议

（1）教职工体检缺乏妇科检查项目。

建议：要按照《托儿所幼儿园卫生保健工作规范》的体检项进行体检，新生体检和定期体检要进行评价、分析、总结，身高体重正负两个标准差之间人数所占比达95%；对幼儿视力、口腔检查进行分析评价。

（2）食堂设置不合理，未进行分间，导致操作流程不规范。

建议：食堂应建有粗加工间、深加工间、操作间、熟食配餐间等，食物做到生进熟出，符合卫生标准。

（3）幼儿伙食费与教师伙食费未分开使用。

建议：伙食费分开使用，并建老师伙食台账。

（4）未进行营养分析。

建议：每季度做一次膳食调查。结合膳食调查、体格检查和血色素检查制作为期半年一次的营养评估。

（5）幼儿中大班还在使用勺子。

建议：中大班使用筷子，能强化手的精细协调动作，促进视觉发育；有的幼儿用自来水漱口，建议培养幼儿用温水漱口的习惯。

（6）常见病未进行分类管理。

建议：根据本年度幼儿体检结果对体弱儿童进行登记及专案管理。

（7）健康教育培训要有方案，并根据方案开展培训，培训工作要有记录、小结等。

（四）教与学的质量

1. 成绩与经验

(1) 创设了一定的幼儿游戏环境

创设了美工区、科学区、阅读区等活动区；户外创设了玩沙池、运动区，投放了相应的工具，激发幼儿游戏兴趣。

(2) 幼儿自选户外运动专注性较好，能体现较高的自主游戏水平

幼儿能较好使用户外运动材料，且在玩法上挑战自我。例如大班幼儿能够自己选择并合理使用教师提供的户外材料，通过变化材料摆放位置、尝试新的玩法等方式开展户外自选游戏，表现出了较高的自主游戏水平。

2. 问题与建议

(1) 区域材料的投放缺乏年龄层次

例如公共建构区、科学区投放的材料缺乏年龄区分。

建议：教师要研究幼儿的年龄特点，深入观察、分析幼儿的发展水平，设计投放适宜的游戏材料。

(2) 教师教学活动的实施能力不强

教师设计教学活动能力较弱，教学实施过程缺乏趣味性和吸引力，集体教学活动中教师组织教学能力与应变能力有待提升。例如，大班语言集体活动“河马变形记”的实施过程中，教师过分依赖绘本，教学方法停留于单一的师幼问答，大部分孩子不到20分钟就开始注意力分散，课堂纪律较混乱。

建议：加强备课能力，将备教材、备幼儿、备教法落到实处，幼儿园要加强对教师的业务管理与引导，通过专业学习、开展专题教研、强化管理指导等方式，提高师资队伍专业素质。

(3) 教学资源利用不充分

一是突出体现在科学区投放的亿童材料形同虚设，教师和幼儿对材料都不熟悉，导致不会使用或胡乱使用；二是将幼儿户外活动固定在狭小的区域，导致了幼儿户外活动的不自由、不自主。

建议：采取区域相对划分、教师定点观察和幼儿自主选择的形式，真正落实幼儿园倡导的幼儿活动“时间自由、空间自由、材料自由、玩伴自由”。

（五）儿童发展

1. 成绩与经验

(1) 孩子喜欢上幼儿园，情绪稳定较愉快。能在户外环境中快走、跑、上下楼梯等动作灵活协调，在户外主题搭建活动中体现了较强的合作性和创造

性。大部分幼儿愿意与他人交谈，能听懂普通话，能主动向老师问好。

（2）喜欢和同伴一起玩，喜欢听故事和看图书。能用手工制作和绘画等表现自己观察或想象的事物。

2. 问题与建议

（1）师幼之间创设平等自由的活动氛围，多给孩子提供倾听和交流的机会。根据孩子的年龄特点丰富班级图书。

（2）提高教师培养幼儿自主能力的教育技能，培养幼儿自我管理的能力，从小班就开始进行常规培养，将常规渗透到生活，游戏和学习活动中，在游戏中有计划地引导幼儿遵守游戏规则，学会分享、分工合作等交往技能，知道收拾玩具，会用文明行为解决问题等。

（六）办园条件

1. 成绩与经验

（1）幼儿园选址安全、无污染。

（2）幼儿园设有沙池、戏水池。

2. 问题与建议

（1）幼儿园的绿化面积过少。

建议：管理人员能充分利用现有的场地与空间，最大化地扩大绿化面积，如：种植一些四季常青的滕状植物让其环绕围墙生长等。

（2）食堂布局不合理。

建议：把现有的食堂进行改造出相对独立的粗加工间，食品加工操作间、消洗间、配餐间等。

（3）在班级用床摆放上，使部分幼儿无法自由上下床。

建议：给部分床加楼梯，从而培养幼儿的独立自理能力。

（4）幼儿园师生图书种类及数量较少，图书室管理不规范。

建议：给图书室丰富各类图书（每个幼儿平均10—15册，给教师订5种以上学前教育报刊），完善借阅制度，让图书室发挥应有的作用。

（5）财务管理不规范。

建议：生活费专款专用，做到使用情况合理透明、按期公示各项开支情况，能依法理财。

（3）第三阶段——调整与完善（2018年5月31日）

对照专家团队的预评估意见及江口县教育局的初评意见，逐条核查存在的问题是否已进行调整和解决。经过20多天的调整，专家评估组提出的大部分问题已经解决，对三年规划进行了调整，也注重了过程性资料的收集和财务管理的清晰透明。食堂也按粗加工间、深加工间、操作间和熟食配餐间进行分区。资料归档也逐步规范。

四、项目实施效应

（一）社会服务团队打造逐渐成形

在项目实施过程中，项目团队成员最大的困难在于，服务的对象是一所民办幼儿园。民办幼儿园在办园条件、教师队伍和教学规范化上很难与公办幼儿园等量齐观，只有在保证幼儿园盈利及生源效益的基础上去提高幼儿园的保教质量才是解决问题的突破口。通过此项目，丰富了团队成员的教育教学经验及社会服务经验，教师从三尺讲台迈入社会大讲台，有利于双师型教师队伍的打造。由于团队成员专业及实践能力的局限性，在领导管理与卫生保健方面聘请了校外专家。通过互惠互利的方式，建立起了“校与校”“校与园”的合作模式，弥补了师资短缺的问题，夯实了学前教育社会服务团队。

（二）社会服务效应

1. 扩大专业影响，树立学校品牌

在项目的实施过程中，项目组成成员是以专业团队的形式去服务地方，个人的身份逐渐弱化。项目团队秉承铜仁学院“铜仁需求·国家标准”“依托梵净·服务发展”的办学理念，以质量求生存，以服务树形象，以学校品牌求发展，以双赢为目的，为幼儿园提供高质量、高性价，接地气的社会服务。专业团队以其多结构的学科专业知识，专业的业务水平，科学的教育理念，为江城幼儿园申创市级示范幼儿园的成功提供了强大的推动力，获得了幼儿园的好评，提高了学校和专业的影响力，赢得了市场好口碑，一提到铜仁市幼儿园教育质量提升团队，就会想到铜仁学院教育学院学前教育专业团队。

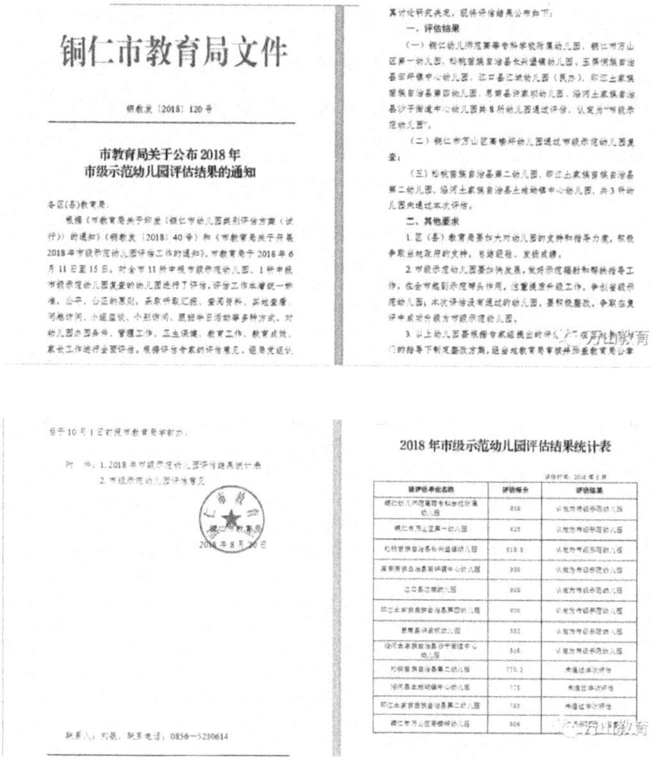

铜仁市教育局文件

铜教发〔2018〕120号

市教育局关于公布2018年
市级示范幼儿园评估结果的通知

各区(县)教育局：

一、评估结果

二、其他要求

附 件：1. 2018年市级示范幼儿园评估结果统计表
2. 市级示范幼儿园评估意见

2018年8月20日

联系人：刘晨，联系电话：0856—5230614

2018年市级示范幼儿园评估结果统计表

图5 江城幼儿园申创市级示范幼儿园成功的文件（示意图）

2. 了解行业需求，引导教学改革

教师下基层，用自己所学专业去服务地方，本就是一个双赢的过程。幼儿园为服务团队提供了实践的平台，象牙塔里的教育理念就像空中楼阁，看得见摸不着，如果不和幼教一线紧密联系起来，那就是“死”理论，培养出来的学生也只是学到了“死”知识。走入一线，了解到幼教一线的发展需求，了解到他们需要什么样的毕业生，需要什么样的知识，需要什么样的能力，就可以反过来推动我们专业人才培养方案的调整、课堂教学的改革，这样就能打破闭门造车、空谈理论的人才培养模式。

3. 提升幼儿园保育教育质量，促进学前教育专业发展

我国幼儿园办园体制依然是“公、民办并举”，公、民办幼儿园的办园质量存在参差不齐的现象，国家强调以评估来促发展，项目团队以此为契机，走入市场，走入幼儿园。本着“优势互补、共谋发展、互惠互利、实现双赢”

的原则，在谋求教师自身专业发展的同时，也为学前教育的改革发展出一份力。在深入民办幼儿园指导过程中发现幼儿园在办园理念、师资构成和教育理念上存在的问题很大，主要体现在迎合市场及家长需求、幼教师资短缺，没有幼教资格证的人群充斥教师队伍、教学“小学化”倾向严重。项目团队进驻幼儿园，以自己的专业理念去引领幼儿园朝科学的方向发展，通过几次指导，办园者及教师教育理念变化比较大，为提升幼儿园的保教质量迈出了扎实的一小步，为学前教育更加规范化的发展打下了基础。

（作者系铜仁学院教育学院讲师）

多层聚合物复合纳米克林霉素微球抗感染骨科钛板的研制

黄啸

一、项目概况

（一）项目名称：多层聚合物复合纳米克林霉素微球抗感染骨科钛板的研制

（二）委托单位：中国人民解放军第三军医大学第三附属医院

（三）所属社会服务类别：科研服务

（四）项目实施时间：2016 年 11 月至 2017 年 10 月

（五）项目实施地点：铜仁学院

二、项目获得过程

（一）项目来源

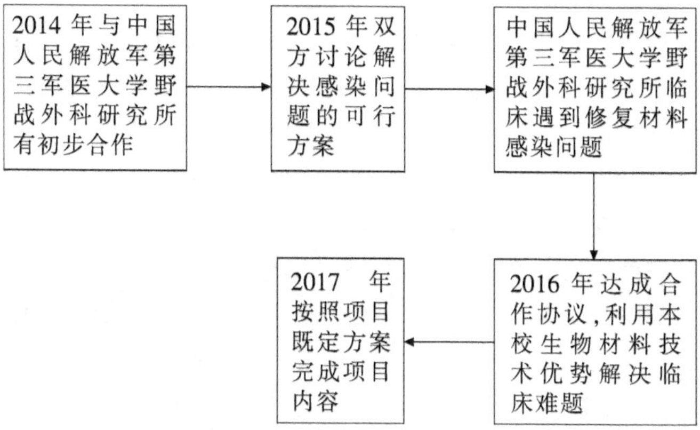

图 1　项目获取过程示意图

（二）协议书（合同书）内容

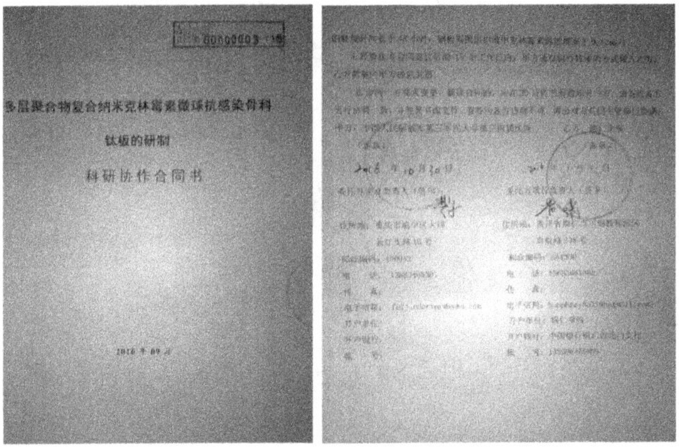

图2　科技服务合同（示意图）

三、项目的目的与意义

目前因疾病、外伤导致的骨折和骨缺损仍然是临床医学面临的一大难题。针对这一难题，临床上常采用植入骨修复材料来治疗。骨修复材料主要采取自体或异体骨移植物。自体骨移植在材料来源方面存在着严重的缺陷，从自体异位取骨，无异于拆东墙补西墙，效果不理想。医用钛合金，因其材料表面的生物惰性而具有良好的生物相容性，加上其本身力学强度高，钛材在骨关节系统修复、心血管植入物、牙种植体及人工关节等人工器官方面的应用获得了重大突破。遗憾的是，虽然研究人员已经找到了合适的异体骨修复材料，但是，包括“假体周围感染”在内的“固定物相关感染”始终是困扰骨科临床的最常见而严重的并发症之一。据国际内固定研究协会AO组织2006年报道，包括创伤骨科和脊柱外科在内的闭合性骨科手术感染率约1.5%—3%，而开放性骨折中感染率最高可达40%；关节外科亦同样面临着“假体周围感染”这一灾难性并发症。资料显示：美国每年置换人工关节数量高达120万例，感染率约1%—20%；每年在美国约200万例院内感染病例中，约50%与内植物有关，不仅消耗高达240亿美元的巨大社会财富，还导致截肢甚至每年10万患者死亡等严重后果。“固定物相关感染”一旦发生，为了控制感染，临床医生往往不得不取出钢板、人工关节及椎弓根螺钉等内植物。究其原因，细菌与植入物材料黏附以及形成完整的生物膜是固定物相关感染的主要病理基础。长期大量使用抗生素不但不能根除骨科器械表面细菌黏附聚集形成的生物膜，反而导致生物膜中的休眠细菌高度耐药。资料表明：在“固定物相关感染”患者中，金黄色葡萄球菌和表皮葡萄球菌占深部检出细菌的70%—90%，其中耐甲氧西林金葡菌（MRSA）约60%，近来甚至出现了耐万古霉素金葡菌（VRSA），生物膜中细菌的高度耐药性导致临床面临无药可用的严重威胁。为此，寻找新的改变固定物材料表面特性的方法或物质已成为目前临床工作的迫切需要，是微生物、材料、临床医学等多领域的国内外研究焦点之一。

本研究的目的是通过研制拥有载抗生素药物并具有生物膜形成抑制功能的骨科植入用钛板功能化表面，使上述功能化表面内抗菌物质在人体内从内向外实现长效释放，直接在骨关节手术局部发挥抗菌和抑制生物膜形成与成熟，避免原有抗生素的全身静脉注射或局部外用的使用缺点，以获得防治固定物相关感染的疗效，最终使内植物——本是促进感染形成因素之一的“异物”，转化为预防与治疗骨与关节局部感染的新手段之一。以实现临床骨科医生所期盼的革命性突破：骨科器械不再仅限于固定与替代部分骨关节生理功能的作用，而是具有抗感染功能的“生物反应器”。为骨科临床工作中面临的最常见且严重的并发症“固定物相关感染”提供预防和治疗的双重疗效。该项目的研制开发成功，不仅会给骨损伤患者带来巨大的福音，还将给我国带来巨大的经济和社会效益。

四、项目研究概况和分析

钛及钛合金材料是目前临床硬组织（骨、种植牙及人工关节）修复应用最为广泛的医用金属材料。早在20世纪中期钛材就被用于医用领域，并于70年代作为植入材料开始获得广泛应用。随着生物技术和医学的发展，钛材作为骨关节系统修复材料、心血管植入体、牙种植体及人工关节等人工器官方面的应用获得了重大突破。

钛及其合金作为植入体，因其自身的生物惰性，会使植入体组织界面的免疫能力降低，是植入体进入人体后容易发生感染，难治疗并且易复发的主要原因。一旦发生初期感染，细菌将会黏附在植入体表面，并进行快速的大量的繁殖，在植入体表面形成致密的生物膜。常规的抗生素全身静脉注射疗法难以通过人体循环进入植入体表面将细菌杀灭，因此构建具有抑菌性能的植入体是防止术后感染的有效途径。科研人员和临床工作者们试图通过各种改性方法，以提高植入物表面的抗菌性，根据改性类别可将改性方法分为两大类：一是通过改变材料表面的物理化学性质，比如表面湿润性、亲疏水性、表面自由以及表面带电性质，或者改变植入体表面的形貌以达到抑制细菌黏附的效果；二是在植入体表面接载抗生素来达到抗菌的效果。对于抗细菌初始黏附，主要是改变钛材表面的物理及化学性质来实现的，如用紫外线处理过的 Ti－6Al－4V 能在不降低其组织相容性的同时抑制细菌的黏附。这是由于经过紫外线照射后钛表面的氧化钛涂层结构发生了改变，晶体锐钛型氧化涂层能够降低细菌在钛材表面的黏附能力；加载抗菌黏附涂层，如蛋白涂层：肝素、血清蛋白等，或者是用亲水链表面改性，如加载聚乙二醇基改性物涂层，该涂层上有密集的聚乙二醇链，使得钛材表面有高度亲水性，这样就能够使得钛材表面能够形成空间和渗透压屏障，减少了细菌在钛材表面的黏附。对于主动抗菌修饰，主要是通过在钛材表面构建抗菌药物缓释系统来实现的。第一种方式就是构建抗生素涂层，用具有良好可降解性和生物相容性的载体（如聚乳酸）混合抗生素直接涂布于钛板表面，局部的高浓度药物可以提高治疗的有效性，并且较传统治疗大大降低了系统的毒性。Gollwitzer 曾在钛合金表面加载了包载具有缓释替考拉宁作用的 D，L－乳酸（PDLLA）涂层，使得钛合金表面的金黄色葡萄球菌吸附量明显减少；另一种方式是利用无机抗菌剂涂层，其中最具有代表性的是纳米银抗菌涂层，银具有较广的抗菌谱，较低的可能产生耐药性倾向，能抑制细菌黏附，拥有良好的生物相容性且抗菌效果持久。有研究显示，Ag－nHA－nTiO2 抗菌层具有良好的抗细菌黏附作用并且对于变形链球菌的抑菌率接近 90%；此外，一氧化氮涂层和具有抗菌活性聚合物涂层（如壳聚糖、透明质酸等）也是制备抗菌涂层的良好选择。抗菌涂层虽然能在短时间内起到良好的抗菌效果（一般在 60 小时以内），但骨髓基质干细胞需要较长时间才能黏附于植入物，并在其上增殖分化。所以，单纯利用涂层法，不能完全满足临床需求。

层—层自组装（LBL）技术是近些年发展起来的一种制造薄膜的有效方法，因其操作简单，载药量大，可控缓释等优点，许多科研人员试图利用 LBL 技术在骨科植入物表面构建抗菌薄膜。LBL 最初利用带电基板在带相反电荷中的交替沉积制备聚电解质自组装多层膜，其驱动力为静电力。例如，通过 LBL 技术使得带正电荷的壳聚糖和带负电荷的负载四环素的海藻酸交替沉积于被氨基化的钛材表面。四环素的持续释放能抑制细菌生长，防止细菌的黏附。此外，壳聚糖本身的抗菌性增强了钛板的抗感染能力。带负电荷的金纳米粒子和带正电的溶菌酶交替沉积于带负电荷的纤维素薄膜上。溶菌酶是先天性免疫系统的一部分，对抗感染是其在体内的主要功能之一。溶菌酶的抗菌特性主要归因于通过催化的 N－乙酰胞壁酸和 N－乙酰－D－葡糖胺残基之间的 1，4 －β －键水解来损伤细菌细胞壁。基于溶菌酶优良的抗菌性能，该 LBL 薄膜对大肠杆菌和金黄色葡萄球菌具有良好的抑制效果。但是，基于静电力形成的 LBL 多层膜结构不够稳定，极易受到环境 pH 值的变化影响，造成多层膜结构的崩塌，致使药物快速释放，达不到长时间缓释的目的。因此，研究者们开始探索基于其他分子间作用力的 LBL 技术，其中基于共价键驱动的 LBL 多层膜的研究刚刚起步。另外，活性药物通常是简单吸附于聚合物薄膜中，然后组装入多层膜中，药物随着多层膜的崩解而释放，缓释效果有待提高。

基于以上分析，本项目试图在骨科植入用钛板表面构建基于共价键驱动的 LBL 多层膜结构，形成结构稳定的薄膜。此外，在药物负载方式上，本项目运用已熟练掌握的聚合物纳米微球包裹技术，将抗生素包裹在纳米微球内，增强缓释效果。从而在骨科植入用钛板表面构建基于共价键连接的新型的多层“纳米微球—聚合物膜”结构的抗菌膜，以期达到长效抗感染的目的，为临床应用提供坚实的理论和实验基础。

五、项目开展技术路线

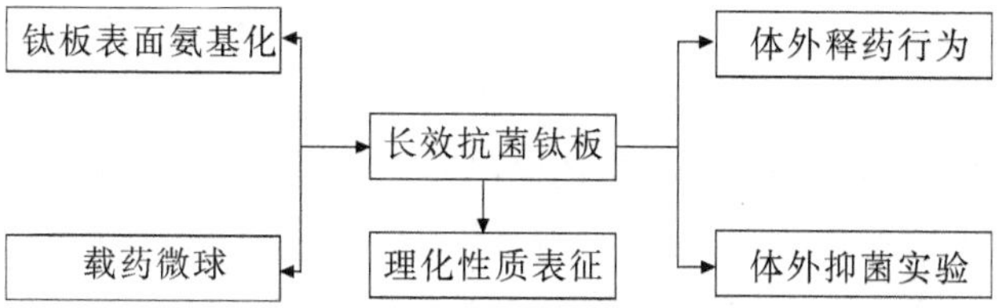

图 3　项目技术路线图

六、项目研究的主要内容

（一）钛板表面氨基化

参照文献已报道的方法，利用冷凝回流法在钛板表面接上了具有反应活性的氨基。首先将钛板用砂纸打磨抛光后使用丙酮超声清洗，10 mol/L NaOH 浸泡 6 小时后用去离子水冲洗干净，待完全干燥后，在 5% 的 APTES 的异丁醇溶液中回流加热 6 小时，停止加热，溶液中冷却浸泡 12 小时，分别经甲苯、无水乙醇、去离子水各洗3次后，钛板表面即接上了具有反应活性的氨基。利用氨基显色反应，测定钛板表面氨基的接枝密度。

（二）纳米载药微球的制备

利用原子转移自由基聚合（ATRP）反应制备马来酸酐接枝的聚乳酸两亲性聚合物。将已纯化的聚乳酸溶于二氯甲烷中，按比例加入马来酸酐和过氧化二苯甲酰，搅拌均匀后真空干燥，于100℃反应10小时后，提纯3次，备用。利用红外吸收光谱和核磁共振吸收波谱分析聚合物结构，凝胶色谱测定聚合物的分子量。利用酸碱滴定法测定马来酸酐的接枝率。

利用两亲性聚合物能在水中自组装形成胶束的特性，将马来酸酐改性后的聚乳酸溶于丙酮中，逐滴加入搅拌中的硫酸链霉素的水溶液中，搅拌过夜，挥发丙酮，合成纳米载药微球。利用透射电子显微镜（TEM）观察纳米载药微球的形貌；利用动态光散射粒度仪（DLS）测量载药微球的粒径和zeta电位；利用紫外分光光度计测量未包裹的硫酸链霉素的浓度，以计算载药微球的载药量。

（三）钛板长效抗菌表面的构建

利用层层自组装技术（LBL）在氨基化的钛板表面构建基于共价键连接的新型的多层“纳米微球—聚合物膜”立体结构。将氨基化的钛板和具有一定浓度的经EDC/NHS法活化的载药微球溶液置于甩胶机中，离心甩板20分钟后取出，待干燥后将钛板置于一定浓度的聚乙烯亚胺水溶液中，静置20分钟，干燥。重复以上操作多次。每进行一次铺层操作后，用接触角测量仪测量每层表面的接触角，以表征每层表面的亲/疏水性；利用原子力显微镜（AFM）观察多层“纳米微球—聚合物膜”结构的表面形貌。

（四）体外释药行为的测定

组装能固定功能化钛板的流动腔，无菌操作下，将钛板置于透析袋中后，安装于流动腔中，利用蠕动泵调节流动腔中模拟体液的流动速度，使之达到生理水平。在固定的透析时间点，取透析液检测其中硫酸链霉素的含量，同时添加入等体积的新鲜模拟体液。整理数据，描绘药物累积释放曲线，观察体外释药行为。

七、项目的实施情况

（一）聚乙二醇接枝聚乳酸（PPLA）的合成

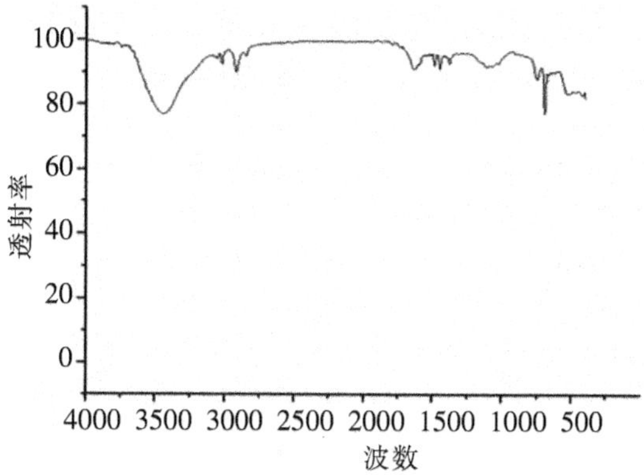

图 4　PPLA 的红外光谱图

－CH3、－CH2 的弯曲振动频率位于 1300—1500 厘米－1，其中在这区间都出现了特征峰，说明是 PPLA 共聚物结构中有甲基和亚甲基。其次结构中还含有 C＝O 及 C－O－C 官能团，在 1000—1300 厘米－1 区间有伸缩振动。所以根据图谱中的吸收峰特征可知，我们已成功的合成了 PPLA 共聚物。

（二）克林霉素－PPLA 微球的制备

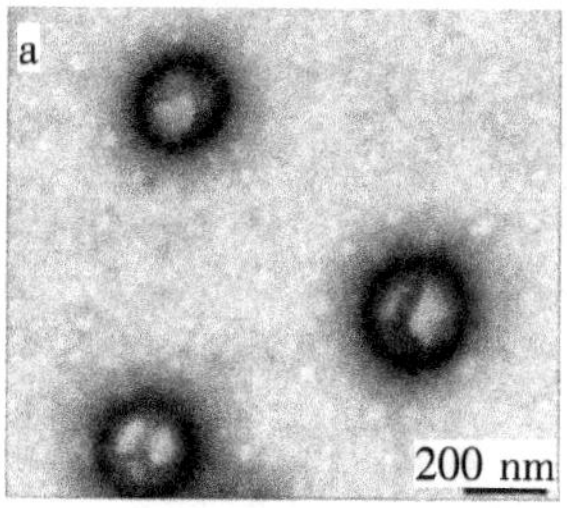

图 5　微球的透射电镜照片

利用两亲性聚合物在水中能自组装形成胶束的特点，我们已经成功的制备了粒径在 200 纳米以下的克林霉素－PPLA 微球。

（三）多层膜的构建

与疏水性的钛表面相比，钛表面氨基化后使得其表面富含 - NH2 所以其亲水性有了较大的提高，随着膜层数的增加，钛合金表面的接触角有改变。从第五层接触角在26°到15°之间呈现有规律的变化，接触角的交替变化证明了从钛合金表面已经形成了全覆盖的、单层的微球膜。

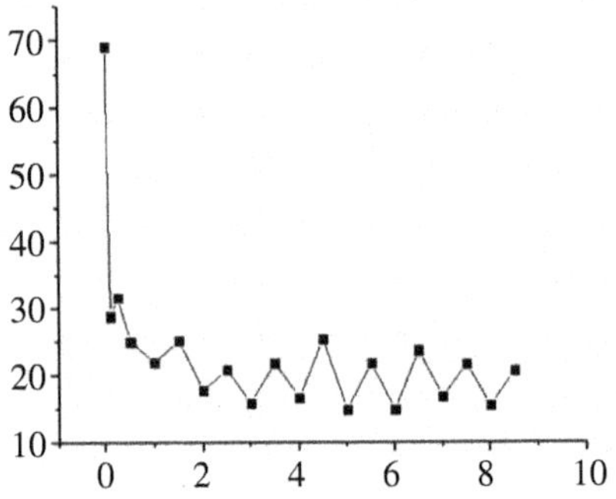

图6　钛表面改性接触角变化图

（四）体外释放

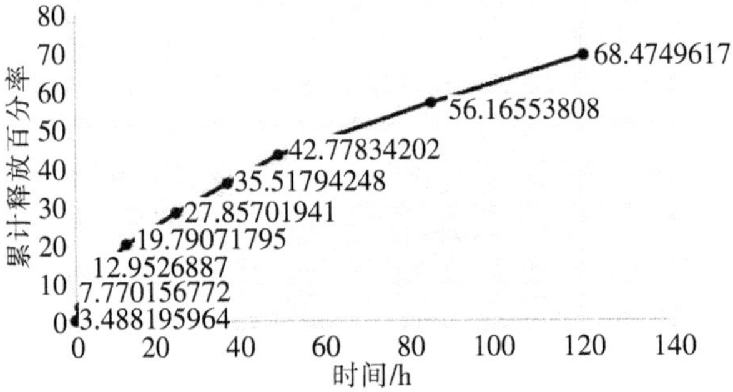

图7　载药钛材的体外释药曲线

实验结果表明，将克林霉素装载入 PPLA 微球，并在钛材表面构建 LBL 膜能显著提高药物缓释效果，为抗生素的缓慢释放提供了可行的方法，实现长效抗菌。

八、项目组成员

表 1　团队成员表

团队成员	教师	姓名	技术职称	专业	学院
		黄啸	副教授	生物医学工程	大健康学院
		易彩霞	讲师	生物学	大健康学院
	学生	姓名	年级	考取研究生情况	学院
		徐娅娟	2013 级	广西科技大学	材料与化学工程学院
		杨离成	2014 级		材料与化学工程学院
		陈春	2015 级		材料与化学工程学院
		杨双娅	2016 级		大健康学院
		尹艳	2016 级		大健康学院

九、项目取得的成果

（一）科研成果

（1）发表高水平学术论文 1 篇，Xiao Huang，Yajuan Xu，licheng Yang，Jiaqun Wu，Xi Zheng，Jun Fei. Construction of a long—acting antibacterial surface on implanted titanium plate. Basic Clin. Pharmacol. 2017。

（2）获得发明专利《医用钛合金植入物表面药物缓释系统的构建方法》。

发明专利证书

图 8　发明专利证书（示意图）

（二）人才培养与学科建设效应

项目本身综合了化学、材料学、药学、医学等相关学科知识，因此，课题组的学生成员来自制药工程、材料物理、护理学等3个不同的专业，各自发挥各自的专业知识特长，交叉互补，发挥1+1>2的效应。项目的实施需要充分融汇“病理生理学”“微生物学”“制药工艺学”“药物化学”“药用高分子学”等课程的所学知识，这样既能巩固学生课堂上学习的内容，又能充分调动学生积极探索未知领域知识的兴趣。学生通过项目的实施，团结协作能力得到加强，并形成交叉、融汇、贯通的效应。本项目培养了5名本科生，其中2人已毕业，1人考上广西科技大学研究生，3名在校生也已申请相关项目化课程，正在实施中。

（三）经济与社会效益

将基础科学研究成果向临床转化是本项目最终需要实现的目标。项目通过与临床医学合作，从临床实际难题出发，利用生物医学工程技术突破临床瓶颈，改善医疗效果，减少患者病痛，使得项目具有较大的经济与社会效益。

此外，项目委托单位为医学水平全国领先的医疗机构，而铜仁学院能在临床科学研究方面对外提供相关服务，填补了铜仁学院涉医科研的空白，扩大了铜仁学院的影响力，增强了铜仁学院的综合实力。同时，也为铜仁大健康产业的根本发展做出了一定的贡献。

十、项目取得的主要经验及启示

（一）学校层面

（1）建议学校营造一个更为轻松的环境氛围。进一步发挥学校职能，为教师做项目提供项目资金、人力、政策方面的支持，为教师高质量地完成项目提供良好的保障。

（2）综合学校的师资资源，而不应该局限于各个院系，同一类型课程，建议成立教师团队负责，而不是限于固定院系内部教师，开阔教师与学生的视野。

（二）教师层面

（1）本项目的获得，源于负责人同委托单位良好的合作关系。因为有了合作基础，才开启了新项目的合作。因此，对于合作关系的教师来说，一定要维护好前期的合作关系，也要适时拓展合作关系，为更多的委托项目提供前期基础。

（2）扎实地基本功是完成项目的保证。首先老师需要有深厚的基础知识，并要不断地补充和更新自己的知识，这样才能高质量地、顺利地实施项目。老师们自身也要内涵性地发展，不做“喊口号”式的表面工作，多做实事，在夯实自身基础知识的同时，积极扩宽自身的知识面，多学习，多进步。

（3）学会利用资源。铜仁学院为新建本科院校，能够进行基础性研究的软、硬件设施相当薄弱。因此，必须学会“借鸡下蛋”，通过各种方法，让其他的资源为我所用，发挥资源的作用，互利共赢，使得项目得以顺利地进行。

（三）学生层面

参与科研项目，使得学生将课堂知识充分化为己用，既激发学生学习的兴趣，又强化了学生的知识。挑战自我和团结协作的团队精神都在项目中得到锻炼，将被动学习变为主动获取。

（作者系铜仁学院大健康学院副教授）

铜仁市平安“警务云”社会稳定风险评估子系统需求分析及设计

田波

一、项目概况

（一）项目名称：铜仁市平安“警务云”社会稳定风险评估子系统需求分析及设计

（二）项目委托单位：辽宁对机科技有限公司

（三）服务类别：技术服务

（四）实施时间：2017 年 10 月至 2018 年 5 月

（五）实施地点：铜仁市公安局

（六）项目调试地址：http：//test. kfds. cn：80/placsystem

二、项目实施及完成情况

（一）项目获得过程

铜仁市平安“警务云”项目于 2017 年底正式启动，中标方为太极计算机股份有限公司。该公司针对项目的需求分析、方案设计、软件开发等工作早在 2017 年年初已开始推进。辽宁对机科技有限公司是一家信息系统集成公司，与铜仁学院大数据学院一直有着较为紧密的校企合作关系，该公司同时也是太极计算机股份有限公司的战略合作伙伴。辽宁对机科技有限公司承接了铜仁市平安“警务云”项目中的综治平台的开发工作。

铜仁学院大数据学院作为对机科技的校企合作伙伴，经双方多次协商，达成了合作协议。大数据学院于 2017 年 10 月组织师生成立了项目组，参与了对机科技的开发团队，负责社会稳定风险评估子系统需求分析及初步设计工作。截至 2018 年 5 月，相关工作已基本完成。该项目的获得过程如下所示：

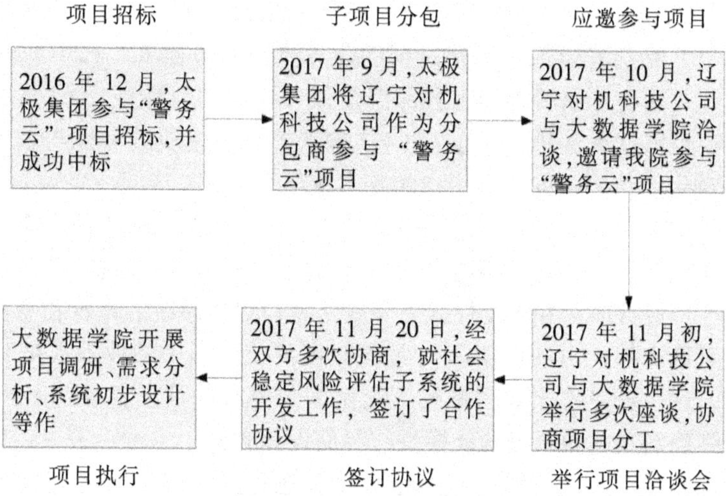

图 1　项目获得过程

（二）技术路线

1. 技术服务流程

铜仁市平安“警务云”项目为全市公检法系统的信息化建设，有应用系统数百个。首先，项目组根据平安“警务云”建设要求，明确了社会稳定风险评估子系统的基本功能。该子系统要求能够对重大决策、事项、工程和党政机关做出决策前，进行社会稳订风险评估，对其合法性、合理性、可行性和可控性进行全面论证分析，充分听取意见、确定风险等级、提出评估报告、制订风险对策和应急处置预案。其次，项目组根据调研，明确了评估机制的实现流程。在系统中引入“第三方评估”模块，对第三方评估业务流程各方面进行规范，最终形成地方标准。在此基础上，项目组对该系统的基本功能、业务流程等进行了分析，对相关部门（政法委、综治办）等进行现场调研，确认功能模块，并建立了基本模型。项目组基于 Mockplus 和 HTML5，制作了演示系统，并由客户确认并修改，最终形成系统设计方案并加以初步实现。

2. 服务内容

该项目的技术服务内容主要有系统现场调研、演示模型制作与演示、用户反馈并修改、系统初步设计方案、系统详细设计等。

系统现场调研工作，由项目团队进入市公安局，与大数据办公室及政法委稳定评估办公室的工作人员进行沟通，确认系统的主要功能模块。主要解决的问题是：（1）社会稳定风险评估过程的业务流程如何表示？（2）涉及的部门有建设方、政法委、综治办等，各部门责任和权力如何体现？（3）如何与现有的重大项目审批平台进行对接？（4）确认各功能模块的名称与基本工作流程。（5）确定系统中不同类型用户的基本权限。

演示模型制作与演示方面，用户要求项目工作团队在基本确定系统功能模块后，制作一个演示系统，将用户的主要功能加以初步的实现，并演示其操作流程。对客户进行演示和现场体验后，收集客户对该系统的评价和意见，形成用户反馈意见文档，由项目团队（包含对机科技公司中的技术人员）进行汇总和分析，进一步完善该演示系统再交由客户进行确认。重复这个过程 3—4 次后，最终确定基本的系统功能模块与界面设计方案。

基本方案确定后，项目组根据用户反馈意见进一步完善系统设计需求文档，并制作更加详细的演示系统。同时，项目组根据用户意见，与用户进行深入沟通，交换对系统各模块及业务流程设计的理解，形成系统初步设计方案。

系统初步设计方案应在完整收集用户的意见后形成。要求项目组对系统的功能模块，特别是稳定评估流程控制、用户权限、接口、界面等有更成熟的设计思路，并形成规范的文档并保存。

系统详细设计方案是要求交由工程师团队加以最后实现，其基本规范是要求按对机科技公司的技术文档规范进行撰写。具体包括：各模块的实现流程、稳定评估的基本指标、第三方人员的身份确认、与现有系统的接口方案。

项目组成员要对综治平台的业务流程和操作方法较为熟悉，承担综治平台的对外演示任务。演示地点在公安局指挥大厅，根据需要，项目组要负责综治平台的常规的操作示范和讲解任务。

（三）组织团队

为保证项目的顺利实施，大数据学院组建了技术团队，由 6 名教师与 8 名学生组成。由于该项目需要有较好的组织、写作、建模能力，故项目组中的教师主要来自计算机科学系，学生主要来自 2014 级的计算机、数学与应用数据等专业。项目需要学生具有一定的建模和程序设计能力，比较熟悉 HTML5、javascript、java 等技术，有较好的设计、编码的基础，学习能力较为突出。本项目的实施，有助于软件工程、计算机科学与技术、数据等专业项目课程的开展，对 2014 级学生完成实践实习也具有很好的示范效应。项目组成立于 2017

年10月，主要人员如下表所示：

表1 项目团队成员

		姓名	技术职务/年级	学历/班级	专业	学 院
团队成员	教师	田波	副教授	博士研究生	计算机科学与技术	大数据学院
		王军	副教授	本科生	计算机科学与技术	大数据学院
		陈荣	讲师	硕士研究生	计算机网络	大数据学院
		赵光亮	副教授	硕士研究生	计算机科学与技术	大数据学院
		谭文斌	讲师	硕士研究生	计算机科学与技术	大数据学院
		熊卫芝	副教授	硕士研究生	数学与应用数学	大数据学院
	学生	周琪	2014 级	本科生	数学与应用数学	大数据学院
		邵丽	2014 级	本科生	软件工程	大数据学院
		杨梅	2014 级	本科生	计算机科学与技术	大数据学院
		罗振	2014 级	本科生	软件工程	大数据学院
		龙永成	2014 级	本科生	计算机科学与技术	大数据学院
		舒松平	2016 级	本科生	软件工程	大数据学院
		陈励	2014 级	本科生	软件工程	大数据学院
		韦可玉	2014 级	本科生	软件工程	大数据学院

（四）项目实施过程

1. 项目实施方案

项目组在市公安局申请了一间办公室，确定了与用户进行沟通和演示的地点与时间。项目组进行分工，以王军、谭文斌两位老师分别对司法局和综治办进行现场调研，并收集风险评估的相关文件资料加以整理。

在演示手段方面，项目组决定采用 Mockplus 为演示工具，对风险评估的基本流程进行建模和演示，在该系统中模拟风险评估系统业务流程并进行优化。项目组对客户演示时，直接在该平台上进行展示。此外，项目组与太极集团和对机科技公司的开发团队也进行深入的沟通，以明确风险评估子系统的接口和运行平台。

在明确系统初步设计方案方面，项目组在 JAVA 平台上进行初步设计，并以对机科技公司的设计规范为蓝本，制作系统的设计方案。其重点工作是明确风险评估的业务流程与功能模块的具体实现要求。

2. 系统基本业务流程分析

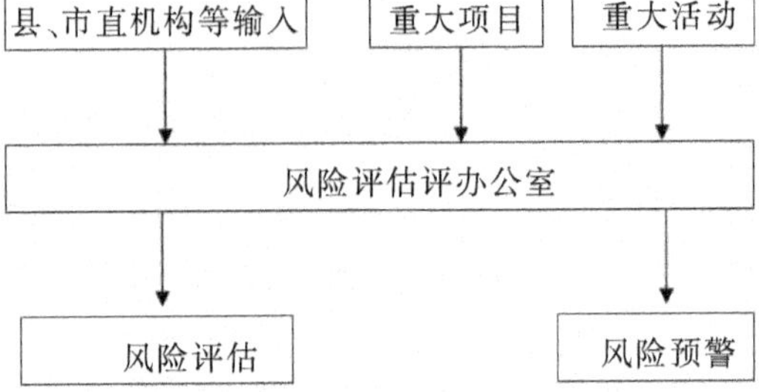

图 2　风险评估流程

风险评估主要是由政法委下属的稳定评估办公室（稳评办）完成，该部门所做的风险评估工作中 90% 是针对各类重要项目的风险评估。稳评办当前是用一个由省级部门统一规定使用的“重大投资项目审批平台”，根据县、市直部门发送来的项目（每年约有数千个项目）信息，完成风险评估，如环境评估、治安评估、生态评估等（具体是由其他部门如环保局、水利局等部门实现，并将结果通过系统反馈至上级部门备案）。值得指出的是，上述风险评估工作的具体事务性操作是按照一套相关部门都比较熟悉的七步工作法来操作，要求在软件开发中体现出来。此外，具体的环境评估、治安评估、生态评估等是由政府部门负责，如环保局、水利局等来实现，在系统中只要转发给职能部门即可。稳评办的另外 10% 的稳评工作主要是对重大决策（由各具、市及其他机构所完成）进行稳定性（风险）评估。

3. 界面设计

项目组完成了系统的界面设计，并在 Mockplus 中进行了展示。通过与客户进行面对面的沟通和演示，反复修改设计方案，进一步完善了系统各个模块功能设置的合理性，测试了系统的各菜单、功能模块、组件的布局方案，有效地提高了系统的易用性。

该子系统的功能模块较多，为提高系统可用性，项目组根据调研的结果，在 mockplus 进行了反复的设计与修改，得到如下的系统主界面：

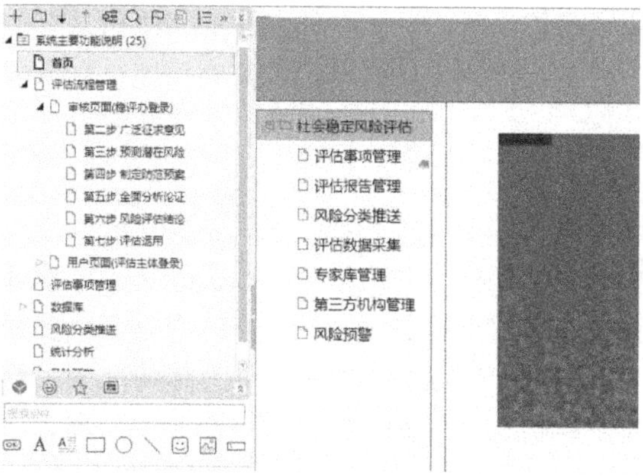

图3　系统主界面（示意图）

4. 功能模块的设计

项目组明确了各模块的功能，并对各模块的业务流程进行了分析，得到了各模块的设计要求，完善了系统各模块的功能，为了完成系统的最终需求文档和设计方案，进一步为编码打下了良好的基础。

项目组经过详细的调研和分析得到系统各主要模块，明确了各模块的功能，具体情况如下：

（1）第三方评估机构管理

对第三方评估机构进行信息录入、修改、查询，并根据对第三方评估机构的历史评估记录进行定期或不定期的审查，实现对第三方评估机构能力评价信息的更新。

（2）第三方机构维护

管理和登记第三方机构信息，将第三方机构统一登记在平台下，便于统一管理。包含的字段信息有：机构代码、机构名称、营业执照号、营业执照图片、法人、机构地址、联系人电话、主营业务、能力等级、评价星级等信息。

（3）第三方机构审查

针对第三方机构定期或不定期审查进行登记维护，同时根据审查结果进行第三方机构的能力评价信息更新。包含的字段信息有：审查日期、审查类型、审查结果、审查人、审查建议、能力评估等信息。

（4）风险评估专家管理

专家管理用于在系统中登记和维护专家信息，根据不同的领域维护不同的专家信息，使专家信息统一管理。本功能包含的字段信息有：专家编号、专家姓名、擅长领域、年龄、性别、所在单位、家庭住址、联系电话、是否拥有专利等信息。

（5）数据采集

数据采集功能是一个综合性的系统功能，主要目的在于充分获取各区县稳评工作第一手数据信息。同时，对决策事项归类、决策风险分类汇总、稳评事项分类统计、稳评事项台账建库、投资项目在线审批等众多数据和细分指标数据进行采集，主要包括稳评事项单项表、稳评总体情况表、稳评工作台账和投资项目社会稳定风险评估在线备案情况统计表等相关内容。

（6）预警评价

将已经发生的社会稳定事件，与已经开展的稳评事项进行关联回溯，实现风险预警、风险评价和风险推送。

三、项目取得的成果及效应

（一）软件系统开发

本项目完成了风险评估子系统的调研与方案设计工作，为该系统的实现与最终上线打下了良好的基础。在项目执行过程中，教师指导学生完成了一篇论文，进一步熟悉了 JAVA 开发语言。

（二）人才培养效应、学科建设效应

（1）在本项目实施过程中，我们通过参与实际项目，有效地增强了大数据学院教师与学生的实际动手能力，弥补了在学校学习过程中存在的重理论、轻实践的不足，培养了一批具有较强分析、写作、建模能力的学生，提高了教师的教学与研究水平，增强了计算机科学与技术、应用数学、软件工程、自动化等专业的人才培养质量。

（2）通过参与社会实践，项目组培养了本科生 9 名，增强了学生的分析、写作、建模能力，对我院项目课程的深入开展具有很好的示范作用。目前参与项目的学生都已顺利毕业，就业情况也较为理想。

（三）社会效应

（1）对该项目的实施，为我市警务云项目的建设做出了贡献，并有效地

锻炼了计算机、应用数学、软件工程等专业教师的实践能力，有助于提高人才培养质量。

（2）拓展了校企合作的广度与深度，提升了我院产学研一体化的水平。

（3）通过该项目，我们深刻地认识到要发挥专业与人才优势，加强校企合作，是提升办学水平、增强服务地方经济能力的一个重要手段。

四、项目取得的主要经验及启示

（一）项目获得的主要经验

1. 组织管理经验

项目建设中要有较强的服务意识、协作能力和执行能力。

（1）组建以学院领导为核心的沟通团队。项目的建设过程是一个不断沟通、不断完善的过程。项目组以颜宝平院长为领导核心，对项目协调、实地调研、客户交流等方面具有十分重要的意义。

（2）组建技术团队。技术方面由田波老师带队，全面负责系统设计过程中的问题。

（3）团队协作精神，与各方进行协调沟通，团结一致，方可使项目顺利推进。

2. 软件设计

在项目实施过程中，涉及了很多新技术，如 HTML5、JAVA 工具、框架设计、数据库设计等方面的工作。新的困难层出不穷，在项目实施过程中有以下的经验：

（1）服务意识和编程能力是对整个项目团队的核心要求。很多工作在推进过程涉及多个政府部门和 IT 企业。在项目的实施过程中，某些工作是无偿的。对此，项目团队花费了很多时间和精力处理与技术无关的事项，培养了我们较好的服务意识。项目组在项目模型制作和演示过程中也碰到了诸多困难，特别是 JAVA 框架中的某些技巧。通过努力解决了这些问题，使项目组人员感受到技术是不断地学习和磨炼出来的。

（2）项目团队学习的重要性。很多新的工具和框架，项目团队以前并没有接触过，也缺乏实践经验，但项目组能够在很短的时间内熟悉和理解这些技术，并很快掌握了这些新的工具。通过组织技术研讨会，保证了项目的开发进度。

（二）项目对人才培养、教学、科研的启示

1. 公司层面

项目组能够协助不同的公司解决项目实施过程中的一些数据处理、流程设计问题，有效提高了整个项目的开发效率，这对加快我市相关部门信息化建设具有很大的意义，同时也为相关公司培养本地化的开发和维护团队打下了良好的基础。

2. 学校层面

项目的实施，展示了我院教师较强的技术能力，推进了我院与 IT 企业的合作关系，提升了我校的社会服务能力，为学校树立了良好的形象。

3. 教师层面

在项目实施过程中，各位教师充分发挥了自己在调研沟通、系统演示、程序设计方面的优势，将专业知识很好地与实际项目相结合，在保证项目正常实施的情况下，不但提高了自己的方案撰写、技术开发水平，而且有效地增强了与客户沟通的能力，对下一步承接更复杂的项目打下了良好的基础。

4. 学生层面

学生通过实际项目的锻炼，能更好地将课堂理论知识与实际操作相结合，有效地提高了程序设计、文档撰写方面的能力，为下一步独立设计软件打下了很好的基础；通过锻炼，学生能够很好地解决与客户沟通方面的问题，在实践中学会如何完成工程项目，不但提高了工程研发能力，同时也有效地提升了沟通的能力；培养了挑战自我的意识和团结互助的团队精神，培养了吃苦耐劳、勇敢顽强的品质；项目组的学生深刻地认识到了自己在技能和专业知识方面的不足，提高了学习的积极性，增强了学习能力；通过实际项目的磨炼，学生意识到应该多参加各类实际工程项目，多参加教师的科研项目，才能够有效提高自己工程开发、客户沟通、团队协作等多方面的能力。

（作者系铜仁学院大数据学院副教授）

财税大数据关键技术

——税狗系统平台开发

佘彦超

一、项目概况

（一）项目名称：财税大数据关键技术研究及应用

（二）委托单位：湖南省茂泽信息科技有限公司

（三）服务类别：技术服务

（四）实施时间：2017 年 3 月至 2018 年 5 月

（五）实施地点：铜仁学院，长沙高新科技园

二、项目实施及完成情况

（一）项目获得过程

大数据学院成立伊始，院领导就鼓励大家采取“走出去，引进来”的办法积极了解企业需求，利用自身科研和技术资源进行校企合作。在对外联系过程中，了解到湖南茂泽信息科技有限公司（以下简称茂泽公司）需要进一步完善其原有的企业报税系统。利用大数据技术，为企业用户更好地解决工商财税问题。本项目结合了本学院的优势和企业的实际需要，由于双方能够充分发挥各自的优势，在实现路线、功能划分、详细设计等方面的进展很快，故该项目在很短的时间内得到启动。

（二）技术路线

1. 技术服务流程

项目组重点着眼于纳税分析系统的设计，在开发过程中遵从了软件系统设计工程的一般流程。第一步，结合茂泽公司现有海关报税系统，工商代理系统

等服务系统，按照提供的全套企业工商财税服务要求，进行全系统的功能模块化设计，分为工商代理，记账代理，税务代理，企业办事，联系我们等六大子系统。第二步，项目组梳理了相关子系统业务的基本流程并制定了相应的模型。针对现有系统的不足，完善了架构，增添了支付、分析、预警模块及其预留的接口。在设计过程，特别注重界面设计，为保持风格的统一，在前端的界面设计中，参考了其原有系统的界面要求。

具体开发流程如下：

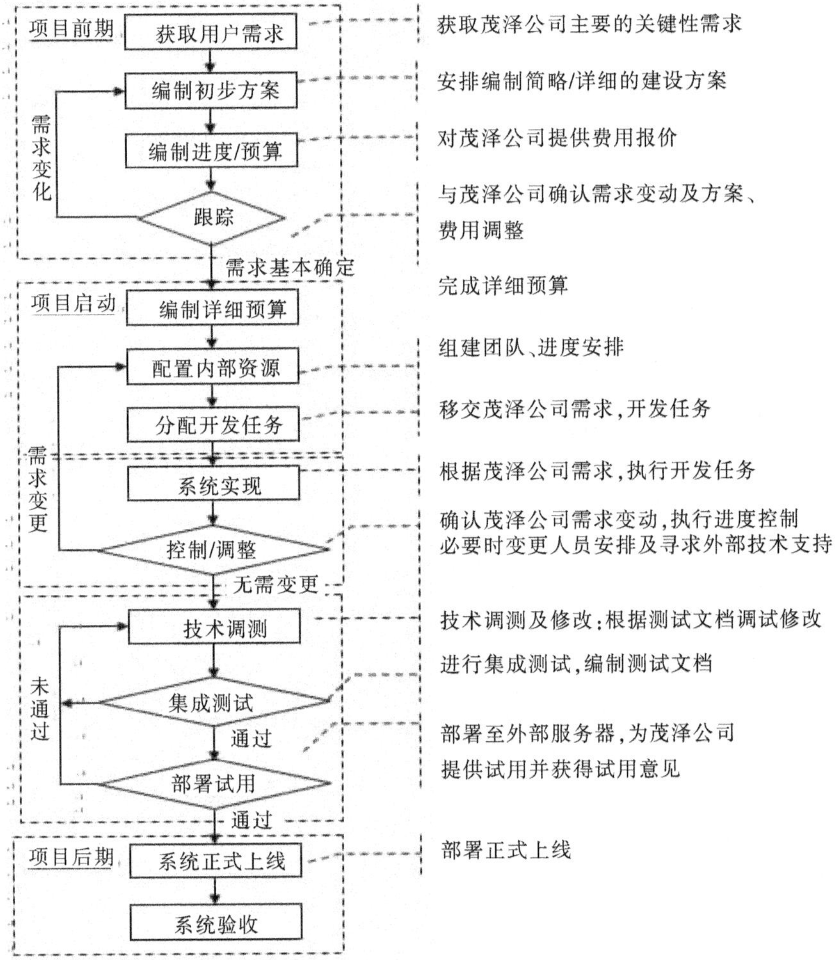

图1　开发流程图

2. 服务内容

本项目实施过程中主要涉及内容有：茂泽公司需求分析，提出概要设计，对设计进行编码实现，测试系统性能等。

（1）需求分析。主要包括三个方面：首先，项目组向茂泽公司初步了解需求，他们希望能提供专业工商财税整套解决方案的服务平台。然后用相关的工具软件列出要开发系统的大功能模块，在逐步探索每个大功能模块里需要的小功能模块。对于有些需求比较明确的界面时，在这一步需初步定义好少量的界面。其次，经过前期沟通，项目组深入了解和分析茂泽公司需求细节，根据自己的经验和茂泽公司需求完成一份文档系统的功能需求文档。这次的文档清楚列出系统大致的大功能模块、小功能模块、相关的界面和界面功能。最后，系统分析员向用户再次确认需求。

（2）概要设计。项目组对财税软件系统进行初步的概要设计，包括系统的基本处理流程、系统的组织结构、模块划分、功能分配、接口设计、运行设计、数据结构设计和出错处理设计等，为软件的详细设计提供基础。

（3）详细设计。主要描述实现具体模块所涉及的主要算法、数据结构、类的层次结构及调用关系，需要说明系统各个层次中每一个程序（每个模块或子程序）的设计思路，完成《软件系统详细设计报告》，以便进行编码和测试。

（4）编码。根据《软件系统详细设计报告》中对数据结构、算法分析和模块实现等方面的设计要求，开始具体的编写程序工作，加强各模块的功能，从而实现对目标系统的功能、性能、接口、界面等方面的要求。

（5）测试：将编写好的系统，移交茂泽公司使用。茂泽公司确认系统功能，进行内部测试。同时，上线交于客户进行试运行测试，组织学生全覆盖用户进行问卷调查，收集用户反馈，调试完善系统。

（三）组织团队成员

由 5 名教师与 6 名学生组成。其人员的选择，主要考虑到各位教师和学生对 JAVA web 技术较为熟悉，有一定的设计、编码的基础，学习能力也较为突出，有利于形成示范效应。主要人员如下表所示：

表1 团队成员

<table>
<tr><td rowspan="13">团队成员</td><td rowspan="6">教师</td><td>姓名</td><td>技术职务</td><td>学历</td><td>专业</td><td>学院</td></tr>
<tr><td>余彦超</td><td>副教授</td><td>博士研究生</td><td>物理学</td><td>大数据学院</td></tr>
<tr><td>罗开武</td><td>副教授</td><td>博士研究生</td><td>物理学</td><td>大数据学院</td></tr>
<tr><td>田 波</td><td>副教授</td><td>博士研究生</td><td>计算机科学与技术</td><td>大数据学院</td></tr>
<tr><td>张蔚曦</td><td>副教授</td><td>硕士研究生</td><td>物理学</td><td>大数据学院</td></tr>
<tr><td>李旺</td><td>讲师</td><td>硕士研究生</td><td>计算机网络</td><td>大数据学院</td></tr>
<tr><td rowspan="7">学生</td><td>姓名</td><td>年级</td><td>专业</td><td>考取硕士研究生情况</td><td>学院</td></tr>
<tr><td>吴胜威</td><td>2015 级</td><td>应用物理学</td><td>准备参加 2019 年硕士生入学考试</td><td>大数据学院</td></tr>
<tr><td>胡宇</td><td>2015 级</td><td>应用物理学</td><td>准备参加 2019 年硕士生入学考试</td><td>大数据学院</td></tr>
<tr><td>张学文</td><td>2015 级</td><td>应用物理学</td><td>准备参加 2019 年硕士生入学考试</td><td>大数据学院</td></tr>
<tr><td>唐彦</td><td>2015 级</td><td>应用物理学</td><td>在校生</td><td>大数据学院</td></tr>
<tr><td>张成</td><td>2015 级</td><td>应用物理学</td><td>在校生</td><td>大数据学院</td></tr>
<tr><td>郑维仙</td><td>2015 级</td><td>应用物理学</td><td>在校生</td><td>大数据学院</td></tr>
</table>

（四）项目实施具体过程

1. 准备工作

开发平台的搭建需要以下主要工具：SQL server 2010 数据库系统，eclipse 集成开发环境和 dreamweaver 网页制作工具。此外，在新网申请了名称为 www. 88shuigou. com 的域名，并利用茂泽公司原来租用的国内服务器。考虑到系统后期的升级工作，预留了功能扩展接口、网络存储空间及带宽。

2. 培训队伍

本项目的内容涉及公司业务流程、业务处理细节等内部信息，故在项目制作过程中强调了内容保密的重要性，并对开发团队提出保密性要求。其次，整个项目基于 java 及 linux 而展开，这对非计算机专业的同学和老师具有一定困难。因此，项目组联合茂泽公司进行专门培训，使老师和学生尽快熟悉开发语言和工具。

（五）项目完成情况

1. 完成了系统 UI 设计

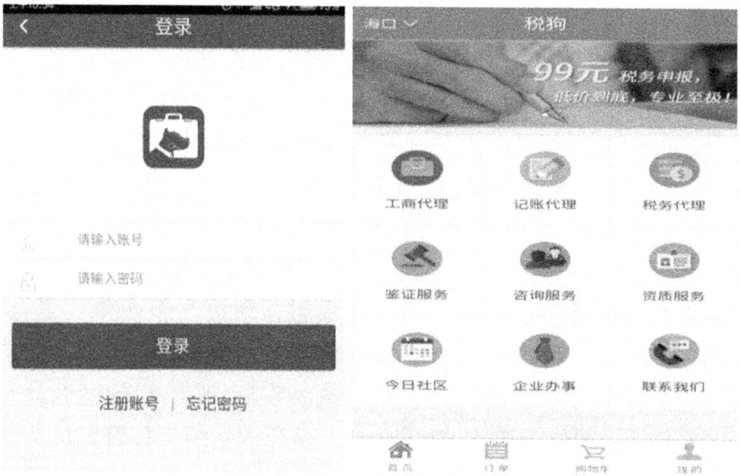

图 2　站点主界面（示意图）

如上图所示，UI 由学生负责设计，整个界面清晰流畅，借鉴了原系统的相关界面，保留了风格的一致性。同时，设计了新的系统 LOGO，以突出公司的产品特色与发展理念。总的来说，该界面获得了客户的好评。

2. 部分子系统设计

图 3　部分子系统设计（示意图）

三、项目实施效应

（一）人才培养效应、学科建设效应

（1）培养本科生 6 名，有效地提高了学生的系统开发能力，在各专业中取得了较好示范效果。学生的学习积极性得到了显著提高，很多同学通过项目的锻炼使自己的能力得到了很大的提升，其中吴胜威同学获得铜仁学院最高学生奖“明德学生奖”，张成同学获得 2017 年全国大学生数学建模大赛贵州省一等奖，胡宇同学获得 2018 年贵州省大学生电子设计大赛二等奖。

（2）在本项目制作过程中，我们通过将实践教学融入企业的工程项目，提升学生的工程开发能力。同时，通过此项目，学校与企业建立了合作关系。可以挑选部分基础较好、学习能力较强的学生进入企业的技术团队。通过观摩与学习，了解企业实际项目的开发流程，熟悉实际 IT 项目的运营体系。并在企业导师的安排下，介入新项目的开发中，提升学生的工程开发能力。这种方式，有效地弥补了学校教育中的实践不足、理论过多的缺点，培养了一批具有较强设计、编码、测试能力的优秀学生。这批学生，有效地带动了本专业的教学与研究水平，对增强学习氛围、提高办学质量和人才培养质量等方面起到了非常重要的作用。

（二）社会效应与经济效益

（1）为茂泽公司解燃眉之急，提供专业工商财税整套解决方案的服务平台和服务“税狗”财税服务产品。

（2）该系统开发时间紧，任务重。为保证项目进度，项目组成员牺牲休息时间，积极与客户沟通，积极寻求技术支持。在假期期间，远赴长沙、深圳、东莞等地考察学习。时常通宵达旦的进行程序编写和项目推进，这种吃苦耐劳的精神，较高的服务意识，多次得到茂泽公司的赞许，并极大地提升了铜仁学院的形象。

（3）经过一年多来的技术服务，该公司产生了一定的经济效益。目前公司以“税狗”财税服务产品为龙头产品，拓展了高性能运算、秒通报关等八项子业务。其客户包括联想、新美亚电子等国际国内知名企业。

图4　系统推荐界面（示意图）

四、项目取得的主要经验及启示

（一）项目实施过程中应注意的关键事项、主要经验

1. 组织管理经验：领导重视、强化服务意识、有效沟通、强化执行

具体情况如下：

（1）组建社会服务团队，由分管院长宋院长担任队长并统筹全局。

（2）团队做好技术服务：教师团队成员学历为硕士及硕士以上，主要技术开发由田波博士和罗开武博士负责，技术外联协作由佘彦超博士负责，其余老师和学生积极配合。

（3）铜仁学院大数据学院常务副院长宋谋胜教授在合作之初与茂泽公司进行协调沟通，保证此项工作顺利落地。

2. 实施操作经验："税狗"财税服务产品开发是庞大而系统化的工作

项目参与人员工作和时间的不确定使日常管理工作烦琐，并对突发问题的处理造成了不可预知的问题和困难。茂泽公司远在长沙，与铜仁相距数百公里，沟通起来存在时间和空间的不便利。现将部分实施操作经验总结如下：

（1）服务意识及过硬的专业技术知识至关重要。作为有偿技术服务，要攻克心理难关，随叫随到，有绝对的服务意识观念。本次系统开发是茂泽公司整个财税服务系统开发的子项目。遇到突发问题及时处理，能有效促进与其他协作单位的合作效率，同时也能将损失降到最低是整个技术开发的关键。

（2）常规协作人员技术培训的重要性。模块化系统开发的关键在于协作。因此，本项目组通过聘用兼职协作人员，加强项目各方面的沟通和协作，有效解决时间和空间不便利的问题。

（二）项目对人才培养、教学、科研的启示

1. 知识层面

人才培养中所涉及的知识点和技能点：

（1）web 程序设计中的算法、AJAX、avascript 要求能够应用上述语言和工具，熟练设计出功能齐备、界面较为美观的站点。同时，对前端设计有较为深刻的理解，能设计出操作中间件及后台数据的基本功能模块，也能够理解 HTTP 协议并熟练应用。

（2）掌握数据库、JSP、java 基础、网络、集合等 Java web 编程的基本知识，能应用至系统设计中。对 SQL Server2010、java 语言等较为熟悉，对 eclipse 工具及 java 的 spring 框架较为了解。可使用该轻量级的 IoC 和 AOP 的容器框架，能针对 javaBean 的生命周期进行管理，既可以单独使用，也能够和 Struts 框架、ibatis 框架等组合使用。

（3）认识数据库背后的原理以及潜在问题是项目成功的关键。SQL 的主要特点使其更适合于特定的问题。例如，通过了解图形数据库更适合于数据通过关系组织的情况，设计专门的数据访问模块。

2. 思维层面

从学习专业知识的角度上说，现在软件开发极力倡导培养面向对象思想，并且提出了软件开发学习的三件宝（领域建模、模式、框架），及时跟进先进的思想和技术，站在业界的前沿。从做学问的态度上来说，我们应该将软件开发设计中的技术和方法提升到科学思维方法论，哲学逻辑方法论的高度，从而得出理论与思想的果实：方法是非常重要的，好的方法能起到事半功倍的效果。

简而言之，方法就是为了达到一定的目的而采取的手段，方法可以分为四个层面的方法：一是具体的方法，如一道数学题的多种解题方法；二是各学科、行业的专业方法，如物理的方法，数学的方法，建筑的方法等等；三是科学思维的方法如抽象和具体的方法，分析和综合的方法，逻辑和历史的方法等等；四是哲学的逻辑方法了，如辩证法。

（作者系铜仁学院大数据学院副教授）

松桃县实验幼儿园教育质量提升指导

田劲松

一、项目概况

（一）项目名称：松桃县实验幼儿园教育质量提升指导

（二）主持人：田劲松

（三）经费来源及数额：松桃县实验幼儿园，43800 元

（四）委托单位：松桃县实验幼儿园

（五）服务类别：技术服务

（六）实施时间：2018 年 5 月 8 日至 2019 年 5 月 8 日

（七）实施地点：松桃县实验幼儿园

二、项目获得过程

（一）项目来源

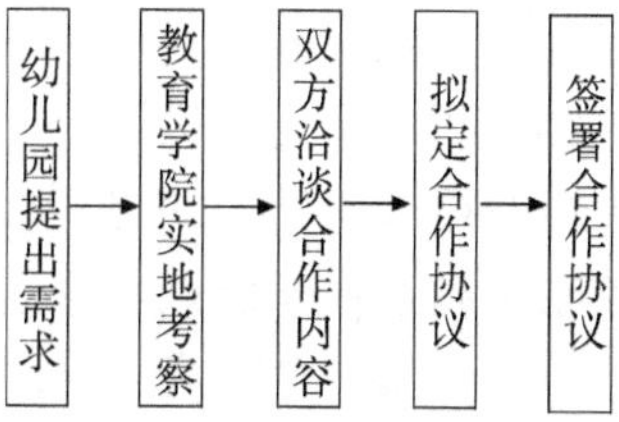

图 1　项目获得过程流程图

2010 年两会以来，随着政府对学前教育的投入的持续加大，各地新建了不少公办幼儿园，极大地解决了幼儿园学位数相对适龄幼儿不足的问题，“入园难”“入园贵”问题基本得到缓解。然而，优质幼儿教育资源的紧缺已成为我国学前教育科学发展的瓶颈，当前，我国学前教育普遍存在着师资队伍整体

素质低下、幼儿园办园条件和管理方式不规范、小学化现象严重等现实问题。为促进学前教育科学持续发展，提高幼儿园办园质量，贵州省各级政府加大了对示范幼儿园的评估力度，表现为：建立并完善了从省级示范园评估到区县级示范园评估的逐级评估机制，扩大了评估范围，增加了评估批次等。在工作导向的推动下，近年来，贵州省各级示范幼儿园数量持续增加，呈现出“以评促建，以评促改，以评促管，评建结合，重在建设”的良好态势，极大地提升了贵州省幼儿园的整体办园质量。

目前，铜仁市建成贵州省省级示范幼儿园的数量在全省各地州市中的排名靠后，为此，铜仁市教育局十分重视我市幼儿园申创省级示范幼儿园的建设工作，将铜仁市内各区县实验幼儿园申创省级示范幼儿园纳入工作计划并逐年落实。铜仁学院是铜仁市区内的最高学府，在服务和引领区域内行业发展中有着义不容辞的责任，我校学前教育专业在多年服务地方社会的过程中，产生了良好的社会影响力，得到了区域内教育行政部门和一线幼儿园的广泛认可。鉴于我校学前教育专业在区域内的影响力，不少区县实验幼儿园主动提出与我院教育学院学前教育专业开展合作，借助我校学前教育专业的师资力量为合作幼儿园申创省级示范幼儿园提供技术上的指导与支持。

松桃县实验幼儿园始建于1985年，是一所贵州省一类幼儿园，2015年成功申创为铜仁市市级示范幼儿园。幼儿园原址临近松江河，后由于水患影响，搬迁至松桃县蓼皋镇教场坝。幼儿园现有教职工68人，有大、中、小各班级，共计12个班，在园幼儿469人。搬迁后的松桃县实验幼儿园使用的是原松桃县特殊教育学校的校舍，教室内布局与幼儿园办园要求存在较大差距，加之师资队伍断层，中年骨干教师十分紧缺，教师年轻化现象严重，以上因素成了制约松桃县实验幼儿园提质发展的瓶颈。为突破瓶颈，谋求发展，松桃县教育局加大了对幼儿园硬件建设的经费投入，幼儿园也积极寻求发展之路，2018年3月，幼儿园现任园长董丽琼联系到铜仁学院教育学院田劲松老师，提出合作需求意向，应松桃县实验幼儿园的需要，铜仁学院组织相应人员先后于2018年3月、5月共三次到松桃县实验幼儿园实地考察，对幼儿园的环境建设、户外活动、集体教学、区域活动、一日生活安排等情况进行了解，并就双方合作内容、方式、幼儿园发展规划等问题进行沟通，双方达成初步意向，并于2018年5月成功签署合作协议。

（二）协议书内容

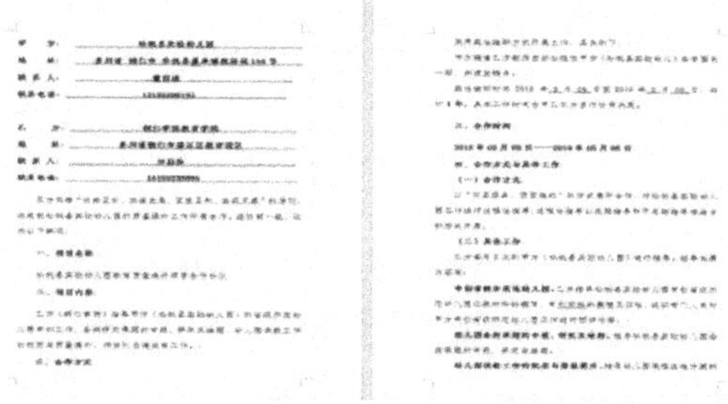

图 2　项目协议书（示意图）

（三）协议书签订

签订时间：2018 年 5 月 8 日
签订地点：松桃县实验幼儿园
签订人：教育学院教师田劲松、松桃县实验幼儿园园长董丽琼

图 3　项目协议书签订现场

三、项目实施情况

（一）项目具体任务

（1）乙方（铜仁学院）指导甲方（松桃县实验幼儿园）的省级示范幼儿园申创工作。

（2）乙方（铜仁学院）指导甲方（松桃县实验幼儿园）各类研究课题的

申报、研究及结题。

（3）乙方（铜仁学院）指导甲方（松桃县实验幼儿园）幼儿园保教工作的规范与质量提升、师资队伍建设等工作。

（二）项目实施保障

1. 组织保障

该项目由铜仁学院教育学院与松桃县实验幼儿园共同签署，协同完成，双方单位的组织机构为合作协议的落实提供坚实的组织保障。一方面，为项目提供服务技术指导的铜仁学院近年来十分重视高校服务地方社会工作的开展，成立了社会服务中心，完善了学校各专业服务地方社会的激励机制和分类管理措施，为学校各专业人才服务地方社会进行监督、管理与服务；另一方面，松桃县实验幼儿园十分重视此次合作，制订了全员参与的工作计划，上自领导班子与中层管理人员，下至全体教职工全员知晓并参与此次质量提升项目，以行政执行的方式推进项目的开展。

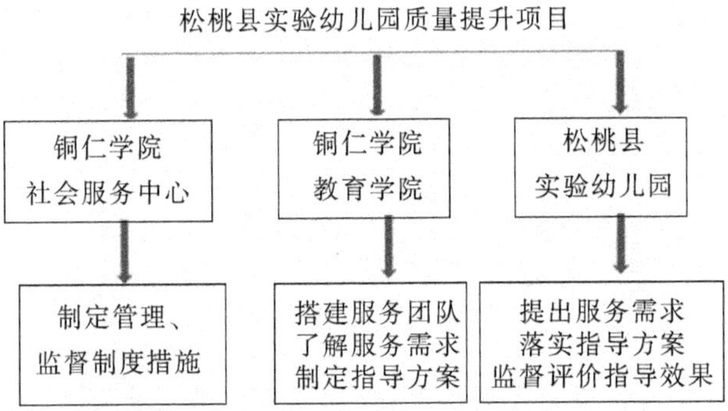

图 4　松桃县实验幼儿园质量提升项目组织保障示意图

2. 制度保障

合作双方的相关管理制度，为项目的有序推进提供了制度保障，如《铜仁学院社会服务管理办法》《松桃县实验幼儿园工作制度》等。

3. 技术保障

为保证项目的顺利实施，铜仁学院教育学院整合地方幼教行业知名专家组成幼儿园质量提升团队，根据团队成员的个人专长进行分工合作，在项目指导过程中实现了对幼儿园各项工作指导的全覆盖，例如：聘请具有丰富的幼儿园管理经验的原铜仁市实验幼儿园园长龙琼为幼儿园“领导与管理”工作指导的首席专家；聘请铜仁市实验幼儿园具有近30年工作经验的保健医生罗先花为“卫生与保健”工作指导的首席专家等；聘请的专家不仅自身具有丰富的一线工作经验、扎实的专业知识，同时，也是贵州省省级示范幼儿园评估专家组成员，参与过多次省级示范幼儿园评估。

该项目主要负责人田劲松，多次参与贵州省省级、铜仁市市级示范幼儿园评估，并多次担任评估组组长工作，在该项目签署之前，田劲松已带领铜仁学院教育学院学前专业社会服务团队完成类似项目多个，如：指导铜仁市第二幼儿园教育质量提升项目，2017年12月，铜仁市第二幼儿园以优异成绩顺利通过铜仁市示范幼儿园评估；除此之外，还有万山区第一幼儿园、江口县晨曦幼儿园等，均在双方共同合作努力下顺利通过铜仁市市级示范幼儿园评估。

4. 资源保障

松桃县实验幼儿园提供合作所需的人力、财力和设施设备。

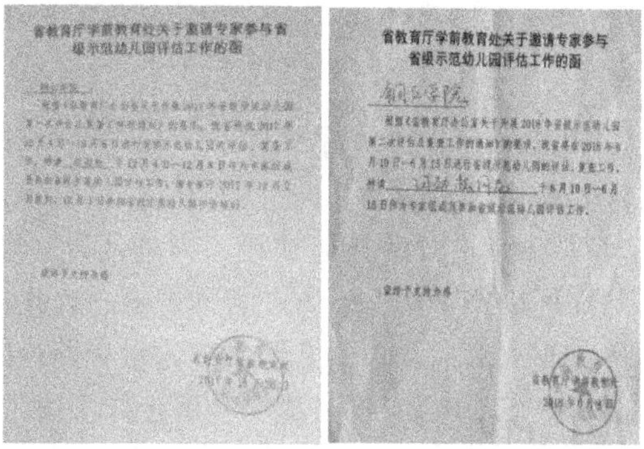

省教育厅学前教育处关于邀请专家参与省级示范幼儿园评估工作的函

省教育厅学前教育处关于邀请专家参与省级示范幼儿园评估工作的函

图5　省教育厅文件（示意图）

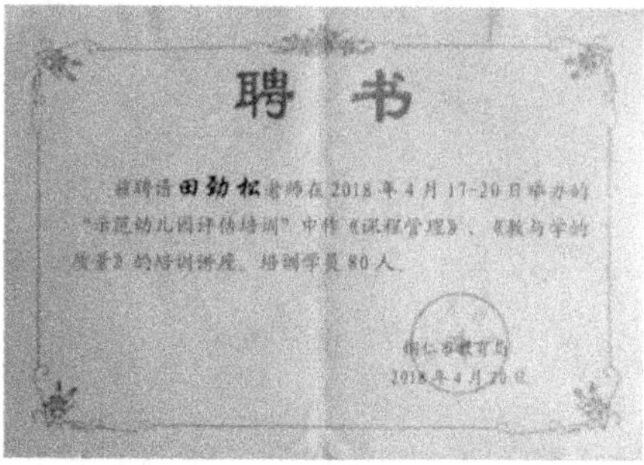

聘书

兹聘请田劲松老师在2018年4月17-20日举办的“示范幼儿园评估培训”中作《课程管理》、《教与学的质量》的培训讲座，培训学员80人。

铜仁市教育局

2018年4月20日

图6　田劲松老师聘书

（三）项目实施过程

1. 成立项目实施团队

成立了以铜仁学院教育学院学前教育专业教师为主，碧江区中职学校、铜仁市实验幼儿园教师、保健医生共同参与的质量提升服务团队。

表1　松桃县实验幼儿园质量提升项目团队成员一览表

序号	姓名	工作单位	专业	分工
1	田劲松	铜仁学院	学前教育	教与学的质量
2	龙琼	江区中职学校	学前教育	领导与管理
3	李红霞	铜仁学院	学前教育	关爱与支持
4	罗先花	市实验幼儿园	护理专业	卫生与保健
5	杨瑛	铜仁学院	学前教育	儿童发展
6	邓家英	铜仁学院	学前教育	教与学的质量
7	左文	铜仁学院	学前教育	办园条件与效益

2. 项目实施筹备

（1）前期调研、问诊把脉：2018 年3 月、5 月，铜仁学院教育学院学前教育社会服务团队多次到松桃县实验幼儿园进行调研，了解幼儿园的发展需要和建设现状，对松桃县实验幼儿园的环境建设、户外活动、集体教学、区域活动、一日生活安排等情况进行了解，双方就合作内容、合作方式、幼儿园今后工作重难点等问题进行座谈沟通，对幼儿园发展定位和路径问诊把脉，经过沟通双方达成初步意向，并于2018 年5 月成功签署合作协议。

图7　调研现场

（2）明确职责、分工协作：为保证项目的顺利推进，对团队成员指导任务进行相对分工，在明确了以田劲松为该项目主要责任人的同时，根据服务团队成员的个人所长，对团队成员指导任务进行了分工，具体如下：龙琼（碧江区中职学校）负责三年发展规划领导与管理指导工作；杨瑛、李红霞负责关爱与支持儿童发展指导；田劲松、邓家英负责教与学的质量、课程建设的指导；罗先花（铜仁市实验幼儿园）负责卫生与保健指导；左文负责办园效益指导。

3. 项目实施过程

（1）以教科研能力提升为抓手，提高师资队伍整体水平：通过双方协商，决定根据幼儿园发展中的实际问题，立项一批园级教研课题，一方面，通过课题研究调动教师参与改革的积极性，另一方面，解决幼儿园存在的急难问题，最后，达到提升教师教科研能力与水平的目的。针对幼儿园教师科研基本知识和能力匮乏的现状，先后两次通过讲座与现场交流的方式，提高教师的教科研知识与能力，对教师申报的课题进行逐一论证和指导。

图 8　科研讲座现场

表 2　松桃实验幼儿园课题申报题目一览表

编号	姓名	课题名称
1	吴克珍	“爱生课程实施现状的研究”
2	李霜雪	“幼儿园开展家长义工活动的探索与研究”
3	李霜雪	“在区域活动中培养小班幼儿语言表达能力的实践研究”
4	田丽	“苗绣在区域中的探索与研究”
5	吴晓艳	“幼儿选择苗绣活动的现状问题及策略研究”
6	罗未年	“集团化办园提升乡村幼教质量的策略的研究”
7	冉凤珍	“午睡问题的存因和对策的研究”
8	邹婧婧	“一日活动流程整顿与研究”
9	邹婧婧	“涂鸦区材料的投放与策略研究”
10	田静	“建构区材料投放的问题与策略研究”
11	田静	“教研活动计划与实施现状的策略研究”

图 9　课题论证现场

图 10　查看并讨论户外环境建设

（2）实地查看幼儿园室内外环境建设、功能室建设、材料投放、一日活动安排等。

（3）参与并指导幼儿园新园建设规划：为迎接 2019 年的省级示范幼儿园评估，松桃县政府加大了对松桃县实验幼儿园的投入，拟投入 600 余万新建园舍，改善幼儿园办园的硬件条件，聘请专门的设计公司对幼儿园新园舍进行设计，为确保新建幼儿园园舍的科学合理设计，田劲松等指导团队多次参与园舍规划图论证，并利用暑假多次到施工现场查看，为改进设计规划提供依据。

（4）讨论交流明确工作思路：2018 年 9 月 27 日，田劲松老师前往铜仁市松桃县实验幼儿园对该园教职工进行了为期一天的指导。

上午8：30，田劲松与以董园长为首的幼儿园领导班子开了会，会议主要内容为明确该园为迎接省级示范园评估的人员分工；对评估主要内容中的教与学的质量、关爱与支持两个板块进行深入指导；讨论、修改幼儿园办园理念等，并在此基础上明确下一步的工作安排。下午1：30，田劲松就科研选题与申报书的撰写对全园教师进行培训，细致地讲解了申报书撰写的具体要求及注意要点，并对教师的疑问进行一一解答。

图11　研讨现场

四、项目实施效应

（一）人才培养效应

该项目在应用创新型人才培养中起到了重要的作用。在项目实施过程中，卢韵、李忠毅、庄罗霞等3名学生参与到指导过程中，对不断强化实践教学环节，培养学生实践能力与创新能力，提高学生应用能力和知识迁移能力起到了积极的推动作用，也为学生的毕业学位论文撰写提供了第一手资料。

（二）师资队伍建设效应

该项目的开展，为我校教师进入一线幼教行业搭建了平台，是开展校政行合作培养教师机制的真实案例，促进了教师的成长，对造就一支既有较扎实的理论基础，又具有丰富实战经验的双师素质教师队伍意义重大。

（三）科学研究效应

该项目促进教师在走入一线的过程中进行理论联系实际的深入思考，对加强科研队伍的建设，提高教师的科研能力，以研促教，引导教师根据地方社会发展要求，立足岗位，在服务中搞科研，形成产、学、研良性循环意义重大。

（四）社会服务效应

本项目实施以来，服务对象及地方教育主管部门对项目的合作情况和效果十分满意，在当地幼儿园也产生了较好的影响。在了解铜仁学院教育学院与松桃县实验幼儿园合作项目的具体情况后，松桃县第三幼儿园、松桃县盘信镇幼儿园主动与我们联系，希望能建立合作关系。

总之，通过合作项目服务地方社会，充分发挥地方高校对地方社会行业的服务引领职能，既是地方高校反哺社会义不容辞的职责，也是合作双方双赢的发展之路。开展项目合作，能促使地方高校在服务中求发展，使理论知识真正与实践结合。

（作者系铜仁学院教育学院教授）

铜仁市第一幼儿园科研素养提升指导

高雪春

一、项目概况

（一）项目名称：铜仁市第一幼儿园科研素养提升指导

（二）主持人：高雪春

（三）服务类别：人才服务

（四）实施时间：2018 年 7 月至 2019 年 7 月

（五）实施地点：铜仁市第一幼儿园

二、项目获得（争取）过程

（一）项目来源

人才培养、科学研究及社会服务是高校的三大典型职能，对于铜仁学院而言，因其办学目标定位为应用型大学——教学服务型大学，社会服务更是成了其凸显职能。近几年，铜仁学院全校师生紧密围绕这一职能，聚焦铜仁市区域内各行业的发展需求，充分利用其在知识、设备及科技成果转化等方面的资源优势，在企事业单位开展了各具特色的社会服务，并取得了突出的成效，受到地方政府和服务对象的好评。

项目主持人所学专业为教育学，现担任《教育学》《幼儿园管理》等课程的教学工作，研究方向为高等教育及教育管理，近年来发表学术论文 20 篇，其中核心 5 篇，主持完成省部级、地厅级及校级课题 6 项，积累了一定的科研经验。同时，项目主持人在工作期间，曾多次带学生到幼儿园见习，参与铜仁市区幼儿园申报省级或市级示范园的评估指导工作，对幼儿园教师的基本情况有了一定了解，如科研能力较为薄弱，在科研项目的申报和学术论文的撰写方面存在较大的困惑，项目主持人便思虑在此方面予以相关指导，为幼儿园教师科研素养的提升尽一份绵薄之力。2018 年 6 月，项目主持人应铜仁市第一幼儿园相关负责人的邀请，根据学校相关社会服务的文件精神，结合铜仁市第一幼儿园教职工科研基础较为薄弱的现状，利用自身的科研优势，与铜仁市第一幼儿园初步达成合作意向，通过进驻行业、柔性服务的方式进行科研指导，开展相关服务，并于 2018 年 7 月 3 日与铜仁市第一幼儿园正式签订社会服务合作协议，服务期限暂为一年，后期将根据双方的实际情况和需求，另行协商是否续约。

（二）协议书（合同书）内容

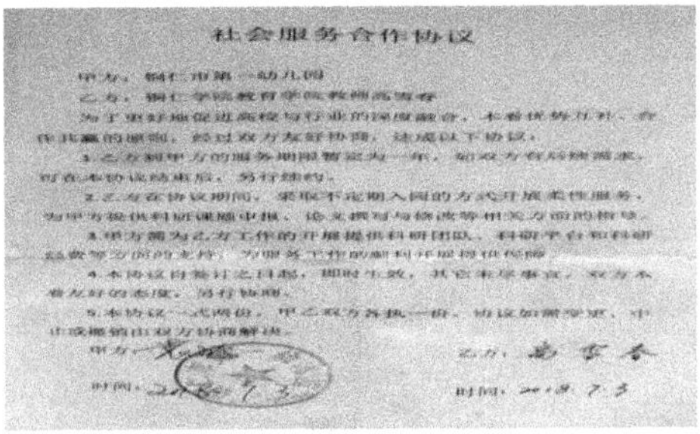
社会服务合作协议

甲方：铜仁市第一幼儿园
乙方：铜仁学院教育学院教师高雪春

为了更好地促进高校与行业的深度融合，本着优势互补、合作共赢的原则，经过双方友好协商，达成以下协议。

1.乙方到甲方的服务期限暂定为一年，如双方有后续需求，可在本协议结束后，另行续约。

2.乙方在协议期间，采取不定期入园的方式开展柔性服务，为甲方提供科研课题申报、论文撰写与修改等相关方面的指导。

3.甲方需为乙方工作的开展提供科研团队、科研平台和科研经费等方面的支持，为服务工作的顺利开展提供保障。

4.本协议自签订之日起，即时生效，其它未尽事宜，双方本着友好的态度，另行协商。

5.本协议一式两份，甲乙双方各执一份。协议如需变更、中止或撤销由双方协商解决。

甲方：　　　乙方：高雪春

时间：2018.7.3　　　时间：2018.7.3

图 1　社会服务协议书（示意图）

上图中的社会服务协议书是项目主持人和铜仁市第一幼儿园本着优势互补、资源共享及合作共赢的原则，在双方相互尊重、平等协商的基础上进行的，主要围绕此项目的社会服务期限（2018 年 7 月—2019 年 7 月）、社会服务形式（不定期入园式的柔性服务）及社会服务内容（科研课题的申报、论文的撰写等）方面展开，未尽事宜，双方根据具体情况，本着友好协商的态度解决。该服务协议为本项目的开展提供了规范、合理、合法的程序保障，也是以后双方认真履行该项目的文本依据。

（三）协议书（合同书）签订

时间：2018 年 7 月 3 日
地点：铜仁市第一幼儿园园长办公室
签订人：铜仁市第一幼儿园园长袁弘、铜仁学院副教授高雪春

三、项目实施情况

（一）项目具体任务

根据上述该社会服务项目的协议要求，项目主持人主要为铜仁市第一幼儿园提供地厅级、省部级等相关科研课题申报、学术论文的撰写等相关工作的指导。

具体来讲，项目主持人在服务期间，对铜仁市第一幼儿园的科研团队提供诸如贵州省教育科学规划课题、基础教育课题或铜仁市教育局等部门的相关课题申报指导，力争实现地厅级课题立项，且在课题立项后，提供项目开展的针对性指导，帮助其顺利结项。同时，在服务期间，项目主持人根据铜仁市第一幼儿园的实际需求，利用自身的学科优势，为其提供学术论文写作及幼儿园管理方面的咨询或指导，帮助铜仁市第一幼儿园教师在学术期刊上公开发表论文 2 篇以上（含 2 篇），成立教研基地 1 个。

（二）项目实施保障

1. 组织保障

任何活动的开展都离不开组织，组织既是管理的载体，也是各项活动得以顺利开展的保障。该社会服务项目的实施是在甲乙双方所在单位，即铜仁市第一幼儿园和铜仁学院的大力支持下进行的，有正式的项目实施协议及进驻行业的资料，程序规范、合理、合法。甲乙双方所在单位为该项目的实施提供了坚实的后盾和有力的组织保障，相信该项目定能如期施行，顺利达成预期目标。

2. 资源保障

该服务项目需要所服务对象的大力支持。基于相互理解、相互尊重、力争双赢的理念，在甲乙双方充分协商的基础上，铜仁市第一幼儿园相关负责人承诺为本项目的开展提供相应的人力、物力及必要的财力支持，提供项目开展的相关合作平台，以保障该项目的顺利进行。项目主持人所在单位铜仁学院也已出台了社会服务工作的相关文件，鼓励教职工利用自身科研或知识优势，进驻行业开展柔性服务，并给予教职工社会服务的时间保障，这也为本项目的实施提供了便利，有助于本项目的顺利开展。

（三）项目实施过程

1. 成立项目实施团队

人是管理的核心要素，也是该项目顺利得以实施的关键，能否组建一支有力的教师团队，关系到该项目的成败，因此，项目主持人和铜仁市第一幼儿园负责人都非常重视。2018 年中秋节前夕，项目主持人和铜仁市第一幼儿园园长及保教主任等相关人员经过认真协商，本着人员的选取一定要有利于该项目顺利实施的原则，决定从铜仁市第一幼儿园选取对科研工作感兴趣、有过科研经历或有职称需求的教师作为团队核心成员，再充分动员园内其他教职工的参与，组建项目实施队伍。

此外，鉴于铜仁市第一幼儿园目前正在开展的园本课程建设是近期的重点工作，且园本课程与 2011 年教育部颁布的《关于规范幼儿园保育教育工作防止和纠正“小学化”现象的通知》和 2018 年教育部印发的《关于开展幼儿园“小学化”专项治理工作的通知》的文件精神密切相关，项目主持人与铜仁市第一幼儿园园长等人员经过协商，决定把近期的科研方向聚焦在园本课程领域，从园本课程实施的背景、管理过程、开展现状中取得的成效与不足、未来的发展方向等具体环节展开，由此，筹备组决定适度吸纳参与铜仁市第一幼儿园园本课程研发的核心人员为本项目组成员。

在本项目开展的过程中，项目主持人将根据服务工作的实际需求，邀请铜仁学院教育学院部分科研能力较强的学前教育专业在校高年级本科生加入，其中以项目主持人指导其毕业论文的本科生为主，根据铜仁市第一幼儿园的发展需求，让入选的本科生从其毕业论文的选题、论文相关数据的调研乃至毕业论文的撰写完成，都要有针对性地围绕铜仁市第一幼儿园所需的相关领域进行研究，以扩大服务范围，提高服务效果。

2. 项目的筹备及实施

根据该项目的协议内容和要求，项目主持人根据自己和所服务对象的工作实际，柔性进驻铜仁市第一幼儿园，弹性开展服务工作。具体实施过程如下：

首先，主持人在对铜仁市第一幼儿园充分调研的基础上，与所服务对象的负责人进行沟通、协商，根据项目的客观需要和幼儿园的实际，与铜仁市第一幼儿园相关负责人一起遴选项目实施团队核心成员，围绕论文的撰写及课题的具体申报进行讨论、分工，并根据双方单位的实际情况，确定阶段工作的进程安排。

其次，项目主持人利用自己的学科知识和科研素养，通过开展一定的讲座、小型座谈会及在线论文修改等形式对团队成员进行科研指导，提升团队成员的科研素养，帮助其尽快产出成果，实现科研立项或论文发表。

再次，在项目进行的过程中，结合幼儿园发展中已经遇到的或希望突破的难题，邀请部分科研能力较强的学前教育专业的本科生加入，围绕幼儿园的需求选取本科毕业论文题目，在完成毕业论文的同时，把研究成果服务于幼儿园，实现产教研深度融合。

接着，在项目实施的过程中，主持人利用自己的学科优势，根据幼儿园的需求，对其相关管理工作进行指导，提供咨询或帮助，同时，结合所服务幼儿园的实践经历，总结经验与不足，反哺自身的教学与科研工作，与铜仁学院学前教育专业的人才培养相融合，把服务中遇到的典型问题与困惑作为以后自身科研选题、研究方向及重点研究领域，进行深入探究，研究成果也可以更好地服务于铜仁市第一幼儿园或同类学前教育机构。

最后，本着优势互补、互利互惠的原则，项目主持人将根据课程教学的需要，邀请铜仁市第一幼儿园园长为学前教育专业本科生做幼儿园管理方面的实践讲座，与项目主持人一起共同建设《幼儿园管理》这门课程，实现互动双赢。

四、项目实施效应

通过本次社会服务项目的开展和实施，主持人以为，此项目可以收获多重效应，具体表现在以下几个方面：

（一）人才培养效应

在此社会服务项目实施的过程中，项目主持人将围绕幼儿园的客观需求，与铜仁市第一幼儿园构建教研平台。届时主持人将邀请铜仁学院部分高年级学前教育专业在校本科生参与，根据服务对象的需求，围绕其亟待解决或探讨的相关领域进行毕业论文选题，有针对性地开展深入研究，不仅契合了幼儿园的实际需要，也锻炼了铜仁学院部分学前教育专业本科生的综合能力，在满足幼儿园需求的同时，也完成了自己的本科毕业论文。因此，该项目对参与其中的铜仁学院学前教育专业学生的综合能力是一次难得的提升机会，通过该项目的实施，可以培养项目参与人员的科研能力与实践动手能力，提高学生的科研素养和解决实际问题的能力。

（二）师资队伍建设效应

首先，对于项目主持人所在单位的师资来讲，有助于提高教师的专业实践能力和社会服务意识。师资队伍是大学内涵建设的重要组成部分和核心要素，在铜仁学院应用转型的过程中，如何全面提高教师的能力素养，打造双师双能型教师队伍，社会服务无疑是一条有效的路径选择。通过该社会服务项目的实施，大学教师走进幼儿园一线开展科研工作指导，带领学生参与科研服务，邀请幼儿园园长到大学校园进行经验交流，很好地践行了学校产教研融合的理念，对教师应用能力的提高和社会责任感的培养都有极大的益处。其次，对于此项目所服务对象的师资而言，有助于其教师全面素养的提升。本项目的实施旨在帮助提高幼儿园教师的科研素养，改变其科研能力较为薄弱的现状。此项目的开展，有助于铜仁市第一幼儿园教师科研能力的提升，有利于其教师全面素质的完善。

（三）科学研究效应

该项目产生的缘由即是基于幼儿园教师科研能力较为薄弱的现状，项目实施的主要内容就是对铜仁市第一幼儿园教师的科研进行指导，项目实施的目标就是通过此次服务实践，在一定程度上提高铜仁市第一幼儿园教师的科研能力，改变其科研不利的现状与局面，因此，科研效应是此项目开展的目标所向及应然产物。根据力的相互作用原理，此项目的开展，也有助于项目主持人及参与学生科研素养的提升。通过此服务项目，主持人也可以更好地发现教育实践中的问题，可以为未来科研选题提供素材和方向。

（四）社会服务效应

1. 扩大学校影响，树立学校品牌

通过该项目的实施，可以更好地实现产教研融合，彰显大学教师的科研及社会服务能力，是对铜仁学院教学服务型大学定位的特色展示和践行，有利于扩大学校在区域行业的影响力，有助于提高学校的社会服务效益和良好声誉。

2. 了解行业需求，引导教学改革

该项目的实施是在充分调研的基础上，根据行业的迫切需求而进行的。科学研究是大学的重要职能，也是每一位大学教师的必备素养。然则，幼儿园教师科研素养较为薄弱，需要大学教师的帮扶与指导，该项目的实施恰好契合了这种需求。同时，在服务过程中，通过深入了解行业的发展现状，找出其中存在的问题，可以在未来学前教育本科专业的教学中进行改革，提高幼儿教师后备力量的综合素质，使其毕业后更好地服务于幼教事业。

本项目尚在实施的初级阶段，故该案例只能从宏观上提供设想及思路，无法提供更多翔实的资料，具体开展过程记录、图片及其他生动资料待后期再行充实与完善。

（作者系铜仁学院教育学院副教授）

贵州碧江国家湿地公园有害生物防治研究

杨红　李兟

一、项目概况

（一）项目名称：碧江国家湿地公园有害生物防治研究

（二）委托单位：碧江区国家湿地公园管理局

（三）所属的社会服务类别：技术服务

（四）项目实施的时间：2018 年 7 月至 10 月

（五）项目实施的地点：铜仁市碧江区

二、项目实施及完成情况

（一）获得（争取）的过程

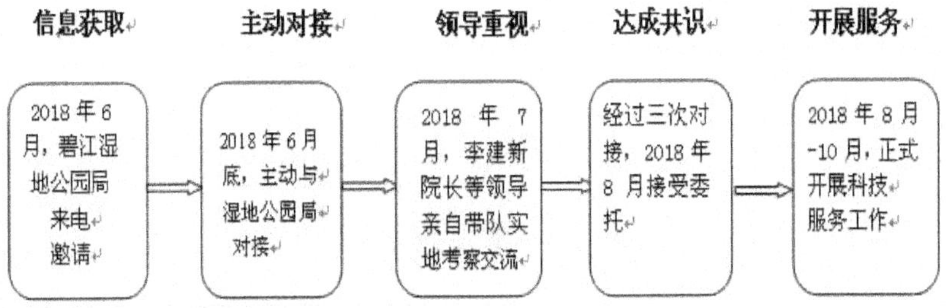

图 1　项目获取过程示意图

湿地，被称为地球之肺，在生态文明建设中其作用越来越显著。贵州碧江国家湿地公园管理局为充分了解贵州碧江国家湿地公园生态系统有害生物情况，从而更好地保护湿地资源，来电咨询有害生物防治相关技术力量，并寻求技术帮助。窕林工程与规划学院领导班子对此十分重视，由李建新院长亲自带

队到 实地公园调研考察，并多次与湿地公园局对接，最后湿地公园局委托铜仁学院杨红社会服务团队，组织开展贵州碧江国家湿地公园有害生物防治研究工作。

（二）技术路线

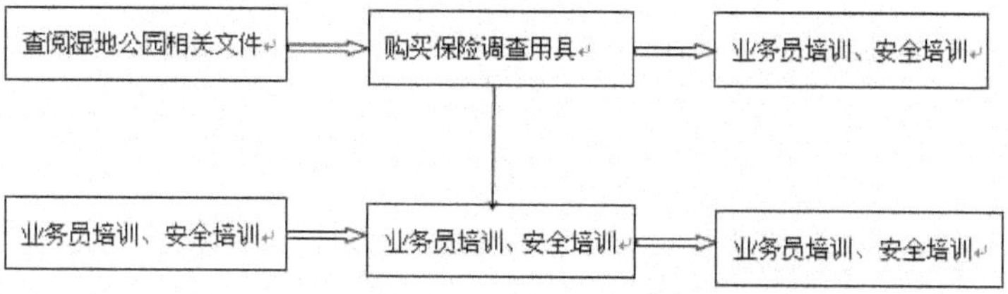

图 2　湿地公园有害生物外业调查技术路线图

1. 外业调查

（1）采用线路调查法对碧江国家湿地公园有害生物进行调查，根据碧江湿地公园交通情况确定调查线路。

（2）根据碧江区湿地公园森林及其生态系统现状设定调查固定样地和临时样地，并用平板电脑进行定位。

（3）林业有害生物样地调查、临时样地调查相关要求，现场记录小班调查因子表。

人才培养方案课程中涉及的知识点和技能点：

（1）通过查阅林业有害生物相关资料，掌握林业有害生物基本知识。

（2）通过查阅资料，掌握和识别铜仁市常见林业有害生物种类。

（3）学会用平板电脑进行现场认定和识别。

（4）学会林业有害生物监测方法。

（5）学会用所调查资料、数据，进行分析、判断，研究碧江区国家湿地公园林业有害生物发生趋势，并提出防治措施。

2. 内业数据、图形处理

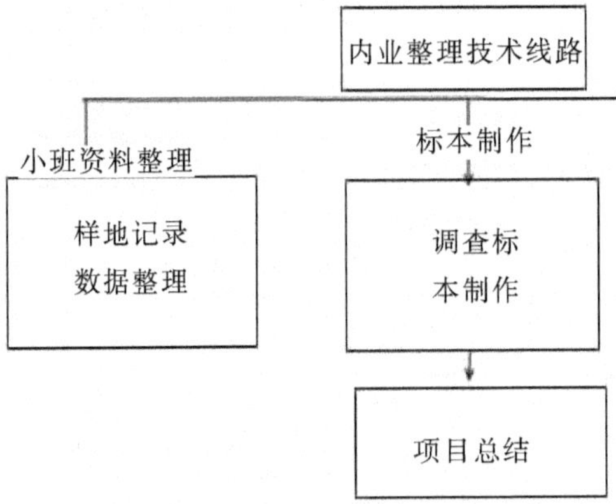

图3　碧江湿地公园局有害生物防治内业技术线路图

（1）调查数据进行汇总分类。
（2）掌握林业有害生物防治调查方法。
（3）学会地形图、影像图在林业有害生物防治中的应用。
人才培养方案课程中涉及的知识点和技能点：
（1）林业有害生物鉴定、识别。
（2）林业有害生物固定监测样地设置、临时样地的设置。
（3）林业有害生物样本采集、取样、镜检方法。
（4）林业有害生物生物防治措施制定。

（三）组织团队

表1　团队成员

	姓名	技术职务	专　业	学　院
教师	杨　红	副教授	林学	农林工程与规划学院
	谭廷鸿	副教授	植物学	农林工程与规划学院
	李泰君	副教授	植物学	农林工程与规划学院
	李建新	教授	林学	农林工程与规划学院
	杨传东	研究员	林学	农林工程与规划学院
	李　兢	实验师	林学	农林工程与规划学院
	吴怡蓓	讲师	林学	农林工程与规划学院

续表

	姓名	年　级	专业	学 院
学生	严　兴	2017 级	林学	农林工程与规划学院
	吴姣姣	2017 级	林学	农林工程与规划学院
	柳冰鑫	2017 级	林学	农林工程与规划学院
	张　兵	2017 级	林学	农林工程与规划学院
	李　华	2017 级	林学	农林工程与规划学院

（四）项目实施

1. 准备工作

资料查阅：中国植物志、中国动物志、贵州植物志、贵州动物志及相关国内外学报等资料记载的林业有害生物种类。铜仁市碧江区历年林业有害生物调查相关资料。

外业调查准备：GPS、平板电脑、铅笔、地形图、小班记录表、工作包、铅笔、橡皮、确定调查线路、昆虫包、昆虫网、试管、标本纸、标本夹、镊子、小锤子、枝剪等。

外业调查其他准备：工作服、登山鞋、防虫防蛇药品、风油精、创可贴、感冒药、防暑药、雨具等。

2. 组织培训

为了保证工作质量，保障工作有序推进，特进行相关培训。主要包括：林业有害生物知识培训、安全知识培训、纪律培训。

（1）林业有害生物知识培训。①林业有害生物分类识别，病害标本、昆虫标本以及其他林业有害生物标本采集；②林业有害生物调查方法；③林业有害生物固定监测样地、临时监测样地设置；④林业有害生物寄主植物观察；⑤林业有害生物发生防治特点观察记录。

图4　有害生物野外调查

（2）外安全培训。

防中暑：中暑是一种在炎热气候中易发生的严重疾病，如果治疗不及时，将导致脑损伤甚至死亡，发现中暑者，应将其移至凉爽干燥的地点，解开衣服，用凉水降温，并少量喂水。

防蛇咬伤：首先分清是无毒蛇还是有毒蛇。如果确定为无毒蛇咬伤（一般在15分钟内没有什么反应），可按一般外伤处理；若无法判断，则应按毒蛇咬伤处理包扎。被毒蛇咬伤后，切不要惊慌失措和奔跑，而应使伤口部位尽量放到最低位置，保持局部的相对固定，以减缓蛇毒在人体内的扩散和吸收。应立即用柔软的绳子、布条或就近拾取适用的植物茎、叶，在伤口上方约2—10厘米处结扎，松紧程度以能阻断淋巴和静脉血的回流，而又不影响动脉血流为宜。结扎动作要迅速，最好在受伤后5分钟内完成。每隔15—20分钟放松1—2分钟，以免被扎肢体因血阻而坏死。包扎后，可用清水、冷开水加盐或肥皂水冲洗伤口，以洗去周围黏附的毒液，减少吸收；经过冲洗处理后，再用锐利的小刀挑破伤口，或挑破两个毒牙痕间的皮肤，同时可在伤口周围的皮肤上，用小刀挑开米粒大小破口数处，这样可使毒液外流，并防止创口闭塞。还可直接用嘴吸吮伤口排毒，边洗边吐，每次要用清水漱口，若口腔内有黏膜破溃就决不能用口吸，以免中毒。服用蛇药。如无蛇药片，可就地采用几种清热解毒的草药，如半边莲、芙蓉叶、马齿苋、鸭跖草、鱼腥草等，将其洗涤后加少许食盐捣烂外敷。敷时不可封住伤口，以免妨碍毒液流出，并要保持药料新鲜，以防感染。

防止被蛇咬伤：蛇是野行性动物，白天藏在洞穴里或大石头阴影处，夜晚活动，不要胡乱地把手伸到树洞里去掏摸，不要把手伸到石缝中去；在毒蛇出没的地区行动时，应穿长裤、高帮登山鞋，并随时注意。

防昆虫伤害：应穿长袖衣和裤，扎紧袖口、领口，皮肤暴露部位涂搽防蚊药。不要在潮湿的树荫和草地上坐卧。遇到蜂巢，最好绕行，戴草帽通常是最好的防蜂措施；如遇马蜂袭击，首先要用衣服将头颈部包裹住。被蜂蜇后，应立即拔出蜂刺，用力掐住被蜇伤部位。用嘴反复吸吮（须确保口腔黏膜没有破损），可吸出毒素。出现过敏反应者，应尽快去医院抢救。

防止蚂蟥咬伤：蚂蟥是危害很大的虫类，穿厚一点的袜子，扎紧裤脚是最好的防范。遇到蚂蟥叮咬时，不要硬拔，可用手拍或用酒精滴在其前吸盘处，或用燃烧着的香烟烫，让其自行脱落，然后压迫伤口或用止血药止血，并用碘酒涂搽伤口以防感染。行进中，应经常查看有无蚂蟥爬到脚上。

（3）安全纪律：时刻提醒，贯彻安全第一，预防为主的方针。

3. 植物腊叶标本的制作

（1）掌握腊叶标本制作的方法。

①标本整理及干燥

选择各器官最完整的植物标本，最好有花或有果。先去残枝、枯枝、残叶等，适当疏掉过密的枝条和过繁的花、叶、果，留一小段花、果、叶梗，以表明原来的生态情况。在吸水纸上整形，将标本的枝、叶、果、花展开平放，避免重叠。尽量使标本既保持自然状态，看上去又美观。压制标本时，把少数叶片和花翻过来，摆正后，上面铺 2 层吸水纸。这样一层层加上去，放齐。最后，将标本夹用粗绳捆紧。次日换干纸，仔细加工整理标本，直至标本干燥为止。

②标本装订所需材料

台纸，大小为 40 厘米 ×30 厘米的厚铜版纸。棉线和针，用于固定标本和栓号牌。纸袋，用于存放标本的松散部分或多余的花果。标签，包括采集标签、鉴定标签。采集号牌，用线拴于标本上，记录采集号、采集地点、采集日期等信息。

③ 标本消毒的方法

熏蒸法：需要高锰酸钾和甲醛。把待消毒的标本放入密闭的纸箱内，在纸箱的一角放一个 200 毫升玻璃烧杯，在烧杯内放入高锰酸钾和甲醛（1∶2），反应消毒48小时即可。

④ 标本装订

标本装订采用线捆扎法。线捆扎法是用棉线将标本固定在台纸上，采集标签、鉴定标签、采集号牌及各种纸袋都应贴在装订好的标本的台纸上或挂在标本上，采集标签贴在台纸的左上角，鉴定标签贴于台纸的右下角，纸袋贴于右边。采集号码牌用线拴在标本上。

⑤腊叶标本鉴定

鉴定程序：首先是外业鉴定，尽量在野外采集的同时进行初步鉴定。在内业阶段，标本装订前，对已初步鉴定的标本进行确认，并对未鉴定标本进行鉴定。最后，请植物分类学专家对有疑问和未能鉴定的标本进行鉴定。

种子植物首先要鉴定到科，利用中国高等植物分科检索表与图谱进行检索分科，查到科别之后，再利用植物志、图鉴等进行分属和分种检索，最后确定种名。鉴定标本时要利用放大镜对标本仔细观察，按照检索表的各条款项逐一核对。在鉴定到种以后，填写定名签，并将定名签贴在台纸右下方。

鉴定依据：进行标本鉴定时，主要依据《中国植物志》《中国高等植物图鉴》《贵州植物志》进行鉴定。

（2）昆虫标本的制作。

① 针插和液浸

对于昆虫来说，一般多采用固定昆虫标本用的昆虫针，系用不锈钢制成，由细至粗，共有00号、0号、1号、2号、3号、4号、5号等7个级别。从0号至5号，6个级别的针都带有针帽。只有00号不带针帽，其长度仅为其他各号针长的一半，是作为双重针插标本用的。对于死后还未干燥变硬的或还软的昆虫，就是用上述的针将其固定起来的。使用哪号针，应根据虫体的大小来定。插针开始时，先将要制作的虫体放在刺虫台或桌缝上，再根据虫的大小，选用合适的号针，昆虫针插前翅基部背中线稍右部位，半翅目昆虫插前胸中央或小盾板中线偏右方，其他昆虫插中胸中央。

②整姿

完成针插后的昆虫，还须根据该种昆虫最正确的姿势，对针插后的昆虫作局部调整，如翅膀的位置、虫足的弯曲度、触角的伸长方向等逐项加以调整，使其完全与活昆虫具有相同的姿态。

有些昆虫爱好者喜欢按他所喜欢的姿态来固定昆虫，可以根据自己的要求，适当调整昆虫身躯、翅、腿或触角的姿势和位置。

当插针和整姿之后，下一步就可将昆虫放置到安全通风处干燥一段时间，这个阶段一般需时 1—2 周，就可以完全干透。

③防腐和保存

最后一道程序就是在制成的昆虫标本上加放适量的防蛀防霉药剂，然后插上标签。若标本的数量较多，则需分门别类将标本置入标本盒内，将其置于避光的干燥处保存。

若需要制成昆虫生态景箱，还可将昆虫标本与经过干燥处理的植物、花草配置在同一个玻璃罩内，也可配置在其他艺术镜框中。

4. 项目实施特点

（1）本次参加人员全部为林学专业一年级学生，并且都没有参加过野外调查，培训和实施进度慢、难度大。解决办法：加大技术培训力度，资料收集齐全。

（2）本次调查程序复杂，时间为盛夏季节，天气炎热，工作风险大，蛇虫多。解决办法：全部队员购买保险，安全培训，分工协作，齐头并进。

（3）本次调查地点特殊，固定样地、临时样地选取难度较大，加上很多地方多年没有人进入，难以深入森林深处。

（4）本次调查除需要用地形图，同时会用平板电脑外，还需要采集昆虫、病害及有害植物标本。

三、项目实施效应

（一）人才培养效应

培养本科生 5 名，锻炼教师 7 人。

（二）社会效应

（1）为我校林学专业师生进行科学研究与项目课程结合提供了重要平台。

（2）加强了与行业、部门的合作，提升社会服务能力，进一步为学校树立了良好的形象。

（3）进一步把植物学、病虫害防治的课堂理论知识与实际操作相结合，进一步夯实了植物分类学、病虫害防治等专业知识及标本上台、病害、虫害以及外来有害生物鉴定等专业技能。

（三）项目取得的主要经验及启示

（1）组织管理关键事项：领导重视、组织有序、职责明确、有效沟通、强化执行。具体情况如下：

①领导重视。本项目得到学校和农林工程与规划学院领导班子的大力支持，保障了项目圆满完成。

②组织有序。主要由项目负责人杨红带队，有序组织，保障项目顺利开展。

③明确职责，有效沟通，强化执行。主要分工如下：

资料准备组：杨传东、杨红、李建新、谭廷鸿、李泰君。工作职责：负责收集资料。

前期装备准备组：杨红、李建新、谭廷鸿、吴怡蓓。工作职责：负责野外工作所需工具、服装、保险、药品等。

野外调查组：杨传东、杨红、谭廷鸿、李泰君、李兢、严兴、吴姣姣、柳冰鑫、李华、张兵。工作职责：参与野外工作以及标本采集。

标本鉴定组：杨传东、杨红、吴怡蓓、谭廷鸿。工作职责：负责有害植物、昆虫、病害标本的鉴定工作。

内业整理组：杨传东、杨红、李兢、谭廷鸿。工作职责：负责按技术需求指导并参与内业整理相关工作，主要有标本制作、电子标本整理、台签制作等；进行内业整理，准备所需试剂及耗材，制作腊叶标本、昆虫标本和病害标本等。

后勤保障组：李建新、李泰君。工作职责：协调各方面资源，及时有效地提供各方面信息。

财务管理组：杨红、王岚。工作职责：负责财务收支和财务报账。

成果资料组：杨传东、杨红、谭廷鸿、李泰君、李兢、严兴、吴姣姣、柳冰鑫、李华、张兵、吴再昆。工作职责：负责资料查阅、数据整理及成果汇总等。

（2）获得的主要经验及认识：

①操作经验及实践技能。通过本次对贵州碧江国家湿地公园有害生物的调查与防治研究，不仅使参与本项目的师生学习并掌握了有害生物防治研究过程中涉及资料收集、工具准备、外业调查、昆虫、病害标本制作、标本鉴定及内业整理等各个环节的具体操作，也拓展了师生在植物学、病虫害防治及外来有

害生物调查等方面的视野；既提高了理论知识的认识，也提升了专业实践技能。

②信息资源。本次有害生物的防治研究一方面为我校林学专业的师生提供了认识植物种类、病害、虫害及有害生物的机会和平台；另一方面为我校从事植物学、病虫害防治及外来有害生物监测研究的科研工作者提供了区域性研究对象和信息资源；同时也为贵州碧江国家湿地公园的建设和管理提供了科学的借鉴和理论参考。

③法律法规认识。全体师生在前期的组织培训和实地调研、监测过程中系统地学习了有害生物防治的理论知识，认识了有害生物综合防治的内涵、原则和目的，并且对有害生物防治的法律法规，尤其是林业有害生物防治的法律法规有了全新的认识。通过此次的研究，不仅使学生对专业课程如“林木检疫检验”“林业病虫害防治”等有了理论认识高度的提升，还加强了师生对林业有害生物防治在国家层面的重视力度的意识。

④有害生物防治措施。通过本次的有害生物防治研究，全体师生认识到有害生物防治是一项综合防治，必须从有害生物与环境以及社会条件的整体观念出发，根据标本兼治而着重治本从而达到高效、经济、简便、安全、对环境无害的原则，因地制宜地对有病虫害林种采取科学的环境治理、化学治理、生物防治或其他科学有效手段所组成的一套系统的防治措施，将有害生物的种群密度控制在最低水平，并最终予以清除，以达到除害治病或减少侵害的目的。同时，还认识到有害生物防治是一项产业，它是针对危害林业生态系统、人类健康、骚扰人居环境的有害昆虫、病害和其他动物进行有效控制的技术服务产业。师生掌握了有害生物防治的措施和具体操作流程，并能根据实地监测情况，选择科学有效的治理措施，全面提升了专业技术和实践能力。

⑤磨炼了学生的意志。林业有害生物防治工作，是一个野外实践与内业相结合、行政管理与法律法规相结合的一项工作，技术规程多，法律法规性强的工作，需要我们在工作中善于观察，敢于较真。在野外调查时，要细心，才能有所发现；在实验室观察时，要明察秋毫，不怕吃苦，才能有所收获。

（作者系铜仁学院农林工程规划学院高级工程师）

铜仁市交通领域廉政风险防控问题研究

汪爱平

一、项目概况

（一）项目名称：铜仁市交通领域廉政风险防控问题研究

（二）主持人：汪爱平

（三）经费来源及数额：铜仁市交通局，4.5 万元

（四）委托单位：铜仁市交通局

（五）服务类别：科研服务

（六）实施时间：2017 年下半年

（七）实施地点：铜仁市

二、项目获得过程

（一）项目来源

前些年我市交通系统贪污腐败的“大老虎”不断，“前腐后继”，一度引起社会关注。在此情况下，铜仁市交通局委托本课题组为其进行调研，寻求解决我市交通领域系统连续腐败问题的新思路、新方法和新措施。

（二）协议书（合同书）内容与签订

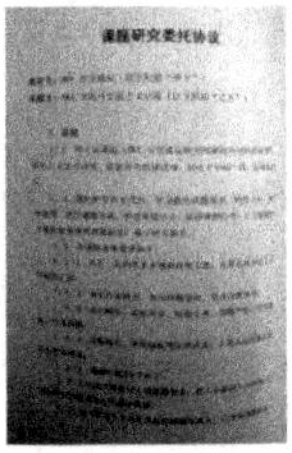
课题研究委托协议

图 1　协议书（示意图）

三、项目实施情况

本项目名称为《铜仁市交通领域廉政风险防控问题研究》，自2017年9月启动，9月26日正式签约。项目启动后，系列调研活动正式开展。

（一）项目具体任务

为有计划、有质量地完成项目任务，课题组进行了组织分工。

表1 团队成员

1. 课题负责人			
姓名	单位	职务/职称	承担任务
汪爱平	铜仁学院马克思主义学院	副教授、博士	统筹课题工作；模型构建；课题组联络；执笔第四章和第五章；全文审稿
2. 主要参加人员			
姓名	单位	职务/职称	承担任务
于洪生	中国浦东干部学院	教授、博士生导师	负责理论指导
皮坤乾	铜仁学院	教授	框架设定
李虎姣	铜仁学院	2016级思想政治教育专业学生	数据处理、第一章文本
刘浪	铜仁学院	2015级思想政治教育专业学生	制订调查表、执笔第三章
刘琴芬	铜仁学院	2016级思想政治教育专业学生	组织调查、执笔第二章

（二）项目实施保障

1. 组织保障

为使项目顺利进行，首先成立了课题组，并进行了工作分工；其次，与马克思主义学院领导班子进行了对接，就组织学生开展调研等问题进行了协商；与铜仁市交通局、市纪委相关科室进行对接，就采访项目相关人、获取原始数据等工作进行了请示和协调。

2. 机制保障

本项目实行课题负责人负责制，由课题负责人负责具体工作分工；为集思广益，本课题与马克思主义学院领导班子、铜仁市交通局、市纪委相关科室建立了合作机制；为进行过程调控，本项目在启动初期、活动中期和课题结项前分别进行了3次集体商榷。

3. 资源保障

马克思主义学院、铜仁市交通局、市纪委相关科室为本项目顺利进行提供了足够资源。马克思主义学院组织学生参与课题并在学校内部进行了调查；市交通局和市纪委相关科室提供了相关数据，并在集体商榷时提供了会议室等场地。

（三）项目实施过程

1. 成立项目实施团队

项目实施团队成员包括负责人汪爱平，主要参与人皮坤乾。两人均为马克思主义学院教师。中国浦东干部学院的于洪生教授负责理论上的指导；铜仁市交通局的分管副局长、纪检组长作为参与人参与了课题。另外，马克思主义学院学生李虎姣、刘琴芬、刘浪等三名同学参与课题，负责获取原始数据并执笔相关章节。

2. 项目实施筹备

本课题设置了工作步骤和具体分工：

（1）起步阶段（2017年9月）：制定工作计划（汪爱平）；召开启动会议（在铜仁的课题组成员）；审议课题方案（全体课题组成员）；与相关部门进行对接（汪爱平）；查阅和分析文件资料（刘琴芬）；完善研究方案（皮坤乾、于洪生）。

（2）实地调研阶段（2017年10月）：设计调查问卷（李虎姣）和访谈提纲（李虎姣），进行实地调研（汪爱平、李虎姣、刘浪、刘琴芬）。

（3）报告初稿撰写阶段（2017年11月上旬）：在前期研究基础上，撰写并形成研究报告初稿（各板块负责人）；初稿汇集及初稿一审（汪爱平）；之后送课题组成员审阅（其他成员）。

（4）11月10日左右，完善课题报告（皮坤乾、于洪生）。

（5）报告修改完善阶段（2017年11月下旬）：修改完善研究报告（汪爱平）并向主办单位呈送正稿（汪爱平）；召开结题会议（在铜仁的课题组成员、市交通局代表）。

表 2　课题组学生设置的问卷调查表

<table>
<tr><td colspan="8">交通工作问卷调查（2017 年 10 月）</td></tr>
<tr><td colspan="3">评价内容</td><td colspan="5">满意度</td></tr>
<tr><td>类别</td><td>序号</td><td>具体内容</td><td>十分满意</td><td>比较满意</td><td>不满意</td><td>不了解</td><td>备注</td></tr>
<tr><td rowspan="5">整体评价</td><td>1</td><td>对交通工作人员的服务态度（工作作风等）</td><td></td><td></td><td></td><td></td><td rowspan="5"></td></tr>
<tr><td>2</td><td>对交通工作人员的服务质量（工作方式方法等）</td><td></td><td></td><td></td><td></td></tr>
<tr><td>3</td><td>交通资金对社会发展的作用（交通资金的作用）</td><td></td><td></td><td></td><td></td></tr>
<tr><td>4</td><td>所获交通资金占单位支出的比重</td><td colspan="4">（估计一下，填写%）</td></tr>
<tr><td>5</td><td>交通对当地经济社会发展的作用</td><td></td><td></td><td></td><td></td></tr>
<tr><td rowspan="10">对交通具体业务工作的评价</td><td>1</td><td>对项目分包工作</td><td></td><td></td><td></td><td></td><td rowspan="8"></td></tr>
<tr><td>2</td><td>对项目监管工作</td><td></td><td></td><td></td><td></td></tr>
<tr><td>3</td><td>对廉政教育工作</td><td></td><td></td><td></td><td></td></tr>
<tr><td>4</td><td>对相关法律学习工作</td><td></td><td></td><td></td><td></td></tr>
<tr><td>5</td><td>对小金库的认识</td><td></td><td></td><td></td><td></td></tr>
<tr><td>6</td><td>对民间监管工作</td><td></td><td></td><td></td><td></td></tr>
<tr><td>7</td><td>对新闻媒体监督工作</td><td></td><td></td><td></td><td></td></tr>
<tr><td>8</td><td>对领导带头廉洁工作</td><td></td><td></td><td></td><td></td></tr>
<tr><td>9</td><td>对紧急救援工作</td><td></td><td></td><td></td><td></td><td></td></tr>
<tr><td>10</td><td>对交通资金的申请、发放、使用情况</td><td></td><td></td><td></td><td></td><td></td></tr>
</table>

3. 项目实施过程

首先，进行系列调研。2017 年 9 月 28 日由课题负责人带队赴市交通局进行座谈，参与人员包括皮坤乾及三名学生；2017 年 10 月、11 月由课题组成员中的学生团队负责通过网络搜索、查阅案件卷宗等搜索资料。

（1）李虎姣负责近十年来交通系统内的腐败案件的整理。

（2）李虎姣负责近十年来铜仁市交通系统内的腐败案件。

（3）刘琴芬负责网络数据搜索。

（4）刘浪负责搜索与课题类似的调研报告。

（5）课题组成员汪爱平、皮坤乾于 12 月 4 日赴市纪委检阅相关资料；赴市纪委就相关人员进行采访调查。采访对象：纪委副书记、办公室主任两人。调查内容：纪委人员办案体会与对交通系统腐败问题的看法。

其次，进行调查报告撰写工作。主要由皮坤乾老师、汪爱平老师负责总体框架设置。三位同学分别撰写了第一章、第二章、第三章。

最后，做好与教学活动相结合的工作。

（1）汪爱平教师在2015级思政班“社会调查理论与方法”讲座中就本课题进行了详细介绍，并提出了三个问题：一、社会调查的目的是什么？二、社会调查难点在哪里？三、社会调查的注意事项有哪些？同学们对社会调查有了更深的理解，同时，由三位进入课题组的同学具体设计了问卷调查表。

（2）在2017届思政班中进行了即兴式演讲，围绕“防治交通系统腐败主要靠法治”“防治交通系统腐败主要靠道德”进行课堂辩论式交锋。全班分成四组，先进行小组讨论，然后各组选取一名学生进行内容呈现。活动氛围热烈，辩论效果较好。

（3）组织2015级、2016级共96名学生参与调查统计。

（4）课题组的刘浪、李虎姣、刘琴芬同学对相关课题研究已经有了丰富的感性认识。之后，三人在老师的指导下分别提交了小论文。

图2　课堂辩论（示意图）

四、项目实施效应

（一）人才培养效应

首先，课题负责人将课题以真实案例介绍、辩论的形式引进班级，全班同学倍感新鲜、积极参与，引起了同学们进行专业学习的兴趣，也通过思辨性教育活动加深了同学们对课程本身、反腐败、思想政治工作方式方法及其作用与意义等问题有了真切的了解；其次，三位参与课题的同学积极查阅资料、认真撰写小论文，态度端正、不耻下问，既让自己的专业知识结构更加丰富，也提高了其写作能力。

（二）师资队伍建设效应

本课题研究过程中，邀请了中国浦东干部学院的于洪生教授进行理论指导，于教授结合自己的研究优势及社会治理理论对课题组进行了指导，对于课题组成员进一步了解当今社会治理研究前沿思想有积极的指导意义；课题组展开的社会调查，对于教师丰富“社会调查理论与方法”课程素材有重要意义。

（三）科学研究效应

本项目研究过程中，课题组成员发现，反腐败不仅仅是制度问题，从深层次上看，是思想问题，必须从思想文化教育的角度进行全面治理。因此，要进一步优化政治生态，大兴反腐倡廉文化教育活动，抓好人这个根本、这个内因，这是本课题下一步要继续进行理论研究的方向。

（四）社会服务效应

1. 扩大学校影响，树立学校品牌

本项目的开展和本项目提交的研究成果，得到了委托方铜仁市交通局的高度评价。局领导在内部工作例会上明确强调，要好好利用本课题的相关研究成果。通过本项目，使兄弟单位对我校的教学水平和科研能力有了直观的了解，提升了我校办学影响力。

2. 了解行业需求，引导教学改革

在项目研究过程中，我们进一步发现，端正党风是端正社会风气的前提，而国家机关又是端正党风中的要害部门。党对机关党建工作提出的要求更高，国家机关党建必须走在前头作表率，切实承担起把握方向、服务中心、建设队伍、引领群众的重要责任。

因此，搞好机关党风廉政建设，对于建设社会主义市场经济、巩固党的执政地位、树立党的光辉形象、提高机关工作效能具有重要意义。在此背景下，对我市党政部门当前的党风廉政建设进行调研，有重要的现实意义。第一，这是继续落实好党中央党要管党、从严治党的客观需要；第二，是新形势下保护干部的需要；第三，是做好公路建设事业的需要。在以后的教学工作中，我们要进一步了解现实情况，增加了解本地情况渠道，结合中央要求，对接铜仁需求，运用思想政治教育专业知识，经常开展课堂讨论、实地调研，继续开展相关课题研究，为全市交通系统党风廉政建设和反腐败斗争提供有力的思想保障和舆论支持，也为思想政治教育专业建设提供更多真实、直观的教学素材。

附件：课题组中学生提交的小论文

一　近年来铜仁交通建设新成就

（马克思主义学院2016级思政专业　李虎姣）

最近6年，我市连续实现交通投资上百亿规模，积极构建了“高速公路、高速铁路、民用航空、便捷水运”四位一体的综合立体交通运输体系。

1. 公路建设。先后建成铜大高速和杭瑞、思剑高速铜仁段等6条高速公路，全市高速公路通车里程达596公里，10个区县实现“县县”通高速。开工建设铜仁至怀化、德江至务川高速公路，采用“PPP + EPC + 运营期政府补贴”建设模式与央企合作，启动印江至秀山、石阡至玉屏、江口至玉屏、沿河至松桃4条高速公路建设。至2015年底铜仁市的高速公路密度是黔东南州的1.4倍，是江西省1.5倍。

2015年铜仁与黔东南州、江西吉安市、广东东莞市国民经济和社会发展统计数字对比

项目	铜仁	黔东南	吉安	东莞
人口	436.78万人	348.54万人	489.89万人	825.41万人
生产总值	770.89亿元	811.55亿元	1328.52亿元	6275.06亿元
人均生产总值	24712元	23311元	27168元	75616元
交通运输、仓储和邮政业实现增加值	44.37亿元	/	57.01亿元	201.76亿元
公路密度	137.8公里/百平方公里	96.8公里/百平方公里	90.5公里/百平方公里	209.5公里/百平方公里
公路通车里程	24807.4公里	29350.5公里	22897公里	/
高速公路	595.6公里	813.5公里	632公里	/
城镇居民人均可支配收入	22471元	23173元	27078元	38651元
农村居民人均可支配收入	6931元	6863元	10355元	24225元

注：按上述各地公布的2015年国民经济和社会发展统计公报整理。

2. 航空建设。共筹集4.29亿元实施了铜仁凤凰机场改扩建工程，能满足波音737系列、空客A320、A321系列等航空公司主力机型的安全起降。机场先后开通了北京、上海、杭州、南京、广州、长沙、贵阳等20多个城市的航班。争取了黔北（德江）机场立项建设，形成一市两机场局面。

3. 铁路建设。成立铜玉铁路公司，开工建设铜玉铁路，成为贵州经国家铁路总公司成立后批复开工的首条地方铁路。沪昆高铁铜仁南站开通，铜仁正式融入全国高铁“朋友圈”。纳入规划的渝怀增建二线孟溪至铜仁东段、昭通至黔江铁路、遵义经铜仁至吉首铁路等3条铁路在紧张筹备中，同时，积极争取铜仁至张家界、贵阳至郑州铜仁段、涪陵至柳州铜仁段等铁路早日开工建设。

4. 水运建设。乌江航道整治工程、沿河、德江、思南水运港口建设项目，乌江思林水电站、沙沱翻坝运输系统工程和通航设施工程等相继完工，打通了贵州北上长江的出省航运主通道，为铜仁融入长江经济带提供水运大通道，500吨级船舶可通江达海，力争乌江航道等级由Ⅳ级提升为Ⅲ级。

目前，铜仁已构建至周边贵阳、怀化、凯里、吉首等城市2小时高速公路圈和2小时通达贵阳、长沙等黔中和长株潭城市群核心城市的高速铁路圈，3小时到达北京、上海、杭州、广州等发达地区的空中快速通道。农夫山泉、温氏集团、三特公司等知名企业纷纷落户铜仁，改写了铜仁的经济版图和格局。近年来，铜仁市“茶叶、中药材、生态畜牧、果蔬、食用菌、油茶”等六大产业异军突起，成为“梵净山珍·健康养生”品牌的佼佼者，依托日渐便捷的交通走出山门、奔向世界。当前，以“脱贫攻坚、同步小康、交通先行”为统揽，围绕公路水路提等升级、扩大覆面、增加通道、完善设施四个重点，铜仁正打造黔东立体交通枢纽。

在此基础上，“十三五”期间，铜仁市交通建设的总体目标是“一完善、二融合、三提升”，让铜仁大交通实现“更快、更好、更远”的目标。

1. “一完善”，即完善高速公路骨架，为铜仁适应建设开放需要，力争到“十三五”末全市高速公路总里程突破1100公里，建成高速公路500公里以上，形成“4横3纵1环”、8个出省通道，高速公路密度达6.2公里/百平方公里，位居全国全省前列。

2. “二融合”，按照全市东西片区协调发展的要求，产业布局到哪里、全域旅游推进到哪里、城市建设发展到哪里，交通路网实现互联互通就到那里。为适应创建绿色发展先行示范区需要，规划旅游公路2000公里，建成550公里，形成“千里旅游路、千亿大产业”的发展格局；优化实施一批连接城市之间的快速干道，开工建设177公里的城市快速干道。实现交通与城市、产业、旅游的深度融合。

3.“三提升”即提升国省干线等级、农村公路畅通水平、提升水运通行能力。为适应铜仁市广大农村决战脱贫攻坚、决胜同步小康需要，到“十三五”末，普通国道二级及以上等级公路比例达93%，高于全省平均水平3%；普通省道三级及以上等级公路比例达73%，高于全省平均水平23%。到2017年底，农村公路实现“4个100%”（建制村通畅率100%、建制村通客运率100%、农村公路列养率100%、重点路段安全隐患治理率100%）。力争乌江航道等级由Ⅳ级提升为Ⅲ级，船闸通过能力由500吨提升为1000吨，为铜仁融入长江经济带打通水运大通道。

二　前几年我市交通领域腐败问题及其产生原因

（马克思主义学院2016级思政专业　刘琴芬）

一、近年来我市交通领域腐败问题的表现

近年来，我市交通领域出现了一系列违法现象和腐败问题。比如，有些领导干部插手工程建设，一些工程项目违规操作，个别领导干部及其亲属收受巨额贿赂；对单位资金监管不到位，骗取套取、挤占挪用、私存私放等问题时有发生；公职人员或其亲属违规经商办企业问题比较突出，有些领导干部违背亲清原则与不法商人纠缠不清；纪检监察机关执纪问责相对被动，在执行组织纪律和选人用人方面，用人视野不宽，执行干部政策法规不严格，清理党政领导干部在企业兼职、超职数配备干部工作不到位；在落实中央八项规定精神方面，形式主义仍有一定表现，有些领导干部多占住房、违规购置或变相使用超标车，个别单位违规超标建设办公楼；少数领导干部工作中玩忽职守；等等。

二、我市交通系统腐败现象的特征

据不完全统计，自2015年以来，我市交通领域共有10余人违反相关规定，沾染腐败。经分析，我市交通系统腐败现象具有如下特征：

1. 涉案人员较多。

近三年来，我市交通系统的腐败涉案人员大多是上下级关系或业务相关人关系，涉及总规划师、总工程师、副局长、院长、副院长、总经理等多个职位。

2. 涉案人员职务较高。

比如2016年6月被处分的蔡某曾担任德江县交通运输局局长、铜仁市交通运输局党组成员、总规划师等职务；2016年6月被处分的严某曾任原铜仁地区交通运输局总规划师、铜仁市交通运输局副局长等职务；2016年6月被处分的冯某曾任铜仁市公路勘察设计院副院长领导职务；2016年7月被处分的杨某曾任铜仁地区公路勘察设计院院长、铜仁市交通运输局总工程师等职务；2017年10月被处分的李某曾任铜仁市公共交通运输局党组成员、市公交公司董事长、市地方海事局局长等领导职务。

3. 腐败形式多样化。我市交通系统腐败现象从方式来看，呈现多样化特征。腐败犯罪手段越来越隐蔽、范围亦有所扩散。除继续存在简单的直接收受财产或其他特权基础上获得的非法利益等手段外，也出现了新形势下的犯罪手段，如变相的收受贿赂、权利的相互交易、私设小金库、集团式分赃、假借亲属经商名义或工作关系名义获得项目回扣等（如下表）。

近几年来我市交通领域腐败分子违法事实情况表

姓名	职务	违法事实	主要违纪违法类别	腐败事实发生时间
杨某	原铜仁市交通运输局总工程师	以给有关部门和领导拜年送礼为借口非法占有单位资金132万元；虚开烟酒及餐饮等支出发票，伙同本单位另外两名干部套取公款44.995万元；设立小金库并以“年终辛苦费”名义发放或非法侵占300多万元。	违反廉洁纪律、违反国家法律法规规定	2012年至2015期间
李某	原铜仁市交通运输局党组成员、市公交公司董事长	接收与市公交公司有业务往来的单位送来的茅台酒、香烟等；个人决定将市公交公司大部分保险业务投保至其亲属代理的中国人民财产保险公司碧江支公司，之后变相接收受和索要他人保险手续费131万余元；默许其妻子在与市公交公司有业务往来的汽车修理公司兼职并取酬11万余元。	违反中央八项规定精神、违反组织纪律、违反廉洁纪律、违反国家法律法规规定	2013年到2016年

续表

姓名	职务	违法事实	主要违纪违法类别	腐败事实发生时间
蔡某	原德江县交通运输局局长、原铜仁市交通运输局党组成员、总规划师	隐瞒财产；利用职务便利为其弟承揽交通工程（已查明的共有7项工程）；收受礼金和礼品约18万元；为职务晋升，花20万元送给特定关系人；收受其他好处费39万元。	违反组织纪律、违反廉洁纪律、违反国家法律法规规定	2009年至2016年
严某	原铜仁市交通运输局副局长	利用职务之便为相关业务人提供便利并接收贿赂152.31万元。	违反国家法律法规规定	2008年至2014年
冯某	原铜仁市公路勘察设计院副院长	领取“辛苦费”13万元；在原设计院院长指使下从单位“小金库”中私分套取获利24万元。	违反廉洁纪律、违反国家法律法规规定	2013年至2015年

三　扎牢制度这个笼子

——交通领域廉政风险防控制度建设“十五个一”活动方案

（马克思主义学院2015级思政专业　刘浪）

从根本上说，遏制交通投资领域里的腐败，消除“公路第一杀手”，关键是要实施制度创新、机制创新，做到制度反腐、机制反腐。改革交通投资和建设管理体制，要建立以项目、资金、市场互相分离、彼此制衡的投资体制，实行双重或多重管理，便于相互监督制约。比如，重大建设项目的提出、批准和管理，一律由交通部门和发展计划委员会共同负责，以计划部门为主；资金管理包括规费征收、贷款的监控等由交通部门和财政、审计部门共同负责；公路建设项目的招标要进入有形建设市场，由建设部门负责。要建立独立的招标机构，现有的投资咨询、项目评估、勘察设计等组织和机构，与政府彻底脱钩，成为完全独立核算、自负盈亏、对自身的行为和后果承担经济和法律责任的法人实体，在对工程进行监督时不应受任何行政部门的干扰，以有效防止“前台演戏，后台内定”和“一流企业投标，二流企业进场，三流队伍施工”等现象，真正实施“阳光工程”。此外，创新干部任用机制，选好用好干部；建立反腐倡廉的长效机制、建立思想道德教育长效机制、反腐倡廉的制度体系、权力运行的监控机制、较为完善的惩治和预防腐败体系。

一、改革交通投资和建设管理体制

“高速公路建设项目实行的是政府投资、省级交通主管部门授权临时机构组织项目建设、交通厅领导兼任工程项目建设长这样一种政府直接投资的管理模式，立项、投资、建设、管理‘四位一体’”。这一模式被业内人士指为典型的“政企不分”。一位纪检干部根据自己的查案经验向记者分析说，我国现行的交通投资体制是在交通系统内部封闭运行。一切规费、资金由交通部门自行征收使用，对外融资实行统贷统还，独立设置项目法人，再加上不受制衡的招投标市场，导致权力失衡。“管理机制政企混合，有的部门和所属企业分不清，如政府部门的主要负责人兼任企业的董事长，虽然是个别现象，但还没有完全杜绝。”这位纪检干部说。业内人士认为，封闭的体制加上巨大的利益，让交通系统的决策者和管理者有了无限的寻租空间。

二、优化权力制度，规范权力运行。

要优化权力配置，细化权力清单，规范自由裁量权，防范权力失控、决策失误、行为失范。要筑牢“防火墙”，给权力涂上“防腐剂”，挤掉权力寻租“空间”和创收“机会”。要强化责任追究，提高权力运行的透明度，保障权力在阳光下公开透明运行。实现事权财权分开、权力分散、政企分开；充分考虑提升市场资源进入交通领域比重的可能性和方法路径。

三、增强监督制度实效

众所周知，按照市场经济要求，企业是市场主体，政府只能依据市场规则，对其执行国家法律法规、制度规章的行为进行监督，而不能干预其经营、干扰其决策。可是，从这些年来的实际情况看，交通领域下属企业的生产经营、建设管理等，几乎被上级交通部门所控制，从规划到建设，从项目招标到资金拨付，主要负责人具有一票否决权。正是在这种前提下，发生腐败的可能性主要集中在主要领导和权力科室中。

“潜规则”难抵“硬制度”，治理工程腐败要严字当头，把权力关进制度的笼子里，让制度成为带电的“高压线”，提高制度执行力。要拓宽监督渠道，增强监督合力，满足群众知情权，提高监督实效。美国学者阿密泰在其著作中谈道："清除腐败，不仅是挑出一个烂苹果，而更应该检查放置苹果的筐子。"东南大学政治学系袁久红博士认为，交通厅长"前腐后继"，交通干部大面积"塌方"，反映出交通建设背后的体制确有漏洞。其关键在于，目前我国公路建设处于绝对垄断地位，由政府官员直接操作，使得他们有可能通过垄断而寻租。解决这种体制缺陷的根本途径就是市场化，让民间资本大量进入该领域。此外，还要围绕下列几个问题开展监督制度建设：

1. 围绕领导干部廉洁自律建章立制。按照党风廉政建设责任制要求，明确领导干部职责和责任，使领导干部牢固树立责任意识。完善收入申报制度、个人重大事项报告制度、离职审计制度，把自律和他律结合起来。完善议事制度和公开制度，职权法定化规范化，重大事项集体裁决，做到公开透明。

2. 围绕防腐源头建章立制。要合理地配置权力，规范建设、用人、财政支配监督机制。认真落实建设工程招投标，经营性土地使用权出让、产权交易和政府采购四项制度，规范程序，加强监督。尤其是建立交通系统招投标、工程分包、物资采购、资金拨付等规定，完善基本建设招标市场建设及其运行机制，严格实行项目法人制、招标投标制、工程监理制、合同管理制，严格实行"专家评标"制度。在投资体制中引入责任机制和风险机制，明确责任主体，规范和完善法人责任制和工程质量责任制度，实行工程招标公告，中标公示等社会监督制度，实行规划、建设、监督、使用分离，加强对人财物管理和使用的监督，实行廉政合同、重点工程纪检监察派驻等制度，真正做到按制度办事，靠制度管人。

3. 建设惩治腐败和廉政激励机制。建立法纪约束惩治机制，凡是触犯了党纪国法，都要严肃处理，对工作失职、决策失误、行为失范的，按党纪规定予以处分或实行引咎辞职制。实行廉洁从政考核记分制，设立廉政奖励基金等，对于自觉遵纪守法，有责任感，认真履行职责，有政绩的人给予奖励，以此推动反腐倡廉工作。

（作者系铜仁学院马克思主义学院副教授）

贵州铜仁“藤茶”药用成分提取工艺研究及应用

姚元勇

一、项目概况

（一）项目名称：贵州铜仁“藤茶”药用成分提取工艺研究及应用

（二）委托单位：贵州苗药生物技术有限公司

（三）所属的社会服务类别：技术服务

（四）项目实施的时间：2017 年 9 月至 2019 年 12 月

（五）项目实施的地点：贵州铜仁江口县

二、项目实施及完成情况

（一）获得（争取）的过程

图 1　获得过程

（二）技术路线

本项目特色工艺——一种高效地提取纯化“藤茶”中二氢杨梅素工艺，其工艺技术路线如下：

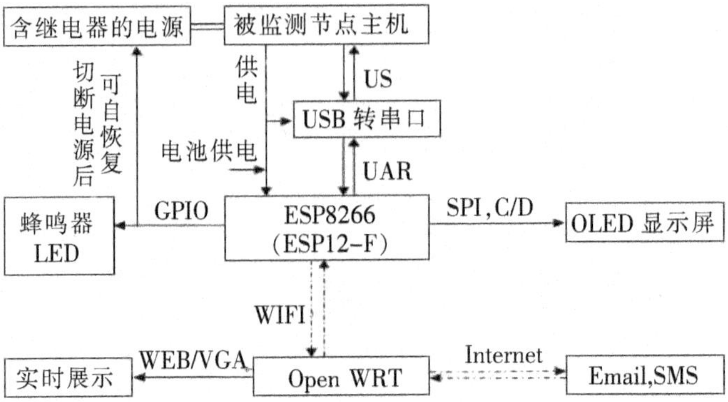

图2 提取工艺步骤

该工艺技术路线工艺流程简单，成本低，最终提取的二氢杨梅素纯度高（高于95%），成品具有足够的活性，便于后续的生产使用。

（三）组织团队

表1 团队人员

<table>
<tr><td rowspan="16">团队成员</td><td rowspan="7">教师</td><td>姓名</td><td>技术职务</td><td>学历</td><td>专业</td><td>学院</td></tr>
<tr><td>姚元勇</td><td>副教授</td><td>硕士研究生</td><td>化学</td><td>材料与化学工程学院</td></tr>
<tr><td>陈仕学</td><td>教授</td><td>硕士研究生</td><td>生物化学</td><td>材料与化学工程学院</td></tr>
<tr><td>张孟琴</td><td>副教授</td><td>硕士研究生</td><td>生物化学</td><td>材料与化学工程学院</td></tr>
<tr><td>卢忠英</td><td>讲师</td><td>硕士研究生</td><td>天然化学</td><td>材料与化学工程学院</td></tr>
<tr><td>邢明明</td><td>讲师</td><td>硕士研究生</td><td>生药学</td><td>材料与化学工程学院</td></tr>
<tr><td>张萌</td><td>讲师</td><td>硕士研究生</td><td>分析化学</td><td>材料与化学工程学院</td></tr>
<tr><td rowspan="9">学生</td><td>姓名</td><td>年级</td><td>专业</td><td>成果</td><td>学院</td></tr>
<tr><td>程小涛</td><td>2014级</td><td>制药工程</td><td rowspan="8">一种提取工艺标准和一项“创青春”比赛省级三等奖</td><td>材料与化学工程学院</td></tr>
<tr><td>石宝国</td><td>2015级</td><td>制药工程</td><td>材料与化学工程学院</td></tr>
<tr><td>何来斌</td><td>2016级</td><td>制药工程</td><td>材料与化学工程学院</td></tr>
<tr><td>袁利军</td><td>2016级</td><td>制药工程</td><td>材料与化学工程学院</td></tr>
<tr><td>王云洋</td><td>2016级</td><td>制药工程</td><td>材料与化学工程学院</td></tr>
<tr><td>黄玉</td><td>2017级</td><td>制药工程</td><td>材料与化学工程学院</td></tr>
<tr><td>闽昌忠</td><td>2017级</td><td>制药工程</td><td>材料与化学工程学院</td></tr>
<tr><td>王光明</td><td>2017级</td><td>制药工程</td><td>材料与化学工程学院</td></tr>
</table>

（四）项目实施

1. 政策背景

2015年，国务院常务会议通过《中医药法（草案）》，并提交全国人大常委会审议，为中医药事业发展提供了良好的政策环境和法制保障。2016年，中共中央、国务院印发《健康中国2030》规划纲要，作为今后15年推进健康中国建设的行动纲领，提出了一系列振兴中医药发展、服务健康中国建设的任务和举措。同年，国务院印发《中医药发展战略规划纲要（2016—2030年）》，把中医药发展上升为国家战略，对新时期推进中医药事业发展作出了系统部署。另外，2016年12月，国务院新闻办首次发表了《中国的中医药》白皮书，明确指出中医药在经济社会发展中起着的愈发重要的地位和作用。因此，基于国家《中国的中医药》白皮书振兴中医药发展的精神，以及贵州省“十二五”和“十三五”中医药发展规划的纲要精髓，在武陵山区拥有丰富中医药资源的背景之下，构建民族中医药与大健康产业全产业链新路径成了整个武陵山区域发展的重要策略之一。

2. 技术背景

藤茶属葡萄科，蛇葡萄属，学名为显齿蛇葡萄，味甘、淡，性凉，具有清热解毒、祛风湿、强筋骨、消炎、镇痛等功效，民间将其幼嫩茎叶制成保健茶，用于治疗感冒发热、咽喉肿痛、黄疸型肝炎、疱疖等症已有数百年的历史，是一种典型的药食两用植物。藤茶主要有效成分为黄酮类化合物，并以二氢杨梅素含量最高，研究表明，藤茶中总黄酮含量为23.4%—25.0%（质量分数），二氢杨梅素含量高达17.4%—20%，但与地理、气候环境等因素有关。然而，近年来国内外已有部分学者开展了从植物中提取二氢杨梅素的研究，在获取高纯度（高于95%）的二氢杨梅素提取纯化工艺方面，现有的提取纯化工艺相对较为复杂，主要采用柱层分离—溶剂重结晶（1—2次，产率：0.5%—3%）、多次溶剂重结晶工艺（6—10次，产率：0.4%—2%）、高效制备液相色谱法（产率：0.1%—1%）等工艺，生产效率低，成本相对较高，不利于工业化生产。

3. 实验室技术研究开发工作

（1）引种基地采摘原料——“藤茶”。

该工作主要为每年四五月份，于铜仁学院“藤茶”引种基地，采摘藤茶嫩叶。

（2）“藤茶”嫩叶高温杀青、烘干及成品储存。

将刚采摘的嫩叶，洗净，高温手工杀青，低温烘干，并装入密封罐中。

（3）“藤茶”中药用成分——二氢杨梅素的提取纯化工艺。

①“藤茶”浸膏制备

使用乙醇对处理后的藤茶进行常温浸提，3—4 次，合并浸提液，浓缩，得到浸膏。

② 洗脱剂的制备（自主研发）

使用石油醚、正己烷、乙酸乙酯、乙醇等溶剂，按照一定比例进行混溶。

③“藤茶”中药效成分二氢杨梅素的提取

使用自主研发洗脱液对浸膏中二氢杨梅素进行梯度洗脱，获得粗品——二氢杨梅素

粗品——二氢杨梅素的纯化制备

使用水－乙醇对粗品——二氢杨梅素进行重结晶（1—2 次）

图 3　二氢杨梅的提取工艺

⑤ 二氢杨梅素纯度检测

采用高效液相色谱法对产品进行纯度评价

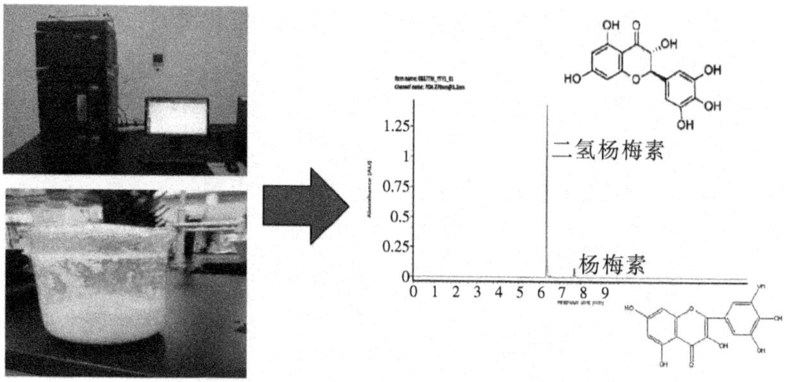

图4　HPLC检测二氢杨梅素纯度

该产品二氢杨梅素提取率可达到17%—23%，纯度可达到95%以上。

4. 实验室工作涉及人才培养、课程、专业的相关知识点和技能点

（1）因涉及天然药用植物学、天然产物提取分离及纯化、有机化学分子结构分析、溶剂选择性等相关知识点，做好该工作，需要熟练掌握“有机化学”课程中“物质与溶剂的相似相溶原理”“分子结构分析”等内容；

（2）“有机化学”作为化学、制药工程、食品科学与工程等相关专业的核心基础课程，其重要性显而易见，因此需要团队成员认真学好该门课程，人才培养方案中亦应将该门课作为重要课程进行安排，给予足够的课时。

（3）在实验过程中，需掌握不同极性的溶剂的分类、减压浓缩技术、重结晶技术等基本实验室技能。

5. 与企业洽谈合作

与贵州苗药生物技术有限公司合作，解决藤茶叶中二氢杨梅素高纯度的提取工艺。

6. 项目实施过程遇到的困难

项目实施过程中遇到的困难主要在于：①二氢杨梅素的提取工艺，目前只停留在“克”级别，未能实现中试（公斤级）。②二氢杨梅素的药效功效没有得到明确，并用于相关产品的开发。

7. 项目完成情况

（1）完成了大健康产业发展分析的调研。

（2）完成了藤茶生叶到粗成品的制作。

（3）完成了藤茶中药效成分——二氢杨梅素的提取纯化工艺。

（4）完成了二氢杨梅素的提取纯化工艺标准及纯度检测报告。

8. 取得的成绩

与“藤茶”相关的成绩有：大学生创业计划竞赛“酮谷科技有限责任公司”获2018年全国大学生“创青春”创业设计大赛三等奖（贵州赛区）和第三届“中国创翼”创业创新大赛贵州赛区三等奖（市级）。

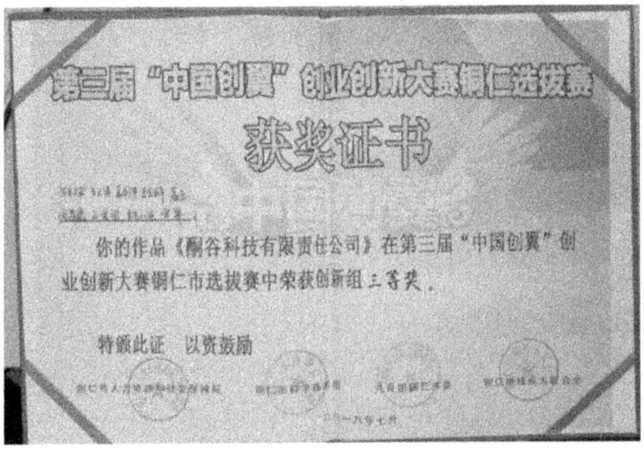

中国共产主义青年团贵州省委员会

关于核对确认2018年“创青春”
全国大学生创业大赛贵州赛区决赛
获奖作品相关信息的通知

各高校团委：

2018年“创青春”全国大学生创业大赛（中国青年创新创业大赛大学生组）贵州赛区竞赛自2018年4月启动以来，我省各参赛高校的积极组织，组委会秘书处共收到209件参赛作品。

按照《关于组织开展2018年“创青春”全国大学生创业大赛（中国青年创新创业大赛大学生组）的通知》（黔青办发〔2018〕10号）要求，组委会聘请了各学科专业领域的知名专家学者组成评审委员会，按照竞赛章程和评审规则，对入围的作品进行了文本评审和现场问辩。经过激烈角逐，共评选出创业计划类、创业实践类、公益创业类一、二、三等奖作品72件（详见附件1）。现请各获奖学校认真核对参赛作品相关信息，并填报确认函（附件2）于7月6日中午12点前反馈至2018贵州省“创青春”大赛组委会邮箱：gzscqc2018@126.com。逾期未反馈的视为对2018贵州省“创

— 1 —

附件1

2018年“创青春”全国大学生创业大赛
贵州赛区决赛获奖作品名单

创业计划类

1	贵州师范学院	足球大师	一等奖
2	贵州师范大学	基于校农对接的农产品大数据交易平台	
3	贵州师范学院	Assist+	
4	贵州师范大学	津津乐导智能自助导游平台	
5	贵州商学院	优晨云	二等奖
6	贵州师范学院	知赋	
7	贵州师范大学	绿云——云上土地	
8	贵州理工学院	Aibaby 人工智能安抚手臂	
9	六盘水师范学院	飞骑管科技有限责任公司	
10	贵州电大（贵州职院）	童享艺术教育大数据服务平台	
11	贵阳中医学院	杏树人针灸器具有限公司	
12	贵州大学	带肩轴类零件高速自动储料设备	
13	铜仁学院	酮谷科技有限责任公司	三等奖
14	贵州理工学院	贵州智创矿业技术开发有限公司	
15	凯里学院	乡村建筑——适老化改造	

图5　指导学生获奖的证书等材料（示意图）

三、项目取得的成果及效应

（一）科研成果

申报发明专利1项。姚元勇、陈仕学、程小涛、石宝国、王云洋、何来斌等：《一种具有纯化天然二氢杨梅素的制剂制备方法》（受理）。

中华人民共和国国家知识产权局

523000

2018年04月12日

专利申请受理通知书

图6　发明专利（受理）（示意图）

（二）人才培养效应、学科建设效应

培养本科生8名，其中3人获得第十五届大学生科学技术“挑战杯”三等奖（省级）。已毕业的2名学生（2014级）目前在上海一家生物技术公司从事研发工作，其中一名担任公司研发部项目经理。

首先，通过项目课程“‘藤茶’药用成分提取工艺研究应用”的开展，使在校专业本科生将实践学习与理论学习相互融合，相互渗透，从而实现学生应用能力实质上的提升。在项目课程开展期间，学生们利用《中药学》知识对地方性地道中草药进行识别，例如，显齿蛇葡萄藤本植物（俗名：藤茶）。其次，通过对“天然产物”和“有机化学”理论课程的学习，学生们掌握了显齿蛇葡萄藤本植物中主要成分的分子结构及化学性质，同时提出提取工艺思路及撰写研究方案。最后，学生们结合化学相关性质，如“相似相溶”原理，对研究对象进行药效成分的工艺提取研究，使学生掌握了提取工艺技能、分离纯化技能、分析检测技能。

（三）社会效应

（1）借助铜仁市委重大决策项目“铜仁打造‘梵净山珍，健康养生’品牌策略研究”和“生物医药与大健康产业全产业链路径研究”资金支持，充分地对铜仁区域进行实地调研，并充分地了解了大健康产业的发展现状及产业发展现状，为铜仁市大健康产业的发展提供一定理论支撑。

该项成果得到了贵州省铜仁电视台报道：

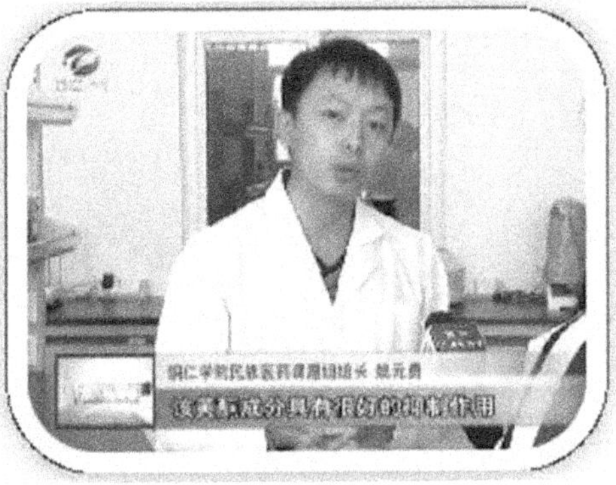

图7　铜仁电视台采访

（2）利用梵净山引种的藤茶为原料，并对其中药用成分——二氢杨梅素进行提取纯化，为后续开发相关大健康保健产品提供技术支撑。

（3）为地方企业解决了关于天然植物中提取药效成分的技术问题，促进地方企业技术转型发展。

四、项目取得的主要经验及启示

（一）项目实施过程中应注意的关键事项和取得的主要经验

本项目实施过程中有几个关键点，也取得了一些经验，主要有如下几点：

关键事项：

（1）选取地方特色产业进行开发，可有效地为地方产业发展做出一定贡献。

（2）“打铁还需自生硬”。

（3）主动与地方企业合作。

主要经验：

（1）负责人要带好队伍、明确职责、有效沟通、强化执行、团结协作。

（2）多与指导老师沟通、多查阅文献，这样才能做到事半功倍。

（3）大胆去想，谨慎求证。

（二）项目对人才培养、教学、科研的启示

（1）国家层面：充分利用当地资源，为促进区域经济发展提供科学依据。

（2）学校层面：提升社会服务能力，为学校树立了良好的形象。

（3）学生层面：将课堂理论知识与实际操作相结合，巩固了专业知识；培养了挑战自我的意识和团结互助的团队精神，培养了吃苦耐劳、勇敢顽强的品质；学生意识到多参与教师做课题和科研，可大大提高自己的综合水平。

图8　团队合影

（作者系铜仁学院材料与化学工程学院副教授）

超级计算机节点辅助管理关键技术研究及应用

罗开武

一、项目概况

（一）项目名称：超级计算机节点辅助管理关键技术研究及应用

（二）委托单位：深圳君恒新信息科技有限公司

（三）所属的社会服务类别：科学研究及服务

（四）项目实施的时间：2017 年 12 月至 2018 年 12 月

（五）项目实施的地点：铜仁学院

二、项目实施及完成情况

（一）获得的过程

大数据学院成立伊始至今，院领导就鼓励大家采取走出去，引进来的办法积极了解企业需求，利用自身科研和技术资源进行校企合作。在对外联系的过程中，了解到深圳君恒新信息科技有限公司（以下简称君恒新公司）需要进一步完善其原有的超级计算机节点辅助管理关键技术。利用大数据、电子信息技术，可为超级计算机中心提供空间巨大的帮助。本项目结合了本学院的优势和企业的实际需要，双方都能够充分发挥各自的优势，在实现路线、功能划分、详细设计等方面进展很快，故该项目在很短的时间内得到启动。

（二）关键技术需求及技术路线

项目重点在于超级计算机节点的辅助管理，关键技术需求在于：①监控机房节点是否由老化或不稳定而导致的死机等；②监控机房节点的 CPU、内存及硬盘使用率、CPU 温度等重要参数；③当被监控节点状况出现问题时，能以蜂鸣器报警形式通知临近的管理员；④本系统可自动发邮件通知管理员及时处理，经授权可以重启节点；⑤本系统监控模块自带 OLED 屏幕显示状态信息；⑥屏幕或 Web 网页或 VGA 显示器显示所有节点运行状态信息。

其中要突出的技术在于：①无须布线而影响原有功能或增加成本；②采用通用的 USB 取电，并串口，WIFI 协议通讯，可热插拔；③部署简单，不受被监控节点数量限制，可随时动态添加和移除；④无人值守，成本低，适于推广应用。

具体开发流程见图 1。

人才培养中所涉及的知识点和技能点：

（1）嵌入式电子技术电路设计、Kicad、Alitum Designer 等工具：要求能够应用上述电路设计工具，熟练设计出功能齐备，性能稳定的电路板。同时，要求具备掌握现代回流焊接相关技术，以对元器件在电路板上的焊接。

（2）要求掌握电路信号分析与 EMC 检测、老化测试。

（3）要求掌握 3D 打印技术，设计科技产品的外壳及安装固定架。

（4）要求掌握嵌入式程序设计能力，能看懂芯片手册，以及根据手册写出外围设备的驱动程序。

（5）要求掌握嵌入式操作系统 FreeRTOS 的内容，掌握线程及进程，任务调度、任务之间的通讯，优先级、锁的熟练使用。

（6）要求掌握 OpenWRT 及 Linux 系统的部署及配置，网络调试，吞吐量测试、压力测试、并发测试等。

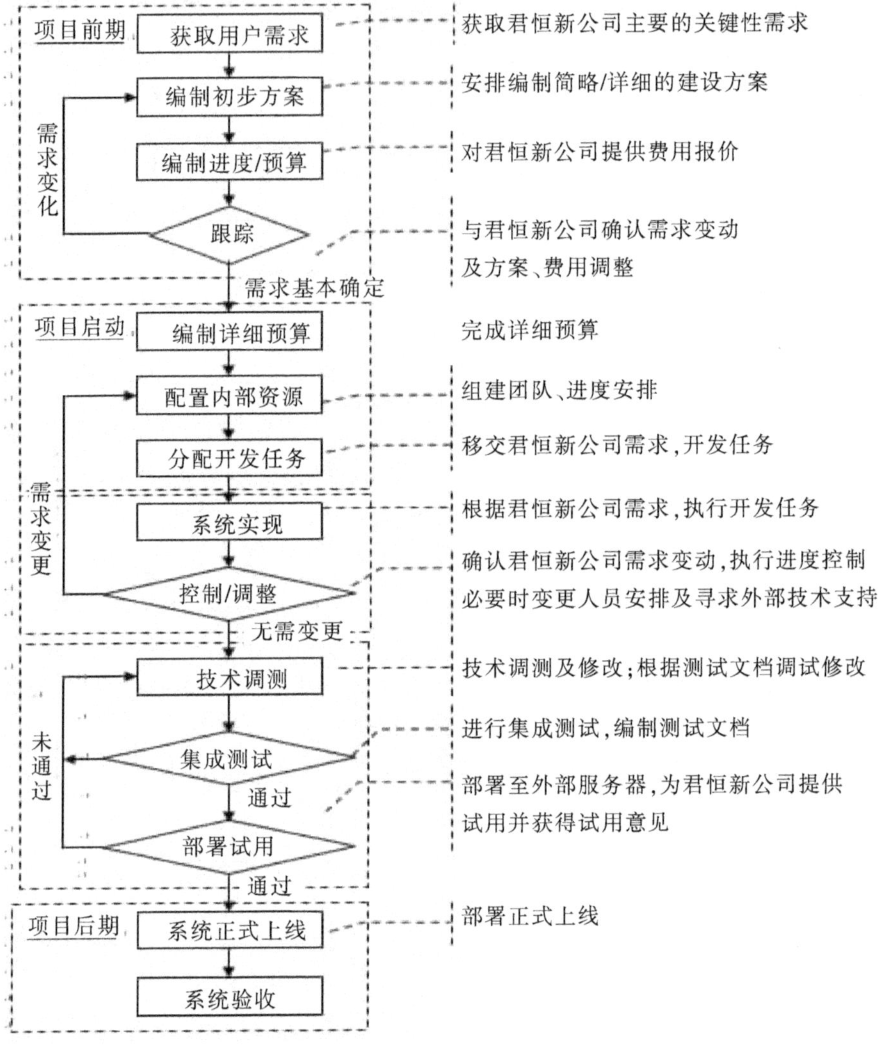

图1 项目开发流程图

（三）组织团队

团队成员由5名教师与4名学生组成。其人员的选择，主要考虑到各位教师和学生对JAVA web技术较为熟悉，有一定的设计、编码的基础，学习能力也较为突出，有利于形成示范效应。主要人员如下表所示：

表 1　团队成员

团队成员	教师	姓名	技术职务	学历	专业	学院
		罗开武	副教授	博士研究生	物理学	大数据学院
		佘彦超	副教授	博士研究生	物理学	大数据学院
		张蔚曦	副教授	硕士研究生	物理学	大数据学院
		李旺	讲师	硕士研究生	计算机科学与技术	大数据学院
		黄帅	讲师	硕士研究生	电子工程	大数据学院
	学生	姓名	年级	专业	考取研究生情况	学院
		吴胜威	2015 级	应用物理学	在校生	大数据学院
		胡宇	2015 级	应用物理学	在校生	大数据学院
		张学文	2015 级	应用物理学	在校生	大数据学院
		张成	2015 级	应用物理学	在校生	大数据学院
		朱凤兰	2016 级	信息工程	在校生	大数据学院
		黄启虎	2016 级	信息工程	在校生	大数据学院

（四）项目实施

本项目实验具体框架如下图：

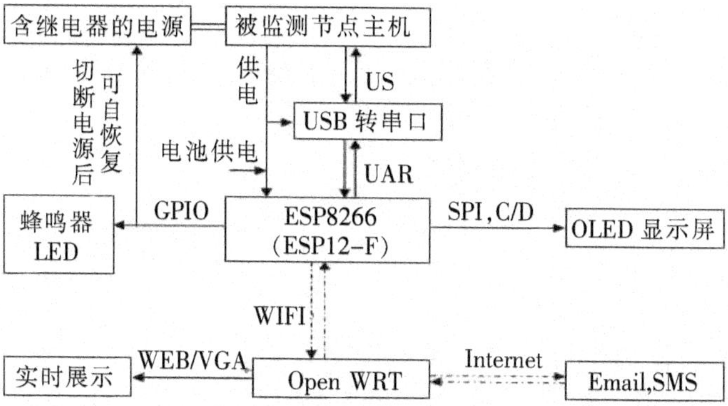

图 2　项目实验框架图

1. 准备工作

开发平台的搭建，包含以下主要工具：Linux（Ubuntu）系统、IDE 集成开发环境，ESP IDE 及编译工具链，Kicad 安装与配置。阿里云 VPS 租用。

2. 具体实施过程

该项目实施方案中包括节点主机监控模块、数据处理与展示模块、被监控节点重启模块三部分；其中节点主机监控模块主要包括利用 ESP8266（ESP12－F）无线 WIFI 模块进行数据的采集、传送以及驱动 OLED 显示及报警模块；数据处理与展示模块由装载 Openwrt 操作系统的（软）路由，对收集的数据处理，以 Web 网页或 VGA 显示器的形式展示所有节点的运行状态信息，以及 Email 通知；被监控节点重启模块主要包括含大电容的继电器模块。实施过程包括以下几个步骤：节点状态信息的智能采集：通过实时对被监控节点主机的运行状态如 CPU 使用率、内存使用率、硬盘使用率、CPU 温度等数据的收集，通过 WIFI 传送给路由器或 Linux 服务器，经处理后，以 Web 网页的方式或 VGA 显示器为介质展示。当节点死机需要人工维护时，由监控模块发出报警并送达节点需要维护信息，由路由器或 Linux 服务器 Email 通知管理员。

3. 培训队伍

本项目的内容涉及嵌入式软硬开发、硬件及软件调试，而本团队教师及学生团队，经常实践性的学习和训练，符合铜仁学院“山”字形应用型能力培养。相比于目前校外社会上嵌入式培训机构（4 个月，每人 2 万元培养费），更能体现铜仁学院本科院校培养人才的品质及社会价值。

4. 项目完成情况

（1）完成了系统嵌入式硬件的设计，主要包括 PCB 电路原理图的设计，其中 PCB 电路原理设计正面如下图。

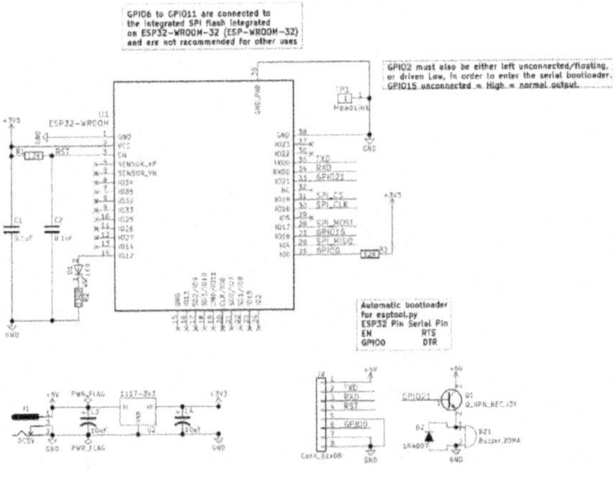

图 3　电路原理设计正面图（示意图）

电路由学生负责设计，采用国产 WIFI ESP32 双核强劲有力的芯片，整个设计界面清爽，同时学生的英文能力得到明显提升，设计能力得到了同行的认可，在规范层次，已经达到国际主流水平。

（2）PCB 电路布线设计，PCB 电路布局直接决定了整个产品的稳定，通过培养的学生，通过自己的学习设计 PCB 如下，其中左为正面，右为反面。

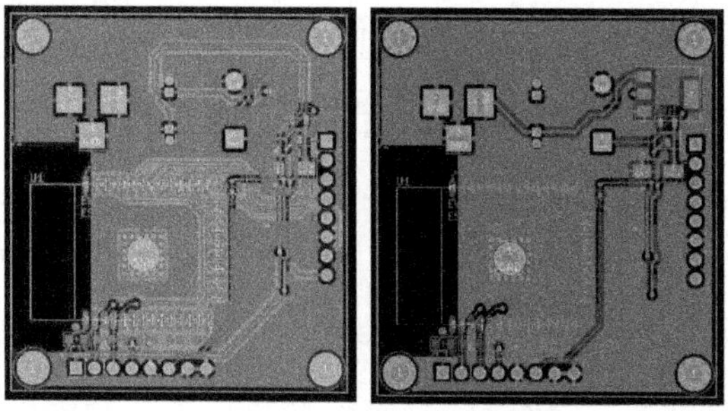

图 4　本系统读卡器的 PCB 设计

（3）PCB 设计加工后的样品。

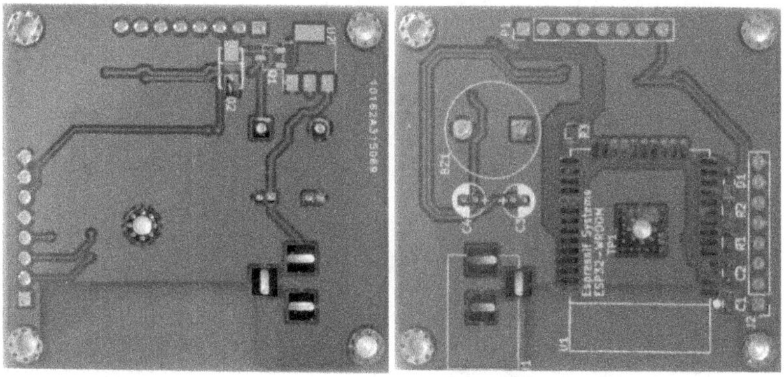

图 5　PCB 设计加工后的样品

（4）嵌入式软件方面的设计：经过长期的对学生的培训，现在软件方面已经进入末尾收工的状态，由于签署了保密协议，此处不便过多阐述。

（5）其他方面功能的实现。本项目于 2018 年 12 月合同到期，目前仍有部分功能实现与现场测试，正在与委托方对接及完善。

三、项目取得的成果及效应

（一）依合同及实验方案进度进行

在设计与完成部分，现已基本实现了合同所要求的功能，并留有接口，以备系统进一步扩展功能，有部分收尾及测试工作需与该公司对接，洽谈。

（二）人才培养效应、学科建设效应

（1）培养本科生 6 名，有效地提高了学生的系统开发能力，在各专业中取得了较好的示范效果。学生学习积极性得到了显著提高，通过这种方式，有效地弥补了学校教育中的实践不足、理论过多的缺点，培养了一批具较强设计、编码、测试能力的优秀学生。通过这批学学生，有效地带动了本专业的教学与研究水平，对提高办学质量、增强学习氛围、提高人才培养质量等具有非常重要的作用。

（2）实施项目的过程中，也指导了学生参加各种大学生竞赛，取得了丰硕的成果，其中数学建模竞赛获省一等奖 2 项，电子设计竞赛获省二等奖、省三等奖各 1 项。

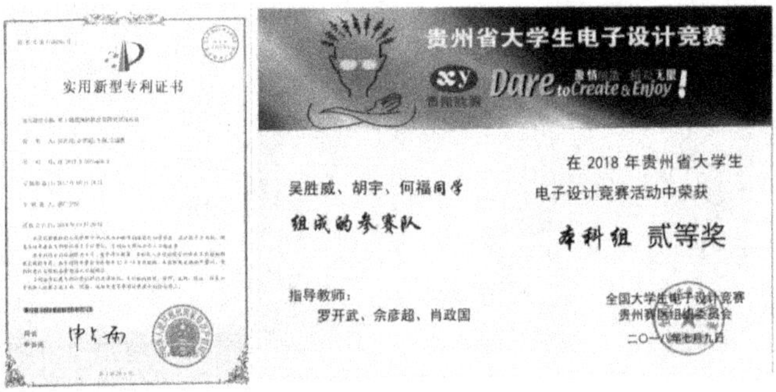

图 6　本社会服务所取得的实用新型授权专利（左），指导学生获奖（右）

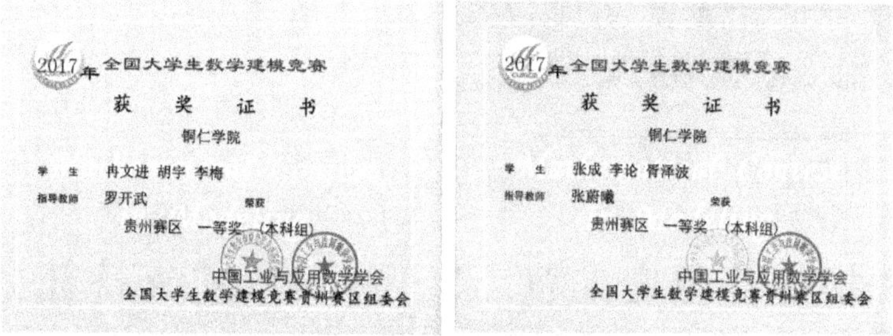

图 7　本社会服务指导学生获奖

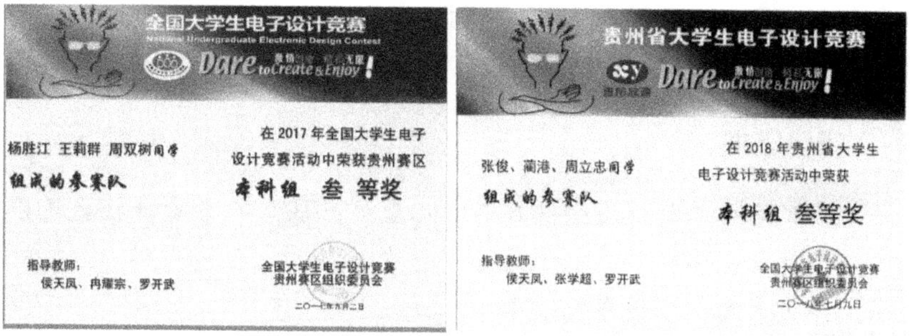

图 8　本社会服务指导学生获奖

（作者系铜仁学院大数据学院副教授）

六、公益服务篇

贵州省松桃县留守儿童“三区”人才支持社会服务

邱艳

一、项目概况

（一）项目名称：贵州省松桃县留守儿童“三区”人才支持社会服务

（二）主持人：邱艳

（三）经费来源：贵州省民政厅

（四）委托单位：铜仁市同心圆社会工作服务中心

（五）服务类别：人才服务

（六）实施时间：2017年6月至2018年6月

（七）实施地点：铜仁市松桃县孟溪镇寨杆村

二、项目获得过程

（一）项目来源

2015年，贵州省民政厅响应民政部《边远贫困地区、边疆民族地区和革命老区人才支持计划社会工作专业人才专项计划实施方案》（简称《“三区”社工人才专项计划方案》，民发〔2012〕170号）文件，启动社会工作专业人才“三区”计划，安排部署2015年社会工作专业人才支持“三区”专项计划。2017年，借助专业师资与实践教学平台，铜仁学院组建“同心圆”社会工作服务团队，延续2015年、2016年贵州省“三区”社会工作专业人才支持计划之江口县双月社区老年服务项目，继续承接贵州省松桃县“三区”社会工作人才专项支持计划，专注于留守儿童服务，期望为当地留守儿童带来一片阳光。

（二）协议书内容

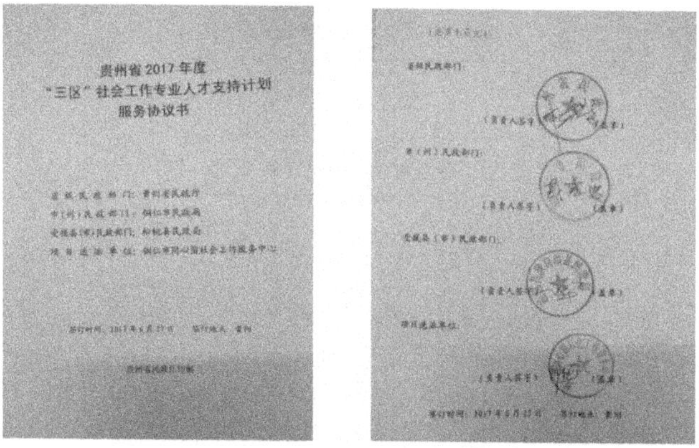

贵州省2017年度
“三区”社会工作专业人才支持计划
服务协议书

图1　协议书（示意图）

三、项目实施情况

（一）项目具体任务

项目年度服务规划针对寨杆村留守儿童生活、情感、学习、文娱等方面的需求，规划四大方面的内容：“新视界——电影之约”计划，播放经典影视片段，拓展视野见识；“勤互动——亲子彩虹桥”计划，设计温馨、实用、便利的亲子互动活动，增进亲子情感；“趣课堂——四点半课堂”计划，以课业辅导为主、兴趣培养为辅；“众参与——社会活动集”计划，配合各类器材，丰富儿童课余生活，多样化的活动增强实践能力。后期，增设“温暖行——爱心银行”计划，结合心理学行为主义相关理论，以爱心银行的代金券作为替代强化物，用于引导、激励留守儿童正向行为，并串联前期四大子项目内容，整合为“一体化”服务内容，专注于留守儿童成长类服务，期望为当地留守儿童送去一片阳光。

（二）项目实施保障

1. 组织保障

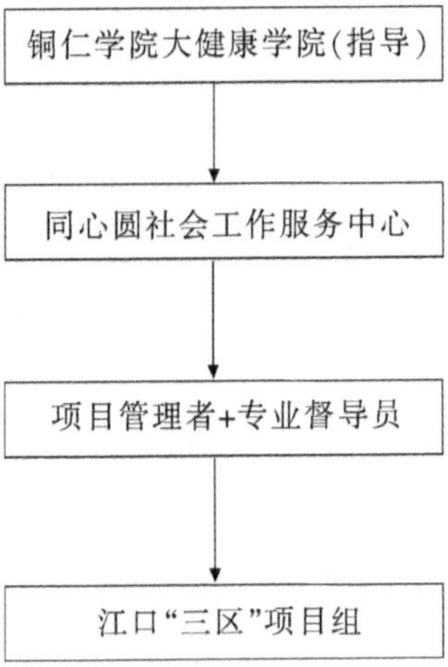

图2　项目组织结构

2. 机制保障

联络监督机制，项目协议书中，作为乙方的同心圆社工服务中心（项目组）的工作开展主要受松桃县民政局的监管，而民政局授权于服务所在孟溪镇民政办负责具体监管、寨杆村委协助执行，遂由项目组发起一月一次的四方联席会议，由四方负责人参加，用于工作汇报、问题反馈及协商对策。

3. 资源保障

经费保障：项目获得省民政厅的专项经费10万支持，项目经费专项用于项目人员的生活补贴、差旅费补贴以及活动经费补贴。

人力保障：项目组的主要人员为社会工作专业应届毕业实习生，应届毕业生具有相对完备的专业知识储备、相对宽裕的毕业实习时间和锻炼提升综合专业实务能力的需求，是项目成员上佳的人选。

后勤保障：项目协议中的乙方松桃县民政局，负有为该项目“提供必要的工作条件，解决食宿等基本生活问题”的职责，选择以寨杆村为服务地，以寨杆村村委办公楼为办公与住宿点，并提供基本办公用品。

（三）项目实施过程

1. 项目团队成立

项目组有常驻项目社工 4 人（应届毕业生），均来自铜仁学院社会工作本科专业。督导组由铜仁学院社会工作理论知识深厚、实务经验丰富的专业教师邱艳、许小兰组成，主要职责是对项目组工作进行专业指导和监督。

表 1　团队人员名单

		姓名	职业资质	学历	专业	单位
团队成员	督导	邱艳	中级社会工作师	硕士研究生	社会工作	铜仁学院
		许小兰	中级社会工作师	硕士研究生	社会学	铜仁学院
	一线社工	邹兰兰	无	本科	社会工作	铜仁学院
		刘曼丹	无	本科	社会工作	铜仁学院
		吴雨	无	本科	社会工作	铜仁学院
		阎章银	无	本科	社会工作	铜仁学院

2. 项目实施筹备

（1）团队组建

由社会工作教研室教师邱艳、许小兰分别兼职担任项目专业督导与项目负责人。由于第一、二期项目中存在人员流失，项目社工便在应届毕业生中进行人员招募与筛选，最终有四名学生入选，组建了 4 人的项目小组，并从中推选了一位成员为项目组组长。

（2）团队培训

由项目负责人带队，项目小组参加了由贵州省民政厅主办的 2017 年贵州省“三区”计划社会工作实务能力培训班，随后社工服务中心还在学校开展了为期三天的团队建设活动，增强项目组的团队向心力与凝聚力。

（3）实地核实

项目负责人与铜仁市民政局、松桃县民政局相关负责人联络，协商食宿问题的解决，确保项目组成员的办公场所与办公设备及时到位。

3. 项目实施

（1）需求评估

松桃县孟溪镇地处梵净山腹地东麓、位于松桃苗族自治县中部，全镇辖 24 个村、1 个居委会，总面积 140.9 平方公里，总人口 31400 人，是一个多民族集居乡镇。其中寨杆村有 16 个村民小组，442 户家庭，共 1674 人。初步入户调查，了解到寨杆村留守儿童户有46户，留守儿童的监护人祖父母居多，占总比例的50%以上；监护人的文化程度总体偏低，其中小学学历占50%、初中占38%、其他占12%。

通过对留守儿童家庭里的监护人和儿童开展半结构式访谈（预备访谈46户，实际访谈34户），结合与其他村民的接触所了解的信息，分析和归纳留守儿童对项目服务的需求情况：

①生活上，大部分留守儿童都与监护人生活在一起，但是监护人大多是祖辈，在生活上对孩子的照顾力不从心，满足不了儿童更多生活上的需求，只能保证“饱”，不能保证“好”。

②情感上，由于儿童的父母长期在外务工，儿童的监护人又大多数是祖辈，祖孙之间沟通存在一定障碍，而且老一辈因生计问题操劳，疏忽或是不知道如何去和孙辈沟通，长此以往，形成了儿童“心事无处说，说了没人理”的状态，心理健康状况堪忧，需要给予情感的支持。

③学习上，儿童们的家长较注重“智”的发展，对孩子的学习成绩给予高度关注。例如，对孩子的考试成绩、平时作业完成度都会作要求，相反对于孩子其他方面就不那么在意了。而父母长期不在身边，由祖父母隔辈抚养，学习辅导与监督上往往力不从心。

④文娱上，虽然村委会场地上有些许可使用设施，但是相比较城区内的孩子，寨杆村的儿童在文娱活动的选择上，可供选择的东西太少，而他们对这方面的需求非常强烈。

在此基础上，项目服务初步规划：电影放映，选择经典影视片段，拓展视野见识；亲情聊天室，增加亲子互动，温馨、实用、便利；四点半课堂，以课业辅导为主、兴趣培养为辅；娱乐活动，配合各类器材，丰富儿童课后生活，多样化的活动增强实践能力。

（2）项目执行

①服务模式

在项目执行上，遵循“需求评估—服务方案设计—服务方案执行—总结与评估”的流程，在每一项服务具体执行上遵循此流程。在设计服务方案之前，项目组进入村落，进行了为期一个月的入户调查，共计入户访谈34户，调查留守儿童30人，形成了一份比较完整的需求报告，该报告是项目服务整体规划的基础。

针对松桃县孟溪镇寨杆村留守儿童比例大、需求大，居住相对分散，项目入驻的村委会办公楼场地条件好、离学校近，结合入户调查与访谈的内容，本项目以留守儿童综合服务中心的模式为基础，设计了系统完整的项目服务方案。

在具体服务中，以服务对象需求为基础、服务对象为核心、社区为平台、社区资源为支撑，一定程度上形成社工、社区、社会组织的“三社”联动局面，这也是项目组在服务过程中一直遵循的服务模式。

②服务内容

结合前期需求评估，同心圆“三区”项目组将围绕寨杆村留守儿童生活、情感、学习、文娱等方面的需求，集中规划五大方面的服务内容。而自2017年8月进驻松桃实施“三区”计划以来，各子项目各项工作有序进行，截至2018年6月，服务完成情况具体如下：

a. 新视界——电影之约

电影给儿童带来欢乐与文化熏陶，同时丰富了农村儿童的业余生活，开拓了儿童的眼界，让儿童们从电影中学到更多书本以外的知识。该子项目通过系列优秀儿童电影的放映，既丰富留守儿童的课余生活，同时透过电影又能学到课本以外的知识，开拓留守儿童的眼界，发现探索新世界的方式。通过走访宣传，约定放映时间的方式，放映电影20场以上，服务400余人次，电影放映子项目获得了留守儿童及家长们的一致好评。

b. 勤互动——亲子彩虹桥

沟通在家庭教育中起到举足轻重的作用。本子项目针对父母外出务工儿童，通过亲情聊天室为留守儿童提供免费上网与父母视频服务，减少分隔两地的亲子间的隔阂和距离感；针对其他家庭，组织趣味亲子活动，增进亲子互动，沟通情感，增强社区儿童的安全感和幸福感。亲情聊天室累计服务30余人，举行2次亲子活动——母亲节活动与“六一”儿童节活动。

c. 趣课堂——四点半课堂

“四点半课堂”是社区免费为本社区儿童提供免费辅导课业、兴趣培养的服务平台，以帮助照看放学后无人监管状态下的孩子们，以减轻特殊家庭中家长教育管理孩子的压力。该子项目旨在为当地儿童提供一个安全、舒适、稳定的课后学习环境，一定程度上减轻家庭的教育压力，帮助孩子养成好的行为习惯，同时通过趣味课程激发孩子的潜能，助力孩子茁壮成长。通过每天下午两个半小时的课后辅导，大部分学生已经养成自主学习的习惯。到目前为止，“四点半课堂”已累计服务达4600余人次。

d. 众参与——社会活动集

为丰富留守儿童的业余生活，并在活动过程中与留守儿童建立关系，促进留守儿童间的联系与沟通，该子项目通过组织系列的体育竞赛、智力游戏、志愿服务等，鼓励留守儿童积极参加各类社会活动，促进留守儿童间的情感沟通，引导留守儿童积极接触社会，培养孩子们德智体全面发展，增强社会实践能力。总借出活动器材次数达 400 余人次，服务人数达 50 人以上。

e. 温暖行——爱心银行

该子项目主要在于整合各类社会慈善资源，组建爱心银行，针对“四点半课堂”的学生，借助爱心银行存折的正面强化作用，引导孩子遵守“四点半课堂”的纪律，鼓励孩子多参与各类活动和特别的志愿服务活动，培养社区儿童勤俭节约、独立自主的意识，同时也锻炼他们的交往能力与社会实践能力，全方面促进儿童完整人格和身心健康发展。整合各类社会慈善资源，爱心银行得到了松桃县计生协捐赠 1000 元人民币，组建爱心银行；针对“四点半课堂”的学生，借助爱心银行存折的正面强化作用，儿童志愿服共计时长约 800 小时，爱心银行物质兑换价值 1000 元；通过爱心银行平台，孵化组建成人志愿服务队伍 1 支、儿童互助成长志愿服务队 1 支。

图 3　四点半课堂

图 4　集体生日会

图5　娱乐活动一

图6　娱乐活动二

图7　电影之约一

（四）成效评估

项目组于2018年6月进入项目评估阶段，主要采用结果评估的方式，结合项目规划内容，梳理项目进展执行情况，填写末期项目评估表，撰写自查报告；进行满意度调查，随机抽选项目服务对象、普通居民以及相关县民政局分管负责人、社区分管负责人进行满意度调查访问。结果显示，项目组圆满完成服务规划内容，服务对象与公众满意度较高，项目组自评分为91分。

2018年6月底，铜仁市民政局组织了专家团队到实地进行项目评估考核；2018年8月初，贵州省民政厅组织专家团队来松桃县开展项目评估，均获高分通过。

1. 项目的亮点

（1）服务规划的系统性。前期针对寨杆村留守儿童学习、生活、情感、文娱等方面的需求，对应规划四大方面的内容，包括“趣课堂——四点半课堂”计划、“新视界——电影之约”计划、“勤互动——亲子彩虹桥”计划、“众参与——社会活动集”计划；后期，增设“温暖行——爱心银行设立”计划，结合心理学行为主义相关理论，以爱心银行的代金券作为替代强化物，用于引导、激励留守儿童正向行为，串联前期四大子项目内容。

（2）服务内容的专业性。规范了完整的一套个案工作、小组工作和社区活动的专业服务表格，规范了“预估—计划—评估—总结”的服务流程；秉持了专业价值理念与服务技巧，真诚、尊重地接纳服务对象，注重提升服务对象自助解决问题的能力，促进成长。

（3）服务资源的整合性。进入社区初期，项目组进行了社区资源分析，撰写资源分析报告，总结社区儿童服务资源，包括附近的孟溪镇完小、红太阳幼儿园，寨杆村村委、孟溪镇政府、孟溪镇民政办公室，孟溪镇妇联、松桃县妇联、松桃县卫计委等部门。

2. 工作的成效

（1）引入社工理念和方法，提升社会服务水平。在儿童服务中，项目组成员秉持社会工作专业价值，真诚、尊重地接纳服务对象，注重挖掘潜力，提升自助能力，促进服务对象的成长；在具体服务中，使用规范的专业表格，运用专业方法技巧，严格遵守规范的服务流程，大大提升了社会服务水平。

（2）开展针对性儿童服务，有效满足儿童需求。在需求调查与分析的基础上，规划有针对性的五项服务内容，得到服务对象的肯定。根据后期随机抽取得35位服务对象的满意度调查，其中留守儿童监护人20份、留守儿童本人15份，有效回收问卷35份。调查的结果显示如下：调查访谈监护人20人，均表示愿意让自己的孩子继续接受我们的服务，对项目组成员服务态度满意度、工作水平及开展的活动满意度均达90%以上；绝大多数监护人评价项目组成员非常有耐心，孩子的作业完成率明显提高较多，减轻了家长辅导学业的压力。调查访谈留守儿童15人，对社工工作态度满意度达到93.3%、对社工工作水平满意度达93.3%、对社工开展活动的满意度达90%。可以看出，留守儿童服务得到绝大部分留守儿童及监护人的肯定与支持。

（3）培育社工人才，壮大本土社工队伍。在项目执行过程中，努力发掘潜在社工人才，在价值理念与工作方法上积极影响社区工作人员，培养本土社工人才。在项目组成员的努力下，现有4名工作人员报名参加本年度6月的社会工作师的资格考试，壮大了松桃县本土社工人才队伍。项目组也正在积极推动筹建本土社工机构，但工作难度较大，进度较慢。

四、项目的社会效应

（一）人才培养效应

社会工作服务项目实施中能够集中检测社会工作人才综合能力，通过“三区”社会工作人才专项支持计划，充分检验社会工作人才培养的成效与不足，锻炼应届毕业生的综合实践能力，倒逼人才培养中“短板”的补足，集中体现“引社会服务之水，灌人才培养之田”。项目组成员普遍认为在实践之中感受到专业的价值与意义，服务对象的认可给予他们前行的力量，且项目进展中自助学习效果良好。另外，两名项目组成员以“三区”项目内容为素材，完成两篇质量较高的毕业论文，获得较高评价，表明该项目提升了学生的专业研究能力。

（二）师资建设效应

专业教师兼职作为机构的外派项目负责人和专业督导员参与项目工作之中，锻炼了教师的综合实践能力，丰富了专业实务经验。在项目进展中，与相关部门的深度合作，吸引了政府部门专家、行业专家来我校开设讲座、学术交流，增强我校社会工作专业研究团队力量。项目过程中，师生团队不仅把项目作为社会服务的载体，也作为学术研究和探索的平台，增强了教师团队的科学研究能力。

（三）社会服务效应

1. 获得公众满意，提升专业认同

在项目组的社会影响力调查中，反馈信息显示项目组的工作获得了服务对象以及普通居民的高度评价，包括孟溪镇政府、孟溪镇民政办公室，孟溪镇妇联、松桃县妇联、松桃县卫计委等在内的合作部门也给予了高度评价，增强了社会工作专业的认知度与认同度。随机抽样选取60位普通居民进行项目服务满意度调查，通过深入宣传，普通居民对社会工作、社工认同度得到提升，综合满意度高达85%。

2. 扩大学校影响，树立学校品牌

项目的进展促进了与民政部门的深度合作，在此期间我院教师许小兰、邱艳受邀为民政系统工作人员做社工专题讲座、培训，增强了社会工作专业影响力，提升了学校的社会影响力。项目进展中，项目组尽职尽责的服务态度以及专业的服务技术手法得到各方的认可，也是对铜仁学院人才培养能力的认可，让各方看到铜仁学院在社会工作人才培养以及行业发展中所做的努力与贡献。

3. 了解行业需求，引导教学改革

透过项目的推进，我们了解行业所需专业人才的能力特质，反过来引导教学改革的进行。以专业模块化教学改革为例，将毕业生的能力分解为专业服务能力、项目策划能力和行政管理能力，而其中的项目策划能力与行政管理能力正是从项目实习生中反馈的不足之处，促进在人才培养计划中增强项目策划能力和行政倡导能力课程的安排。

（作者系铜仁学院大健康学院教副教授）

健康学院党建＋医疗服务下基层进社区系列活动

张红

一、项目概况

（一）项目名称：贯彻落实“健康中国”战略发展规划——党建＋医疗服务下基层系列活动

（二）项目主持人：杨芬

（三）项目负责人：杨芬、张红

（三）委托单位：铜仁学院组织处

（四）服务类别：社会公益服务；技术服务

（五）实施时间：2017年9月14日，10月27日至28日，11月9日，12月4日

（六）实施地点：铜仁学院、碧江区中心养老院、铜仁民族风情园、德江共和镇茶陀乡、坝黄木弄乡

（七）经费来源：学生活动经费、党建经费、爱心企业捐赠

二、项目获得过程

（一）项目来源

为贯彻落实习总书记在十九大报告中提出的“老有所养，弱有所依”的思想，继承和发扬我国传统医学，为国民健康保驾护航，为进一步宣传打造我院护理专业的品牌形象，践行“两学一做，促双一流”建设活动，我校结合本院护理专业和医疗中心的技术优势，开展形式多样，贴近民心的“党建＋医疗服务下基层系列活动”。

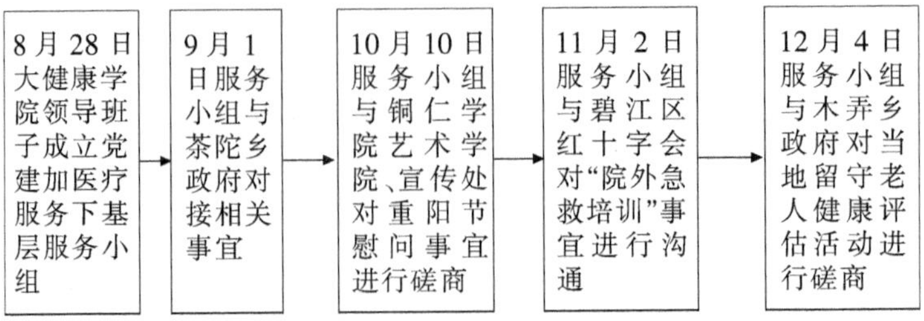

图1　项目获得流程图

（二）项目策划情况

由张成勇处长、余静院长、张艳丽副书记、周崇武副院长、杨芬副书记、护理系主任印双红、王欣科长、医务中心陈方超主任组成的医疗服务下基层领导小组，多次与各系部讨论，商蹉决定活动的开展。以三个主题模块进行，即：服务基层社区、农村；老年人等特殊人群的健康服务；“院外心肺复苏”技能的培训和推广。

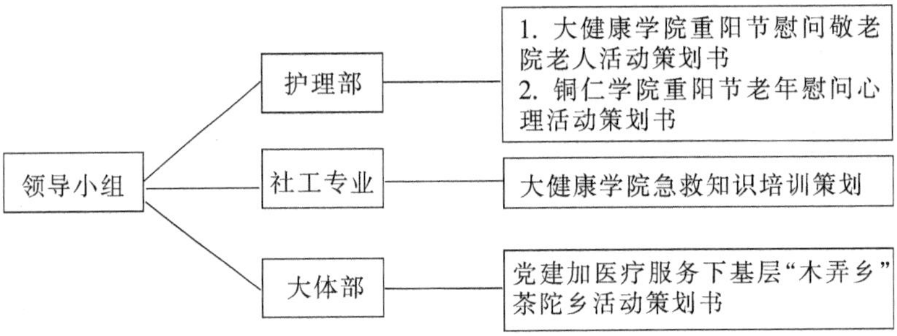

图2　项目策划分工图

三、项目实施保障

（一）组织保障

在学院党委领导下，活动领导小组多次召开系列活动的筹备会议，拟定各项活动负责人、制定方案、成立领导小组，与基层服务单位多次磋商、沟通，为活动的顺利进行提供了组织保障。

图 3　活动领导小组召开系列活动筹备会议

（二）机制保障

为保证每一次活动顺利、有序地开展，每一次活动分由不同的老师总负责，保证从策划书，项目活动方的沟通，具体事宜的实施都落实到位。

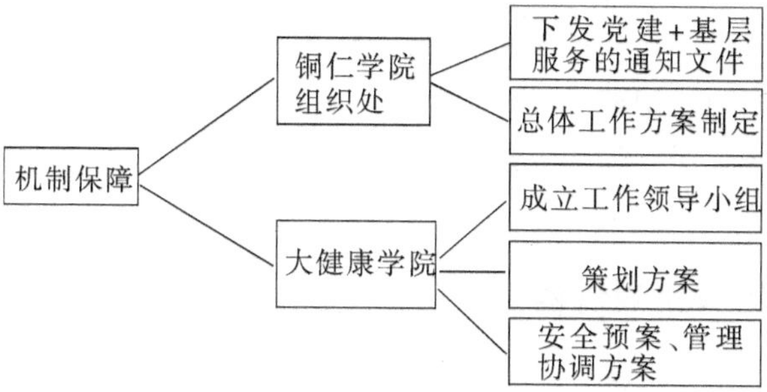

图 4　机制保障流程图

（三）资源保障

人力保障：主要包括义诊的医务人员配备，护理系学生专业知识、技能的培训。我院有丰富临床经验的医护人员 20 余人，其中正高 2 人，副高 5 人，主治医生、主管护师 10 余人，对护理系学生进行了相关医疗知识培训，为本次活动提供了有力的技术保障。以护理系印双红老师为组长做好护理系学生的组织培训工作。

图5　组织护理系学生培训

后勤保障：以社工专业贾隆基老师为组长，负责做好社工学生志愿者培训工作、问卷调查表设计制作及义诊活动的场地安排，配备所需医疗器械。

安全保障：以大体部文兵老师为组长，负责组织学生对外出行车辆交通准备、餐饮安排以及安全告知书的下达。

（四）医疗技术服务内容

（1）铜仁基层农村、社区60岁以上老人血糖、血压普查。

（2）慢性病问卷调查。

（3）健康养生保健知识宣讲。

（4）祖国传统医学中特疗法的推广和运用。

四、项目方案策划过程

（一）成立项目实施团队

工作领导小组：

组长：余静、张艳丽

副组长：周崇武、杨芬、印双红、陈方超、张玉军、童富强

成员：文兵、毛宏、孙馨、王睿智、刘娴、张红、彭文丽、刘智敏、温官武、仵丽娅、黄洲梅、赖珍菲、杨爽、杨慧敏、郜幽兰

表 1　铜仁学院社会服务团队成员一览表

		姓名	技术职务	学历	专业	学院
团队成员	教师	印双红	讲师	研究生	预防医学	大健康学院
		陈方超	讲师	博士	心理学	大健康学院
		杨芬	副教授	研究生	体育学	大健康学院
		童富强	副教授	本科	体育学	大健康学院
		文兵	副教授	在读硕士	体育学	大健康学院
		张玉军	副教授	在读硕士	体育学	大健康学院
		黄啸	副教授	博士	生物学工程	大健康学院
		石秀兰	讲师	研究生	护理	大健康学院
		邱燕	讲师	本科	社工	大健康学院
		贾隆基	讲师	研究生	社工	大健康学院
		王丽荣	副教授	本科	生物学	大健康学院
		毛宏	助教	本科	护理	大健康学院
		易彩霞	讲师	研究生	生物学	大健康学院
		刘娴	助教	本科	护理	大健康学院
		周智红	副教授	本科	体育学	大健康学院
		雷丽	副教授	本科	体育学	大健康学院
		林芳	副教授	本科	体育学	大健康学院
		方新	讲师	研究生	体育学	大健康学院
		王道才	副教授	本科	体育学	大健康学院
		陈燕	讲师	本科	社工	大健康学院
		孙馨	助教	本科	护理学	大健康学院
	学生	姓名	年级	专业	考取硕士研究生情况	大健康学院
		赖珍菲	2016 级	护理专业		大健康学院
		赵冬雪	2016 级	护理专业		大健康学院
		吕林桂	2016 级	护理专业		大健康学院
		邰幽兰	2016 级	护理专业		大健康学院
		范才云	2016 级	护理专业		大健康学院
		杨慧敏	2016 级	护理专业		大健康学院
		袁翠英	2016 级	护理专业		大健康学院

续表

		姓名	技术职务	学历	专业	学院
团队成员	学生	袁华芳	2016级	护理（2）班		大健康学院
		何双双	2016级	护理（2）班		大健康学院
		徐静	2016级	护理（2）班		大健康学院
		莫家秀	2016级	护理（2）班		大健康学院
		孟景绒	2016级	护理（2）班		大健康学院
		龙晓凤	2016级	护理（2）班		大健康学院
		王海丹	2016级	护理（2）班		大健康学院
		胡小倩	2016级	护理（2）班		大健康学院
		杨慧敏	2016级	护理（2）班		大健康学院
		程小会	2016级	护理（2）班		大健康学院
		薛明芳	2016级	护理（2）班		大健康学院
		钟林珍	2016级	护理（2）班		大健康学院
		梁玉杰	2016级	护理（2）班		大健康学院
		杨爽	2016级	护理（2）班		大健康学院
		赵米	2016级	护理（1）班		大健康学院
		周玲玲	2016级	护理（1）班		大健康学院
		吴再雨	2016级	护理（1）班		大健康学院
		岳庭	2016级	护理（1）班		大健康学院
		董泽分	2016级	护理（1）班		大健康学院
		欧阳小清	2016级	护理（1）班		大健康学院
		李时叶	2016级	护理（1）班		大健康学院
		周娟秀	2016级	护理（1）班		大健康学院
		王莎	2016级	护理（1）班		大健康学院
		蒋志娟	2016级	护理（1）班		大健康学院
		韦培兰	2016级	护理（1）班		大健康学院
		杨美	2016级	护理（1）班		大健康学院
		阳运丽	2016级	护理（1）班		大健康学院
		张玲	2016级	护理（1）班		大健康学院
		陆彩玲	2016级	护理（1）班		大健康学院
		姬眺蓉	2016级	护理（1）班		大健康学院
		朱鸿	2016级	护理（1）班		大健康学院
		李梦懿安	2016级	护理（1）班		大健康学院

续表

团队成员	学生	姓名	技术职务	专 业	单位	学院
		蔡应知	2016 级	护理（1）班		大健康学院
		杨再珍	2016 级	护理（1）班		大健康学院
		杨艺婷	2016 级	护理（1）班		大健康学院
		赵玲芳	2016 级	护理（1）		大健康学院
	其他人员	姓名	技术职务	专 业	单位	学院
		张红	主治医师	中医学	医疗服务中心	大健康学院
		彭文丽	主管护师	护理专业	医疗服务中心	大健康学院
		温官武	医师	中医学	医疗服务中心	大健康学院
		仵丽娅	主治医师	护理专业	医疗服务中心	大健康学院
		刘智敏	护师	护理专业	医疗服务中心	大健康学院
		黄洲梅	主管护师	护理专业	医疗服务中心	大健康学院
		王欣	老干科科长	林学专业	老干服务	组织部

根据护理专业课程设置特点和开展党建活动的特点，团队各成员各司其职：

（1）学院党领导把握政策方针。

（2）各院、系、部老师积极配合。

（3）各专业密切配合，社工、体育提供志愿服务，护理专业提供医疗服务。

（二）阶段性模块化服务内容

（1）护理基本技能实践模块。

（2）社区，基层服务模块。

（3）老年特殊人群护理实践。

（4）深入开展两学一助学习教育活动。

（5）党建+系列活动开展。

（三）具体过程

（1）项目实施团队负责人分别在9月，10月，11月与服务基层领导进行活动商洽，写出活动策划方案。

（2）2017年9月12日，10月27日，10月28日，11月9日，12月4日，社工、体育、护理专业的各系部，各专业老师通力合作圆满完成党建及医疗服务下基层活动。

（四）活动收获

（1）护理专业同学写出活动感想、职业收获，各主流媒体对活动有所报道。

（2）以铜仁学院离退休职工为对象，筛选出五位具代表意义的老年家庭，如丧偶家庭、失独家庭、“空巢家庭”、“候鸟家庭”。开展了“健康晚年手牵手”的线上线下关注活动，定期为这些老教师进行健康体检、评估，建立健康档案，进行心理疏导，在生活起居、饮食习惯等方面进行立体干预。以点带面，发挥护理专业优势，争取在今后的实践活动中，为我院二百多名离退休职工建立健康档案，进行护理干预，以期减少老年病和慢性病的致残、致贫的发生。

（3）项目课程的申报护理专业的项目团队成员，申报了《家庭养老模式下铜仁学院离退休职工健康评估》项目课程 、《耳穴疗法对大学生功能性近视眼疗效观察》等8项项目课程的申报。

五、项目实施过程

模块一：党建+医疗服务下基层

2017年9月，服务小组与德江共和镇茶陀乡政府、党委进行磋商，调查了解情况，如当地留守人员的年龄、性别、自然环境及经济条件等。当地地处山区，交通不发达，气候变化大，易受风寒、湿邪侵入，当地留守居民多为老人、妇女、儿童，多以风湿关节炎、骨关节病、慢性劳损等疾病为主。

实施方案：

（1）血压、血糖普查

（2）中医外用膏药敷贴

（3）针刺、艾灸治疗

（4）健康生活方式讲座

实施结果：

（1）普查

接诊当地老百姓200余人，年龄60岁以上占64%，普查结果显示：轻度高血压患者42人，中度高血压患者10人，重度高血压患者8人，高血压异常占33%。血糖普查100人，正常80人，轻度升高15人，糖尿病患者5人，血糖异常占20%。慢性病调查显示：本地骨关节炎、腰椎病患者占40%。

（2）医疗服务内容

①高血压、糖尿病咨询。

②中医特色疗法：外用膏药敷贴艾灸疗法。

③老年人健康生活方式宣讲。

图6 给当地老百姓义诊图

图7 党建工作座谈会

2017年11月，服务小组与坝黄木弄村政府、党委进行接洽，调查了解当地居民的生活状况，对身体健康进行摸底。

木弄村地处铜仁市郊，是市规范化农村合作示范基地，自然环境良好，老百姓生活富足，当地长住居民以老人居多，60至70岁老人占到百分之三十。常见疾病多见于老年病和与生活方式密切相关的慢性疾病，如心血管疾病、糖尿病、肝胆疾病、呼吸系统疾病等方面。

实施方案：

（1）血压、血糖普查

（2）慢性病的问卷调查

（3）健康知识宣讲

（4）中医养生保健活动开展：a. 冬病夏治；b. 药食同源（食疗方法）；c. 中医特色疗法：耳穴疗法，针推疗法。

方案实施结果：

（1）普查

接诊100余人，60岁以上老人60名，70至80岁10名，90岁老人1名。普查显示：血压异常占36.8%，血糖异常占23%。慢性病调查显示，本地以心血管疾病、消化系统疾病为主。

（2）医疗服务内容

①高血压、糖尿病咨询。

②健康养生保健知识宣讲。

③药食同源，食疗处方开具。

④中医特色疗法：耳穴疗法运用。

2017 年 12 月 4 日在张艳丽书记和杨芬副书记的带领下，我院师生共计 80 余人来到木弄村开展了大健康学院“两学一助”促“双一流”建设实践和“大健康学院党建　医疗卫生服务下基层”的主题活动。为当地老百姓义诊、健康评估和咨询，把中医特色疗法如耳穴疗法服务于广大群众。因其无侵入性、无副作用，受到当地老百姓好评。

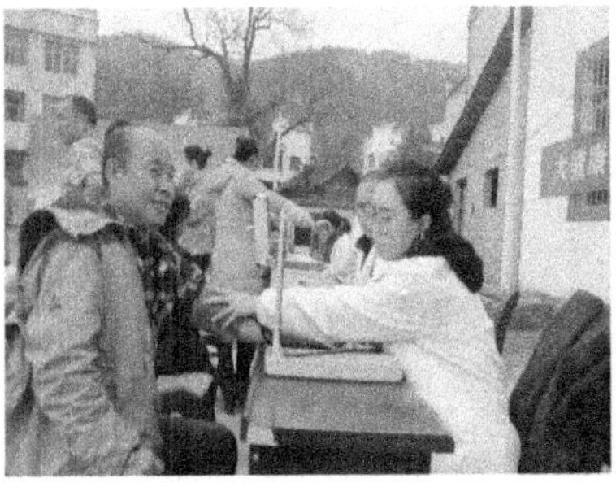

图 8　医生为村民测量血压

图 9　医生为村民测量血糖

图 10　义诊现场

图 11　耳穴讲解

图 12 院领导们和木弄村党委成员

图 13 我院服务小组全体成员

模块二：医疗活动关注老年特殊人群，走进社区、养老院

我国是世界上老年人口增长速度最快的国家，2015 年我国老年人口占总人口的 16.9%，而且每年以 3% 的速度递增。关注老年人的身心健康成为当今社会的热点话题。如何防治老年病，提高老年人的生活质量，对新一代医学专业的学生提出了新时代的要求。

为我院离退休职工进行健康检查和评估：

我院现有离退休职工 231 人，其中高龄老人 24 名，女职工 86 名，在重阳节这样一个爱老敬老的节日里，对我院离退休职工进行健康检查和评估。

实施方案如下：

（1）血压、血糖的普查

（2）慢性病问卷调查

（3）义诊，健康咨询

（4）健康保健知识宣讲

（5）太极养生操演示和传授

方案实施结果：

（1）普查

接诊前来咨询退休职工 150 余人，血压异常占 43.3%，血糖异常占 38.2%。慢性病调查显示我院退休职工主要以心血管疾病、呼吸系统疾病、糖尿病为主。

（2）医疗服务内容

①血糖、血压普查。

②慢病咨询。

③健康养生知识宣讲。

④特色疗法——冬病夏治。

2017年10月27日，我院护理专业、社工专业、休闲体育专业师生及医务中心医生40余人在民族风情院协助铜仁学院组织部开展“老年节暨敬老月联谊活动，为我院二百多名离退休职工开展义诊和健康咨询活动”，发放问卷调查表200余份，筛选出五位代表性家庭开展健康关注联。

铜仁市碧江区中心养老院重阳节慰问活动：

2017年10月，在与碧江区中心养老院杨新华院长和田彩副院长接洽中，了解到中心养老院是市民政局下属的福利机构。现有鳏寡孤独老人40余名，失能半失能老人10余名，孤儿30余名。这些老人不仅患有各种慢性病，而且缺乏家庭温暖，性格比较敏感内向。针对这一情况，我们策划了“沐浴十九大，青春暖夕阳；深入开展‘两学一助’学习教育活动”。

实施方案：

（1）血压、血糖普查

（2）焦虑问卷调查

（3）为老人义诊，慢性病咨询

（4）为老人带来文艺演出

（5）给老人们带来节日蛋糕一起切蛋糕

（6）给老人们洗脚，带去暖心的袜子

方案实施结果：

（1）普查

接诊38名孤寡老人，血压异常占50%，血糖异常占38%，30%老人有轻度焦虑倾向。

（2）医疗服务内容

①高血压、血糖的普查。

②老人的心理疏导。

③慢性病的诊治。

2017年10月28日，在大健康学院分党委副书记张艳丽的带领下，护理系师生30余人到碧江区中心养老院开展了重阳节慰问活动。不仅为养老院老人们进行义诊和咨询活动，还给老人们剪指甲，做足底按摩，穿上暖心的袜子，和老人们一起切蛋糕，真正把这份孝老爱亲的殷殷之情送到老人的心里。活动中，每位老人的脸上都洋溢着久违的笑容，很多老人含着热泪拉着同学们的手说：“白衣天使，希望以后你们常来！”

图 14 我院和养老院领导为老人切蛋糕

图 15 我院张艳丽书记为老人送上节日

图 16 护理系同学在给老人测量血压

图 17 我校医生为糖尿病患者进行诊治

图 18 养老院老人们观看文艺演

图 19 我院护理系学生给老人剪指甲

相关项目课程的开展：

寻找具有代表性的家庭（失独家庭，丧偶家庭，空巢家庭）进行为期一年的“健康晚年手牵手”线上、线下关注活动。

模块三：院外心肺复苏技能培训和推广

我国每年死于心脏骤停的人数是 50 万人，拯救生命的黄金时间为 4—6 分钟，决定了心肺复苏的现场性和公民参与性。为提高全院教师的急救意识与现场急救能力，特与铜仁市红十字基金会合作，对我院全体教师及护理系全体同学开展相关急救知识的宣传和教育。

实施方案：

（1）心肺复苏操作方法

（2）奥克海姆急救手法

（3）简易伤口包扎术

（4）运动损伤急救

方案实施结果：

我院教师50余人及护理系2016级、2017级学生100余人参加培训。

（1）每位老师和同学现场实地操作“心肺复苏”手法，掌握了院外“心肺复苏的”急救流程

（2）掌握气管异物的急救手法

（3）头部外伤的包扎，四肢骨折的固定术

2017年11月9日，红十字会综合科刘俊华科长和工作人员赵敏，在铜仁学院体育场对我院100余名师生进行现场模拟急救操作。

六、项目实施效应

（一）学以致用，有利于护理创新人才培养效应

实践教学体系是医学高等教育教学体系的一个重要组成部分，更是培育高技能应用型护理人才不可或缺的重要组成部分。然而由于受到现有医疗体制的限制和医患关系的日趋紧张等诸多因素的影响，护理学生的临床实践受到前所未有的挑战。在严格遵循医学教育规律的同时，应不断深化护理教学改革，让学生自觉走出课堂，在实践中推进教学体制的创新，促进护理人才的培养。

（二）走出象牙塔，关注社会问题，增强时代使命感和职业素养的培养

通过实践教学，学生们将所学医疗技能服务于基层，一方面有利于学生了解社会，认识社会，体察民情民意，了解社会各阶层对医护人员的要求和期望，增强社会责任感；另一方面，有利于学生深刻领会救死扶伤的人道主义精神实质，培养学生吃苦耐劳、勇于奉献的职业道德。

附：学生感想

其一

我总会想起那个阳光明媚的午后。

那天下午，陪马老师去医院看望她病危的丈夫。我和我的小伙伴穿好隔离服，用消毒液把手消毒后，小心、庄严、肃穆地一步步走向病房区域，后来我才知道那样的感受，应该是源于对生命的尊重与敬畏。

那是我第一次去重症监护病房，病床和病床之间用蓝色的窗帘隔开，但是没有拉上，我可以看见这个 ICU 病房的好多患者，大多是中年或者老年的面孔。我扫视了整个病房，我发现了一双忧心忡忡、畏惧绝望的眼神，她看起来是个和我年纪相仿的女孩。我不知道她在这个病房是在等待度过危险期恢复健康，还是等待……死亡。由不得我思索更多，我便已经蹑手蹑脚地来到了马老师丈夫的床边。他面色乌黑，眼睛上翻，嘴巴里插上了呼吸机的粗粗的管子；他的脸已经没有脂肪了，嘴就那样巴巴地张着；他的头颅被一层薄而硬的、早已失去光泽的面部皮肤包裹着；他颈部、手臂皮肤衰老地耷拉在床上；他的手苍白而又枯瘦，脚严重水肿，像一个本就不大却被装满了水的气球，生怕多看一眼就会破裂。病床上的架子上还挂着 2 公斤重的生理盐水。天哪，原来消耗性的癌症怎么会把一个人摧残成这样。我内心惊呼。

马老师一边拉着手一边跟丈夫说着话，她的丈夫也只能通过闭眼回应她。她说，前几天抢救的时候，脸都是乌黑的，现在皮肤好些了。我能听出来她语气里的欣喜与知足。即使老伴现在并不好看，马老师还是会帮她老伴拍些照片留做纪念。我突然想起张爱玲说过的一句话，年轻的时候，不多拍一些照片，等到垂垂老矣的时候看什么呢。我轻轻地握着她丈夫的手，我说我们会和马老师成为好朋友的，我们会好好替您照顾马老师的，你放心吧。许久，他……眨了眨眼睛。我当时不会知道的是，一个星期过后，他去世了。

探视时间只有半个小时。从病房出来后，马老师摸着胸口说她这几天心脏疼得厉害，我知道她这几天肯定不好过，她在去年接受了女儿的死亡，现在又要送走自己的丈夫。我们一边扶着她慢慢地走向缴费处，她从鼓鼓的腰包里摸索了好久，才从包里掏出了刚发的住院缴费单和几张卡递给服务员。“缴费一万块。”她说道。“ICU 病房一天的消费是多少？”我很好奇地问道。“3 天 2 万块。”她答道。听完，我心里开始畏惧当我芳华逝去，年老色衰时，我会不会有钱看病。去马路边等公交车的路上，我开玩笑说道，想调节一下气氛。医院可只是个缓解压力的好地方啊。她说，还有个更好的地方，是火葬场。我晃了一下神，心中涌起一阵阵歉意。她接着说，一定要好好活着，在一天就开心一天。她说这句话的时候我印象很深刻。她正坐在靠窗的爱心专座上，一束束阳光正巧打在她的身上，她头上的白发在阳光中随着风舞动着。让我感到欣慰的同时也为她心疼。人怎么会这么坚韧不拔呢。那时的我，刚从堕落的深渊把自己打捞起来晾晒，重新振作，重新出发，想去寻找、遇见一个更好的自己，在这个过程中，我每天都过得愉快，充实。我深切地理解这句话，我暗暗庆幸我追求的简单快乐的幸福和一个年过花甲的老人的忠告那么契合。马老师的这句话，我一直铭记于心，慢慢地就成了我心灵的源泉流淌在我的心上，迸发出强大的生命力，总是可以指引着我激励着我，去尝试我以前不敢做但是我喜欢做的事情。

我曾经问过马老师决定什么时候给她的丈夫拔掉呼吸机，放弃治疗。她没说话。我接着冷静地说道，你现在也应该为自己多考虑一些，也许你现在全心救治，可是你的老伴在医院的每一天都要承受难言的病痛，他可能更愿意选择终结自己的生命、选择解脱，他是在违背他自己的意愿为你而活。马老师顿了顿，想说些什么却又没说出口。其实我理解的，她也只是很单纯地舍不得和她朝夕相处了30多年的丈夫，她也只是想就为了每天看他的那30分钟，她也只是想看见他还躺在病床上，还没有完全离开她，她也只是……直到后面，《护理伦理学》的印老师给我们布置了主题综述作为期末考试，我很毅然选择了“临终关怀”的课题作为我的期末答卷。我知道了临终关怀是一种专注于患者在将要逝世前的几个星期甚至几个月的时间内，减轻其疾病的症状、延缓疾病发展的医疗护理。它既不将死亡提前，也不将死亡推迟，它顺应了自然的死亡，给病患减轻临终痛苦的一种方式。我想如果不是这次社会服务，不是这个项目课程，我不会有这么一段经历，不会选择认真深入地去了解一个“名词”。我甚至隐约能感受到这会影响我今后的旅途与归宿。我想考重庆医科大学的研究生，想去体会领悟一流学校生死观的教育，想去它的附属医院青杠老年服务活动中心看看，想去做一名专注于老年护理与临终关怀的医务人员。我也只是一个很单纯的想法，我的前半生一直是从爸妈那索取的，那么我想用我的后半生去好好地呵护他们，为他们养老送终。

马老师的老伴去世一个星期后，她自己也病倒了在医院打点滴。我们七谈八聊的。我们说起我和小伙伴做指甲的事，她说如果怕做实验时被老师发现，就把小拇指贴上邦迪。我打趣地问道：“可是我想做一双手怎么办？”“那就都贴上，然后跟老师说不小心被压到了。”现在想想，马老师的俏皮可爱的老顽童形象跃然纸上。马老师是物理学教授。她说很多知识，学了未必要会，但是你还是要认真听讲，当你用得着的时候它会指导在哪本书讲过这个原理。让我在学习上受益匪浅。让我排解了紧张的情绪，转而更加有兴趣地去学本专业的知识。她说，她老伴在抢救回来醒过来时，她老伴说：“快帮我把裤子穿上。你做的菜不好吃，我给你做。”她又说道：“这辈子，如果不能找一个相互喜欢的人的话，那就选择爱你的那个吧。”我知道的，她老伴宠了她30年，她是一个很幸福的人。她让我明白了爱情是什么，美好的爱情是什么样子的，她让我在大二时树立一个很正确的爱情观，让我更懂得了怎么去细心体贴地爱一个人。

马老师给了我太多的忠告，也带给了我太多的幸福与快乐，赠予了我一笔无比珍贵的精神财富，让我终身受益。她让我知道当代的年轻人真的很有必要积极地投入社会实践过程当中，特别是与一些道德高尚的长辈交流对话，去完善自己，去树立正确的三观。她让我知道了在大学开展生死观教育的课程是一件非常必要并且非常有意义的事情，只有知道了人的最终归宿，才会去认真思索自己的一生，才会去珍惜当下，珍惜自己的生命。让我想起了之前侯长林校长在给青马班学子做过的讲座中提到过的关于死亡的教育，当时不能够理解。直到现在，去经历去学习，才知道有些老师的思想境界是多么的高远。也不仅仅是这个，这段经历让我在过程中明白了太多长辈们以前苦口婆心、耳提面命的所谓忠告和道理。

她让我有了一颗感恩的心。

所以感谢自己，感谢相遇。

（赖珍菲）

其二

选择这个专业之前，我认为的博爱是空泛的。选择这个专业后，尤其参与了看望退休教职工项目课程、民族风情园慰问活动后，我对这个专业的理解更为具体了。

重阳节前一天，在学校安排下，我们班的同学有幸参加民族风情园慰问活动。在得知能够外出进行护理工作时，我们都有一种神圣感，这也是我们第一次进入“实战”。当听到第一个非正常脉搏时，我的内心是激动的，终于能从均一音中区分出不一样的存在。那种感觉犹如柳暗花明又一村。同时，那样的声音也令我感到不安，急促的“咚咚……”声，把我的心提到了嗓子眼，好像我所测量的这个人的心就要跳出来一样。当然，第一次“实战”需要克服的困难还是很多的，如现场的音响声太大，听不见脉搏的跳动；有些教职工因上了年纪，听力加重，交流障碍等。这些问题都使得我们的慰问工作增加了难度，甚至几次测量的血压值有误，闹了笑话。总的来说，这场慰问活动还算成功。不难发现，到了一定年纪，一些老年病接踵而来，人就慢慢关注自己的身体，大部分不合格者都在进行药物控制。

看望马老师虽然属于项目课程，但与其接触后已经不再只是项目课程的任务了。马老师有着特殊的遭遇，放常人身上怕不能承受，马老师却说：“做到问心无愧就好。”好一个“问心无愧”，寥寥四字，却是多少人毕生追求都难以做到的。如此豁达的胸襟，倒让我自叹不如！不禁反思，自己作为一个青年人，遇事拿得起，放得下吗？我们总说难，却不愿尝试。总说不行，却不说“我试试”。想着身不由已，怨天尤人，却不愿相信自己，人定胜天。一味地沉浸于悲痛之中，最终只有堕落。敢于擦干泪，理智前行，又怎知不会胜天半子呢？离开马老师家，我突然感觉到自己的渺小，我的力量微不足道，但渺小的内里，还有团熊熊燃烧的火，让我不舍于听天由命。我想要用我有限的力量，为更多需要帮助的人带去关心，我也不求为全人类服务，但求问心无愧！

护理是一项伟大的事业，能够与它相遇是我的幸运！

（杨慧敏）

（三）落实职业技能教学的“教学互动，学用结合”的效应

医学护理学生在日常的课堂学习中，对理论知识的掌握还停留在感性认识层面上，对临实践操作技能，医疗器械的使用还缺乏熟练操作运用的机会。根据不同年级学生需掌握的基本技能，针对性地到不同基层，既服务了当地群众，也对相关技能操作有了实践机会，使学生对护理理论及临床操作有了更直观的认识，达到融会贯通，学用结合。提高了学生主动学习的主观能动性，学习的原动力来源于学生的主观意愿，当同学们将所学帮助了患者解决身心健康问题时，大大提高了同学们主动学习的积极性和职业发展规划的方向感。

（四）有利于解决护理学生就业问题

护理学生的个人综合能力中的业务能力，是用人单位选拔人才的首要条件。实践教学对护理学生的业务水平的提高是毋庸置疑的，实践活动可提高学

生的社交能力，对学生适应社会的能力和专业礼仪的运用都有较好的帮助，同时还可以提供学生对就业途径的多元化选择。

（五）为打造大健康学院护理专业“品牌效应”提供平台

世界卫生组织各成员国卫生人才资源统计结果显示，许多国家护理人才紧缺，全球亟需200万护理人才，护士荒已日益凸显出来，我国医护比例严重失调。卫生部要求，我国医院医护比例要达到1∶2，重要科室1∶4，而实际上全国医护比例是1∶0.61，与1∶2.7的国际水平相差甚远，护理专业被教育部、卫生部等六部门列为国家紧缺人才专业。

我国又是世界上人口老龄化进程速度最快的国家，先于发达国家30年进入老龄化社会。老年人这一特殊群体，随着社会角色的转变，社会适应能力降低，健康问题突出。各地老年人健康普查表明，无重要脏器疾病所谓健康的老年人仅占20%—30%，大多数老人患有各种慢性疾病，又随着传统家庭结构变化，空巢老人增多，老年人患抑郁症、焦虑症的比率越来越高，调查显示有的社区老年人患病率高达50%。单靠家庭无法满足老年人的身心需求，需要医疗、社会等多方面支持和帮助，调查显示社区老人对护理的需求为70%，城市老人的护理需求为50%，农村老人的护理需求为78.7%。

我国护理教育尚未专业化，老年护理人才稀缺，我院护理学的设立就是为适应这一社会需求量身打造的。我院护理专业是武陵地区唯一一所本科学历的护理专业，老年护理是我们专业特色。我们培养的学生专业细化度高，就业方向性强。学生毕业后可满足医院、社区、养老机构的护理人才的需求。定期、有针对性地安排医疗服务下基层，既可让学生掌握基础护理常规技能，也为“老年护理”这一特殊技能的训练提供实践机会，为提升专业品牌打造了平台，实现大健康产业全面发展。活动得到了各大媒体的关注，铜仁学院官网，铜仁日报社，铜仁市政府网站均有报道，极大地提升了护理专业的品牌价值。

各大主流媒体报道：

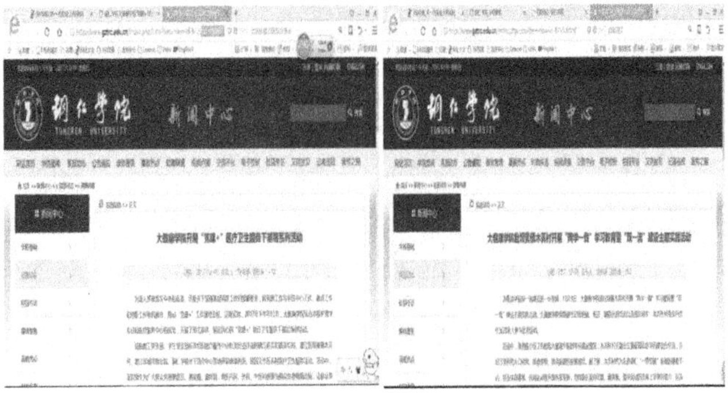

图 20　铜仁学院官网报道（示意图）

图 21　图片新闻（示意图）

（作者系铜仁学院大健康学院主治医师）

马克思主义学院法学专家服务中心坐班接访提供法律援助

肖璐

一、项目概况

（一）项目名称：马克思主义学院法学专家服务中心坐班接访提供法律援助

（二）主持人：肖璐

（三）经费来源及数额：公益项目

（四）委托单位：铜仁市委政法委、铜仁市委群工部、铜仁市法学会

（五）服务类别：公益服务

（六）实施时间：2017 年全年

（七）实施地点：铜仁市委群工部

二、项目获得过程

（一）项目来源

近年来，市法学会建立法学专家服务中心，参与调解重大信访矛盾纠纷，引导群众在法治轨道上维护权益、化解矛盾，促进信访秩序好转，实现信访总量、存量、增量“三量齐降”，维护了社会和谐稳定。

本次项目活动能够发挥法治宣传员作用。法学专家结合“学习宣传贯彻党的十九大精神，弘扬宪法精神”法治宣传教育等活动，深入机关、学校、企业等开展法治宣讲，进一步提升领导干部、执法人员、广大群众依法行政、依法办事能力。

发挥决策参谋员作用。法学专家参与法治铜仁和依法治市、重大决策社会稳定风险评估、重大疑难信访案件听证等工作。如：开展各类评估事项、重大

疑难信访案件的听证会土地权属、征地拆迁、权益保障等重大疑难信访案件；法学专家参与涉法涉诉信访案件排查化解、十大精品案例评选、重大信访事件预警等工作，公正客观地提出评查意见和化解建议，发挥案件评查员作用；法学专家参与定期坐班接访、电话预约接访和远程视频接访，参与重大矛盾纠纷化解等工作，积极调解矛盾纠纷。接访群众，开展电话接访和视频接访，化解重大矛盾纠纷，发挥矛盾调解员作用。

为深入贯彻落实2016年10月全国社会治安综合治理创新工作会议精神，着力提高铜仁市社会治理法治化水平，积极组织铜仁市法学专家开展法治实践、参与矛盾纠纷化解，运用专业优势有效服务基层、服务群众、服务全市法治建设，决定在铜仁市委群工部设立法学专家服务中心，吸纳优秀法律人才坐班接访。

（二）项目方案的制定与发布

结合“学习宣传贯彻党的十九大精神，弘扬宪法精神”等一系列法治宣传教育活动，铜仁市法学会组织法学专家进入机关、乡村、学校、企业、社区开展法治宣讲，举办法治报告会，进一步提升了全民运用法治思维和法治方式化解矛盾纠纷的能力水平。2016年12月2日，铜仁市委政法委、铜仁市委群工部、铜仁市法学会发布了《铜仁市法学专家服务中心工作方案》，具体如下：

铜市法学专家服务中心工作方案

为深入贯彻落实2016年10月全国社会治安综合治理创新工作会议精神，着力提高我市社会治理法治化水平，积极组织我市法学专家开展法治实践、参与矛盾纠纷化解，运用专业优势有效服务基层、服务群众、服务我市法治建设，结合我市实际，决定在市群工部设立法学专家服务中心，现将方案制定如下：

一、总体要求和工作目标

以党的十八大、十八届三中、四中、五中、六中全会精神为指导，紧紧围绕习近平总书记系列重要讲话和关于加强和创新社会治理的重要指示，深入贯彻落实全国社会治安综合治理创新工作会议精神，市委政法委、市法学会通过在市委群工部设立法学专家服务中心，积极引导政法部门法学专家和高校法学专家义务参与法律咨询、调解纠纷、法律援助、法治宣传等法律服务活动，充分发挥专家专业优势和高校法学专家第三方中立地位，强化法律在维护群众权益，化解社会矛盾纠纷中的权威地位，维护社会和谐稳定。

二、工作领导小组

组长：张涛（铜仁市委常委、市政法委书记、市公安局局长、市法学会会长）

副组长：冯华（市委副秘书长、市委群工部常务副部长）、郑顺恩

成员：杨彬（市中级人民法院副院长）、杨志刚、丁莉、刘建荣、刘大发、皮坤乾、龙新明、喻华

领导小组下设办公室，丁莉任办公室主任，牵头负责具体工作。

三、机构设置、职能职责及运行模式

1. 机构设置及人员组成：法学专家服务中心设在市群众工作中心，设主任1名，由市法学会专职副会长丁莉担任；工作人员1名，负责对接专家和日常事务；专家15名，主要由市中级人民法院、市人民检察院、市委党校、铜仁学院、铜仁职院、铜仁幼专推荐的法学专家组成。

2. 职能职责：中心安排专家提供法律咨询服务、开展矛盾纠纷调处、实施法律援助、开展普法宣传教育、协助开展干部法制培训、推动法治文化建设等六项工作。

3. 运行模式：每周四安排1名专家到中心轮流接访，现场解答咨询和调解纠纷；根据需要不定期到中心调解疑难矛盾纠纷；根据中心安排提供其他法律服务，等等。

4. 部门分工：市委政法委负责解决专家值班接访补贴经费（参照律师值班补贴标准）；市群工部负责落实中心办公场所；市法学会负责组织协调专家，以及加强中心运行机制建设；市直政法部门、市委党校和各高校负责推荐优秀法律法学专家开展工作。

四、工作措施

1. 统一思想，高度重视。各相关单位要高度重视此项工作，要站在讲政治的高度，站在提高社会治理法治化水平的高度，积极做好法学专家服务中心工作，把中心打造成党和政府联系群众的桥梁纽带，促进社会和谐稳定。针对基层群众缺乏法律知识、依法维权意识淡薄、“信访不信法”甚至“弃法转访”等问题，铜仁市法学会组织法学专家深入信访问题突出的乡镇和村，通过解读身边真实案例，使群众了解依法维权的有效途径，以及缠访闹访应承担的法律后果，多名长期上访人员受到深刻教育，思想得以转化。利用乡镇赶集

日开展法律咨询服务，发放法律宣传读本，对村干部和重点人群、特殊人群分别开展法律明白人法制讲座和培训，引导群众学法尊法守法用法。

2. 搭建平台，加强协作。法学专家服务中心由市委政法委、市委群工部、市法学会搭建，是法学专家履行社会责任，运用专业优势服务群众、化解矛盾纠纷、服务法治铜仁实践的平台，各相关部门要加强协作和配合，确保平台有效发挥作用。围绕铜仁市创建绿色先行发展示范区积极献言献策，参与《铜仁市锦江流域保护条例》《梵净山保护条例》的立法工作，为《法治铜仁建设实施纲要》《中共铜仁市委关于全面推进依法治市加快建设法治社会的决定》《铜仁市国家工作人员学法用法制度实施细则》等地方性规定的出台，不断深化依法治市工作，推动政府依法行政。铜仁市将法学专家列入社会稳定风险评估专家库，发挥我们的专业优势，参与重大项目和重大决策民意收集分析，为社会稳定风险评估提供法律咨询，提高决策的科学化水平。

3. 加强保障，高效运行。要主动争取党委政府的重视和支持，不断完善法学专家服务中心各项保障机制。同时，不断探索管理和服务模式，促进中心高效运行。全程参与该市重大疑难信访案件的听证会，会前建议相关部门收集完整的法律和政策依据、案件事实及相关证据资料；会上向信访人面对面地讲解国家法律法规和政策，帮助信访人分析信访事由，进行司法解释，使听证会更加公开、透明、民主，让信访人更容易接受和信服处理结果。化解土地权属、征地拆迁、权益保障等重大疑难言访案件。

依托铜仁平安警务云，将法学专家和群众信访事项纳入信访数据模块，利用综治信访视频系统开展远程接访，并将接访信息同步录入铜仁平安警务云，对群众信访事项情况进行跟踪督办，对规定时限内没有化解的，及时预警、督促化解，成功将信访事项解决在“云”上，实现了数据“多跑腿”、群众“不跑路”。并采取电话接访和约访形式，满足来访群众的法律需要。此外，我们还将积极参与铜仁市政法系统＋大精品案例评选，针对个案的办理程序、实体认定、法律适用、文书质量、卷宗装订等内容进行全面审查，对案件瑕疵及时提出补正意见，对评选出来的有典型意义、有参考价值的精品案件进行公布，推进了铜仁市执法办案质量的提升，有效减少了涉法涉诉信访案件。

市政法委、市法学会在市群众工作中心成立市法学专家服务中心，邀请法学专家和法律实务界的专家参与接访、解答咨询、调解纠纷、实施法律援助、开展普法宣传教育等法律服务活动，是我市创新社会治理、维护社会稳定的新举措、新尝试。通过这个平台，能够让更多的法学专家了解法律实践，积极参与到服务群众中来，参与到平安铜仁建设中来。当前我市正处于奋力创建绿色发展先行示范区、阔步迈向社会主义生态文明新时代的关键时期，积极引导群众运用法治思维、法治方式处理事情、化解矛盾尤为重要。市法学专家服务中心组织专家和群众面对面答疑解惑、提供优质法律服务，以第三方中立身份参与矛盾纠纷调解，引导群众理性合法地解决诉求，有利于把矛盾问题解决在基层和萌芽状态，促进社会发展。

附件：铜仁市法学专家服务中心工作规程

第一条　为着力提高社会治理法治化水平，组织我市高校法学专家和政法部门法律实务专家积极参与矛盾纠纷化解，运用专业知识有效服务群众、服务基层、服务我市法治建设，结合实际，成立铜仁市法学专家服务中心。为规范中心运行，特制定本规程。关注民生，服务百姓，深入山村，走进农家，为农民呐喊、为农民维权。

第二条　法学专家服务中心工作职责：

（一）开展法律咨询服务。

（二）开展矛盾纠纷调处。

（三）配合相关部门实施法律援助。

（四）配合开展普法宣传教育。

（五）配合推动法治文化建设。

第三条　法学专家服务中心开展工作采取以下模式：

（一）法学专家轮流到市委群工部法学专家服务中心值班，为群众现场提供法律咨询服务。

（二）法学专家在非值班日通过电话解答群众相关法律咨询。

受党委政府或相关部门委托，指派专家参与化解重大疑难信访案件。

根据实际需要，为上访困难群众提供法律援助。

（三）到相关单位和基层开展法治宣讲活动、干部法律培训或其他普法宣传。

第四条　法学专家在提供法律咨询、参与调解矛盾纠纷等工作时，应做到以下几点：

（一）遵守法律法规，严守政治纪律。

（二）保守案件秘密，不得泄露当事人隐私及信息。

（三）不得以任何形式炒作敏感、复杂的信访案件。

（四）积极引导信访人依法、理性表达诉求。

（五）提高领导干部运用法治思维和法治方式深化改革、推动发展、化解矛盾、维护稳定能力。

第五条　中心要公布法学专家信息，由群众自主选择确定专家后，由中心工作人员帮助进行联系沟通，法学专家可以现场解答或通过电话、网络进行远程服务。

第六条　对重要案件和复杂、疑难问题，中心要组织协调相关专家集体会商提出专家建议。

第七条　中心要建立和完善接待咨询、纠纷调处、专家会诊、案件听证等基础簿册，制定各项工作制度，实现规范化、制度化管理。

第八条　值班专家要耐心解答咨询，并做好书面记录，包括来访人的基本情况、来访事由和专家答复意见，逐案建档留存，作为中心评价值班专家工作的依据。

第九条　对积极参与中心各项工作、表现突出的法学专家，市委政法委和市法学会要定期进行表彰或奖励。

第十条　市委政法委负责工作开展所需的办公条件和经费，市委群工部和市法学会负责对中心工作进行统筹和业务指导。

第十一条　本规程由市法学会制定和解释。

三、项目实施情况

党领导人民制定宪法和法律，党必须在宪法和法律范围内活动。任何组织或者个人都不得有超越宪法和法律的特权，绝不允许以言代法、以权压法、徇私枉法。司法工作在实现全面建设小康社会的宏伟目标中承担着更加重要的作用，履行更加重大的职责，迎接更多的挑战。

依法治国是依照法律来治理国家，是中国共产党领导人民治理国家的基本方略，是发展社会主义市场经济的客观需要，也是社会文明进步的显著标志，还是国家长治久安的必要保障。依法治国，建设社会主义法治国家，是人民当家做主的根本保证。

依法治国首先是依宪治国，依法执政首先要依宪执政。“法治小康”的最大要素是宪法的至高无上，任何党派、政治团体、利益群体都不能凌驾于宪法之上。要树立宪法至上的观念，树立宪法权威，遵守宪法，维护宪法，保证宪法在全社会的贯彻实施。要维护法治统一，解决上位法与下位法不统一、法律法规与宪法不统一的矛盾，维护宪法法律的权威和尊严；要更加注重发挥法治在国家治理和社会管理中的重要作用，不断拓展法治功能；营造法治氛围，推进法治文化建设，使全体公民习惯于法治思维，习惯于用法治方式消弭社会冲突，化解社会矛盾。方案下发后，我院立即组织相关老师参与了项目的启动仪式，并积极参与到坐班接访工作中来，并圆满完成任务。

（一）项目具体任务

聘书

兹聘请肖璐同志为铜仁市法学专家服务中心首批专家，聘期三年，从2017年3月至2020年3月。

铜仁市法学会

二〇一七年三月

图1　聘书

附件五：

铜仁市法学专家服务中心坐班接访表

（2018年1月—2018年5月）

序号	时间	坐班人	电话	备注
1	[illegible]	[illegible]	[illegible]	
2	[illegible]	[illegible]	[illegible]	
3	[illegible]	[illegible]	[illegible]	
4	[illegible]	[illegible]	[illegible]	
5	[illegible]	[illegible]	[illegible]	
6	[illegible]	[illegible]	[illegible]	
7	[illegible]	[illegible]	[illegible]	
8	[illegible]	[illegible]	[illegible]	
9	[illegible]	[illegible]	[illegible]	
10	[illegible]	[illegible]	[illegible]	
11	[illegible]	[illegible]	[illegible]	
12	[illegible]	[illegible]	[illegible]	
13	[illegible]	[illegible]	[illegible]	
14	[illegible]	[illegible]	[illegible]	
15	[illegible]	[illegible]	[illegible]	

图2　铜仁学院专家服务中心坐班接访表（示意图）

（二）项目实施保障

1. 组织保障

为使项目顺利进行，该方案得到了校领导的大力支持，院里也积极响应该方案的要求，指派我院皮坤乾、肖璐、龙丽、刘克彬、冯渝安五位老师按方案的安排赴市委群工部坐班接访，协调他们在学校的工作和课程，全力保障该方案的顺利实施。

2. 机制保障

本项目实行坐班法律专家签到制，由市委群工部提供二楼的法学专家接待室作为坐班地点，负责接待来访人员的涉法涉诉问题，引导来访人员正确处理问题，化解社会矛盾，为市委市政府分忧，并在《来访人员记录本》上登记。

四、项目实施效应

（一）人才培养效应

本项目虽无学生的直接参与，但项目负责人在接访完毕后，会对来访人员的事项进行分类总结，并将该事例作为案例贯穿进课堂，组织学生讨论，极大地调动学生的积极性，让他们对社会矛盾和社会问题有一个全面的认识，并在教师的引导下，有效地培养学生分析问题和解决问题的能力，为培养适应地方经济发展的应用型人才打下坚实的基础。

（二）师资队伍建设效应

本项目的实施，为进一步完善我校“双师型”教师的专业能力提供了很好的平台，教师在课堂上的讲授有了更生动更真实的素材，同时也提醒教师在教书育人的同时，还应时时鞭策自己在专业知识的学习上不断钻研，这不仅仅是对教师专业能力的提升，也是对教学水平的提升。

（三）社会服务效应

1. 扩大学校影响，树立学校品牌

本项目的开展和实施，得到了委托方铜仁市委政法委、铜仁市委群工部的高度评价。市委领导在年终总结会上明确强调，要继续推进法学专家坐班接访工作，将此项工作作为一项常态化工作进行实施，这也是服务于民、化解社会矛盾的必然需求。通过本项目，使市委市政府对我校的社会服务工作进行了极大的肯定，彰显了我校服务社会的基本理念，扩大了我校的影响力。

2. 了解群众需求，引导教学改革

在接访的过程中，我们发现，很多来访者都是经常上访的“常客”，他们“信访不信法”，对法律程序和法律途径基本不了解，也不信任。法律知识的欠缺让他们错失了很多维权的机会，铜仁市一起典型的公交车伤人案就是如此，来访者不走民事诉讼途径，不追究肇事者和公交公司的民事责任，反倒一次又一次地组织人员来上访，要求政府解决，这不仅浪费政府资源，也于事无补、于法无据。这也给我们的教学工作提出了一个新的问题：如何培养社会需要的应用型人才？我们的教学改革不应仅仅局限在课堂教学的方式和手段上，而且要让学生更多地参与社会实践，参加到实际生活中来，让他们来听取群众的需求和声音，了解社会矛盾和现象，切实地解决实际问题，这也是我们下一步教学改革的方向。

（作者系铜仁学院马克思主义学院教授）

铜仁市 “轻松备考·12355与你同行” 阳光行动

陈方超

一、项目概况

（一）项目名称：铜仁市“轻松备考·12355与你同行”阳光行动

（二）项目负责人：吴央、陈方超

（三）经费来源：无（公益）

（四）委托单位：共青团铜仁市委员会

（五）服务类别：技术服务

（六）实施时间：2018年5月1日至9月1日

（七）实施地点：铜仁市各中学

二、项目获取过程

2014年，共青团铜仁学院委员会根据共青团铜仁市委员会的要求，向团市委举荐了10多名心理健康教师。同年5月1日，共青团铜仁市委启动“铜仁市‘轻松备考·12355与你同行’阳光行动”项目，陈方超、于慧慧、张文龙、王霞、宋健等人被共青团铜仁市委员会聘请为阳光心理辅导老师。（铜青通〔2014〕8号）从2014年以来，我们已经为铜仁市10000多名中、高考生做了几十场考前心理减压讲座以及心理辅导，获得了考生、家长、学校、社会的广泛欢迎，尤其是赢得了共青团铜仁市委的高度认可。人民网、中国青年网、铜仁网等媒体对活动进行宣传报道。5年来，我们认真负责，无私奉献，双方合作愉快。通过团队成员的努力和共青团铜仁市委的精心打造，12355阳光行动成了我市莘莘学子的良师益友和心灵伴侣。为了进一步发挥共青团服务青少年的职能，促进广大青少年健康成长，充分发挥12355青少年综合服务台的作用，提高12355品牌的社会影响，扩大12355青少年服务台的知晓度，2018年5月，共青团铜仁市委员会经过仔细研究，决定继续聘请陈方超等10

人为铜仁市“12355”青少年综合服务平台心理健康咨询导师，聘期 2 年。（铜青通〔2018〕18 号）

图 1　2014 年启动 12355 阳光行动项目

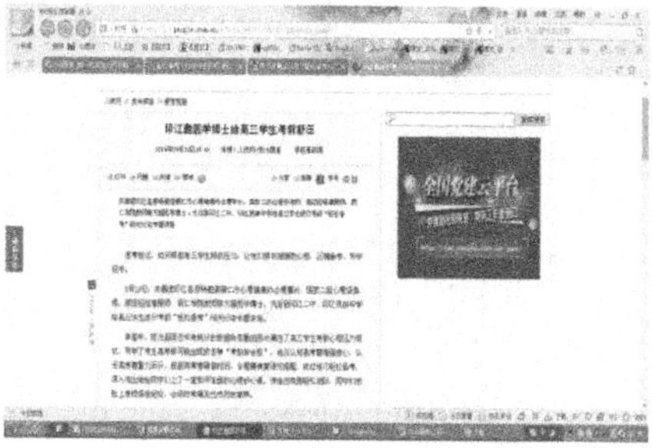

图 2　人民网报道高考心理讲座(示意图)

图 3　中国青年网对活动进行报道（示意图）

三、项目实施情况

（一）项目具体任务

本项目旨在为铜仁市中考、高考考生做考前心理辅导，为出现考前焦虑乃至其他心理、行为问题的学生提供心理咨询，为考生提供职业生涯规划辅导，帮助考生解决考后心理问题，为学校管理者、教师、家长提供间接心理咨询，营造轻松愉快的复习氛围和考试环境。通过共青团铜仁市委的微信服务平台，12355 热线，邮箱以及微信平台预约心理辅导时间和专家，及时帮助学生解决心理问题。

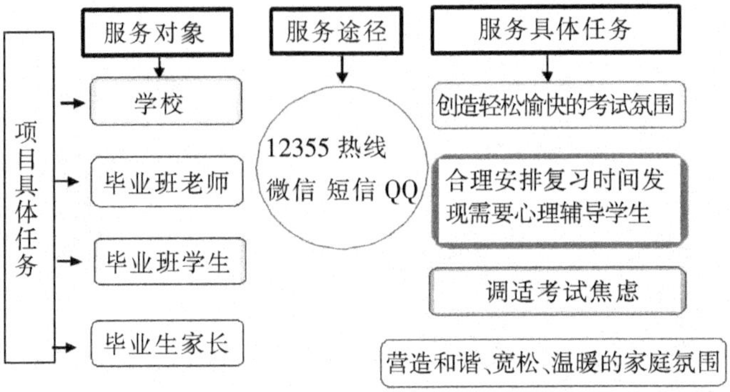

图 4　项目具体任务

（二）项目实施保障

1. 组织保障

“轻松备考·12355 与你同行” 阳光行动项目是共青团铜仁市委经过多年精心打造的品牌项目。在共青团省委、市委领导的亲切关怀下，团市委抽出精干力量精心筹备，专人负责组织、策划方案。共青团铜仁市委与共青团铜仁学院委员会、共青团碧江区委、万山区委是业务相关部门，通过组织安排和相互洽商，取得铜仁学院大健康学院以及学工部的大力支持，各区县团委的积极配合，各中学的精心准备和热情接待，为该项目的顺利实施提供了组织保障。

2. 机制保障

聘书

陈方超同志：

兹聘请您为铜仁市“12355”青少年综合服务平台心理健康咨询导师，聘期2年

共青团铜仁市委员会

图 5　聘书

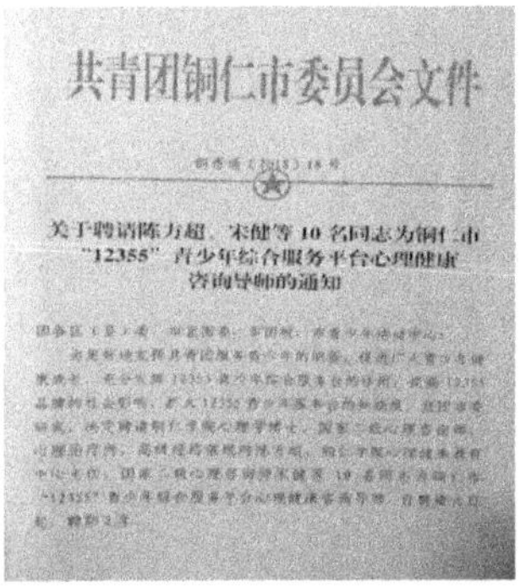
共青团铜仁市委员会文件

关于聘请陈方超、宋健等10名同志为铜仁市“12355”青少年综合服务平台心理健康咨询导师的通知

图 6　聘书文件（示意图）

为了扩大阳光行动项目的社会影响，保障项目顺利开展，2018 年 5 月，共青团铜仁市委员会经过仔细研究，决定聘请陈方超等 10 人为铜仁市“12355”青少年综合服务平台心理健康咨询导师，聘期 2 年。

3. 资源保障

本服务团队有副高级以上职称 7 人，讲师 1 人，博士 2 人（在读 1 人），硕士 5 人。每一位老师都有 10 年以上教学经验，有的被评为省、校教学名师。1 人拥有心理治疗师和二级心理咨询师资格证，7 人具有二级心理咨询师资格证，其中陈方超老师参加过中国心理治疗界的“黄埔军校”——中德班高级认知行为治疗培训（第四期），从事心理治疗与咨询 15 年，在上海市精神卫生中心等三级甲等专科精神（心理）医院进修学习临床心理治疗，经过严格的专业训练，具有非常丰富的心理咨询与治疗经验。另外，铜仁学院有标准的心理咨询室、心理测评系统等临床操作设备，保障本活动的顺利完成。

四、项目实施过程

（一）成立项目实施团队

表 1　团队人员名单

<table>
<tr><td rowspan="20">团队成员</td><td rowspan="8">教师</td><td>姓名</td><td>职务</td><td>学历</td><td>专业</td><td>单位</td></tr>
<tr><td>张钱</td><td>副教授</td><td>研究生</td><td>汉语言文学</td><td>铜仁学院学工部</td></tr>
<tr><td>宋健</td><td>讲师</td><td>本科</td><td>心理学</td><td>铜仁学院学工部</td></tr>
<tr><td>夏冰月</td><td>副教授</td><td>研究生</td><td>心理学</td><td>铜仁学院学工部</td></tr>
<tr><td>于慧慧</td><td>副教授</td><td>研究生</td><td>教育学</td><td>教育学院</td></tr>
<tr><td>胡祖兴</td><td>副教授</td><td>研究生</td><td>心理学</td><td>铜仁职院</td></tr>
<tr><td>张文龙</td><td>副教授</td><td>博士生</td><td>心理学</td><td>铜仁职院</td></tr>
<tr><td>王霞</td><td>副教授</td><td>研究生</td><td>教育学</td><td>教育学院</td></tr>
<tr><td rowspan="3">学生</td><td>姓名</td><td>年级</td><td>学历</td><td>专业</td><td>单位</td></tr>
<tr><td>张洁</td><td>2016 级</td><td>心理健康</td><td>硕士在读</td><td>大健康学院</td></tr>
<tr><td>罗丽</td><td>2017 级</td><td>心理咨询</td><td>在校生</td><td>教育学院</td></tr>
<tr><td rowspan="5">其他人员</td><td>姓名</td><td>职务</td><td>学历</td><td>分工</td><td>单位</td></tr>
<tr><td>吴央</td><td>科员</td><td>本科</td><td>项目策划</td><td>共青团铜仁市委</td></tr>
<tr><td>张兴</td><td>团委副书记</td><td>本科</td><td>联络 调研</td><td>共青团碧江区委</td></tr>
<tr><td>滕云</td><td>团委书记</td><td>本科</td><td>联络 调研</td><td>铜仁二中</td></tr>
<tr><td>徐洋</td><td>团委副书记</td><td>本科</td><td>联络 调研</td><td>铜仁市民族中学</td></tr>
</table>

（二）项目实施筹备

在项目正式实行前，我们做了大量前期准备工作。年初，共青团铜仁市委将“12355”阳光项目列为本年度的工作计划。在4月底，我们接到团市委通知，开始与吴央老师等进行对接，着手准备活动方案，召开前期协调会议。我们专程到铜仁市城区学校调研初中（高中）毕业班班主任、学校领导以及学生本人，了解学校的考试氛围、班主任对学生精神状态的认知和对考生心理状态的熟悉情况，通过与毕业班学生交谈了解学生身心状态，尤其是心理健康状况。在前期调研基础上，我们有针对性地选择举办讲座的学校，设计讲座内容和讲座形式以及心理辅导的细节内容。

5月初，我们召集老师和学生集中就中、高考考前减压的形式、内容、时间、学校的选择等展开多轮讨论，对讲座的内容和形式进行重点设计。同时，开通微信、短信、邮箱以及12355热线，包括公布个人电话号码，方便学生联系。在举办讲座前，团市委通知各学校积极宣传，通过展板预告考前心理讲座信息，让有需要的学生、班级提前做好安排，充分利用好本项目活动。

（三）项目实施过程

1. 心理减压讲座

2018年5月底，陈方超老师以“放松心情，轻装上阵”为题举办了两场考前减压讲座。5月22日下午两点半在铜仁市民族中学，因为当时正赶上学生上课时间，该校组织了1个班60多名学生聆听讲座。5月24日下午放学后，300多名高三学生参加在铜仁市第二中学阶梯教室举办的第二场考前辅导讲座。整个教室座无虚席，所有学生都认真聆听，积极参与。讲座开始，陈老师以中科院王极盛教授多年对高考的研究结论——“考前心态”的重要性引入本次讲座的主题，然后用“考试焦虑量表”对学生们进行测验，了解学生考试焦虑程度并以此激发学生兴趣。接下来对“考试综合征的表现和危害”进行分析，通过讲解著名的耶克斯－多德森定律（The Yerks－Dodson Law）告诉学生们正确理性地看待考试焦虑。耶克斯－多德森定律表明，心理紧张水平与活动效果呈“倒U形”关系。紧张水平过低或过高，都会影响活动效果。适度的心理紧张，可以对考试产生促进作用，产生良好的活动效果。但过度的考试紧张则导致考试焦虑，影响考试效果甚至影响身心健康。根据学生普遍考前心理压力较大的特点，从认知改观、放松训练、积极暗示以及生理调整（饮食和睡眠）等方面讲解应对策略。其中重点教授认知改观和放松训练技巧。

古代斯多葛派哲学家艾比泰特认为，“人的烦恼不是起于事，而是起于人对事情的看法”。著名戏剧家莎士比亚认为“世事无好坏，思想使之然”。在此基础上，西方心理学家埃利斯提出理性情绪治疗（RET），后来阿隆·贝克发展出认知治疗。贝克认为，不是事件本身导致我们的情绪或心理问题，而是我们对事件的歪曲的、不合理的、不适应的认知所致。心理治疗师就是协助患者或咨客修正歪曲认知，形成理性、适应性认知。讲座中，我们运用“塞翁失马，焉知非福”“秀才赶考”“国王与宰相”的故事和“A（事件）B（信念）C（认知）理论”等引导学生改变不合理信念，形成适应性信念，减轻压力，调适心情。

根据身心一体的医学观，身体的放松会导致心理的放松，反之亦然；再结合学生考试焦虑的症状表现，我们重点指导学生练习呼吸训练、渐渐肌肉放松训练、自生训练以及自我按摩等放松方法。由于操作简单易学，效果明显，现场绝大部分学生积极练习，我们现场指导，学生们很快掌握了几个基本放松技术。

通过讲座，我指导学生自我暗示方法，且要求学生们考前每天都做自我积极暗示练习，改善情绪，增强考试信心。同时，要求考生在生理上做到合理饮食，起居有常，科学安排复习时间、劳逸结合。最后，我对考试中的“瓦伦达心态”进行分析，并通过“赵王驾车”的故事告诉学生们专注在考试本身中，心无旁骛，定能取得理想成绩。

图7 铜仁市民族中学心理讲座

图8 铜仁市第二中学心理讲座

2. 心理咨询

某男，16岁，初三学生，因最近两个月不跟父母说话，不搭理家人，扬言中考考不上某重点中学就要去自杀。父母忧心，遂带来咨询。该生系家中独子，父母关系近来尚佳，从小由外婆带大。个子高，外表英俊，但缺少朝气，满脸忧愁，不喜说话，因老师要求而被迫来咨询。

首先，向咨客解释老师要求他来做心理咨询的原因，取得其信任，激发咨询动机。然后，介绍心理咨询，并评估其自杀危险性，确保其生命安全。接着，收集基本信息，包括出生史、发育史、成长史、人际关系（家庭关系、亲子关系、同学关系）、学习成绩，支持系统、性格特征、优缺点以及应对策略等。形成对咨客动态完整的认知，初步形成个案概念化。应用认知行为疗法的技术探讨咨客的自动思维，探究不合理（适应不良）的信念，引导其修正功能不良性认知及信念，评估情绪变化及程度。安排家庭作业，要求咨客把咨询中的收获以及学习到的方式方法应用在学习生活中。最后，询问咨客在咨询中是否存在不妥之处并要其对咨询作总结，结束咨询。

一个月后随访，该咨客情绪稳定，能集中精力认真复习，亲子关系改善，愿意与父母沟通交流了，无自杀意念。9 月初再随访，该咨客已经顺利上某高中，没有了自杀意念。（由于涉及隐私和伦理，本个案简略，其他个案省略不述）

五、项目实施效应

高等学校承担着人才培养、师资队伍建设、科学研究、社会服务四大任务。本项目的实施在这四个方面均有所体现。

（一）人才培养效应

通过本项目的实施完成，我们对人才培养产生了一点新的认识。一是应用心理学人才培养方案需要补充间接心理咨询内容，以期完善培养内容和培养能够胜任中小学心理健康教育与心理辅导的师资。由于学生心理、行为问题是在特定的环境下形成发展的，家庭、学校构成学生学习生活的生态系统。只有对系统里的学校管理者、老师、家人以及学生本人进行心理辅导才能改善系统的功能，最终改善学生的心理、行为问题。二是邀请我的专业硕士研究生张洁同学全程参与本项目，让她从中学习如何查阅文献、如何采择讲座内容、如何组织课堂、如何选取合适讲课手段、如何备课、如何设计讲课形式 ，以及如何开展心理辅导，让学生在参与项目中体验式学习成长。这是人才培养中的第一次尝试，也使我逐渐探索出指导专业硕士的新方法和新途径，为后续指导研究生积累了实践经验。三是带领心理咨询专业学生参与项目，让学生在参与中学以致用，培养其学习兴趣和提高应用能力。但是，由于心理咨询的专业性特别强，且有严格的伦理要求，学生怎么参与及参与度是我们以后应该思考的问题。

（二）师资队伍建设效应

本项目的团队成员中绝大部分都是“双师型”教师，我们都既有多年的心理学教学经验，也有丰富的心理咨询与治疗经验。“轻松备考·12355与你同行”阳光行动项目不仅仅是做几场讲座就能解决所有学生的心理、行为问题的。有的学生心理、行为问题比较严重，需要专业的心理咨询甚至治疗才能恢复。通过该项目的实施，我们更加清楚地认识到预防比治疗更加重要，即宣传普及心理健康知识的紧迫性和必要性；意识到需要组建一支专业的心理科普队伍。同时，我们还意识到加强心理咨询师技能培训，组建一支区域性临床经验丰富、具有奉献精神的专业团队的重要性。由于人力精力所限，目前我们不可能将项目开展到各个区县，在碧江区、万山区城区以外，路途较远的地方还没有开展此项目，或没有专业老师开展此项目。今后，我们应该探讨组织各区县的心理健康老师网络备课、讲课，然后举办讲座，以及提供网络心理咨询等服务形式，使得本项目惠泽本市所有中、高考生。在师资队伍建设中，我们更需倾向建设专业的学校心理学家团队，加强间接心理咨询技能的训练。

心理学是一门应用性专业性特别强的学科，我们的心理学教师需要走出课堂、走出校门，融入社会，服务社会，方能体现心理学的应用价值。参与该项目后，老师们深深体会到理论与实践之间的距离。我们还意识到，团队分工和合作的重要性，人尽其才，各尽所能，充分发挥每一个成员的优势。总之，本项目促进了我们团队的合作，提高了老师们的实践能力；也促使我们思考如何构建一支惠及全市各区县的师资队伍。

（三）科学研究效应

教学、科研与社会服务能力的兼备，是一个教师成长的必由之路。通过实施项目，我们在行动中发现问题、研究问题、解决问题，使得研究紧贴教学和社会需要，增加研究兴趣和价值。在本项目中，我们发现学校、家庭构成学生的学习、生活生态系统，学生的心理、行为问题是在系统中产生发展的，只有对系统进行工作才能找到解决问题的钥匙。于是，我撰写了《“双师型”心理教师——中小学心理教师角色刍议》一文，即将在《现代教育》2018年11月刊出。另外，我向学校学科建设与研究生教育专项项目申请“间接心理咨询综合研究”课题资助。

（四）社会服务效应

铜仁学院当前正处在转型发展的关键时期，学校领导高瞻远瞩，提出了“地方需求，国家标准”的办学理念。为地方经济社会文化的发展，提供智力支持及专业服务是我们应尽之责。“轻松备考·12355 与你同行”阳光行动项目开展以来，获得了社会广泛关注，挽救了个别考生生命，为考生顺利参加考试提供了心理支持，维护了社会和谐稳定。具体而言：

1. 扩大学校影响力，提高学校知名度

“12355 阳光行动”项目是在团市委的组织领导下，在学校领导的大力支持，在老师们的认真准备、辛勤付出下开展的公益活动。体现了铜仁学院老师们不计报酬、无私奉献的精神。本项目为考生家长、老师以及学校领导提供间接心理咨询，有利于学校创造轻松活泼愉快舒适的校园氛围，有利于考生家长了解孩子的心理状态，营造和谐温馨的家庭氛围，减轻考生考试焦虑。

团队成员精心组织、认真讲课，开展专业心理咨询的态度赢得了团市委领导、各开讲学校的广泛称赞。通过社会服务，使全市人民亲身享受到铜仁学院近几年来的发展成果，使全市人民感受到铜仁学院作为应用型地方院校转型发展的真实行动和具体举措，进一步扩大了铜仁学院心理健康专业乃至铜仁学院的社会影响，提高学校知名度。

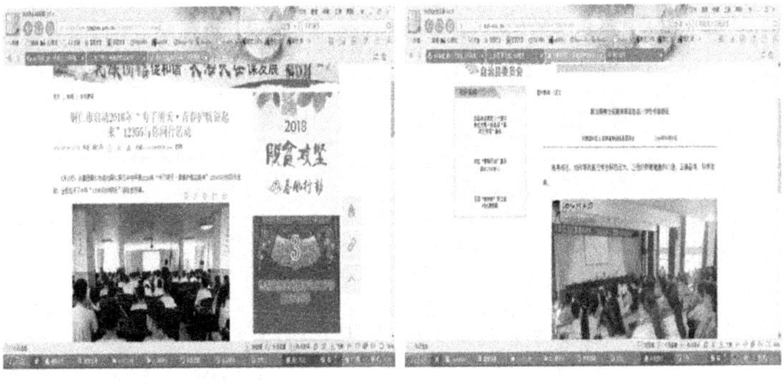

图 9　我们团队多次被地方和中央媒体报道（示意图）

2. 保护学生生命安全，避免悲剧发生

目前，自杀是全世界第十位死因，高居我国人口死亡原因的第五位。我国自杀死亡的人数约占世界总自杀死亡人数的 30%。全球 1/3 的国家中，青少年是自杀风险最高的人群。在 15—34 岁年龄段，我国自杀死亡人数占总死亡人数 26.04%，居该年龄阶段死亡原因的首位。我国青少年自杀死亡者占同年龄组各种原因死亡的比例高达 19%。据相关研究，自杀已经成为少年死亡的主要原因之一。研究表明，9%—20% 的青少年曾实施过自杀行为，20%—75% 的青少年曾认真考虑过自杀。另据报道，每年在高考中考前后，总有考生自杀的事件频频发生。在本项目实施期间，有 1 名男性初三学生有自杀行为，经过心理辅导，该生放弃自杀想法，现在某重点高中正常上学。俗话说“救人一命胜造七级浮屠”，挽救一个孩子的生命就是挽救了一个家庭，家庭稳定才能促进社会和谐稳定。

3. 释放考生压力，促进学生顺利考试

考试焦虑是指在考试情境下或者与考试有关的情境下发生，在家庭、教师、社会及其自身等多个因素的影响下，以担忧为基本特征，以防御或逃避为行为方式，通过不同的情绪反应所表现出来的一种心理状态。研究表明，考试焦虑已成为我国中小学生普遍存在的心理现象，不但影响着学生的学业成绩，而且还影响着学生的身心健康。2008 年，国家心理健康机构中欧国际研究表明，61% 的学生有不同程度的考试焦虑，其中 26% 为严重考试焦虑。考试焦虑严重影响了考生的成绩。

通过心理健康讲座、心理咨询等形式，上千名中考、高考考生调整心理状态，以合宜的心理状态参加考试，取得优异成绩。其中，特别明显的是铜仁市民族中学一名女生和铜仁市第二中学的一名女学生减轻压力，积极参加考试，最后皆被本科院校录取；初三一名学生释放压力，认知改观，正确认知考试，最终考取某重点中学。

（作者系铜仁学院大健康学院副教授）

服务学习视角下的青春健康教育公益服务

许小兰

一、项目概况

（一）项目名称：服务学习视角下的青春健康教育公益服务

（二）项目负责人：许小兰

（三）委托单位：铜仁市碧江区中等职业学校、铜仁市第九中学

（四）服务类别：公益服务

（五）实施时间：2017 年至 2018 年

（六）实施地点：铜仁市碧江区中等职业学校、铜仁市第九中学

二、项目获得过程

社会工作是一种科学的助人服务活动，是教导人们以利他主义为指导，以科学的知识为基础，运用科学的方法进行助人的专业。它特别强调对社会有需要人群的服务，协助人们去预防和解决社会问题，促进社会和谐进步。作为一门应用性专业，其非常注重学生应用能力和实践能力的培养。同时，社会责任感、服务意识、利他精神等价值理念的培育也是这门专业的题中应有之义。

2016 年 11 月，许小兰老师参加由铜仁市教育局、铜仁市卫生和计划生育委员会和铜仁市计划生育协会主办的“铜仁市青春健康教育师资培训班”。通过此次培训，了解到铜仁市各中小学青春健康教育工作非常薄弱，学生成长过程中面临的各种问题亟需专业师资的辅导。

作为一门助人专业，青少年群体是社会工作重点关注的人群，青少年服务也是社会工作的重要内容。针对铜仁市的此种状况，本着服务社会的精神，社会工作专业教师主动联系铜仁学院周边铜仁市第九中学（以下简称九中）、铜仁市碧江区中等职业学校（以下简称中职）两所学校，商谈合作事宜。

在与学生工作负责人联系过程中发现，两所学校领导都非常希望能在学校

开展青春健康教育工作，这是学校非常重要但又相对欠缺的工作，希望通过我们的服务能够提升学生的青春健康知识，顺利度过青春期；更希望通过我们的服务促进学校学生青春健康教育工作的完善。

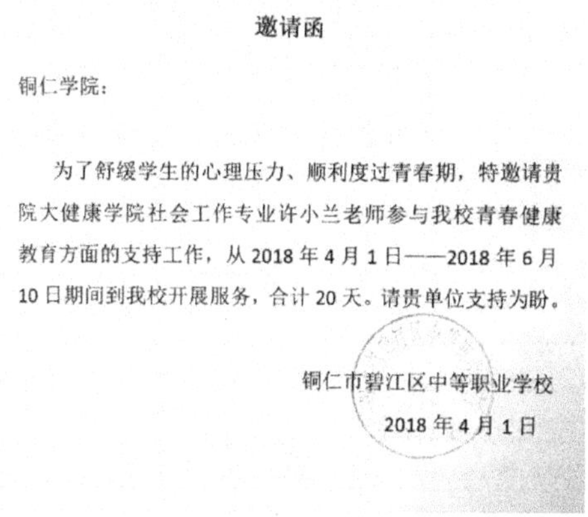

邀请函

铜仁学院：

为了舒缓学生的心理压力、顺利度过青春期，特邀请贵院大健康学院社会工作专业许小兰老师参与我校青春健康教育方面的支持工作，从 2018 年 4 月 1 日——2018 年 6 月 10 日期间到我校开展服务，合计 20 天。请贵单位支持为盼。

铜仁市碧江区中等职业学校

2018 年 4 月 1 日

图 1　铜仁市中等职业学校邀请函

三、项目实施及完成情况

（一）项目具体内容

本服务项目是与社会工作专业核心课程“社会工作实务”课程相结合开展实施的，以服务—学习为指导理念。服务—学习是一种将学习知识与服务社会相结合的教育理念，强调服务与学习同等重要，注重通过有计划的社会服务过程将课堂所学知识进行运用、内化及反思，从而促进学生的知识获取与能力培养，并使学生在参与社会服务的过程中关注社会，培养社会责任感。

“社会工作实务”是社会工作专业的核心课程，开设对象是社会工作专业大三年级学生。该课程是一门实践型课程，要求学生综合运用社会工作专业方法为服务对象开展服务，从而进一步巩固学生对社会工作理论知识的运用和实践能力。青春健康教育服务项目与“社会工作实务”课程相结合开展，学生在开展服务、满足社会需要的同时，需要反思自身专业知识和专业技能的掌握、理解和运用情况。根据服务—学习理念和“社会工作实务”课程的要求，项目的主要内容为综合运用社会工作的个案工作、小组工作和社区工作三大专业方法为青少年提供青春健康教育服务。项目的主要服务内容和相对应的课程知识点如表1所示：

表1　服务项目涉及的主要知识点与服务内容对照表

课程主要知识点	培养能力	服务内容
青少年的身心特征及需求	准确分析青少年群体的特征和需求的能力	为青少年开展青春健康教育
服务对象的需求评估方法	对不同群体的需求进行评估的能力	青少年青春健康教育需求调查和分析
社会工作服务方案设计	服务方案策划能力	青少年青春健康服务方案设计
个案工作方法的理论与技术	个案服务能力	青少年个案辅导
小组工作方法的理论与技术	群体服务能力	班级主题活动
社区工作方法的理论与技术	社区服务能力	校园宣传活动

（二）项目实施保障

1. 组织保障

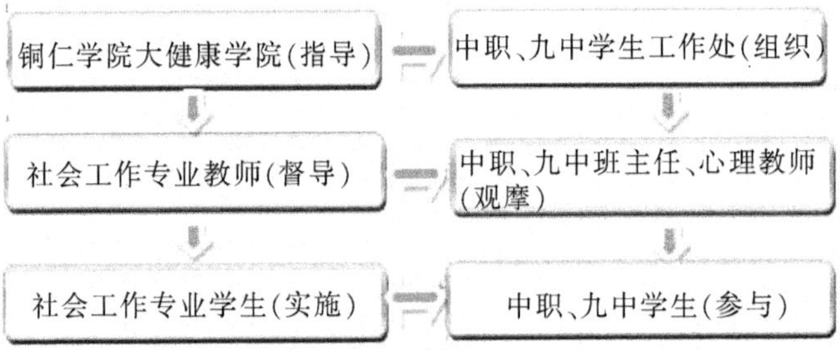

图2　项目组织结构图

2. 人力保障

项目负责人许小兰老师也是“社会工作实务”课程的任课教师，其与社会工作专业邱艳老师组织成教师团队，担任项目督导。两位老师都是双师型教师，具有中级社会工作师资格。她们不仅具备扎实的理论基础，还具备较强的实务技能，能够胜任项目督导工作，为项目的统筹管理、具体实施、突发状况应对等提供专业的指导和强有力的支持。同时选取社会工作专业大三年级学生组成学生团队，具体负责项目的实施工作。大三年级学生不仅已经掌握了基本的专业理论知识，还具备了一定的专业实践能力，而且对专业的认同感较强，可以较好地完成服务项目。

3. 理论保障

虽然是公益性服务，但本项目同样非常注重专业性，强调服务的效果。服务项目在服务—学习理念的指导下与“社会工作实务”课程相结合开展，学生在开展服务、满足社会需要的同时，需要反思自身专业知识和专业技能的掌握情况。因而，开展社会服务的过程有了理论的指导，在保障服务质量的同时也提升了学生的实践能力。

（三）项目实施过程

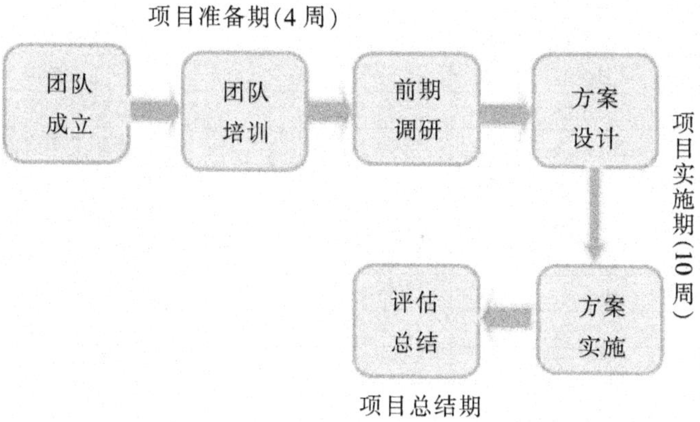

图3　项目实施过程及时间安排图

如上图3所示，根据社会工作实务通用过程的六个步骤，即接案、预估、计划、实施、评估、总结的步骤要求，结合项目实施的一般流程，本项目实施过程分成三个阶段、六个步骤，具体安排如下：

1. 项目准备期

（1）项目团队成立

在社会工作专业服务中，接案即为初步接触服务对象、初步了解服务对象需求和问题以及初步确立服务关系的过程，此过程在与中等职业学校和第九中学确立合作关系时即以完成。确立服务关系后，最迫切的即为组织项目团队。项目团队由教师团队和学生团队组成，社会工作专业许小兰、邱艳老师担任项目督导，项目的具体实施则由社会工作专业大三年级学生承担。

表2　团队成员名单

成员身份	姓名	技术职务	学历	专业
教师	许小兰	讲师	硕士	社会学
	邱艳	副教授	硕士	社会工作
学生	姓名	年级	专业	服务学校
	何兴	2014 级三年级	社会工作	第九中学
	黄月	2014 级三年级	社会工作	第九中学
	孙招辉	2014 级三年级	社会工作	第九中学
	汪金金	2014 级三年级	社会工作	第九中学
	吴雨	2014 级三年级	社会工作	第九中学
	谢广军	2014 级三年级	社会工作	第九中学
	谢亿	2014 级三年级	社会工作	第九中学
	杨凌杰	2014 级三年级	社会工作	第九中学
	余成贵	2014 级三年级	社会工作	第九中学
	张凤	2014 级三年级	社会工作	第九中学
	艾丹	2015 级三年级	社会工作	中等职业学校
	蒋芬芳	2015 级三年级	社会工作	中等职业学校
	徐亚风	2015 级三年级	社会工作	中等职业学校
	杨青芬	2015 级三年级	社会工作	中等职业学校
	杨正海	2015 级三年级	社会工作	中等职业学校
	袁建琼	2015 级三年级	社会工作	中等职业学校
	夏旋	2015 级三年级	社会工作	中等职业学校
	欧阳振	2015 级三年级	社会工作	中等职业学校
	张令令	2015 级三年级	社会工作	中等职业学校
	张再娟	2015 级三年级	社会工作	中等职业学校
	冯东	2015 级三年级	社会工作	中等职业学校
	高敏	2015 级三年级	社会工作	中等职业学校
	贺寿莉	2015 级三年级	社会工作	中等职业学校
	蒋艳芳	2015 级三年级	社会工作	中等职业学校
	雷春燕	2015 级三年级	社会工作	中等职业学校
	雷浩	2015 级三年级	社会工作	中等职业学校
	李秋媛	2015 级三年级	社会工作	中等职业学校
	莫如佳	2015 级三年级	社会工作	中等职业学校
	冉倩	2015 级三年级	社会工作	中等职业学校
	杨江娜	2015 级三年级	社会工作	中等职业学校

（2）项目团队培训

为了保障服务质量，提升学生服务能力，在正式开始项目实施前，项目督导为学生开展了为期四周的专题培训，让学生进一步掌握青少年社会工作服务的知识和技能。培训内容包括青少年的身心特征、需求评估方法、社会工作服务方案的设计、社会工作实务的主要方法等。

（3）项目前期调研

为使服务更具针对性，项目开始之前项目负责老师多次带领学生赴中等职业学校和第九中学开展实地调研，这也是社会工作实务过程中对服务对象的问题和需求进行预估的要求。项目团队分别与所服务学校的领导、心理老师、班主任老师、学生等进行了座谈，深入了解学生存在的问题和需求，也调查了学生乐于接受的服务形式和方法，以改进服务模式，提升服务效果。

2. 项目实施期

（1）方案设计

根据调研资料和需求评估结果，经过团队的多次讨论，针对中学生普遍存在的青春健康知识缺乏问题，结合学校的实际情况，设计了具体的服务方案。服务范围涵括个人、班级、学校三个层面，主要以班级服务为主，利用班会课时间，开展青春健康教育主题活动。同时，为有特殊需要的学生提供个案辅导；并在校园层面通过黑板报、讲座等形式开展校园宣传，让更多的学生了解基本的青春健康知识。服务对象包括学生、教师两个群体，学生通过参与活动获得服务，教师通过观摩服务过程学习青春健康教育的方法。具体的服务内容涉及青少年生理—心理—社会三个维度，涵括知识、态度、行为三个层面，包括生命孕育过程、青春期生理心理特点与保健、自我认识与异性交往、性行为与自我保护、学业规划等主题内容。通过个人、班级及校园三个层面的服务，以期实现以下目标：①增加学生的性生理、性心理、性保健知识；②协助学生树立健康的性观念，并提升其自我保护和尊重他人的意识；③提升学生负责任地做决定和人际交往的技巧，建立良好的人际关系。

（2）方案实施

项目以一学期为服务周期，分别在中等职业学校和第九中学开展了一学期，第九中学服务开展时间为 2017 年 3 月至 6 月，中等职业学校服务开展时间为 2018 年 3 月至 6 月，各持续四个月。其中，前四周为项目准备期，中间十周为项目实施期，后续两周为项目总结反思期（见上图 3）。学生每 10 人一个小组，每周为一个班级开展一次主题服务。学生除每周一次的校外服务外，还需每周到教室集中一次，教师督导会根据对学生服务过程的观察、学生提交的单次活动计划、单次活动总结等对学生进行反馈，对服务过程中存在的问题以及后期的改进办法对学生进行小组督导或集体督导。具体服务内容见下表3。

表3　铜仁市碧江区中等职业学校、第九中学青春健康教育服务项目内容

阶段	时间	服务主题	服务内容	服务形式
准备期	第1—4周	知识准备	1. 青少年的身心特征 2. 需求评估方法 3. 社会工作服务方案的设计 4. 社会工作实务的主要方法	专题学习
		需求调研	开展需求调查与评估	座谈
实施期	第5周	方案设计	服务方案设计、修改	小组讨论
	第6周	相互认识	1. 与学生相互认识 2. 服务内容介绍 3. 建立活动契约	1. 破冰游戏 2. 小组活动 3. 讨论
	第7周	生命的孕育	1. 生命的孕育过程 2. 对生命的认识和看法	1. 视频播放 2. 主持人讲解 3. 游戏
	第8周	自我认识与尊重他人	1. 我是怎样的人？ 2. 我与他人有何关系？	1. 绘画 2. 小组分享 3. 主持人总结
	第9周	1. 是非青春期 2. 男/女生生理保健	1. 剧场游戏 2. 小组讨论、分享 3. 主持人讲解	
	第10周	异性交往	1. 情景剧表演 2. 辩论赛	
	第11周	1. 正确认识性行为 2. 学习做决定	1. 案例分析 2. 游戏	
	第12周	1. 避孕 2. 流产 3. 性传播疾病	1. 案例分析 2. 小组讨论、分享 3. 游戏	
	第13周	未来展望	1. 积极面对挫折 2. 学业规划	1. 游戏 2. 写作
	第14周	你我再相会	1. 回顾活动历程 2. 分享感受与收获	1. 学生分享 2. 留言 3. 照片留念
总结期	第15—16周	服务总结	回顾项目实施过程，对项目进行评估和总结	小组汇报、茶话会

图 4　服务结束留影

图 5　中等职业学校服务过程照片

四、项目实施效应

（一）人才培养效应

作为社会工作专业教师和学生，为有需要人群开展专业服务，既是专业人才培养的要求，也是高校服务社会的需要。通过运用服务学习理论作为指导思想，服务过程也是学习的过程，在服务过程中，学生在以下方面获益匪浅：

1. 加深了对专业知识的理解，提升了对专业知识的运用能力

服务过程需要运用的专业知识包括社会工作实务通用过程、社会工作服务三大方法、青少年群体的身心发展特征等，需要学生综合运用有关青少年群体的知识及社会工作实务知识开展服务。通过服务，学生能够更好地理解专业知识，并能将理论联系实际，根据具体情况灵活运用理论知识。例如在为中等职业学校设计服务方案的时候，2015 级同学可以借鉴 2014 级同学为第九中学学生开展服务时所设计的方案，但是由于普通初中学生和中职学生在诸如年龄、社会交往特征、纪律性等方面的差别，因而 2015 级学生在借鉴已有经验的同时需要结合不同青少年群体的特征进行综合考虑。

2. 提升了学生的团队合作意识，锻炼了团队协作能力

服务的开展是以小组形式进行的，学生组成小组团队，负责不同班级的服务任务。在此过程中，学生需要学会与不同的团队成员共事。同时，学生还需与所服务学生、班主任等进行各项工作的沟通和交流，还锻炼了其沟通、协调、组织等应用型人才必须具备的能力。

3. 增强了学生的专业认同感

在实务课程中开展服务学习，一方面，学生得到了将知识运用于实际以及

亲身体验社会工作专业助人过程的机会，对专业技巧、专业理论以及专业理念有了更深入的认识；另一方面，学生通过服务过程使服务对象增加了青春健康知识、提升了自我保护意识、学习了人际交往技巧，也获得了服务对象的认可，使得学生对专业的认同感也得到了增强。

4. 培养了学生关怀他人和社会的责任感，提升了学生的社会服务意识

社会工作专业特别注重对学生社会责任感的培养，通过服务活动，学生不仅亲身体验到关怀他人、服务他人的愉悦感和成就感，而且更增强了其对社会的认识，从而提升了学生的社会服务意识。

（二）师资建设效应

本项目的开展也促进了教师的成长和能力的提升，体现在：

（1）进一步增强了双师型教师的专业实践能力。服务项目从合作洽谈、方案设计到方案实施和总结，都需要教师具备较强的专业理论知识和专业实践能力。服务过程中各种问题的解决也促使教师不断提升专业实践能力，比如通过服务，教师自身也加深了对青少年群体内部差异的认识，同时也促使教师反思学校、家庭和社会该如何对青少年开展性教育。

（2）加强教师与社会的联系，反哺课堂教学和科学研究。对于部分教师尤其是青年教师来说，缺乏社会实践经验、社会阅历浅薄是其面临的一个突出问题。一些教师从学校毕业后即来到学校工作，缺少社会工作经历，一定程度上阻碍其教学和科研工作能力的提升。通过开展社会服务，能够加强教师与社会的联系，特别是通过对服务过程的反思，可以促使教师更好地将社会服务经验反哺课堂教学和科学研究。

（三）社会服务效应

作为公益服务项目，本项目最大的影响在于其社会服务效应。

（1）本项目切实解决了两所学校中学生青春期遇到的很多问题，所服务的学生和学校从服务中获益颇多。服务结束后对第九中学服务学生进行的问卷调查结果显示，学生对有关青春健康知识的题目回答正确率达85%以上，可以看出学生对活动过程中传递的知识掌握较好。另外，在最后一次服务活动中，所服务学生也对我们整个服务过程进行了评价，学生总体对我们的服务表示满意，认为在活动过程中学到了很多知识。通过后期与学校领导及所服务班级班主任的交流中也了解到项目实施给学校学生工作和班集体带来较大的积极

影响，为学校开展青春健康教育工作提供了重要参考。

（2）项目通过行动宣传了社会工作专业，提升了专业知晓度和认同度。社会工作专业是一门较新也相对来说较冷门的专业，知晓度比较低。提升大众对本专业的知晓度和认同度是社会工作专业发展过程中的重要任务，也是目前专业发展亟待解决的问题。通过服务的开展，宣传了社会工作专业，让更多的学校和人们认识了什么是社会工作，认识了社会工作专业可以做什么；我们开展的服务获得服务对象满意，也提升了专业形象，让更多的人认可社会工作专业。这对于一个新专业的发展来说非常重要。

（3）扩大了学校影响，树立了良好形象。学校作为铜仁市唯一的本科院校，有责任和义务利用其资源服务地方发展。公益服务以利他主义为指导，其经济效益不明显，但具有巨大的社会效益。通过此公益服务项目的开展，切实解决了两所学校学生面临的诸多问题，体现了铜院人高尚的服务精神和优秀的服务技能，为学校树立了良好的形象，扩大了学校的影响。

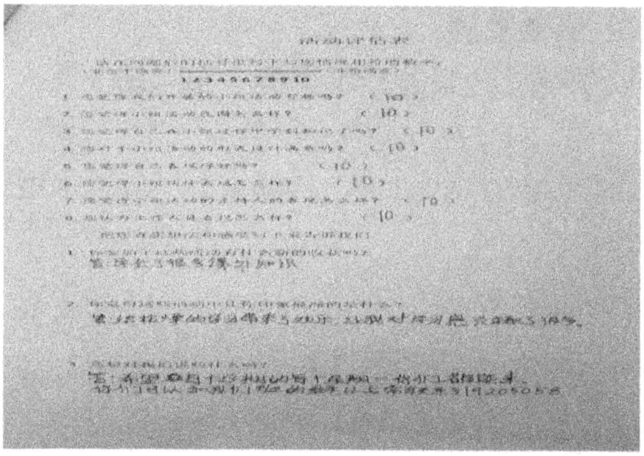

图6　服务对象反馈表（示意图）

（4）加强了学校与行业的合作，助推行业发展。社会工作专业在中国的发展呈现出教育先行、教育推动行业发展的特征，本项目的实施也体现了这一发展路径。服务项目通过高校的专业教育、专业服务推动地方社会工作行业的发展，并进而反哺专业教育。对于社会工作专业发展尚处于起步阶段的铜仁来说，更需要高校充分发挥社会服务职能，通过社会服务、专业人才培养等途径推动行业的发展。

（作者系铜仁学院大健康学院讲师）

图书在版编目（CIP）数据

依托梵净　服务发展 ： 铜仁学院社会服务经典案例．第二辑 / 王岚主编．-- 湘潭 ： 湘潭大学出版社，2019.1
ISBN 978-7-5687-0292-8

Ⅰ．①依…　Ⅱ．①王…　Ⅲ．①高等学校－社会服务－案例－汇编－铜仁　Ⅳ．①G647

中国版本图书馆 CIP 数据核字（2019）第 014455 号

依托梵净　服务发展

——铜仁学院社会服务经典案例（第二辑）

YITUO FANJING FUWU FAZHAN

TONGREN XUEYUAN SHEHUI FUWU JINGDIAN ANLI(DI-ER JI)

王岚　主编

责任编辑：王正杰
封面设计：李　平
出版发行：湘潭大学出版社
社　　址：湖南省湘潭大学工程训练中心
电　　话：0731-58298960 0731-58298966（传真）
邮　　编：411105
网　　址：http://press.xtu.edu.cn/
印　　刷：北京虎彩文化传播有限公司
经　　销：湖南省新华书店
开　　本：710 mm×1000 mm 1/16
印　　张：27
字　　数：500 千字
版　　次：2019 年 1 月第 1 版
印　　次：2019 年 1 月第 1 次印刷
书　　号：ISBN 978-7-5687-0292-8
定　　价：78.00 元